语言学概论

教育部中文学科教学指导委员会组编
贺阳　沈阳　主编

高等教育出版社·北京

内 容 提 要

本教材系统阐述了普通语言学的基础理论，介绍了有关基础知识和基本方法，力图做到：第一，教材内容以比较稳定、较少争议的基本理论为主，同时注意适当吸收新的理论观点和新的理论解释；第二，教材内容重在阐释对人类语言有普遍意义的理论，而不采纳未能获得广泛事实支持的观点；第三，尽可能增加教材的理论色彩，内容取舍和侧重上与“现代汉语”课程教材形成互补；第四，注重解释，既注重对理论本身的解释，也注重理论对语言现象的解释；第五，为便于学生学习和掌握教材内容，教材对理论的阐述力求深入浅出，理论深刻，理解不难。

本书适于高等院校中文专业和自学中文专业的学生使用。

主　编

贺　阳　沈　阳

编写者

第一章　语言和语言学 ………… 贺　阳　骆　峰

第二章　语　音 ………………………………… 吴永焕

第三章　语　法 ………………………………… 沈　阳

第四章　语　义 ………………………………… 贺　阳

第五章　语　用 ………………………………… 骆　峰

第六章　文　字 ………………… 沈　阳　刘雪春

第七章　语言与社会 ………………………… 劲　松

第八章　语言系统的演变 ………………… 吴永焕

审定者

李宇明、刘丹青、王洪君

前　言

中国高等教育经过多年改革与发展，已经进入了一个新的非常重要的历史发展阶段。2002年，我国高等教育毛入学率突破15%，迈入大众化教育的门槛，至2020年，这一比例将上升到40%。与此同时，高等教育由以规模扩大为主要特征的发展模式，逐步转向以提高质量，注重内涵为主要特征的发展模式。本科阶段，素质养成、人的全面发展方面的教育，所占分量越来越大，传统意义上的专业教育则很大程度向研究生阶段转移。这一发展趋势，对高等教育教学无论在理念、目标层面，抑或在内容、教法层面，都提出了新的要求。加之学术发展、学生阅读和学习习惯改变，信息和网络技术加速融入、影响甚至改变社会生活各方面等因素，更彰显出高等教育本科教材与新的教学需求不相适应的矛盾。

本世纪初，为了更好应对高等教育将要发生的诸多变化，教育部中文学科教学指导委员会与高等教育出版社共同确定了新的教材编写设想，并通过专题会议等形式进行多次研讨。经过研讨，专家们认为，在高等教育进入大众化、信息化时代，高校本科阶段的办学规格、教学内容、教学模式较以往有较大转变的背景下，由教育部中文学科教学指导委员会牵头，组织编写立足于新时期学生特点、纸质内容与数字资源高度集成的中文学科教材，非常必要；应该在密切跟踪、深入调查研究高校中文学科教育教学变化实际情况的基础上，形成每门课程教材的编写理念和方案。现在，经过大家共同努力，这些教材编写设想陆续有了成果，并在以下几方面体现出一定的特色：

1. 简明扼要。在新的形势下，中文学科本科基础课大都缩减了课时，尤其是地方院校，基础课的课时量往往缩减到原来的一半甚至更少。为适应这一教学情况的变化，新编教材首先在容量上进行了精简。例如《中国古代文学史》，以往的教材通常由三到四册组成，而我们将其精简至两册；《古代汉语》通常由两册或更多组成，我们精简至一册。容量的压缩不是简单地做减法，而是尽量浓缩精华，将学习的重点、难点简明扼要地展现在教材中，使学生一目了然；在不必要做过多阐释的地方，仅用一两句话加以说明，从而把更多的空间留给学生思考，也便于授课教师的个性发挥。

2. 注重实用。新编教材在内容上努力降低理论重心，以实用的知识点传授为主。如《古代汉语》教材打破过去“通论—文选”二分的教学模式，围绕学生阅读能力的提高来进行设置，强调回归古书原典的阅读情境，将传统的通论“化整为零”放在随文注释之中，让学生在阅读中自然而然地习得。同时，为了实现“学生好学，老师易教”的总体追求，我们精心设计了功能栏目与书稿正文内容相配合的体例框架。教材中各栏目的插入并非徒有其表，而是服务于特定的教学目的。比如《中国古代文学史》在特定历史时期某一种文体出现时，设一专栏将该种文体之来龙去脉加以简要介绍，这样既可强化学生的文体意识，使学生对前后交叠出现的文体有一条清晰的线索可以把握，又便于正文专力进行作家作品的评析，保持清通流畅的文气。

3. 增强趣味。在纸质教材的编写中，我们十分注重行文的简洁明快，避免使用较为艰涩和学术化的表达；一些篇章不乏灵动有文采之处，切实增强了可读性。同时，精心选择与教材内容关联密切的各类图片插入书稿相应位置，既对学生理解掌握相关内容有所裨益，又增强了整套教材的书香氛围和艺术气息。在数字化资源的建设中，智能备课系统有意收入了许多逸闻趣事类的拓展资源，而多媒体手段的合理穿插，对课程的趣味性也起到一定的积极作用。

4. 体现创新。新编教材的创新主要体现在教学理念与教学模式方面。与以往教材主要为“教”服务不同，我们努力将着眼点转向“学”，从开启学生心智、引导学生的创新思维出发，增强教学互动性，将学生参与的可能性体现在教材中。比如《现代汉语》设计了两条线索，语音、语法、语义等传统内容是主线，整书主体由此有序展开；另一条线索是成体系、起辅助作用的教学提示板块，它使得学习难点与重点突出。两条线索相辅相成，更适合课堂教与学需要。而对于内容方面的创新则是较为谨慎。在传授稳妥可靠的专业知识基础上，结合近年来教学与科研的发展，适当增加具有前沿性和拓展性的内容，以期有助于提高学生的学术素养。比如《中国古代文学史》充分利用近年来考古获得的可靠的新成果，以出土文献及文物资料来丰富文学史的书写，为使学生更为全面地了解文学史尤其是汉以前的文学史做出了新的努力。

5. 立体组合。数字化手段与传统教学相结合，是教学改革的发展趋势。面对新时代具有新的学习和阅读习惯的大学生，在教育主管部门强力推动下，高校数字化教学改革的全面铺开将是未来若干年必然出现的景象。近年来，许多学校已先行一步，进行数字化教改的探索，并取得了一定的成效。为顺应这一发展趋势，教材出版也正在经历一场数字化的洗礼。在这方面，高等教育出版社早在20世纪末就开始了积极的探索，他们的数字出版经验与教材编写者多年来积累的丰富教学经验相结合，形成教材立体化建设的深厚基础。注重纸质教材、数字化资源和教学服务的整体设计，是新编教材从一开始就明确下来的途径。也即是说，并不是先建设纸质教材，而后再配套进行数字化资源的建设，而是在编写纸质教材的过程中，编写者就已同期开始对数字化资源的构思。例如几种文学史类教材在编写时，受篇幅和主要读者对象的限制，许多知识点不宜在文学史中表现出来，就考虑放入智能备课系统中；同时，一些经典篇目如果在作品选中已收录，其赏析文字就可以侧重体现于作品选而不是文学史中。通过这样的合理分工，相互配合，使教学的延伸性、拓展性得到有效的实现。可以说，新编教材在立体化、整体化程度以及各部分之间的勾连呼应方面，实现了质的突破。

新编教材涵盖了中文学科8门专业基础课程(语言学概论、古代汉语、现代汉语、文学概论、中国古代文学、中国现当代文学、外国文学和写作)。此外，一些比较重要的专业选修课程教材也在编写出版过程中。教材的主编人员均为国内知名高校的专家学者，不仅在学术上成就卓著，同时也非常重视教学模式改革的探索。尽管日常教学、科研等工作极为繁忙，但基于对教材改革重要意义的共识以及教书育人的强烈责任感，所有参编者对教材编写均给予了高度重视，倾注了大量心血。在编写过程中，除了按照统一分工负责各自主持的教材编写工作外，各位主编还以多种方式进行沟通交流，相互启发。在此，谨向所有编写人员以及为教材顺利出版付出努力的同志表示衷心感谢。高等教育教学改革的道路还很长，我们希望通过新编教材的出版，为推动中文学科教学改革助一臂之力。对于教材当中存在的不尽完善之处，恳请读者在阅读使用过程中提出宝贵意见。

教育部中文学科教学指导委员会

2013年元月

目　录

第一章

语言和语言学

第一节　语言和言语

本节学习要点

1. 语言区别于言语：社会的与个人的，均质的与异质的，有限的与无限的。

2. 语言与言语的联系：语言存在于言语之中，言语离不开语言。

3. 语言和言语区分的意义：纯化语言学研究对象，深化对语言的认识。

语言是什么？这是语言学首先要回答的问题。在一般人看来，语言就是说话，但从科学的角度看，语言和说话虽然密切相关，但并不等同。要认识语言的本质，了解语言是什么，首先应该知道语言和言语的区别和联系。

一、语言区别于言语

人与人之间的交际活动主要是通过说话（包括写作）来进行的。一般人看来，人们说出来的话就是语言，但从语言学的角度看，语言并不等同于说话以及说出来的话。语言是一个由语汇和语法构成的符号系统，说话只是对语言的运用，说出来的话只是语言运用的结果。在语言学中，说话（包括写作）以及说出来的话（包括写下来的话）叫作言语。

语言和言语在一定意义上可以看作工具和工具的使用，语言是言语所凭借的工具，言语是使用语言这个工具的行为和结果。但与一般工具不同的是，语言并不能脱离使用它的行为和结果而独立存在，语言和言语是密不可分地交融在一起的。人们能够听到和看到的只有言语，语言则包含在言语之中，只有通过概括和抽象，才可以得到语言的实体。尽管如此，为了认识语言的本质，仍需将语言和言语区分开来。具体说来，二者的区别主要有以下几个方面。

其一，语言是社会的，言语则具有个人特色。言语具有双重属性，它既有个人特色的一面，又有社会共同理解的一面。在实际生活中，说不说话、怎样说话、说什么话，以及说多说少，完全由说话者个人决定，即使是使用同一种语言的人，所说的话也会千差万别。每个人的发音都有各自的特点，在嗓音的高低、音色的特征、节奏的快慢等方面各人有各人的特色，“闻其声”便可“知其人”，这种日常经验就是言语个人特色的一种体现。除发音上的特点之外，每个人在选词、造句方面也会有一些个人习惯，形成个人风格，人们常说的“文如其人”，就是言语的个人特色在书面表达上的体现。言语的这种个人特色因人而异，也就难有显著的规律性。

言语具有鲜明的个人特色，但如果言语完全是个人的，或者个人特色占主导地位，其结果就是每个人都在说一种别人不懂的“话”，那么人与人之间也就无法通过言语行为来传递信息、交流思想、沟通情感，达到相互理解的目的了。人们之所以能够听懂他人的言语，就是因为言语中除了个人特色之外，还包含着社会共同理解的部分，正是这个共同理解的部分保证了人们的相互理解和沟通，这个社会共同理解的部分就是语言。语言是言语中社会成员共同使用和共同理解的部分，是为同一社会群体所共同掌握的成分和规则，是使一个人能够理解他人和被他人理解的一套社会习惯。言语可以因人因事而异，语言对所有社会成员而言却都是一样的，这就如同把同一部词典发给所有人，词典的使用可以各人不同，但每个人手中的词典却没有分别。一个人可以自由地说话，但要别人听懂自己所说的话，就只能使用语言中的词语，遵守语言中的规则，就必须服从社会的语言习惯，否则，言语交际就难以进行。如果一个说汉语的人违背汉语习惯，非要把“桌子”说成“椅子”，非要用“鱼吃猫”来表达“猫吃鱼”的意思，就没有人能理解他的话。可见，语言是使言语能够产生人际沟通效果的决定因素，是言语中主要的和主导的部分。

其二，语言是均质的，言语是异质的。每一个人说话在具体发音和风格上都有个人的特点，而且每一个人每一次说话都可能是不同的。这些言语差别的产生原因很复杂，可能涉及生理、心理、成长环境、个人经历甚至个人情绪等诸多因素。言语的产生受制于诸多不同性质的因素，因此很难形成一个有内在一致性的系统。

语言是言语中全社会约定俗成的共同部分，是言语中有规律可循而又成系统的那一部分，这个部分剔除了所有个人因素和个体差异，因而相对于纷杂的言语而言，排除了个人杂质的语言具有内在的一致性和规律性。从这个意义上说，也可以将语言看作一个抽象的实体，是从言语中剔除各种杂质后抽象出来的均质系统。以语法为例，人们在组词造句时多少会有一些个人的偏好和习惯，如有的人爱说比较短的句子，有的人爱说比较长的句子；有的人表停顿的语气词用得很多，有的人很少使用；即使是相同的句子，也会由于涉及事件的不同而在具体内容上有所不同；这些特点都因人因事而异。组词造句中只有语法规则对所有人而言是一致的，是大家都必须遵守的，因为语法规则已剔除了所有个人因素，是从具体句子中抽象出来的规则系统。

其三，语言是有限的，言语是无限的。人们每天都在说话，一个人一生说了多少话是难以统计的，更不要说全体社会成员了，可见言语的数量是无限的。从理论上说，句子的长度是无限的，因此句子的数量也就是无限的，而言语是由句子组成的，句子数量的无限性也说明言语是无限的。

从句子的长度来看，人们说话是一句一句说的，尽管实际说话时的句子不会太长，句子太长，听话人就会听到后面而忘记了前面的内容，但从理论上说，任何一个句子都可以添加一些成分，使其变成一个更长的新句子。这种在已有句子上添加新成分的过程可以无限延续下去，从而产生无限的句子。从这一点来看，句子的数量就是无限的。例如：

（1）a. 张华的朋友在修电脑。
b. 张华的朋友的朋友在修电脑。
c. 张华的朋友的朋友在修一台电脑。
d. 张华的朋友的朋友在修一台旧电脑。
e. 张华的朋友的朋友在修一台借来的旧电脑。
f. 张华的朋友的朋友在修一台从邻居那儿借来的旧电脑。
g. 张华的朋友的朋友在修一台刚从邻居那儿借来的旧电脑。
h. 张华的朋友的朋友在修一台前几天刚从邻居那儿借来的旧电脑。
……

还可以从句子的类型来看，即使在句子长度不变的情况下，仅仅通过替换句中的词语，也可以造出各不相同的句子来。从这一点来看，句子的数量也是无限的。例如：

（2）a. 小李正在看小说。
b. 老张正在看小说。
c. 小李没有看小说。
d. 小李正在写小说。
e. 小李正在看报纸。
……

言语虽然是无限的，但无限的言语中所使用的词语和语法规则却是数量有限的。一种语言的词语总量可以达到十几万甚至几十万个，但数量总还是有限度的，更何况一种语言的常用语汇往往只有几千个。词语的数量虽然是有限的，但这些词语可以像机器零件那样反复进行新的拼装，构成各种不同的句子，从而满足交际的需要。一种语言的语法规则更是有限的，由于具有高度的抽象性，一条语法规则就可以生成无限的句子，同一条语法规则还可以在一个句子中反复使用，从而不断生成新的句子。人们都有这样的经验，即使听到一个以前从未说过也从未听过的句子，我们也能够听懂，这是因为句子虽然没有听过，但句子所用的词语和语法规则却是我们所熟悉的，新句子不过是已知词语按照已知规则所进行的重新组合。正是因为成分和规则是有限的，语言才能够成为可以学习和掌握的工具；正是因为成分和规则都可以无限使用，语言才能够成为可以表达人类一切知识和思想的工具。

语言和言语的区分，自瑞士语言学家索绪尔（F. de Saussure）明确提出之后，已成为现代语言学对待语言学研究对象的一个基本立场。美国当代语言学家乔姆斯基（N. Chomsky）基于这一立场提出区分“语言能力”和“语言运用”。语言能力指人头脑中内在的语言知识，语言运用指说话和写作等使用语言的具体行为。语言能力是人头脑中的一个规则体系，而规则的使用则要受到记忆力限制、注意力集中程度等语言外因素的制约，因而常常会出现错误。因此，乔姆斯基认为，语言能力和语言运用二者中，语言能力才是语言，语言学应以人的语言能力为研究对象，语言运用只有在理想的说话人—听话人做出理想的语言行为的情况下，即在说话人—听话人精通自己的语言，并且在运用语言知识时不受各种语言外因素影响的条件下，才是语言能力的直接反映，而语言运用不受语言外因素的影响往往是难以办到的，因此语言运用往往并不是语言能力的直接反映。

语言和言语的区分具有重要意义。言语既具有个人特色，也包含社会共同理解的部分，区分语言和言语，就可以将属于社会的和属于个人的因素区别开来。言语是一种社会行为，其中社会因素自然是主要的，个人特色自然是次要的，把语言和言语分开，就可以将主要因素和次要因素区别开来。言语中的社会共同理解部分是均质的、成系统的、有规律的，个人特色则是异质的、不成系统的、难有规律的，区分语言和言语，就可以将说话过程中成系统的和不成系统的、有规律可循的和无规律可循的因素区别开来。言语是无限的，构成无限言语的成分和规则却是有限的，无限言语是运用有限成分和规则的结果，区分语言和言语，就可以将语言这个规则系统和使用这些规则所产生的结果区别开来。总之，语言学应该以说话过程中具有社会性、系统性、规律性的部分为研究对象，区分语言和言语，既可以纯化语言学的研究对象，同时也深化了人们对语言本质的认识。

二、语言和言语的联系

语言和言语是不同的，把它们区分开来，对语言学研究和认识语言的本质有着重要意义。但语言和言语又有密切的联系，它们相互依存，语言存在于言语之中，言语也离不开语言。

语言依存于言语，存在于社会群体的言语之中。首先，某个成分，只有在社会群体的言语中存在，才能够存在于语言之中。过去在汉语里见不到“电脑”这个成分，后来这个成分开始在个别人的言语中出现，随后逐渐扩散到整个社会，大家都使用这个成分，于是“电脑”便成为汉语中的一个语汇成分。其次，语言是从言语中概括出来的抽象实体，离开了言语，语言也就无从概括。从言语到语言的概括，并非只是语言学家的任务，在实际生活中，每个人都在从事这项工作，只不过一般人意识不到而已。说汉语的人都会认为下面各句中的“衣服”是同一个“词儿”：

（3）a. 小王穿着一件新衣服。
b. 小赵拿来一件旧衣服。
c. 小张买了一件红衣服。
d. 小李洗了一件脏衣服。
……

且不说“衣服”的发音每个人都有所不同，就是其在句中的具体所指也各不相同。人们把它们看作同一个“词儿”，就是对其共性进行概括的结果。对言语事实进行概括归并是人的一种能力，幼儿学说话，就是不断地从周围人的言语中概括出具有共性的单位和规则，从而获得语言知识。语言中无论是词还是语法规则，实际上都是从言语中概括出来的抽象模型，粗略说来，词是专指性意义与语音形式结合关系的模型，语法规则是词语组合关系和聚合关系的模型。语言因其抽象性而无法直接观察到，能够直接观察到的只有说话行为和说出来的话。因此，要研究和认识语言，往往需要从观察言语入手。不过，言语会受到各种语言外因素的影响，有个人色彩常会出错，往往并不是语言的直接反映，因此，通过观察言语来认识语言，就是一个甄别性质、剔除非语言因素、概括语言社团共性的过程。

言语也离不开语言，言语要为人所理解就必须有语言。首先，脱离了语言中的语汇和语法规则，人们就无法说话。例如，说汉语的人说话时离不开“人、头、手、脚、腿、天、地、大、小、粗、细、长、短、红、绿、吃、喝、走、跑、跳、今天、明天”这样一些最基本的语汇。其次，每个人说话都有各自的特点，但言语不同的人能够相互理解，依靠的就是言语中的共同部分——语言，相同的成分和规则使不同的言语有了共同的基础。说话人要让对方听懂自己的话，就必须使用这些共同的成分，必须遵守共同的规则，这就好比下棋，你可以这样下，我可以那样下，棋局变化万千，但要在一起对弈，就必须共同遵守下棋的规则。从这个意义上说，说话并非是完全自由的，个人的言语要受到社会语言习惯的约束和规范。再次，语言是不断发展演变的，语言成分和结构上的演变往往是从个人创新开始的，个人对现有语言规则的突破是语言演变的重要来源，因此，语言演变总是首先萌发于个人或少数人的言语之中，但个人创新只有在社会广泛接受的条件下，才能够进入语言，否则就只能算是“生造”，就只能是个人言语成分，而不可能成为语言发展演变的一部分。鲁迅是中国现代著名作家，他的作品被认为是所谓的“典范的现代白话文著作”，但即便如此，鲁迅作品中的表达形式也并非都是汉语普通话的成分，像“弄敏了他的感觉”之类的表达形式，未能被社会接受，就只能是他个人的言语成分，而不能进入普通话。

第二节　语言的结构属性

本节学习要点

1. 语言的符号性质：形式和意义的统一体，能指与所指不能分离。

2. 语言符号的特性：任意性和强制性，离散性和线条性，系统性。

3. 语言符号的系统性：语言的层级体系及其效能，组合关系和聚合关系。

语言具有多种属性，可以从不同的角度来认识，就好比一辆汽车，从用途上看，是一种交通运输工具；从自身的构造上看，是由发动机、操纵装置以及车身等部件组成的机器。从自身结构属性上看，语言是一种符号系统。语言符号具有哪些特性，语言符号系统又是如何运行并满足社会需要的，这些都是这一节将要回答的问题。

一、语言的符号性质

符号是根据社会的约定俗成用来表示特定意义的物质实体。在生活中有各种各样的符号：交通管制系统中，红灯表示“禁止通行”，绿灯表示“可以通行”；数学中的“＋ － × ÷”分别表示“加减乘除”；货物包装箱上的酒杯图标表示“易碎物品”，雨伞图标表示“避免雨淋”等。

符号是形式和意义的统一体，符号的形式和意义是不可分割的。符号的形式由人的感觉器官可以感知的物质实体构成，符号的意义则由物质实体来负载。例如，上课和下课的铃声是一种符号，这种符号以人的听觉器官可以感知的声波为形式，这种声波负载着“开始上课”或“可以下课”的意义。符号是用来传递信息的标记，如果不表达任何意义，物质实体就只是单纯的物质而不会成为符号的构成要素；如果脱离了物质实体，无形的意义就会因为失去物质依托而无法传递；所以任何符号都必须包含形式和意义两个方面，失去其中任何一方，便不成其为符号。无论是交通管制用的红绿灯、课堂教学管理用的铃声，还是数学所用的运算符号、货物运输所用的各种图标，凡是符号，莫不如此。

符号的形式和意义之间没有必然的联系，二者关联在一起是社会约定俗成的结果。符号是形式和意义相结合的标记，但什么样的形式和什么意义结合在一起，却并不具有必然性，而是取决于人为的约定，这是符号的重要特性。现在的学校都是用铃声来表示“上课”或“下课”，但在电铃被广泛使用之前，北京有些小学也曾使用敲击钢轨的声音表达同样的意义。现在货物包装箱上用酒杯图标表示“易碎物品”的意义，这只是一种约定的习惯而已，同样的意义如果约定用酒瓶做图标来表示，也未必不可。再如，看到冒烟就知道一定有物体在燃烧，烟和火有着自然的关联，因此烟只是火的征候而不是表示“燃烧”的符号；中国古代烽火台上冒出的烟表示“敌人来袭”，这个意义和烟火之间并没有必然的联系，二者关联在一起完全是人为约定的结果，因此这种烟火才可算是符号。正是因为符号具有社会约定的特性，如果不了解有关社会习惯，见到一个符号时，就难以准确推知符号的意义；要表达某种意义时，也无法知道该用什么样的符号。

语言具有符号的基本特征，因而是符号的一种，而且是最为重要的一种。语言符号也包含形式和意义两个不可分割的方面，是形式和意义的统一体。语言中的语素和词可以看作一个一个的符号，词组和句子则是符号的组合体。语言符号的形式是听觉器官可以感知的声音，语言符号的意义是人对客观世界的概括反映。在汉语普通话中，“shān”这个声音实体和“地面上由土、石形成的高耸的部分”这个意义结合在一起，就形成了“山”这个语言符号；“jūnduì”这个声音实体和“正规武装组织”这个意义结合在一起，就形成了“军队”这个语言符号。瑞士语言学家索绪尔用“能指”和“所指”两个术语来概括语言符号的这两个方面：把语言符号中表示意义的声音称作“能指”，把语言符号中由声音来表达的意义称作“所指”。语言符号的能指和所指就如同一张纸的正反两面，纸的正反面无法切开，语言符号的能指和所指也无法分离，一旦分离，语言符号就不复存在。

二、语言符号的特性

语言符号具有任意性和强制性、离散性和线条性以及系统性，了解语言符号的这些特性，对认识语言有重要意义，许多语言现象都可以从这些特性上得到说明和解释。

（一）语言符号的任意性和强制性

语言符号的任意性是指语言符号的声音和意义之间没有内在的、必然的联系，一定的声音和一定的意义结合在一起是社会约定俗成的结果，因而这种音义结合关系是不可论证的。在语言中，什么声音表达什么意义，什么意义用什么声音来表达，取决于社会的约定俗成，并没有什么理据可言。汉语普通话中把“狗”叫作“gǒu”，把“狼”叫作“láng”，这与狗和狼的特征没有什么关系，只是一种社会习惯而已，如果在汉民族的习惯中，把“狼”叫作“gǒu”，把“狗”叫作“láng”，只要社会认可，也未尝不可。正是因为语言符号的这种任意性，才会有不同语言用不同声音表示相同意义的现象，如同样指“书”，汉语普通话里用“shū”，英语里用“book[buk]”；同样指“人”，汉语普通话里用“rén”，英语里用“man[mæn]”。正是因为语言符号的这种任意性，语言中才会存在同音异义现象，如在汉语普通话里，“méi”这个声音可以表示“煤、梅、眉、没、酶”等不同的意义，“qiān”这个声音可以表示“千、签、牵、迁、铅”等不同的意义；在英语里，[bai]这个声音可以表示“购买（buy）、在……旁边（by）”等不同意义，[sait]这个声音可以表示“地点（site）、视力（sight）”等不同意义。同样，还是因为具有任意性，语言符号的音义关系才具有可变性，是可以变动的，如汉语“家”（家庭）这个词中古时期读作[ka]，在今天的普通话里却读作[tɕia]。如果语言符号的声音和意义之间存在必然联系，同一个意思在不同语言中就该用相同的声音来表示，人类的语言就该是基本一致而不会具有多样性的特点；同样，如果语言符号不具有任意性，语言就该一音一义而不会存在同音异义现象，只要意义不变，音义结合关系也就不会变动；但这些都不可能是事实。

就语言符号的任意性而言，拟声词可以算是一个例外。拟声词是模拟自然界的声音而产生的词语，如汉语中的“布谷、知了、蝈蝈、轰隆、噼啪”等。尽管不同语言中所指对象一致的拟声词可能并不相同，如都是表示“布谷鸟”的拟声词，汉语普通话里是“bùgǔ”，英语里却是“cuckoo[kʊku:]”，但不可否认的是，拟声词的声音实体与所指对象之间有一定的关联，并非是完全任意的。不过，在任何语言中，拟声词在语汇中都是极少数，极少数的特例并不能否定绝大多数语言符号具有任意性的事实。

语言符号中的复合符号不是完全任意的，而是具有一定的理据性。语言符号都是声音和意义的结合体，其中有些不能再分解出更小的音义结合体，这样的语言符号是单纯符号，如汉语的“火、车、铁、路、海、说、快”等；有些则可以从中分解出更小的音义结合体，这样的语言符号是复合符号，如汉语的“火车、铁路、海洋、说明、快艇”等。复合符号是由单纯符号组合而成的，这种组合要依据客观事物之间的关系和组合的规则，因而是有一定的理据可言的。“火车”是一个复合符号，之所以选用“火”来修饰“车”而不是用别的单纯符号，是因为“火车”过去是靠锅炉燃烧产生蒸汽驱动的；还有用“火”修饰“车”而不是相反，是因为“火车”是“车”的一种而不是“火”的一类。不过，即使是复合符号，也有一定的任意性，这主要是因为组合所用的单纯符号是具有任意性的。

语言符号的强制性是指语言符号的音义结合关系一旦由社会约定俗成，任何个人都只能接受并遵守既定的社会语言习惯而不能随意改变它。语言符号的任意性是就声音和意义之间是否具有理据关系而言的，并非意味着个人可以任意改变语言符号已有的音义结合关系，实际上正相反，这种音义结合关系一旦确定，就成为社会习惯的一部分，对语言符号的使用者就具有强制性，任何个人都不能任意加以改变，除非个人的改变能获得社会的广泛认可和接受，不过，那实际上已是用新的约定俗成来取代旧的约定俗成了。例如，“狗”不能说成“狼”，“狼”也不能说成“狗”，这是大家都遵守的社会习惯。如果非要用“我养了一只狼”表达“我养了一只狗”的意思，就没有人能够理解这句话的真实意义。可见，语言符号的强制性是由语言的交际工具属性决定的，在使用语言符号的过程中，只有大家遵循共同的规则，语言才能够发挥社会交际工具的作用。

语言符号的强制性是就符号和使用者之间的关系而言的，语言符号的任意性是就音义关系的性质而言的，语言符号并不会因为具有强制性而失去任意性，强制性的作用在于使语言符号的音义之间具有稳定的关联，而并不能改变这种关联的性质。尽管人们必须把狗说成“狗”，不能把狗说成“狼”，但狗叫作“狗”，狼叫作“狼”，就其音义关系的性质而言依然是任意的。

（二）语言符号的离散性和线条性

语言符号的离散性是指语言符号彼此之间有着清楚的界限，语言符号的序列是可以分解的。如同机器可以分解成不同的零件一样，人说出的话语也是可以分解的，从话语中可以分解出不同的语言符号，这些语言符号又可以像用零件组装机器那样，重新组合成新的话语。例如，“他去找你”是一段话语，从中可以分解出“他、去、找、你”几个语言符号，用它们又可以重新组合成“他找你去”“你去找他”“你找他去”等不同话语。

语言符号的线条性是指语言符号只能依时间先后排列成一维单向的序列。人的发音器官在一个时间里只能做出一个发音动作，因此说话只能一个字一个字地说，说话速度再快，也不可能同时发出两个音，更不可能同时说出两个语言符号。说话时，语言符号只能随着时间的推移一个跟着一个依次出现，排列成有先后次序的序列。当我们用文字将说出的话语记录下来时，有声符号在时间上形成的线条性序列就会转化为书写符号在空间上的序列，语言符号的线条性特征就会清晰地展现在面前。

但需要指出的是，语言符号的线条性特征只是就其在时间或空间上的排列方式而言的，并非意味着语言符号的组合完全是线条性的。实际上，语言符号的组合既有线条性的一面，更有非线条性的一面。表面上看，语言符号的组合是一个线条性序列，但其背后还有一个非线条性的层次构造，这个层次构造决定着组合的结构性质和语义解释。例如，同一个线条性序列“北京人多”实际上并存两个层次构造，一个是“北京/人多”，一个是“北京人/多”，它们结构不同，意义也不同。可见，语言符号即使前后相连，也未必就有直接的组合关系。就“北京/人多”而言，“北京”和“人”虽前后相连，却没有直接组合关系；就“北京人/多”而言，“人”和“多”虽前后相连，也没有直接组合关系。因此，语言符号的组合虽有线条性，但这种线条性是以组合的层次构造为基础的。

语言符号的离散性和线条性对语言的结构特点有重要影响。语言符号具有离散性，话语才可以分解而不是铁板一块，分解出来的语言符号才可以反复使用，从而使语言符号的重新组合成为可能。语言符号具有线条性特征，只能排列成有先后次序的序列，而不能像图表那样上下左右铺开，这一特征影响着语言符号的组合方式和组合规则。

动物发出的鸣叫声可以传递一定的信息，或表示“惊恐”，或表示“危险”，或表示“威吓”，或表示“满足”，或表示“求偶”，但动物的叫声是浑然一体的，不能分解成大小不等的单位，也就不能利用单位的重新组合来表达不同的信息。因此，动物的叫声只能传递简单的信息。人的话语是可以分解的，分解出来的语言符号，也就是语素和词，可以按照一定的规则重新组合，这样，数量有限的语言符号通过各种形式的排列组合，就可以产生无限的话语。有限手段可以无限使用，无限使用可以产生无限的话语，从而可以表达无限的意义，这正是人类语言与动物叫声的本质区别之一。

（三）语言符号的系统性

语言符号与其他符号相比不仅更为复杂，而且具有系统性，而非囫囵一体或一盘散沙。语言符号构成的系统是一个层级体系，这个体系利用排列组合的特性而获得极高的表达效能，从而满足了以有限手段表达无限内容的社会需求。

1. 语言的层级体系

语言指的不是单个的符号，也不是一个个符号的杂乱堆积，而是一个有组织的符号系统。在这个系统中，所有的符号是按一定的规则组织起来的，每个符号都是系统中的成员，上下左右都存在着一定的组织关系，通过这些组织关系，符号与符号关联在一起，由此构成一个有条理、有规律的系统。语言的层级体系是这种系统性的重要体现。

语言系统是一个多层级的体系。语言系统分为上下两层，下层是一套音位。音位本身不表示任何意义，而只是用来区别意义的形式因素。一种语言中的音位数量通常只有几十个，但它们可以构成数目众多的音位组合，为语言符号提供所需的声音形式。上层是音义结合体，这一层又可以分若干级。第一级是语素，语素是最小的音义结合体；第二级是由语素构成的词；第三级是由词构成的词组和句子。语素和词都是语言符号，词组和句子是语言符号的序列。

语言的层级体系具有极高的效能。在语言的层级体系中，从音位层上升到语素层有两个显著变化：其一，音位不表示任何意义，而语素则是音义结合体，在语素层上，音和义开始结合在一起；其二，一种语言的音位只有几十个，而语素的数量则可以达到几千个，几十个音位通过有规则的组合可以为几千个语素提供所需的声音形式。从语素层上升到词这一层，几千个语素通过有规则的组合可以产生几万、十几万、几十万个词。从词这一层上升到句子层，几万、十几万、几十万个词通过有规则的组合就可以产生无限的句子。语言层级体系的显著特点在于：语音成分和语言符号的数量都是有限的，但它们却是可以组合的；组合是按照一定规则进行的，而规则的数量也是有限的。虽然参与组合的单位和规则都是有限的，但排列组合的可能性要比参与单位的数量大得多，因此下一层级的单位通过组合就可以产生数量大得多的上一级单位，经过层层组合，几十个音位最终就可以产生无限的句子。由于组合是有规则的，并非任何组合在一种语言中都是可以接受的，就某一特定语言而言，实际上仅仅利用了语音成分和语言符号排列组合的一部分可能而不是全部可能，但即使如此，仍可以通过层层有规则的组合，生成无限的句子。

语言层级体系的效能体现出语言系统具有一种创造性特征。语言符号和组合规则的数量都是有限的，但这些符号和规则的使用却可以变化万千、无穷无尽，有限的手段可以无限地使用。人们可以说出一个以前从未说过也从未听过的句子，而对方也能够听懂，就是因为句子虽然是全新的，但构成句子的词语和规则却是人们熟知的，全新的句子不过是已知词语和规则的创新使用而已。作为人类最重要的交际工具，社会交际活动对语言有两个近乎苛刻的要求：一方面要求语言中的符号和规则必须是有限的，只有如此，人才有可能掌握和使用这个工具；另一方面又要求语言要有无限的表达能力，不仅要能够表达人类已有的一切认识成果，而且要有足够的潜力以适应人类认识的未来发展。通过自身的层级体系所提供的效能和所具有的创造性特征，语言很好地解决了有限的表达手段和无限的表达内容之间的矛盾。

语言系统的多层级特点还体现为：语言是由不同的子系统分层级组成的。一般认为，语言系统是由语音系统、语汇系统、语法系统和语义系统四个子系统组成的，这些子系统又分别由更小的子系统组成。以语汇系统为例，如果着眼于语汇的结构类型，语汇系统由单纯词和合成词两个子系统组成，合成词子系统又由复合词和派生词两个子系统组成；如果着眼于语汇的地位和来源，语汇系统由基本语汇和一般语汇两个子系统组成，一般语汇子系统又包含古语词、方言词、外来词、行业语等子系统。

2. 组合关系和聚合关系

语言层级体系的形成和运转离不开系统要素之间的各种关系，或者说，系统要素之间的各种关系也是系统重要的构成要素。正是因为有这些关系，各个层级才彼此依存，各个要素才相互关联，语言才成为一个系统。组合关系和聚合关系就是语言系统内两种最主要、最基本的关系。

组合关系是指语言符号在组合之中的相互关系。在语言系统中，下一层级的单位可以组合成上一层级的单位，语素可以组合成词，如语素“语”和“言”可以组合成“语言”这个词，词中两个语素之间的关系就是组合关系；

词可以组合成句子，如“我”和“去”可以组合成“我去”这个句子，句中两个词之间的关系也是组合关系。语言符号的组合是分层次的，组合关系受组合层次构造的制约，例如“我去北京”，从线条性序列上看，“我、去、北京”是依次组合的，但从层次构造上，却是“我”和“去北京”的组合。语言符号的组合不是任意的，组合是有规则、有选择的。一个词语并非可以和所有其他词语进行组合，例如，汉语普通话里，“很”可以和“高、大、长、漂亮”等词语组合，但不能和“走、说、制造、桌子、石头”等词语组合。即使能组合，也并非所有的组合都是可以接受的。例如，汉语普通话里，“你、看、他”三个词有6种组合可能，其中只有“你看他”“他看你”两种组合是可以接受的。而“他、姓、张”三个词更是只有“他姓张”一种组合是完全可以接受的。这些都说明语言符号的组合是有规则的，不是任意的。

聚合关系是指语言符号在组合位置上的相互替换关系。语言符号在组合中总是处在一定的组合位置上，一些语言符号可以出现在同一个组合位置上，可以相互替换。例如：

（4）a.	他	在	看	报纸
b.	我	在	修	电脑
c.	他们	也	学	英语
d.	学生	没	交	作业
e.	老师	正在	批改	作文

上面（4）“他在看报纸”中有4个组合位置，在“他”的位置上还可以出现“我、他们”等，在“在”的位置上还可以出现“没、也”等，在“看”的位置上还可以出现“修、学”等，在“报纸”的位置上还可以出现“电脑、英语”等。可见，可以在一个组合位置上出现的不是个别词语，而是成群的词语。这些可以在相同组合位置上出现的语言符号聚合成类，同在一个聚合类中的语言符号之间的关系就是聚合关系。由于一个组合位置上可以出现成类的词语，通过同类词语的替换，人们就可以从一个句子类推出许多不同的句子来。类推出的句子虽然不同，但句子的结构形式却是相同的，即使从未见到或听到过，理解起来也不会有什么困难。因此，语言中的组合形式虽是有限的，但有限的组合形式却可以产生无限的句子。

组合关系和聚合关系是相互依存、相互作用的。聚合关系是在组合关系中形成的，没有组合形式提供的各种组合位置，就不会有组合位置上的替换关系，也就没有按这种替换关系形成的聚合类；组合关系是以聚合关系为支撑的，没有聚合关系提供的各种聚合类，组合形式就失去了可以类推的特性，从这个意义上说，语言中的组合形式最终体现为聚合类的序列，语言中的组合关系最终也表现为聚合类之间的关系。

组合关系和聚合关系是语言中的两种基本关系。组合关系和聚合关系构成语言系统内部关系的两条轴线，组合关系是一条横轴，聚合关系是一条垂直于组合关系的纵轴，每一个语言符号都处在这两条轴线的某个交汇点上；换句话说，每一个语言符号既可以和其他语言符号进行组合，同时也可以为同类的语言符号所替换。这既体现了语言符号相互影响，相互制约的系统性，同时，也是考察一个语言符号具有哪些特点的基本着眼点。

第三节　语言的社会属性

本节学习要点

1. 语言与社会交际：语言的信息传递功能、人际互动功能、情感表达功能；语言是人类最重要的交际工具。

2. 语言与民族文化：语言是民族文化的重要构成要素：民族心理的特质，民族文化的特殊形态；语言是民族文化的重要载体：文化限制语汇，语汇的词源，语汇的构造，语汇中的借词。

语言在人类社会的存在和发展中起着不可或缺的作用，这种作用可以从语言的社会属性上来认识。从语言的社会属性和功能上看，语言既是社会的交际工具，又是民族文化的重要因素和载体。作为社会的交际工具，语言虽不是唯一的，却是最为重要的；作为民族文化的重要因素和载体，民族语言与民族文化息息相关。

一、语言与社会交际

人类语言是为了满足社会交际的需要而出现和发展的。交际功能是语言基本的社会功能。语言的交际功能包括信息传递功能、人际互动功能和情感表达功能。社会交际也可以使用非语言手段，但其他交际工具的重要性都无法与语言相比。

（一）语言的交际功能

交际是人们借助物质手段来传递信息、交流思想、表达情感的社会活动，没有这种活动，人们就无法相互沟通，相互理解，相互协作，人类社会就难以存在和发展。

人类的交际活动是以信息、思想、情感为内容的，但信息、思想、情感都是无形的，看不见，闻不到，摸不着，无形的东西既无法在人与人之间传递交流，也难以被人感知理解，因此，人类的交际活动必须借助一定的物质手段才能够进行。借助一定的物质手段，无形的信息、思想、情感可与物质形态结合在一起，这些物质形态是人的感觉器官可以感知的，借助它们，无形就变为有形，从而可以传递和交流。人类交际活动所凭借的物质手段就是交际工具，语言就是这样的工具和手段。语言借助声音这种物质形态，可以最为方便地为交际内容提供物质载体，使信息、思想、情感在人与人之间传递和交流。

语言的交际功能包括信息传递功能、人际互动功能和情感表达功能，这些功能使语言发挥着人际沟通和社会纽带的作用。信息传递功能是指将信息告知他人的功能。凡对方不了解的知识、经验、情况都可以算是信息，信息传递是人际交流最为基本的内容，语言则是人类传递信息的基本手段和凭借。信息传递的作用在于实现信息的人际共享，使个人的知识、经验转变为群体的知识和经验。人际互动功能是指促发人与人之间相互理解、相互合作的功能。通过语言，人们可以实现思想、看法、意图的相互交流和沟通，从而相互理解；通过语言，人们可以发出提问或请求，对方可以用语言或行为作出回应，从而实现相互合作。情感表达功能是指表达感情和情绪的功能。人们既可以使用语言来自我抒发情感，以获得心理上的平衡；也可以使用语言向他人表达情感，以调整或改变人与人之间的亲疏远近关系。无论是信息传递功能、人际互动功能，还是情感表达功能，都可以起到社会纽带的作用，把人和人关联到一起，使他们可以相互沟通，相互理解，相互合作，人类社会正是借助了语言的作用，才得以在人们的相互协作中存在和发展。

语言在社会交际活动中起着重要作用，但人类的交际工具是多种多样的，语言并不是人类唯一的交际工具。除语言之外，人们还使用其他交际工具：文字、旗语、红绿灯、电报代码、数学符号、化学公式、体态手势、表情等。文字是记录语言的书写符号系统，自然能够像语言一样传达复杂的思想和情感。文字之外的其他交际工具也都可以发挥传递信息的作用，例如，中国人用翘起大拇指表示“很好”，用点头表示肯定，用摇头表示否定，用摆手表示禁止。甚至空间距离也可以被用来传达信息：当两个人交谈时，如果一方有意靠近对方，缩小双方的空间距离，就有可能是在传递希望与对方拉近关系的信息；如果一方有意保持较大的空间距离，就有可能是在传递不希望与对方关系过于密切的信息。交际工具的多样性还体现在：只要经过人们的事先约定，我们身边的许多物质形态都可以用作传递信息的工具，如古代军事报警用的“狼烟”，抗日战争时期根据地军民报警用的“消息树”等。但这些语言之外的交际工具，要么是语言的另一种表现形式，如文字、旗语、电报代码等；要么只是一种辅助手段，如体态手势、表情等；其重要性都无法和语言相比。

（二）语言是人类最重要的交际工具

语言虽然不是人类唯一的交际工具，却是最重要的交际工具。与其他交际工具相比，语言的重要性体现在以下四个方面。

其一，从社会必需性上看，语言是人类社会不可缺少的交际工具，其他交际工具则并非如此。语言以外最重要的交际工具就是文字。文字使听觉感知的有声语言获得了视觉感知的书面形式，打破了时间和空间对语言功能的限制，扩展了语言在社会生活中的作用，极大地推动了社会文明的发展。但即使如此，文字在社会交际活动中的作用也难以和语言相比。一个社会可以没有文字，但不能没有语言。古人类学的研究表明，远在距今四五万年的旧石器时代晚期，语言便已产生。文字的出现比语言要晚得多，至今也不过几千年历史。这意味着，在一个漫长的历史时期内，人类社会只有语言，而没有文字。就当今世界来看，人们可以找到没有文字的社会，但绝找不到没有语言的社会。可以说地球上凡有人群活动的地方，就一定有语言的存在，但对于文字就不能下这样的论断。

其二，从独立性上看，语言可以独立发挥交际功能，而不必依赖任何其他交际工具，其他交际工具则是辅助性的，大多依赖于语言。尽管其他交际工具对语言的交际功能有补充扩展的作用，但即使没有它们，语言也可以独立充当社会的交际工具。其他交际工具则不然，它们有些是在语言的基础上产生的，其作用在于记录或传递语言信息，如文字、旗语、电报代码等。如果说语言是一种符号，那么，这些交际工具就是语言符号的符号，没有语言，它们就无从产生，更不可能成为交际工具。有些交际工具虽然不是在语言的基础上产生的，却需要用语言来进行约定和解释，如数学符号、化学公式、红绿灯等。

其三，从表达能力上看，语言是能够充分表达思想情感的交际工具，其他交际工具的表达能力往往是极其有限的。语言由于自身的构造而具有几乎无限的表达能力，它不仅可以表达人类认识活动的一切已有成果和复杂情感，而且对人类社会和认识的未来发展也有足够的应对潜力，语言不再能表达新概念、新思想的情况是不可能出现的，除非这种语言是不再为人所使用的“死语言”。其他交际工具的表达能力则是极其有限的，用红绿灯、体态手势、表情等去表达复杂的判断和推理过程，用数学符号、化学公式去表达复杂细腻的情感，都是难以想象的。当然也应该看到，语言在表达上也不是万能的，只可意会不可言传的情况，每个人都可能经历过，甚至有时候一个体态、一个表情也许比许多话语更有表现力。尽管如此，我们仍可以说，从总体上看，语言有着其他交际工具无法比拟的表达能力。不过，文字是个例外，因为它本身就是记录语言的书面符号系统。

其四，从使用范围上看，语言的服务领域十分宽广，其他交际工具往往有其特殊的服务领域，使用范围狭窄。语言是与人类社会的所有方面都有着深刻联系的交际工具，人类的所有活动都离不开语言。其他交际工具的使用领域往往比较狭窄，例如，旗语通常用于军事联络，红绿灯一般用于交通管理，数学符号和各种公式只用于特定的专业领域等。

语言是人类社会最重要的交际工具，交际工具属性是语言最重要、最基本的社会属性。从语言的发生和发展来看，语言的产生、存在和发展与社会交际活动密切相关。没有社会的交际需要，语言就无从产生；丧失了交际功能，不再被社会用作交际工具，一种语言就会成为不再有发展演变的死语言。从语言的内部结构上看，语言的内部构造之所以如此，语言符号之所以具有如此特征，语言的交际工具属性是一个重要根源，这一属性是认识语言诸多特征的一个基本出发点。

二、语言与民族文化

语言不但是人类最重要的交际工具，而且也是人类文明和民族文化的重要载体。民族语言不仅承载民族文化，而且是民族文化的重要构成要素。正因为如此，对民族语言的情感往往和对民族的情感交织在一起，民族语言是获得和保持民族认同感和民族凝聚力的重要力量。

（一）语言是民族文化的重要因素

语言具有民族性，不同的民族往往使用不同的语言，如汉族说汉语，藏族说藏语，日本民族说日语。尽管在当今世界上，语言和民族的关系比较复杂，不同民族使用同一种语言和同一个民族使用不同语言的情况都是存在的，但世界上还是有不少民族和语言的关系是比较一致的，因此，语言常常被认为是民族的重要标志。作为民族特征之一的民族语言，是与民族文化紧密联系在一起的，或者说民族语言本身就是民族文化的重要组成部分。

文化通常指人类创造的物质成果和精神成果，凡是人类社会所具有的物质文明、各种制度以及文学艺术、审美情趣、价值观念、宗教信仰、风俗习惯等都可以算是文化现象。民族文化则是特定民族特有的文化现象，是带有民族印记的文化形态。文化的创造和发展，无论是物质文明的创造和发展，还是精神文明的创造和发展，都离不开人对自然和社会的思考，语言作为人类重要的思维工具，必然在其中发挥着无可替代的作用并产生重要而深刻的影响。

民族语言会影响一个民族认知事物的方式，使其保持一定的特殊性，这种特殊性是民族心理的重要因素。许多研究表明，一种语言的特点会影响该语言使用者完成各种认知过程的难易程度，或者说，使用某种语言的人可能比使用另一语言的人更容易促发和完成某些认知过程。语言的语汇系统反映人对客观世界的分类，不同的民族语言所反映的这种分类体系并不完全一致，反过来，不同语言在这种分类体系上的差异也会影响人的认知。例如，颜色的光谱对任何民族的人来说都是一样的，但不同语言中基本颜色词（即所表颜色不包含在另一颜色词所表颜色范畴之内的词）的数量却可能有很大差异，多的有11个，如英语；少的只有“黑”和“白”两个，如新几内亚Dani族（达尼族）语言。有关实验表明，对颜色的认知和记忆会受到特定语言颜色词系统的影响，利用颜色词所固化的颜色区分，说一种语言的人可能比说另一语言的人更容易完成某项颜色认知。[(1)]语言的语法范畴是将人对事物属性或关系的认识固化在语法中的结果，事物的属性和关系是客观存在的，但不同的民族却可能有不同的关注焦点和侧重，这些不同的认知结果固化在语法中而形成语法范畴后，又会反过来引导人的认知。例如，英语在语法上区分可数名词和不可数名词，以此来反映英语民族对物体和物质的概念区分，但在日语中，所有的非生物名词都像英语的物质名词一样是不可数名词，在语言形式上并不像英语那样清楚地区分物体和物质。有关实验表明，在英语这种可数名词和不可数名词区分的引导下，美国儿童比日本儿童更倾向于把物体和物质看作两类事物。[(2)]总之，不同的民族在认识世界的过程中，由于受到各种因素的影响，对客观事物的各种属性和关系并非同等对待，而

（1） D.W.卡罗尔：《语言心理学》，缪小春等译，华东师范大学出版社2007年版，第386 ~ 388页。
（2） D.W.卡罗尔：《语言心理学》，缪小春等译，华东师范大学出版社2007年版，第399 ~ 400页。

是各有其特别关注和特别在意的方面，这些认知上的不同习惯和特点一旦获得语汇或语法表现，便会固化在民族的语言里，民族语言又会反过来对一个民族的认知过程产生引导和框架作用，从而使一个民族的心理特质通过民族语言而代代相承，长久保持。

民族语言作为民族文化创造所依赖的工具，会在一定程度上决定民族文化的形态。文学是文化的重要内容，文学的民族特色与民族语言的特点是分不开的，甚至从一定意义上说，民族语言的特点决定着文学的民族特色。汉语的古典诗词讲究平仄，这是因为汉语是一种有声调的语言，所以可以利用声调的平仄交错形成诗歌的节奏，像英语、德语、俄语等没有声调的语言，它们的诗歌就不可能有这样的特点。英语、德语、俄语都是词重音现象较为显著的语言，词语的音节轻重分明，因而有利用轻重音交替形成诗歌节奏的十四行诗，而汉语的词重音现象并不显著，也就不会有这样的诗歌形式。再如，汉族人过春节时，会将“福”字倒过来贴在门上，以祈求“福到”。之所以会有这种习俗，是因为汉语里“倒过来”的“倒”与“到来”的“到”同音，这种特殊的谐音关系是产生这一风俗习惯的基础。

（二）语言是民族文化的重要载体

语言不仅是民族文化的重要因素，也是民族文化的重要载体。文化创造的成果需要获得表达和记载，以便交流、传播、积累和传承，语言是人类最重要的交际工具，自然成为文化最基本、最重要的载体。

语言是文化的重要载体，这实际上包含两种不同的含义。其一，从言语的角度来看，语言是文化的重要载体。一个民族的文化主要是使用语言来表达和记载的，这种表达和记载的结果就是各种以民族文化为内容的言语作品，通过语言这个工具，民族文化就记载和呈现在这些言语作品之中。汉民族拥有大量的历史文献、文化典籍，它们都是以汉民族历史和文化为内容的言语作品，汉民族的历史和文化就记载并呈现在这些言语作品之中。其二，从语言自身的角度来看，语言是文化的重要载体。就与文化的关系而言，语言不仅仅是表达和记载工具，语言系统本身就包含着民族文化的因素，带有民族文化的深深印记，语言要素本身也会承载着民族文化的信息。从这个意义上说，语言本身也是文化的重要载体。

言语作品是民族文化的重要载体，这是显而易见的。下面主要从语汇角度说明语言自身也是文化的重要载体。

从语汇中的“文化限制语汇”所承载的文化信息来看语言的文化载体功能。由于每个民族的生活环境、文化历史传统、风俗习惯等不同，不同民族的语言中往往会有一些其他语言所没有的词语，这些词语具有独特的文化内涵，不了解这些文化内涵就难以准确理解这些词语，这样的词语就是所谓“文化限制语汇”。汉语中的“中庸、天道、王道、精气、阴阳、君子、仁义”等词语包含着中国古代的哲学思想或伦理道德，因此难以在其他语言中找到对应的词语。汉语里的“秀才、举人、进士、状元、金榜、八股文”等词语和中国封建时代的科举制度有关，其他民族没有这种制度，语言中也就没有反映这种制度的词语。汉语里的“馒头、窝头、饺子、元宵”等词语是中国特有食品的名称，很多民族没有这些食品，自然也就没有这些词语。从另一个方面看，许多外来的事物则是中国原本没有的，表示这些事物的外语词在汉语里也就没有对应的词语可以用来翻译，因此往往只得采用音译的方式来引进这些词语，如“吐司（toast）、布丁（pudding）、比萨（pizza）、沙拉（salad）、白兰地（brandy）、威士忌（whisky）、高尔夫（golf）”等。文化限制语汇通常只有在接触到有关事物后，才可能被真正理解，否则，再多的解释也难以让人真正明白它们指的究竟是什么。

从语汇的词源所承载的文化信息来看语言的文化载体功能。词源是指一个词语的历史来源和发展过程，一个词的词源常常携带着文化信息。英语中的“pen（钢笔）”一词原来的意思是“羽毛”，后因欧洲人早期的笔是用鹅毛制成的，这个词又用来指原始的鹅毛笔。随着笔的发展，“pen”的词义也发生演变，最后，原本表示“羽毛”的“pen”就表示“钢笔”了。“pen”一词的历史来源和词义演变，反映了欧洲书写工具的发展过程。云南独龙族直到20世纪40年代，还是用同一个词称呼麻布、衣服和被子这三种不同的东西，这是因为长期以来这三种东西在独龙族的生活中是“三位一体”的，其质料是麻布，白天披在身上就是衣服，晚上盖在身上就是被子，这一词源反映了旧时独龙族生活状态的一个侧面。汉语中的“刻”一词原来的意思是“雕刻”，后因中国古代用刻漏计时，这种计时器具为壶形，壶内盛水，水上竖有刻着度数的浮标，壶底有孔，水从孔中漏出而水位逐渐下降，水上浮标也随之降低，浮标上的刻度依次到达某一位置，以此计时。因此，“刻”又被用来表示时间单位，这一词义的发展演变过程透露出中国古代计时器具的情况。汉语中有大量的成语，许多成语的词源中都包含着中国历史文化的内容。其中有的成语来源于历史故事，如“四面楚歌、破釜沉舟、完璧归赵、围魏救赵、纸上谈兵”等；有的成语来源于寓言传说，如“叶公好龙、邯郸学步、杞人忧天、坐收渔利、刻舟求剑、揠苗助长、画蛇添足”等；有的成语与古代文学艺术有关，如“诗以言志、黄钟大吕、金石丝竹、一板一眼”；有的成语与古代器物有关，如“一言九鼎、纲举目张、循规蹈矩、功亏一篑、夏炉冬扇、驷马高车、一筹莫展、渔阳鼙鼓”等。这些成语可以称得上是了解中国古代文化的窗口。

从语汇的构造所承载的文化信息来看语言的文化载体功能。汉语并列式复合词中的构成成分往往有固定的排列次序，一般不能随意颠倒，而且通常是被认为重要的位置在前，如“君臣、父子、父母、公婆、夫妻、子女、兄弟、姐妹、兄妹、男女、老少、长幼”等。这些复合词的内部排列次序，体现了汉民族在长期封建社会中所形成的尊卑有序的社会伦理观念，即使是现代产生的并列式复合词，依然可见这种观念的影响，如“官兵、干群、师生”等。云南丽江地区纳西族的语言中，并列式复合词内部排列次序也受重要性原则的支配。但汉语通常是表示男性的成分位置在前，表示女性的位置在后，如“男女、父母、公婆、夫妻、子女”等；纳西语却正好相反，表示女性的成分在前，表示男性的成分在后，如说成“女男”等，这反映了母系社会时期女性地位高于男性的特点，是纳西族社会早期状况的记录。

从语汇中的借词所承载的文化信息来看语言的文化载体功能。借词也叫作外来词，它指的是音和义都借自外语的词。借词是伴随着不同社会的相互接触而产生的，反过来，借词也记录和反映不同民族、不同社会相互接触的历史过程。远在汉代，随着中国与西域各国的交往，汉语从西域诸国借入了“葡萄、石榴、菠萝、狮子、骆驼、玻璃、琵琶”等一批词；汉代以后，随着佛教的传播和佛经的翻译，汉语又从梵语借入了“佛、菩萨、罗汉、阎罗、夜叉、魔、和尚、僧、尼、塔、刹那”等一批词；元代时，在与蒙古民族的接触中，又从蒙古语借入“胡同、站、蘑菇”等词；鸦片战争以来，特别是五四运动以来，随着中西在政治、经济、文化、科技方面的交往日益频繁，新事物、新概念从西方大量输入中国，汉语又从欧洲语言中借入了“布尔什维克、苏维埃、法西斯、纳粹、坦克、雷达、声呐、马达、尼龙、巧克力、香槟、可口可乐、芭蕾、迪斯科、探戈、蒙太奇、卡通、吉他”等一大批词。可见，借词的历史层次记录着不同民族间相互交往的历史进程。

从上面的描述中不难看到，语言不仅仅是表达文化成果的工具，其本身也包含着丰富的民族文化信息，民族文化深深地渗透到语言的要素之中。正是因为民族语言是民族文化的重要构成因素，是民族文化赖以代代相传的载体，因而每个民族对自己的民族语言都有着一份特殊的情感，这种情感又往往和对民族的情感交织在一起，特别是当民族语言问题关系到民族尊严时，这种情感就尤为强烈，法国19世纪著名作家都德的小说《最后一课》就是这种情感交织的一个生动写照。民族语言是民族文化的一部分，民族语言情感又与民族情感交融在一起，因而民族语言就成为民族身份的一个显著标志，成为获得和保持民族认同感和民族凝聚力的重要力量。

第四节　语言的心理属性

本节学习要点

1. 语言的思维功能：思维并非一定要以语言为依托：动作思维、形象思维和抽象思维；语言是思维的重要工具：思维过程的完成，思维成果的巩固，思维能力的发展；语言影响人对世界的看法。

2. 语言的认知基础：认知能力是语言起源的基本条件；认知活动是语言反映世界的中介，客观世界通过人的认知活动，才得以进入语言，认知对语言的影响：范畴化，隐喻和转喻，认知模型。

语言不仅具有结构属性和社会属性，也具有心理属性。语言在人的认知活动中有着重要作用，它具有思维功能，抽象思维通常需要凭借语言来进行，作为包含已有认知结果的语言也会影响人对世界的看法；语言又具有一定的认知基础，它是人类心智发展到一定阶段的产物，认知对语言也有深刻影响，语言现象背后往往有其认知上的根源。

一、语言的思维功能

语言和思维的关系一直受到人们的关注，也存在许多不同的看法和争论。目前多数人的看法是，语言具有思维功能，而且可以在一定程度上影响人们看待世界的方式和结果，但语言并不是思维的唯一工具。

（一）思维是否必须以语言为依托

思维是人们认识现实世界的活动，是动脑筋去想的过程。思维是否离不开语言，是否必须以语言为依托，人们对此看法不一。有一种观点认为：思维和语言是不可分割的统一体，语言是思维的唯一工具，思维必须在语言材料的基础上才能够进行。但也有观点认为：语言是思维的重要工具，但不是唯一工具，没有语言参与的思维是存在的。语言和思维的关系究竟如何，目前尚无定论，但上面的后一种观点得到更多人的认同。

如何看待思维和语言的关系，与人们对思维的认识和界定直接相关。人们通常把思维分作三种类型，即动作思维、形象思维和抽象思维，它们与语言的关系并不相同。

动作思维是凭借感觉器官直接感知并与物质活动直接关联的思维活动，是一种直观思维。动作思维并不依赖语言的参与，例如，工人修理发生故障的机器设备时，通过触摸、敲打、听音、观察等活动就能发现故障原因，并确定排除故障的方法，这个过程并不一定要借助语言。形象思维是以具体表象为材料的思维活动。当外界事物不在眼前时，人们可以在头脑中唤起相关的表象来进行加工和改造，并形成新的表象，这个过程通常也不依赖语言的参与。例如，绘画时，要考虑如何安排画面上的景物，要考虑如何表现人物的神态，要考虑色彩和线条的运用等，这些过程也并非一定要依靠语言的参与。

抽象思维（也称逻辑思维、理性思维）是以概念、判断和推理等为形式的思维活动。概念是概括反映客观事物本质属性的思维形式，比如“书”这个概念，就是舍弃不同的书在新旧、大小、内容、文字、纸张、装潢等方面的差异，概括出“装订成册的著作”这一共性而得来的。判断是判定事物性质或事物间关系的思维形式，比如“科学技术是第一生产力”这一判断，既是对“科学技术”重要属性的判定，也是对“科学技术”与“生产力”二者关系的判定。推理是由一个或几个已知判断推导出一个新的判断，或由一个或几个前提推导出一个新的结论的思维形式，比如“所有公民都必须遵守法律，我们是公民，所以我们必须遵守法律”就是一个推理。在抽象思维中，概念同词语形式结合在一起才能够清晰起来，巩固下来，判断和推理也需要借助句子形式才能清晰化、条理化，因此，抽象思维一般是以语言为工具，借助语言材料来进行的。抽象思维与语言的密切关系也有其生理基础。人类在长期的进化过程中，大脑的结构逐步完善，为人类的认知能力和语言能力提供了必要的生理基础。“单侧化”是人类大脑进化的一个突出表现。人的大脑分为左右两个半球，中间由神经纤维组成的脑桥连通。大脑的左半球和右半球在功能上有明确的分工，大致说来，左半球掌管语言能力和抽象思维活动，右半球掌管不依赖语言的动作思维和形象思维活动。人类大脑的这种单侧化现象也说明抽象思维与语言密切相关。

动作思维依托物质活动，形象思维依托表象，二者并非一定要借助语言，而抽象思维则一般要以语言为依托。如果认为只有抽象思维才算思维，思维不包括动作思维和形象思维，就难免得出思维离不开语言的结论；如果承认动作思维和形象思维也是思维，那么思维就并非离不开语言，语言也不是思维的唯一工具和依托。

即使是抽象思维，是否绝对不能脱离语言，是否只能以语言材料为依托来进行，也存在着疑问。其一，聋哑人的思维可以脱离语言而存在。先天聋哑人，特别是没有学过聋哑人手势语和文字的先天聋哑人，尽管在孩童时期，其抽象思维能力的发展明显慢于正常人，但他们无疑是可以获得这种能力的。先天聋哑人也具有抽象思维能力，这是客观存在的事实。对这样的聋哑人而言，既然没有语言能力，他们的抽象思维也就不可能是在语言材料的基础上进行的。其二，"跨越式思维"并非完全依托语言来进行。每个人都可能会有这样的体会，当面对突发事变时，我们的神经会高度紧张起来，大脑会高速运转，思维活动会以很快的速度展开，有关前因后果以及应对策略的种种念头会不断地在头脑中闪现，同时又以很快的速度对这些念头进行判断和推理、比较和筛选，最终获得应对突发事变的最佳方案。人之所以可以在很短的时间内完成一系列复杂的判断和推理，其原因就在于人脑的特殊构造。人脑有数以亿计的神经细胞，每个神经细胞伸出许多枝杈与相邻细胞相连，所有神经细胞构成彼此相连的网络。在这张神经网络中，思维可以以并行的方式在多个通道中同时进行，这就是所谓"跨越式思维"。跨越式思维可以使人在很短的时间内完成复杂的思维过程，在这个过程中，人的头脑中所闪现的只是个别词语和非常笼统的思想，而并非是一个一个的句子，这种思维无疑是抽象思维，但不是完全凭借语言来进行的。因此，即使将"思维"限定为抽象思维，语言也并非是思维的唯一工具。

（二）语言是思维的重要工具

尽管语言不是思维的唯一工具，但可以肯定的是，语言是思维的重要工具，人类思维的高度发展与语言有着密切的关系。

语言可以帮助完成思维过程。借助语言，人们才有可能对思维进行整理和加工，才有可能形成清晰而有条理的思想。一般来说，在获得清晰的语言表达之前，头脑中的想法往往是混沌的、模糊的。要使这种混沌、模糊的想法转变为清晰的思想，往往需要语言的帮助。每个人都可能有这样的体验：当思考一个复杂问题时，一开始常常会感到理不出头绪，模模糊糊有所感悟，但又不是很清楚，所有的相关因素如一团乱麻般交织在一起。遇到这种情况，人们为了整理或明确自己的思路，常常会把想到的东西写下来或是说出来，借助语言的帮助，思路会逐渐清晰起来，想法也会越来越有条理。语言可以成为对思维进行整理和加工的工具，这与语言的结构特性有关。语言中的词语表示事物的类别，彼此之间界线清楚；句子则由词语根据一定的关系组合而成。在借助语言整理思路的过程中，需要选择恰当的词语来表达相关的因素，这既是一个借助词语间的清楚分界将交织在一起的因素区分开来的过程，也是一个借助词语的意义给相关因素归类的过程。经过这个过程，头脑中原本交织在一起的不同因素，才能获得明确区分。在借助语言整理思路的过程中，需要选择适当的句子形式来表达相关的判断和推理，这种选择就是借助句中词语间的关系来梳理不同因素间关系的过程。经过这个过程，不同因素间的关系才会清晰起来，思想才能具有符合逻辑的条理性。

语言可以储存思维成果。借助语言，人的思维成果才能巩固下来，才可能得到交流、应用和积累。人的思维是一种看不见、摸不着的精神活动，这种精神活动的成果只有借助语言，利用词语、句子甚至篇章把它们“包装”起来，才能获得物质载体。有了物质载体，思维成果才能巩固下来，否则就有可能稍纵即逝。很多人都可能有这样的经历，就在我们对某个问题苦苦思索而找不到线索时，一个灵感出其不意地产生了，这时我们往往会马上把它写下来，以防这个来之不易的想法溜走。在人类认识客观世界的过程中，人的认识成果常常被概括为概念，当概念获得特定的词语表达形式后，概念所包含的认识成果就储存在词语之中并得以巩固下来。例如，“语言”和“言语”这两个术语之中就储存着现代语言学对语言本质的认识。思维借助语言而获得物质载体后，思想才可能在人与人之间进行交流和传播，个人的思想才可能成为社会集体乃至全人类的共同财富，才可能为后代人所继承，人类的思维成果才可能一代一代地积累起来。有了这种精神财富的积累，在认识客观世界的过程中，人们就不必一切从零开始，而是可以站在前人的肩膀上，以前人的思维成果为起点，不断深化对客观世界的认识，从而加快了人类认知世界的步伐。

语言能促进思维能力的发展。从幼儿到成年人，人的思维能力是逐步发展起来的，在人的思维能力发展过程中，语言发挥着重要的作用。幼儿学说话的过程同时也是一个认识世界和思维能力不断发展的过程。孩子见到狗，听到大人管这种四条腿的动物叫作“狗”，孩子于是就把“狗”这个词与四条腿的动物关联在一起。后来又见到一只四条腿的动物，孩子就说是“狗”，大人马上纠正他，说这不是“狗”，而是“猫”。这一纠正引导并促使孩子去更细致地注意和观察猫和狗的不同。这之后孩子又见到另一只猫，结果又说成了别的什么，于是大人再一次告诉他这是“猫”，这一纠正又引导并促使孩子去注意和观察不同猫的共同点。词具有概括性，是一类事物的名称，孩子经过错用—纠正、再错用—再纠正的过程，最终能够将某个词和某类事物关联在一起，从而学会了这个词的使用。在学习和掌握词语的过程中，孩子借助词与词的区别和词的类名性质，逐渐学会辨别不同事物的类别，逐渐学会把握同类事物的共性，逐渐获得对事物类别的抽象概括能力，思维能力因此而得到发展。一些失语症病人的情况正好与之相反。他们因脑部受伤而丧失了对词语的记忆，尽管他们仍能感知和辨别事物之间的细微差别，但由于失去了词语的帮助，他们已没有了事物类别的概念，所有认识都只是与具体个别的事物相关联，例如，他们中有些人虽然可以辨别不同颜色之间的细微差别，却无法将虽有细微差别、但有显著共性的颜色归为一类。失语症病人的情况从另一个角度说明了语言和人的思维能力之间的密切关系。

（三）语言影响人对世界的看法

语言作为思维的工具，在思维过程以及人的思维能力发展中起着非常重要的作用，但语言对思维的作用不能仅仅理解为只是思维的一个工具，语言对思维还有更为深刻的影响，语言影响着人对客观世界的看法。美国语言学家沃尔夫（B. L. Whorf）曾提出“语言决定论”，认为语言是思维的纲领和指南，人借助语言对事物进行切分和分类，人对世界的认识是通过语言组织起来的，因此，语言决定人的思维方式，语言不同，语言使用者的思维方式也就不同，对世界的看法就会不一致。这也被称作“萨丕尔—沃尔夫假说”。

“语言决定论”有其合理的部分，但也不宜将语言对思维的影响绝对化。这可以从人类语言和人类思维、民族语言和民族思维两个不同层面上来认识。

就人类语言和人类思维活动的关系而言，语言的语汇系统和语法系统将前人认识世界的成果固化在语言里，为后人认识客观事物及其关系提供了现成的分类体系，后人的思维需要借助语言，也就无法摆脱这个现成分类体系的制约和影响，正是在这个意义上，我们说语言会影响人对世界的看法。但是，必须同时看到，思维对语言并非是被动的，在人类语言的存在和发展过程中，思维和语言始终处于互动关系之中。语言影响人的认知，人的认知也影响语言。首先，语言中现有的分类体系来自前人对世界的认识，是前人的认知结果在语言中的反映，没有前人的认知结果，也就没有语言包含的分类体系。再者，人对世界的认识需要凭借语言，但新的认识、新的概念也会不断突破语言中现有的分类体系，人的认识发展始终在对这个分类体系进行修正、调整、更新和补充，从而使其不断变化、发展，其具体表现就是语汇系统不断丰富，语法系统日益精密。所以，语言和思维的关系，应该放在二者互动的基础上来认识。

就民族语言和民族思维的关系而言，“语言决定论”在多大程度上是合理的，这要看我们对其中的“决定”做何种解释。如果对“决定”做强式理解，认为一个民族的认知方式和对世界的认识完全是这个民族的语言决定的，有什么样的语言，就有什么样的思维，民族语言不同，民族对世界的认识也就不同，这种关于语言影响思维的看法，目前在学术界还存在较大的争论。如果对“决定”做弱式理解，认为民族语言会在一定程度上影响民族的认知，一种语言可能比另一语言更容易促发和指引某些认知方式和认知过程，从而导致不同民族在认知习惯和认知方式上存在差异，这种关于语言影响思维的看法，不仅有一定的事实依据，而且目前在学术界也有相当共识。例如，英语的亲属称谓中，表示与父亲同辈的长辈只有“uncle”和“aunt”两个词，只分性别，不分长幼，不分父方母方，这种亲属称谓格局会对英语使用者的认知产生影响，使他们在认识亲属关系时不像汉语使用者那样注意“叔叔、伯伯、舅舅、姑父、姨夫”之间的区别。西班牙语名词具有“性”的语法范畴，分阳性名词和阴性名词，指雄性的阳性名词以o结尾，指雌性的阴性名词以a结尾，如gato指公猫，gata指母猫，即使是没有性别可言的非生物名词也分阳性和阴性，也带有表示“性”范畴的词尾，也就是说阳性和阴性是西班牙名词的一个基本分类。英语与西班牙语不同，名词没有表示“性”范畴的形式标记，阳性和阴性并不是英语名词的基本类别。有实验表明，由于英语和西班牙语名词类别不同，英语儿童会首先将事物分为生物和非生物，而一部分西班牙语儿童会首先按照阳性和阴性来给事物分类，英语儿童则没有这种分类行为。(1)这些事实都说明民族语言的确会对民族的认知产生影响。但同时也应该看到，不同的民族语言虽然会造成不同民族的认知差异，但并不排斥不同民族在认知上的共性。英语的亲属称谓格局虽然不注重长与幼、父方与母方的区别，但这并不意味着英语使用者无法认识亲属关系上的这些区别，他们只是在英语亲属称谓格局的影响下，一般不大关心或者不大容易理解这些区别而已。西班牙语的“性”范畴虽然会对西班牙儿童的认知产生一定影响，但也不意味着他们就无法像英语儿童那样认识到生物和非生物的不同，在上述实验中，就有相当数量的西班牙语儿童和英语儿童的分类行为是一致的。语言和思维关系密切，甚至常常难分你我，但二者毕竟不能等同。认知能力作为人脑的一种机能，是各民族相同的，不同民族在认识世界的过程中，也共同遵循人类思维的一般规则和规律。我们既要看到语言不同所造成的认知方式和习惯上的民族差异，也要看到人类在认知能力、思维规律上的一致性以及在认知结果上的共通性。

（1）D.W.卡罗尔：《语言心理学》，缪小春等译，华东师范大学出版社2007年版，第401页。

二、语言的认知基础

语言具有思维功能，而且会在一定程度上影响人对世界的看法，另一方面，语言也具有认知基础，它是人类心智发展到一定阶段的产物，认知能力是语言起源的基本条件，认知活动是语言反映客观世界的中介，语言和认知在发展中始终处于互动关系之中，语言现象背后往往有其认知上的根源。

（一）认知能力是语言起源的基本条件

人们认为，语言的起源需要具备生理条件和社会条件。所谓生理条件，是指人类的喉头和口腔声道必须进化到能够发出清晰的声音，只有具备了这种条件，才有可能产生有声语言；人类的大脑结构必须进化到足以支持分类和概括等心理能力的产生，只有具备了这种条件，才有可能产生可以表达概念、判断和推理的语言。所谓社会条件，是指人类的社会协作必须发展到一定的规模，人与人已经到了彼此间有些什么非说不可的地步，只有具备了这样的条件，才有必要产生语言。

除了生理的和社会的条件，语言的起源还需要必要的心理条件。语言起源的心理条件是指人类的心智要发展到一定的水平，要具备能够对客观事物进行分类和概括、记忆和想象、判断和推理的认知能力，没有这样的认知能力，语言的意义就不可能形成，作为符号系统的语言就不可能产生，因此，语言是人类心智发展到一定阶段的产物。现有的研究成果表明，人类同黑猩猩有共同的祖先，黑猩猩可以算是人类的近亲。从20世纪30年代以来，一些动物学家试图通过对黑猩猩语言能力的研究来探讨人类语言的起源问题。为了研究这些动物，科学家们进行了艰苦的工作，他们有的将人类的婴孩和小猩猩放在一起喂养，通过这种方式来观察和比较二者在掌握语言方面的差异；有的只身深入非洲丛林和黑猩猩交朋友，对它们的生活进行长期的考察。科学家们在考察和研究中发现，黑猩猩不仅可以用动作和面部表情进行简单的交际，可以利用各种各样的叫声和呼唤声交流各种情报，而且经过人的训练，可以学会聋哑人手势语言中的一些语汇，甚至还能创造新的用法。比如一只名叫沃秀的黑猩猩，经过9年的训练，在只学过“橘子色的”这个形容词而没有学过“橘子”这个名词的情况下，把看到的橘子表达为“橘子色的苹果”。但是科学家们最后发现，无论怎样训练，黑猩猩也不能像人一样说话，无法掌握类似于人类语言的符号系统，其原因除了它们的喉头结构与人有相当大的差异，因此无法发出清晰的语音之外，主要在于它们的认知能力达不到人类的水平。

（二）认知活动是语言反映世界的中介

人们平常说话时总是用词语指称或代表有关的事物，如用“鸡”代表一种动物，用“鸭”代表另外一种动物，表面上看，好像语言是对客观世界的直接反映，但实际上并非如此。语言符号有形式和意义两个方面，语言符号对客观世界的反映来自它的意义方面，而语言符号的意义则来自人对客观世界的认知结果，客观世界通过人的认知活动，才得以进入语言。换句话说，语言符号的意义并不直接反映客观世界，直接反映的是人对客观世界的认识，认知结果是语言符号意义的直接来源。不仅如此，认知结果是在认知活动中形成的，是通过一定的认知方式获得的，而认知方式不可能凭空产生，只能在有关认识结果的基础上逐渐形成，因此，认知方式也反映人对客观世界看法，从这个意义上说，认知方式也是一种认知结果，因此也会在语言中得到反映。总之，认知结果和认知方式作为认知活动的两个基本构成要素，都会反映到语言中来，语言对客观世界的反映正是通过这个过程实现的，也就是在这个意义上，我们说认知活动是语言反映客观世界的中介。认知作为语言和外部世界的中介，会对语言产生深刻影响，语言现象背后往往有其认知上的根源。

范畴化是形成概念的基础，在此基础上，词语才能获得意义。范畴化是指人类对客观世界进行区分和分类的认知活动，其结果是形成事物的类别或曰范畴。词义是概括的，反映的是一类一类的事物，没有对事物的范畴化，没有对事物类别的划分，也就不会有词义的形成。从这个意义上说，词义是人对所处世界进行范畴化的结果。人们把“禽”和“兽”这两种动物分开，看作不同的种类，才可能产生这两个词的词义。在范畴化的过程中，人们通常并不是根据一组泾渭分明的对立特征来划分范畴，范畴的形成往往是建立在公认为典型的、清楚的好样本基础之上的，是依据与这些好样本的相似程度对事物进行归类的结果，这些被认为典型、清楚的好样本叫作“原型”，这种通过与原型进行类比而得到的范畴叫作“原型范畴”。原型既是范畴特征的来源，也是非典型实例范畴化的参照物。例如，“鸟”的范畴就是根据麻雀、喜鹊、老鹰等原型划分出来的，而某一动物是否属于“鸟”，则依照其与这些原型的相似程度而定。由于范畴通常并不是完全依据对立特征划分出来的，因此范畴的边界往往是模糊的。范畴化方式的这一特点反映到语言上，就使词义也具有模糊性，不仅像“大、小、长、短、胖、瘦、冷、热”这些形容词的词义没有明确的边界，就是名词和动词的词义也存在模糊性，如“桌子”与“茶几”、“盘子”与“碟子”、“水果”与“蔬菜”、“看”与“望”、“走”与“跑”等词义，彼此之间就没有截然的界线。

隐喻和转喻是重要的认知方式，也是语言意义引申的基础。传统看法认为，隐喻和转喻只是加强表达效果的修辞手段，但实际上它们对语言和认知的意义远不止此。从语言上说，它们并不只是特殊的修辞现象，而是普遍的语言现象；从认知上说，它们是人对事物进行思维的重要手段和方式：隐喻是一种利用事物间的相似关系来认识不同事物的认知方式，转喻是一种利用事物间的相关关系来认识不同事物的认知方式。从一般认知过程来看，具体事物比抽象事物容易认识，因此，人们首先认识的是各种具体的事物，然后再在相似关系的基础上，通过具体事物去把握和理解抽象事物，这是一种普遍的认知方式。这种认知方式反映到语言上，就是人们常常用一个比较具体的词义来隐喻一个比较抽象的概念，以致词义通常都是由具体义向抽象义引申，而不是相反。例如，空间是可视的，所以空间概念比较具体；时间是不可视的，所以时间概念比较抽象；在语言上，表示空间概念的词义引申出时间意义，是一种普遍现象。汉语的方位词“上、下、里、前、后”原本都是表示空间意义的，后通过隐喻引申出时间意义，如“上个月”“下半年”“那些日子里”“三天前”“两年后”。从一般的认知过程来看，越是显著的事物越容易引起关注，越容易被先注意到，也越容易识别和记忆，因此，人们常常在相关关系的基础上，借助显著的事物去把握和认识不显著的事物，这也是一种普遍的认知方式。这种认知方式反映到语言上，就是人们常常用一个显著的词义来转喻一个不显著的概念，当这种转喻固定下来时，一个新的引申义就产生了。例如，独一无二的事物比一般事物更显著，更容易辨认和记忆，在语言上，专有名词就常常用来转喻一类事物，从而使专有名词衍生出表示泛指的词义，这在语言中也是一种比较普遍的现象。如“江”原专指“长江”，后泛指江河；“红娘”原是元杂剧《西厢记》剧中人物的专名，后泛指媒人；“伯乐”原是古代人名，后泛指善于发现人才的人。

认知模型是认识事物间关系的框架，这种认知框架会对语言的语法结构产生影响。认知模型是人根据认知经验建立起来的相对稳定的事物关联模式，是人对事物间基本关系的概括。认知模型也是一种认知工具，运用认知模型来认识事物间的关系，也是一种重要的认知方式。当人们在接触客观世界中有了新的体验或经验时，就会与头脑中已有的各种认知模型进行比对，然后按最近似的认知模型对这些新的体验和经验进行分类和判定。例如，将物体放到一个容器里和放在一个平面上，在我们看来是两类不同的空间关系，这两种不同的认知模型反映在语言上，前者要说“把某物放到某物里”，后者要说“把某物放到某物上”，当一个人将一个物体放进另一个有封闭空间的物体之内时，即使这一具体行为是他第一次做出，他也会使用句法结构

“在……里”而不会使用“在……上”，这表明他是按照容器的认知模型来认识自己刚才的行为的。人的这种认知模型也会反映到语言上，对语言的语法结构产生影响。当人去观察和感知同一空间内的两个物体时，由于人眼不可能同时聚焦于两个物体，因此只能将注意力集中在一个物体上，这个物体因受到关注而在人的心理上留下突出而清晰的印象，另一个物体则只能作为确定方位的陪衬。在这个认知经验的基础上，就形成了主体—背景认知模型。那个被关注的物体可以称作“主体”，被当作“主体”陪衬的物体可以称作“背景”。“书在桌子上”就反映了这种认知模型，其中“书”就是主体，“桌子上”就是背景。一个物体究竟是被当作主体，还是被当作背景，这也不是完全任意的，而是要遵循一定的认知规律。粗略说来，体积、面积相对较大的物体通常被看作背景，体积、面积相对较小的物体通常被当作主体，违反了这一认知规律，语句就难以成立。例如：

（5）a1. 茶杯在桌子上面
a2. ？桌子在茶杯下面
b1. 板车在大楼前边
b2. ？大楼在板车后边
c1. 邮票贴在信封上
c2. ？信封贴在邮票上

例（5）每组句子的真值条件都相同，语法结构一样，却一句自然，一句别扭。在汉语里，“在……上/下/前/后”结构通常是表示背景的，（5a2）、（5b2）和（5c2）之所以别扭，是因为这个结构中的名词所表示的都是体积或面积相对较小的物体，用这样的成分做背景，违背了认知规律，所以句子让人难以接受。

第五节　语言学

本节学习要点

1. 语言学的对象和性质：语言是抽象实体，有不同的客观存在形式；语言有多重属性，学科性质并不单纯。

2. 语言学的学科发展：理论概括层级不同的分支学科，研究视角和方法不同的分支学科，理论研究和应用研究的分支学科。

3. 语言学的应用价值：教育领域，语言文字使用的社会管理，人文社会科学领域，科技领域。

语言学，顾名思义就是专门研究人类语言及相关问题的科学。语言是人类心智发展的产物，是人区别于动物的基本特征之一。研究语言，一定意义上说，就是研究人之所以为人的特质。人类语言极为复杂，这种复杂性既体现为语言自身是一个最为复杂的符号系统，又体现为语言这个符号系统具有生理、心理和社会多重属性，与社会生活、民族文化、认知活动等都有着千丝万缕的联系。虽然每一个正常人都至少掌握一种语言，并且每天都在使用它，但要回答“语言是什么”，要解释“语言为什么会是这样的”，却需要专门的研究。

一、语言学的对象和性质

人类对语言的研究自古代就已开始，但长期以来，无论是在中国还是在西方，语言研究一直是为阅读和阐释古代经典服务的，一直是其他学科的附庸。直到19世纪初历史比较语言学兴起，语言学才确立了自己在学科之林中的独立地位，并一步一步地走向成熟。

语言学的研究对象自然是语言，这看似简单的问题实际上并不那么简单。这除了对什么是语言可能会有不同的认识之外，主要问题在于：语言存在于何处，什么地方才可以找到语言学的研究对象——语言？语言是一个抽象的实体，是无法直接观察到的，但语言无论在过去还是在现在，都始终存在于人的使用当中，它有各种不同的客观存在形式，只有通过对这些语言客观存在形式的观察、概括，我们才可能认识语言。要确定语言学的研究对象，首先要区分语言与言语。我们现在知道，说话和说出的话是言语而不是语言，言语只是语言的一种存在形式而等于语言本身，语言本身是一个符号系统，而不是这个系统的具体运用，但语言存在于言语之中，我们可以通过对言语事实的观察、概括来认识语言。要确定语言学的研究对象，还要认识到语言的多样性和概括的层级性。不同的人可能说不同的话，比如有的说汉语，有的说英语，有的说法语，即使说同一种话，也还会有方言的不同，比如都是说汉语，有的说北京话，有的说广州话，有的说上海话。汉语、英语、法语等都是不同的语言符号系统，自然是不同的语言；不同的方言常常也是不同的语言符号系统，只是由于社会政治及文化上的原因而被认为从属于某一语言。不同的语言和不同的方言都是语言学的研究对象，它们都可以通过各自的言语去概括，去认识。汉语、英语、法语等虽是不同的语言，但同为人类语言，就必然是有共性的，概括这些共性，就可以抽象出一个层级更高的语言，那就是“人类语言”，“人类语言”当然更应该是语言学的研究对象。

任何一门学科，其学科的性质都是由研究对象的性质决定的。以人类社会及其相关现象为研究对象的学科属于人文社会科学，以自然界的物质形态为研究对象的学科属于自然科学，与两种或两种以上不同领域的知识体系有密切联系，并借助它们的成果而发展起来的综合性学科属于交叉学科。那么，在学术之林中语言学属于哪类学科呢？

作为语言学的研究对象，语言是一种极为复杂的现象，具有多个侧面，多种属性，因此语言学的学科性质究竟应该如何看待，这并不容易回答，也一直存在争议。语言作为一种符号系统，其自身的结构被不少学者认为是可以独立于社会文化因素之外的，因此关于语言本体的研究，就被许多人认为更接近于自然科学。更何况语音作为一种声音，具有物理上的声学特征和发音上的生理基础，与此相关的声学语音学、发音语音学、实验语音学等也的确更接近自然科学。但从语言的社会属性和功能来看，语言又是一种社会现象，社会之外无所谓语言，语言还有其认知基础，与人类的心智发展和认知活动密不可分，这些方面的研究又明显属于人文社会科学。不仅如此，语言问题也受到许多其他学科的关注，由此而引发语言学与这些学科的交叉融合。随着语言学与人类学、心理学、神经科学、病理学、计算机科学等学科的联系越来越密切，大量跨学科的研究催生了诸如人类语言学、心理语言学、神经语言学、病理语言学、计算语言学等交叉学科。由于语言的研究可以跨越人文社会科学和自然科学，也有人提出可以把语言学看作交叉学科。

上述对语言学学科性质的看法都有一定的道理，它们从不同侧面反映了语言学的学科性质。不过，就目前国内的通行看法和现行学科体系来看，语言学还是属于人文社会科学。不过，这并不妨碍人们可以从不同角度、不同学科来对语言进行研究，也许只有多角度、多学科相互补充、相互印证，我们才有可能更好地回答“语言是什么”，才能更深刻地解释“语言为什么会是这样的”。

二、语言学的学科发展

语言学在探求语言本质，解释语言现象的过程中，研究领域不断延展，学科分支不断增长，发展到今天，已形成一个包含众多分支学科的学科体系。回顾语言学的发展历程，总结语言学学科发展的内在动因，我们看到，解决理论和实践提出的问题，是语言学学科发展的根本动因。就具体相关因素而言，语言学的学科增长主要与理论概括层级不同、研究视角与方法不同、理论研究还是应用研究三个方面的因素相关。

（一）理论概括层级不同的分支学科

语言学的宗旨是要揭示语言本质，概括语言规律，不过，由于人类语言的多样性，语言学对语言规律的概括也是分层级的，因此而产生了具体语言学和普通语言学两个分支学科。这两个分支学科研究的对象不同，概括的规律层级不同，所得理论的解释范围也就不同。

具体语言学是以某一语言或若干种相关语言为研究对象，以概括个别语言的规律为宗旨的语言学学科，比如专门研究汉语的汉语语言学、专门研究英语的英语语言学、专门研究汉藏语系的汉藏语言学等都属于具体语言学。具体语言学是为了解决个别语言中的问题而产生的，概括出来的规律和产生的理论通常是针对特定语言的，虽然不排除这些规律和理论也可能对人类语言有普遍意义，但具体语言学的宗旨并不在此。具体语言学也包括对特定语言的某一要素或某一方面进行的具体研究，从而形成一系列下位学科，如从属于某一具体语言学的语音学、语汇学、语法学、语义学、语用学、方言学等。

普通语言学是以人类语言为研究对象，以概括人类语言的本质和普遍规律为宗旨的语言学学科。普通语言学是为了解决人类语言的共性问题而产生的，概括出来的规律和产生的理论对人类语言理应具有普遍意义。普通语言学除了关注语言的本质等一些基本理论问题外，也可以分门别类地去研究不同的语言要素，形成如普通语音学、普通语法学、普通语义学等下位学科。高校开设的“语言学概论”就是“普通语言学概论”。

语言的特殊规律和普遍规律并不是彼此孤立的，而是存在内在关联。生成语法理论有一个基本假设：人的头脑中的语法知识包括两个部分，一个部分是全人类语言所共有的，这叫作“普遍语法”；另一部分是各民族语言所特有的，这叫作“个别语法”。普遍语法是人通过生物进化和遗传而先天获得的，个别语法是在一定的语言环境中通过学习而后天掌握的。不同的语言只是个别语法不同，而普遍语法是一致的；普遍语法是若干高度抽象、概括的内化规则，这些规则决定在个别语法中哪些具体规则是可能有的，哪些是不可能有的。在我们看来，要认识普遍语法的这些共性规则，只能是从不同的语言中去概括共性，至少也需要用不同语言的事实去验证普遍语法的有关假设。由此不难看出，具体语言学和普通语言学虽是不同的语言学分支学科，但二者密切相关：具体语言学所提供的语言事实和特殊规律，既是普通语言学概括人类语言普遍规律的基础和前提条件，同时也可以对普通语言学理论进行检验和验证。普通语言学理论概括的是人类语言的共性和普遍规律，这些共性和普遍规律不仅可以为具体语言学研究提供纲领和指南，而且可以为具体语言中的事实和规律提供理据和解释。

（二）研究视角和方法不同的分支学科

语言具有不同的存在形式和多重属性，语言现象背后的根源也并不单纯。语言既存在于相对静止的共时状态之中，又存在于发展演变的历时过程之中；语言既是一个符号系统，又是社会现象和心理现象，而且还有其生理基础；因此语言可以从不同的视角来研究和认识，语言现象也可以从不同的角度来加以解释。研究的视角不同，研究的方法也就不同；视角和方法不同，对语言的认识、概括的规律也就有所不同；由此而产生出众多的语言分支学科。

共时与历时。语言始终处于不断发展演变之中，其中的规律是语言研究的重要内容，但我们也可以从语言发展演变的历史过程中截取一个时间节点，以剔除发展演变带来的影响，对语言进行静态的观察和研究。可见，语言既可以从共时的角度去研究，也可以从历时的角度去研究，由此而产生了共时语言学和历时语言学。共时语言学研究语言在一定发展阶段上相对静止的状态，如现代汉语研究、近代汉语研究、古代汉语研究等就属于共时语言学。历时语言学研究语言的发展历史和演变规律，如汉语史研究、英语史研究等就属于历时语言学。语言的共时状态是语言历时演变的结果，语言的历史演变过程则是由一系列共时状态前后相连而组成的，因此，共时语言学和历时语言学虽是语言学的两个分支学科，却有所关联，语言的共时研究是研究语言历时演变过程的基础，有了这个基础，才能够将各个时间节点上的共时状态串联起来，还原语言的历时演变过程，语言的历时研究则可以为语言的共时状态提供基于历史来源的解释。

内部与外部。就内部构造来看，语言是一个符号系统，有其自身的结构；就外部关联来看，语言具有交际功能和思维功能，与社会生活和认知活动息息相关，相互影响。因此，语言既可以从内部结构的角度去研究，也可以从外部关联的角度去研究，由此而产生了结构语言学、功能语言学、认知语言学和社会语言学等分支学科。结构语言学着重研究语言的内部结构系统，研究语音、语法和语义等方面的结构规律，并着眼于语言内部要素而不是联系外部因素来解释语言现象。功能语言学从信息交流功能的角度来研究语言，不仅研究语言是如何实现交际功能的，而且研究不同语言成分在这一过程中所起的不同作用。与结构语言学不同，功能语言学对语言现象的解释是以语言功能为基本依据的。认知语言学从认知活动的角度来研究语言，探讨语言形式、语言结构规律与认知规律之间的关系，研究语言现象背后的认知根源，为语言规律提供认知上的解释。社会语言学从语言与社会的关系的角度来研究语言，不仅研究人的社会特征与语言变异之间的对应关系，也研究语言在社会生活中的价值和作用，以及社会对语言使用的管理和干预。结构语言学之外的功能语言学、认知语言学、社会语言学都是着眼于语言与外部因素的关联来认识语言，它们的研究领域必然与其他学科有所交叉，对这些学科的方法和成果必然有所借鉴，如功能语言学与信息科学，认知语言学与认知科学，社会语言学与社会学。这些语言学分支学科，包括结构语言学，由于研究视角和研究方法不同，对语言的认识自然也就不会完全相同，但这种认识上的不同，不应是对立的，而应该是相互补充的，它们各自揭示出语言本质的不同侧面，整合这些不同认识，我们就可能对语言的本质有更为全面的认识。

（三）理论研究和应用研究的分支学科

语言研究可以是理论研究，其目的在于揭示语言规律，并对语言规律的根源做出某种解释；语言研究也可以是应用研究，其目的在于运用语言学的一般理论和研究成果解决语言实践中的实际问题；由此而产生了理论语言学和应用语言学。

理论语言学目前在学术界有广义和狭义两种理解：广义的理论语言学是与应用研究相对的概念，是一切语言学基础研究和理论研究的总称，无论研究怎样的语言问题，无论研究的视角和方法如何，只要是重在解释，重在总结一般规律的，都可以归入这种意义的理论语言学。狭义的理论语言学则相当于普通语言学，是指对人类语言的本质、共性特征和普遍规律等语言学基本问题的研究。在这种理解下，理论语言学与普通语言学两个名称只是着眼点不同而已。普通语言学是相对具体语言学而言的，理论语言学则是相对应用语言学来说的。

应用语言学是指运用语言学的理论和成果来解决各种社会语言生活问题而产生的语言学分支学科。应用语言学要把语言学的一般理论应用于某个社会领域，不可能仅仅是一些操作方法，而必须首先把语言学的一般理论和成果转化为适应应用需要的应用理论，因此任何应用语言学也都有自己的理论，不过这些应用理论都是依据语言学的一般理论，并结合具体应用领域的需要而形成的。应用语言学最早指的是语言教学，特别是第二语言教学的理论，因为最早广泛应用语言学的理论和成果的社会领域就是语言教学领域。后来随着科学技术的发展，现代通信领域开始应用语音学的理论和成果来改进通信质量和效能，为适应这种需要，语音学开始和现代声学相结合，广泛采用科学仪器来研究语音，由此而产生了实验语音学这门应用语言学的下位学科。现在由于计算机技术和网络技术的广泛使用，机器翻译、自然语言理解等同样需要利用语言学的理论和成果，这就又产生了新的应用语言学下位学科。随着社会的发展和语言学研究的深入，语言学的应用领域在不断扩大。

三、语言学的应用价值

语言学是在满足社会需要、解决各种社会语言生活问题的过程中发展起来的，其研究成果在社会生活中有着广泛的应用领域。

其一，社会的发展离不开教育，语言学在语言教育领域发挥着重要的作用。语言教育包括母语教育、外语教育、双语教育和聋哑人的特殊语言教育等。语言学在语言教育领域的应用不仅体现在为人们的语言学习提供必要的语言知识，而且还表现对语言教学理念和方法的指导上。比如20世纪中期在结构主义语言学思想的影响下，外语教学中盛行主张听说领先，注重培养学生语言习惯的“听说法”；随着功能主义语言学的发展，又出现了注重语言交际功能，提倡情景教学的“功能法”“交际法”。

其二，社会生活离不开语言文字，语言文字的使用需要合理的社会管理，语言学可以为语言规划工作提供必要的事实和理论依据。语言规划是社会对语言文字的使用所作出的有组织、有意识的管理、调节和改进。语言规划的内容主要包括在没有正式官方语言的国家里确定官方语言、在方言有碍社会交际的民族内部确定民族共同语并加以推广、为没有文字的语言创制文字、根据社会需要对已有的文字进行改革、在多民族的国家制定民族语言政策等。语言规划工作需要语言学理论的指导，不掌握有关语言事实，不了解语言规律以及语言和社会的复杂关系，语言规划方案就缺少必要的事实和理论依据，也就难以实施和推广。

其三，语言学研究成果在人文社会科学许多领域中得到广泛应用，并促进了相关学科的发展。文学、历史学、考古学、人类学、民俗学等学科的研究对象都与语言文字有关，语言学的研究成果在这些领域中应用最为广泛。语言学在文学中的应用主要体现在音韵学、诗律学、修辞学、文章学方面，文学是语言的艺术，语言学中有关声韵配合和遣词造句的研究成果都是文学创作、文学欣赏不可缺少的知识。语言和文字是文化的载体，注重文化研究的历史学、考古学、人类学等学科的发展有赖于语言文字的研究，比如甲骨文和金文的解读促进了中国古代史的研究，美洲玛雅文字的解读有助于人们考证印第安人的文化遗迹，了解印第安人的历史。此外，语言学的发展还为人文社会学科提供了新的研究方法。比如19世纪历史比较语言学兴起以后，宗教学家和历史学家根据历史比较语言学关于原始语言的构拟，提出了关于原始日耳曼宗教和原始印欧文化的各种构想。在历史比较方法的影响下，神话学、人类学、民俗学、文学等研究领域还建立起比较神话学、比较人类学、比较民俗学、比较文学等新的研究范式。20世纪初结构主义语言学将语言研究的重心转向语言结构系统本身，这一思想和方法影响了很多语言学之外的学者，在哲学、文学、美学、社会学、人类学、历史学、教育学、心理学、符号学、法学等许多领域都出现了结构主义流派。

其四，信息技术和认知科学有赖于语言学的发展。20世纪计算机科学的发展对社会生活的各个方面产生了巨大影响，自然科学家希望通过现代科学技术实现自然语言信息的自动处理、机器翻译、人机对话和人工智能，以完成从机械化到信息化、智能化的飞跃。研究语言信息处理和人工智能需要了解人类语言的结构规律和生成机制，需要了解语言编码和解码的规则，需要了解认知过程和结果在语言中的表现，因此语言学的发展与信息技术和认知科学的发展密切相关。为适应科学发展的需要，当代语言学与自然科学领域中的数学、物理学、遗传学、神经科学、计算机科学、认知科学等建立了广泛的联系，并取得了一些重要成果，其中借助语言学研究成果研制出来的声控技术、语音识别和合成技术、文本自动校对和摘要技术、机器翻译技术等已经服务于社会。目前许多科学家都在致力于“计算机自然语言理解系统”的研究，语言学中语音学、语法学、语义学等方面的研究成果为这些系统的研制提供了理论支持，但现有研究还远远不能满足信息技术和认知科学发展的需要，语言学研究还有许多工作要做。随着社会的进步和科学技术的发展，社会对语言学会提出更多、更高的要求，语言学的应用前景也更加广阔。

思考和练习

1. 说话是否就是语言？如何认识语言与言语的区别和联系？
2. 如何认识语言符号的特性？
3. 语言是如何解决有限的表达手段和无限的表达内容之间的矛盾的？
4. 举例说明组合关系和聚合关系。
5. 观察周围的交际行为，看看人们使用哪些交际手段，并与语言进行比较。
6. 观察社会中的文化现象，并分析这些现象与语言的关系。
7. 如何认识语言与思维的关系？
8. 举例说明语言的认知基础。
9. 谈谈对语言学研究对象的理解。
10. 谈谈对语言学学科发展相关因素的认识。

第二章

语　音

第一节　语音的性质

第二节　音素

第三节　音位和区别特征

第四节　语音的组合

第五节　韵律特征

第一节　语音的性质

本节学习要点

1. 语音的物理属性：音高，音强，音长，音质。

2. 语音的生理属性：动力器官，发音体，共鸣器官。

3. 语音的心理属性：生理、物理角度的分析结果常与心理感知结果不一致。

4. 语音的社会属性：社会属性是语音的根本属性，音义关系的社会约定性，语音的民族性，语音的地域性。

语言的物质载体或表现形式是语言的声音，即“语音”。学习语言学，当然先要了解语音，包括了解语音在物理、生理、心理和社会等方面的基本属性。

一、语音的物理属性

语音是由人的发音器官发出的负载一定意义的声音。语音是语言的物质外壳，也是人类言语交际、传递语言信息不可或缺的物质载体。日常生活中存在着各种各样的声音，如风声、雨声、机器的轰鸣、昆虫的鸣叫等。那么这些声音都是怎么产生和被接收的呢？这个过程大致上是：发音物体振动，引起周围空气粒子的振动，形成声波，声波由耳膜、听觉神经传导给大脑，从而使人听到这个声音。语音作为一种“声音”，自然也不例外，也需要这样的发生和被接收的过程。

声音传递过程中所形成的声波，有三个物理量需要注意，分别是振幅、周期和频率。为了便于说明问题，这里以纯音的波形为例进行具体说明（如图2-1所示）。

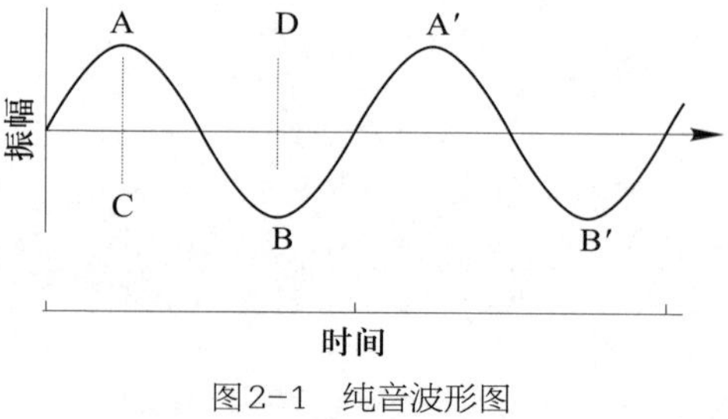

图2-1　纯音波形图

上图中A或A′为波峰，B或B′为波谷，AA′或BB′为波长。物体振动偏离平衡位置的最大位移如AC、BD为振幅；周期性声波波形会重复出现，声波每完整重复一次所需要的时间，称作周期，如AA′或BB′等一个波长所需的时间就是一个周期。发音体每秒振动的次数称作频率，单位为赫兹（Hz）。

音高、音强、音长、音质是区分或辨认不同声音的四个重要物理属性。

音高指声音的高低。声音的高低取决于发音体振动的频率，振动频率快，声音就高；振动频率慢，声音就低。长而粗厚或松弛的物体振动慢、频率低，声音就低一些；短而细薄或紧绷的发音体振动快、频率高，声音就高一些。至于同一个人同一个声带，可以发出高低不同的声音，是因为人有控制声带松紧的能力，可以调节声带振动频率的高低。

音强指声音的强弱。声音的强弱与声波的振幅密切相关，振幅大，声音就强，反之则弱。通常情况下，发音体受到的外力越大，振幅就越大，声音就越强。例如，人们在发音时用的力越大，呼出的气流越强，声音就越强。

音长就是声音的长短。声音的长短取决于发音体振动持续时间的长短，发音体振动的持续时间长，声音就长；发音体振动的时间短，声音就短。

音质也叫音色，是一个音区别于其他声音的个性品质。声音的音质差异取决于三个因素：其一，发音体不同，音质不同。同一把胡琴，用丝弦还是用金属弦，发出的声音不同。其二，发音方法不同，音质不同。同一把二胡，用弓子拉弦还是用手拨弦，声音各异。其三，发音共鸣器不同，音质不同。二胡与京胡，琴筒（共鸣器）有别，发出的声音也就不同。这三个因素中只要有一个不同，声音的音质就会有差别。

声音的物理四要素是区分不同语音成分的重要因素。语音系统中不同的元音和辅音，具体体现为不同的音质，发音时发音体、发音方法、共鸣器的不同，如声带是否振动，气流是否受阻，鼻腔是否共鸣等，是形成不同语音音质的重要因素。声调语言中的声音高低，音强重音型语言中的声音强弱，存在长短音对立的语言中的声音长短，则具体体现出音高、音强、音长三个非音质因素在区分语音成分方面的重要作用。

任何声音都是音高、音强、音长、音质四要素的统一体，不过，声音四要素在语言系统中所起的作用却不尽相同。音质无疑是四要素中最重要的因素，任何语言的语音系统都不能没有一定数量的由音质差异所形成的元音和辅音。音高、音强、音长三个因素则因语言类型的不同而扮演着不同的角色。像汉语这样的声调语言，音高就具有重要的作用，是构成声调来区别意义的手段。

语言中的音高、音强、音长三要素都是相对的，也就是说，音的高低、强弱、长短都是相比较而言的，并不取决于声音频率、振幅、时长的绝对值。例如，普通话的阴平调[55]，不同的人发音，抑或同一个人不同时间、场合的发音，绝对音高都会存在一定差别。然而，人们并不关注这些不同，而是根据与其他声调的对比，将绝对音高不同的音高感知为同一个声调。

语音成分与声音四要素的关联并不都是一对一的简单关联，例如，[a]和[i]两个语音成分，发音的舌位有别，响度也不相同，它们的区别既关乎音质，也涉及音强。再如，轻重音的区别通常与声音的音强密切相关，然而有不少语言，音长、音高等因素在语言的轻重音对立中也常常起一定的甚至是重要的作用。相对于重音音节，汉语的轻音音节不仅轻，而且短。音强变化固然是汉语轻音音节形成的重要因素，但音长无疑也在其中扮演着重要的角色。

二、语音的生理属性

语音是由人的发音器官发出的声音，具有一定的生理属性。人的发音器官由动力器官、发音体、共鸣器官三部分构成（如图2-2所示）。

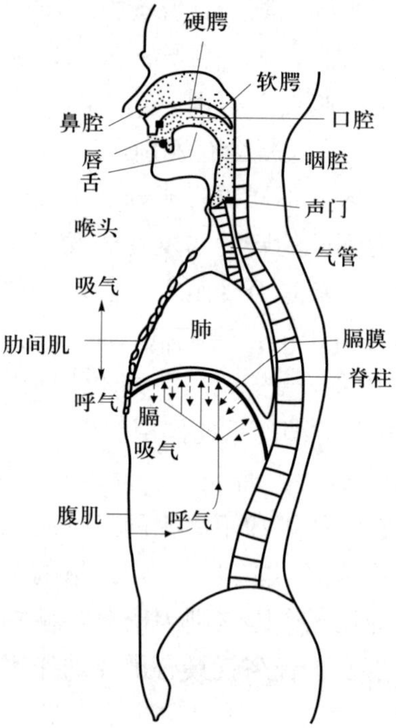

图2-2　人体发音器官示意图

（一）动力器官

气流是发音的动力，人发音的动力器官由肺、气管、膈膜等构成。

肺位于胸腔，在肋间肌、膈膜、腹肌等的共同作用下能够扩张或收缩。肺部扩张，气流进入，为吸气；肺部收缩，气流流出，为呼气。肺里的空气经过气管、喉头、咽腔，向口腔或鼻腔流出。

（二）发音体

声带是人的发音体，位于喉头内部当中位置，是两片片状肌肉组织。喉头由软骨构成，呈圆筒形，下接气管，通向肺，上通咽腔、口腔和鼻腔（如图2−3所示）。声带两端黏附在软骨上，中间的通路叫声门。声带在喉头肌肉和软骨的协同作用下可以闭合、打开、放松（变粗厚）、拉紧（变细薄），呈现多种状态。喉头中声带和声门的状态复杂多变，发声状态不同，发出的声音也不相同（如图2−4所示）。

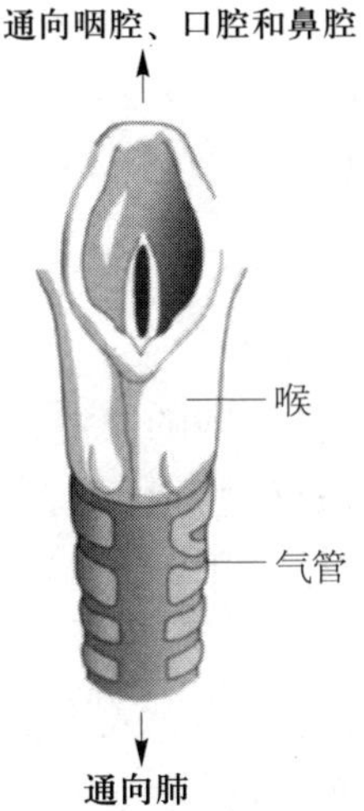

图2−3　喉头器官示意图

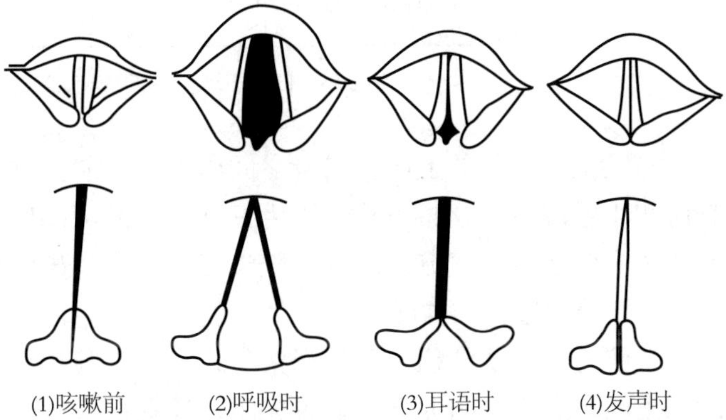

图2−4　声带状态示意图

（三）共鸣器官

声带振动发出的声音十分微弱，必须借助共鸣器官的共鸣放大作用，才能成为人们能够听得清的声音。人体发音器官中，口腔、鼻腔和咽腔是三个重要的共鸣器（如图2−5所示）。

口腔是处于上、下颚之间的空腔，是人类发音器官中最主要的部分。发音活动的变化，绝大多数是在口腔内实现的。口腔内附在上腭上的有上唇、上齿、齿龈、硬腭、软腭和小舌，附在下腭上的有下唇、下齿和舌头。如果进一步考察口腔内的各器官部位，上齿龈中间的凸起可将齿龈细分为前后两个部分，分别是“龈前”和“龈后”。齿龈后面的硬腭部分可分为“前腭（龈腭）”和“中腭”，其后是软腭，也称“后腭”。舌头是口腔内最灵活的器官，舌头的尖端称作“舌尖”，其后与齿龈相对的部分称作“舌叶”，再往后是“舌面”。舌面还可细分出“舌面前”“舌面中”和“舌面后”三个部分，再往后就是“舌根”。

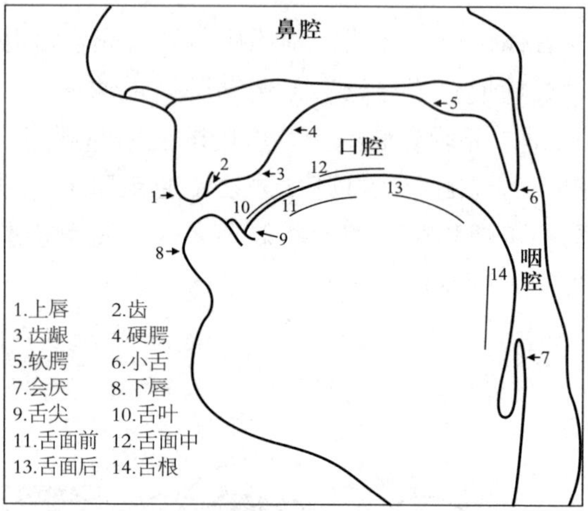

图2-5 口腔、鼻腔、咽腔示意图

鼻腔位于口腔的上部，二者之间由上腭分隔。发音时，鼻腔内的气流由软腭和小舌调节。软腭下垂，小舌打开，气流可以通到鼻腔；软腭抬起，小舌关闭鼻腔通道，气流只能从口腔流出。鼻音和鼻化音就是软腭下垂、小舌打开、气流通过鼻腔发出的音。

咽腔为一管状结构，位于喉头上方，与口腔、鼻腔、食道相连。人进食时，咽腔和喉头之间的会厌软骨关闭，让食物顺利进入食道。人说话或呼吸时，会厌软骨会打开，让气流通过。

从声带到嘴唇的发音器官，贯通咽腔、口腔，大致形成一个十几厘米的气流通道。如果软腭下垂，小舌打开，还可以连通鼻腔通道。发音器官中有些是能够主动、独立活动的，如声带、小舌、下颚、舌头、软腭、唇等，叫作“主动的发音器官”。有些不能主动活动，如上齿、齿龈、硬腭等，叫作“被动的发音器官”。主动发音器官靠近、接触被动发音器官的方式不同，共鸣器的形状就不同，发出的声音也就各不相同。

三、语音的心理属性

语音的感知是言语交际过程中实现语言信息传递的重要环节。感知过程中人的听觉器官和大脑听觉中枢神经对语音的主观听觉结果，表明语音与人的心理活动存在着密切的联系，语音具有一定的心理属性。

语言研究者发现，从语音生理、物理角度考察分析出的语音现象，常常与人的主观心理感知结果不一致。例如英语的“ground[graund]（地面）”一词，从物理声学角度考察，它是一段连续的不易再分的音流，然而熟练掌握英语的人凭语感却可以将这段音流切分出六个不同的语音成分。

实验表明，声音听觉的主观心理量与声音发生、传递环节的实际声学数据常常存在不一致的情况。比如，一个400赫兹的声音，只需提高1赫兹，人们就能够感觉到音高的变化；而一个3 000赫兹的声音，只有达到9赫兹以上的提高幅度，人耳才能感觉到声音音高的变化。再如，一个时长100毫秒的音，30毫秒的音长变化就能被感知；而一个600毫秒的音，音长变化达到130毫秒以上，才能被感知。

实验还表明，语音的听觉感知具有较强的选择性和概括性。人的发音器官如同人的相貌，人人各不相同，同一个语音成分如元音[a]，由不同的人来发音，具体的声学数据肯定不同，发出的音具有不同的音质。然而人们的感知结果却是，不同人发的[a]音属于同一个语音成分。这说明，人们的心理感知对语音发出、传递环节的某些物理数据细节进行了筛选和过滤，大脑识别系统只概括提取语音成分的某些共性和区别性特征。

四、语音的社会属性

语音是传递人的思想、情感的声音，它服务于人类语言的交际功能。语音从本质上说是一种社会现象，具有一定的社会属性。语音的社会属性是语音有别于其他声音的根本属性。

语音的社会属性主要体现为语音和意义之间关系的社会约定性。语言符号的音义结合不是个人行为，而是由社会约定俗成的。例如，汉语普通话的“sān”这一读音，意义为数词“三”。词语“三”的这一音义约定显然不是个人的行为，而是通行于整个汉语普通话语言社团的集体行为，具有社会性。音义结合只有具有社会约定性，才能有效地保证语言符号的社会功能性。语言是人类最重要的交际工具，它借助语音这一物质载体来传递信息，使人们在社会交际活动中相互理解和沟通。语音负载的意义如果不是由语言社团的集体来约定、社会来赋予，而是个人行为的话，那么，势必会造成音义编码、解码上的混乱，使社会的言语交际难以正常进行。

语音的社会属性还体现为语音的民族性和地域性。语音的民族性是指不同民族语言在语音结构系统上的差别。例如，英语有[θ]、[ð]两个语音成分，汉语普通话却没有；汉语普通话中有[tɕ]、[tɕʰ]、[ɕ]三个语音成分，英语却没有。[p]、[pʰ]两个语音成分，在汉语普通话中可以区别诸如“鼻”（bí [pi³⁵]）、“皮”（pí [pʰi³⁵]）等不同的意义，是两个不同的语音单位。但在英语中，这两个语音成分彼此的差别却没有区别意义的作用，因而只是同一个语音单位在不同环境中的具体存在形式。语音的地域性是指一种语言内部不同地域方言之间在语音结构系统上的差异。例如，汉语普通话区分辅音[n]和[l]，“男”和“蓝”读音不同；而南京话[n]、[l]不分，“男”和“蓝”读音混同。

语音的民族性和地域性是由语音的社会约定性派生而来的特性，是不同语言社团、不同社会环境选择不同、约定不同的结果。语言中音和义的结合，原本具有任意性，对不同的民族语言、不同的地域方言而言，语言社团的环境不同，社会背景各异，语言系统对语音成分的选择、对音和义的约定自然就会不尽相同。

五、语音的研究

语音具有自然、社会的双重属性：就其物理和生理性质而言，语言是一种自然物质；就其承载意义、音义相互依存的特性而言，语音是能够传递信息、具有一定社会功能的声音。语音的研究从其自然属性、社会属性两个不同的层面展开，分别发展出了语音学、音系学两个不同的领域。

语音的研究源远流长。表音文字制定之时，人们恐怕就有了对语音的研究。古希腊人对元辅音的分类，古印度人从发音器官角度对语音的描写和分析，中国古代的音韵学，以及17世纪欧洲基于物体周期性振动的声学研究，都无不体现了古代学者语音研究的智慧。不过，语音学、音系学分别从语言研究中逐步独立出来，发展成为独立的学科，则大致是19世纪中期以后的事情。

语音学以语音客观物质方面的特性为研究对象，主要关注语音的自然属性。语音学在19世纪中期才逐渐从语言研究中独立出来，不过，此时的语音研究还仅仅停留在口耳之学层面，还仅仅局限于听觉印象为主的听辨分析。时至20世纪，随着实验语音学的出现，借助各种仪器对语音进行定量分析和客观研究，逐步成为语音研究的重要方法，现代语音学才逐步发展起来，并逐渐形成发音语音学、声学语音学和感知语音学三个分支学科。

发音语音学也称作生理语音学，以发音器官在发音过程中的生理特征为主要研究内容，是语音学三个分支中最先发展起来的学科。传统语音学凭听觉印象，通过观察唇、舌等发音器官在发音时的不同状态对元音进行分类和描写，利用发音过程中发音器官构成的阻碍部位、阻碍方式来对辅音加以描写和分类。发音语音学的研究成果，给人们学习语音、制定国际音标符号等带来很大的帮助。例如，英语“seed、Sid”两词中元音“ee[i:]”和“i[ɪ]”在语音上的差别就可以通过口腔舌位图直观地展示出来（如图2-6所示）。

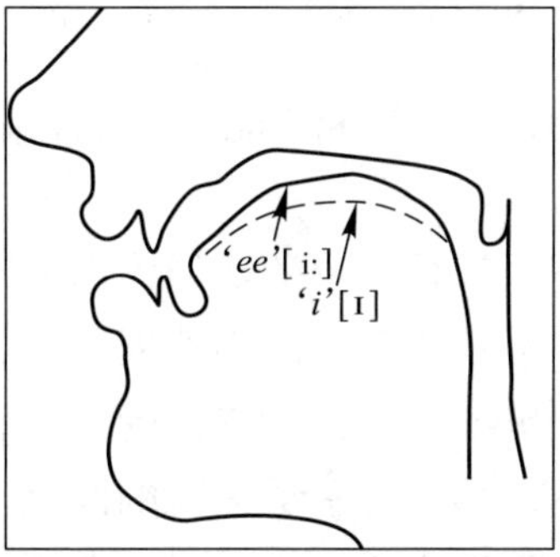

图2-6 “ee”[i:]、“i”[ɪ]发音舌位差异示意图

声学语音学是随着电子声学技术的发展，人们对语音传递过程中的声波有了更深入的了解之后，在20世纪40年代发展起来的一个语音学分支学科。声学语音学借助现代科技仪器和手段，利用语音的声学实验，研究语音在传递阶段的声学特性，从而使不少传统语音学所做的分析得到了客观、科学的验证，同时还解释了一些凭口耳之学无法发现的极为重要的语音现象。借助实验仪器，可以将声音信息图像化，例如，英语“seed、Sid”两词的语音差异可以直观地反映在频谱图上。此类频谱图当前可以用计算机语音分析软件生成，不仅语音成分的时长、频率、音强都可在图谱中显示出来，而且语音成分在音质方面的差别也可以在图谱中得以辨认和区分（如图2-7所示）。

感知语音学是从语音信号的接收、感知角度研究语音知觉的语音学分支学科。人脑的感知机制无疑是最难攻克的难关，因此，时至20世纪50年代，感知语音学的研究才逐渐取得一些进展。

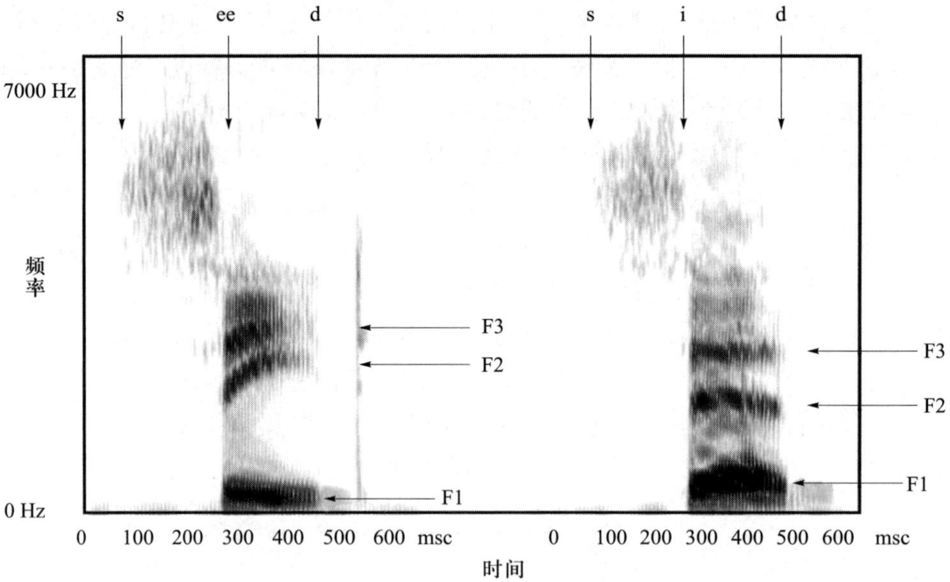

图2-7 “seed”和“Sid”语音频谱示意图

音系学以语音成分在语言系统中的功能为研究对象，关注的是语音的社会功能。音系学重点考察语音成分之间的功能关系，揭示人类语言的语音结构规律，诸如音系的基本单位是什么，单位的数量有多少，单位组合与聚合所形成的系统是怎样的等，都是音系学关注的问题。例如，汉语是有声调语言，声调就成为汉语与无声调语言，如英语，在语音系统上的重要差别。在汉语中，北京话和上海话都有声调，北京话有阴平、阳平、上声、去声四个声调，上海话则有平声、阴去、阳去、阴入、阳入五个声调，声调数量的不同就构成这两个语音系统的重要差别。

音系学作为一门独立学科，19世纪晚期才开始与语音学区分开来，直至20世纪30年代才稳固建立起来。音系学的建立，得益于布拉格学派对音位的关注。20世纪30年代至50年代的结构主义学派，其音系研究主要集中于音位方面，该学派因而将研究音系的学科称为音位学。20世纪50年代以后，生成音系学以其全新的理论和方法，为音系研究开辟了一条新的途径。从20世纪60年代经典生成音系的SPE模式，到70年代中期出现的非线条性理论，再到20世纪末的优选论理论，生成音系学理论不断推陈出新，音系研究及音系理论模式的探索，始终没有停下发展的脚步。

语音学和音系学虽然分属不同的领域，有着不同的研究内容和方法，然而，二者毕竟拥有语音这一共同研究对象，因而不可避免会存在研究内容上的相互交叉和相互依赖。语音学关注的是语音的自然属性，这个领域的研究，无疑会为音系的描写和解释提供物质基础。音系学关注的是语音的社会属性，关注语音成分在语言系统中的地位和功能，音系学对语音成分区别性特征的提取，无疑也有助于语音学对语音发音生理与声学特性的把握。总之，音系学研究必须以语音学为基础，语音学研究必须以音系学的需要为方向。

第二节　音素

本节学习要点

1. 音素和音标：音素是从音质角度划分出的最小语音单位，元音和辅音是音素的两大基本类型；音标是标写语音的书面符号，国际音标。

2. 元音和辅音：元音的分类：舌面元音与舌位的高低、前后和嘴唇的圆展，舌尖元音，卷舌元音，鼻化元音；辅音的分类：发音部位与辅音，发音方法与辅音。

任何实际使用的语音片段，从最小的或最终组成成分来看，都是由音素构成的。要了解语音，就需要先了解语音的重要单位“音素”以及它的不同类型。

一、音素和音标

音素作为重要的语音单位，为语音的描写和分析提供了一种必要的起点和基础；元音和辅音在发音上具有不同的特征，是音素的两大基本类型；音标的制定为标写语音提供了便利有效的工具。

（一）音素

音素，也称“音段”，是从音质角度划分出的最小语音单位。汉语普通话词语“三”，读音为[san^{55}]，可切分出[s]、[a]、[n]三个不同音素。英语短语“three books（三本书）”，读音为[θri: bʊks]，可切分出[θ]、[r]、[i]、[b]、[ʊ]、[k]、[s]七个音素。音素既然是从音质角度划分出的最小语音单位，那么音素不同，也就意味着音质不同。

音素可以分为元音、辅音两大类。发音时声带振动，气流通过咽腔、口腔不受阻碍的音素是元音，如[a]、[i]；发音时气流通过咽腔、口腔，受到一定阻碍的音素是辅音，如[s]、[n]、[θ]、[r]。元音和辅音的区别可以从以下几个方面来看：一是元音发音时，气流通过咽腔、口腔不受阻碍；辅音发音时，气流通过咽腔、口腔会受到某个发音部位的阻碍。二是元音发音时，发音器官的各部位肌肉保持均衡紧张；辅音发音时，发音器官各部位紧张程度不均衡，形成阻碍的部位肌肉最为紧张。三是元音发音时，气流顺畅通过口腔，气流相对较弱；辅音发音时，气流消除阻碍后才可由口腔呼出，气流相对较强。四是元音发音时，声带振动，声音相对响亮；辅音发音时，声带不一定振动，发出的声音不及元音响亮。

音素的分类虽然还存在不少问题需要进一步研究和讨论，但是不可否认，传统语音学首先将音素区分为元音、辅音两类，无疑为语音的描写和分析提供了一个方便的起点。

（二）音标

音标是标写语音的书面符号。有些音标是专门为某种具体语言的语音标写而设计的，如汉语注音字母和汉语拼音方案；有些音标则是适用于多种语言语音标写的书面符号，如20世纪上半叶在美国产生的美式音标（APA），是由田野调查工作者专门为田野调查设计的一套标音符号。目前，国际上最通行的音标是国际音标（IPA），它是国际语音协会于1888年制定并开始使用的一套适用于不同语言的标音符号。随着所了解的语言不断增多，人们对语音认识的不断深入，国际音标隔几年就进行一次修订和补充。下面列出2005年发布的完整的国际音标[1]，以便了解这套语音标写符号的全貌。国际音标体系包括辅音表、元音舌面图、附加符号表、超音段成分符号、声调符号等。

国际音标（2005年修订）

辅音（肺部气流音）

	双唇	唇齿	齿	龈	龈后	卷舌	硬腭	软腭	小舌	咽	喉
爆发音	p b			t d		ʈ ɖ	c ɟ	k ɡ	q ɢ		ʔ
鼻音	m	ɱ		n		ɳ	ɲ	ŋ	ɴ		
颤音	ʙ			r					ʀ		
闪音		ⱱ		ɾ		ɽ					

（1）原文引自国际语音学会网页。

续表

	双唇	唇齿	齿	龈	龈后	卷舌	硬腭	软腭	小舌	咽	喉
擦音	ɸ β	f v	θ ð	s z	ʃ ʒ	ʂ ʐ	ç ʝ	x ɣ	χ ʁ	ħ ʕ	h ɦ
边擦音				ɬ ɮ							
近音		ʋ		ɹ		ɻ	j	ɰ			
边近音				l		ɭ	ʎ	ʟ			

说明：表格中成对出现的音，左侧为清辅音，右侧为浊辅音。阴影区域表示不可能产生的音。

辅音（非肺部气流音）

喷音	浊内爆音	喷音
ʘ 双唇音 ǀ 齿音 ǃ 龈（后）音 ǂ 腭龈音 ǁ 龈边音	ɓ 双唇音 ɗ 齿音/龈音 ʄ 硬腭音 ɠ 软腭音 ʛ 小舌音	’ 喷音符号，示例： p’ 双唇音 t’ 齿音/龈音 k’ 软腭音 s’ 龈擦音

其他符号

ʍ 唇－软腭清擦音	ɕ ʑ 龈－腭擦音
w 唇－软腭浊擦音	ɺ 龈边浊闪音
ɥ 唇－硬腭浊近音	ɧ 同时发出ʃ和x
ʜ 会厌清擦音	若有必要，塞擦音及双重调音可以用连音符连接两个符号，如：k͡p t͜s
ʢ 会厌浊擦音	
ʡ 会厌爆破音	

元音

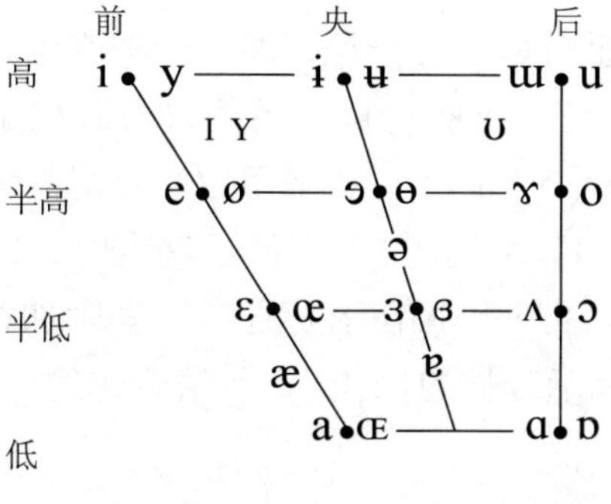

附加符号

̥ 清化 n̥ d̥	̤ 气声 b̤ a̤	̪ 齿化 t̪ d̪
̬ 浊化 s̬ t̬	̰ 嘎裂 b̰ a̰	̺ 舌尖性 t̺ d̺
ʰ 送气 tʰ dʰ	̼ 舌唇 t̼ d̼	̻ 舌叶性 t̻ d̻
̹ 略圆 ɔ̹	ʷ 唇化 tʷ dʷ	̃ 鼻化 ẽ
̜ 略展 ɔ̜	ʲ 腭化 tʲ dʲ	ⁿ 鼻除阻 dⁿ
̟ 偏前 u̟	ˠ 软腭化 tˠ dˠ	ˡ 边除阻 dˡ
̠ 偏后 i̠	ˤ 咽化 tˤ dˤ	̚ 听不到的除阻 d̚
̈ 央化 ë	̴ 软腭化或咽化 ɫ	
̽ 中－央化 e̽	̝ 偏高 e̝（ɹ̝＝龈浊擦音）	
̩ 成音节 n̩	̞ 偏低 e̞（β̞＝双唇浊近音）	
̯ 不成音节 e̯	̘ 偏前 e̘	
˞ r音 ɚ a˞	̙ 偏后 e̙	

超音段	声调	
	平调	曲拱调
ˈ 主重音 ˌfoʊnəˈtɪʃən	e̋ 或 ˥ 超高	ě 或 ˩˥ 升
ˌ 次重音 ˌfoʊnəˈtɪʃən	é ˦ 高	ê ˥˩ 降
ː 长 eː	ē ˧ 中	e᷄ ˦˥ 高升
ˑ 半长 eˑ	è ˨ 低	e᷅ ˩˨ 低升
̆ 超短 ĕ	ȅ ˩ 超低	e᷈ ˧˦˧ 升降
| 小韵律单元（音步）	↓ 降阶	↗ 全升
‖ 大韵律单元（语调）	↑ 升阶	↘ 全降

国际音标的制定原则是一音一符，即“一个音素只用一个音标表示，一个音标只表示一个音素”。国际音标所用的符号以拉丁字母为主，有的直接采用拉丁字母，如“p、b、a”，有的采用拉丁字母的大写、倒写、连写，或稍加变形，如“ᴇ、ɔ、ts、ȡ”。拉丁字母不够用时，以希腊字母或别的符号补充，如“θ、β、ε”。另外，国际音标还有一套附加符号，以提高语音标写的精准程度，如用来标示音长的[ː]，标示清音化的[̥]，标示鼻化的[̃]，标

示送气的[ʰ][1]等。

学习和使用国际音标，需要注意以下几点：

第一，国际音标是标记世界语言或方言的书面记音符号，切不可将国际音标与具体语言中形体相同的字母混为一谈。例如，汉语拼音方案的“b、p、d、t”，用国际音标标写则分别是[p]、[pʰ]、[t]、[tʰ]。为了同一般字母相区别，人们通常将国际音标的标音符号放在方括号[ ]里。

第二，国际音标一音一符，一个音只有一个形体；一符一音，一个形体只代表一个音。它不像普通字母那样，有印刷体、手写体以及大写、小写等不同的形体，使用时一定要注意。国际音标有些符号形体十分接近，如[ɣ]-[ɤ]、[z]-[ʑ]-[ʐ]，更需仔细分别。

第三，国际音标既可以标写音素，也可以标写音位。标写音素的音标放在方括号[ ]内，标写音位的音标要放在双斜线/ /之间。国际音标的标音方式因而也有了“严式标音”和“宽式标音”的不同。严式标音也叫音素标音，它尽可能全面细致地反映语音的特征和差别；宽式标音也叫音位标音，它标写的通常是具体语言语音系统中的音位，不反映与区别意义无关的语音特征和差别。

二、元音和辅音

音素被分为元音和辅音两大类，但这样分出的音素类别还比较粗，比如同样是元音，[i]和[u]差别就很大，因此还需要在元音和辅音内部再分出小类来。

（一）元音的分类

元音的不同主要是由共鸣器的形状差异造成的，而共鸣器形状的改变则主要是由口腔中唇、舌和小舌的活动来实现的。根据唇、舌、小舌的不同活动方式，元音可以分为舌面元音、舌尖元音、卷舌元音、鼻化元音等不同的类型。

1. 舌面元音

舌面元音，顾名思义是由舌面起作用发出的元音。舌面元音的差别主要取决于以下三个因素：

一是舌位的高低或口腔的开闭。舌位指的是发元音时舌面隆起的最高部位，

（1）送气特征也可以用“ʻ”标示，如[pʻ]、[tʻ]、[kʻ]等。

舌位高低不同，发出的元音也就不同。例如，普通话元音[i]和[a]之所以不同，主要是因为发高元音[i]时舌位高，而发低元音[a]时舌位低。由于舌头附在下颚上，舌位的高低与口腔的开闭密切相关，舌位越高，口腔开口度越小；舌位越低，口腔的开口度越大。

二是舌位的前后。舌头前伸或后缩，舌位的前后也就不同，发出的元音自然也不相同。例如，普通话的前元音[i]，发音时舌头前伸，舌位较前；后元音[u]，发音时舌头后缩，舌位较后。

三是嘴唇的圆展。嘴唇的形状圆与不圆，也是改变口腔共鸣器形状的重要因素。例如，普通话元音[i]，发音时嘴唇是不圆的，而元音[o]，发音时嘴唇是拢圆的。

舌位的高低、前后与嘴唇的圆展不仅是区分不同元音的重要因素，也是从发音角度描写舌面元音的重要语音特征，当然，也是根据发音特征对舌面元音进行分类的重要标准。

舌面元音的了解和学习，通常最先从[i]、[e]、[ε]、[a]、[ɑ]、[ɔ]、[o]、[u]八个元音开始。人们一般将这八个舌面元音看做起基准定位作用的"标准元音"，有的学者则称它们为"主要的基本元音"，下图是根据X光照相绘制的八个基本元音的舌位图像（如图2-8所示）。

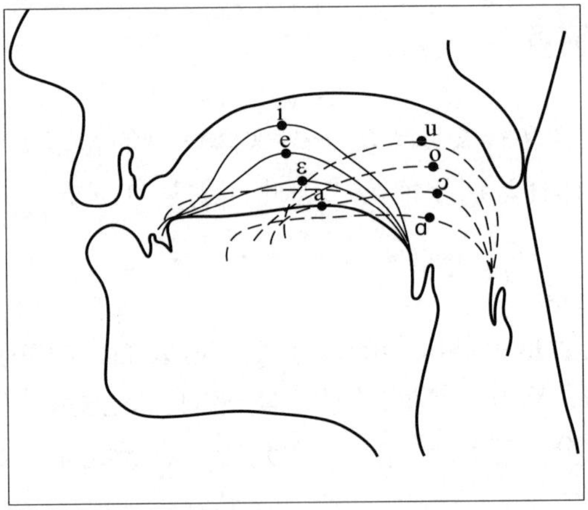

图2-8　八个主要基本元音的舌位示意图

舌位图像显示，[a]、[ɑ]发音时舌位最低，发[a]音舌面最高点前伸，发[ɑ]音舌面最高点后缩。[i]、[u]发音时舌位最高，发[i]音时，舌面最高点前伸；发[u]音时，舌面最高点后缩。其余四个元音，[e]、[o]的舌位处于半高位置，发[e]音舌面最高点前伸；发[o]音舌面最高点后缩。[ε]、[ɔ]的舌位处于半低位置，发[ε]音舌面最高点前伸；发[ɔ]音舌面最高点后缩。[i]、[e]、[ε]、[a]、 [ɑ]发音时，嘴唇不圆；[ɔ]、[o]、[u]发音时，嘴唇收圆。八个主要基本元音的国际音标、语音特征与词例列表如下：

音标	语音特征	词例	词例来源
[i]	前高不圆唇	一 [i⁵⁵]	普通话
[e]	前半高不圆唇	page [peɪʤ]（页）	英语
[ɛ]	前半低不圆唇	列 [liɛ⁵¹]	普通话
[a]	前低不圆唇	安 [an⁵⁵]	普通话
[ɑ]	后低不圆唇	当 [tɑŋ⁵⁵]	普通话
[ɔ]	后半低圆唇	saw [sɔ:]（锯）	英语
[o]	后半高圆唇	波 [po⁵⁵]	普通话
[u]	后高圆唇	屋 [u⁵⁵]	普通话

有了基本元音的定位，其他舌面元音的舌位与唇形就有了参照。元音的进一步了解和学习，通常会涉及[y]、[ø]、[œ]、[ɒ]、[ʌ]、[ɤ]、[ɯ]等元音，这七个元音发音的舌位分别与[i]、[e]、[ɛ]、[ɑ]、[ɔ]、[o]、[u]相同，只是唇形特征相反。有的学者将这类舌面元音称为“次要的基本元音”。

次要基本元音的国际音标、语音特征与词例列举如下：

音标	语音特征	词例	词例来源
[y]	前高圆唇	雨[y²¹⁴]	普通话
[ø]	前半高圆唇	酸[sø⁵³]	上海话
[œ]	前半低圆唇	靴[hœ⁵⁵]	广州话
[ɒ]	后低圆唇	watch[wɒtʃ]（手表）	英语
[ʌ]	后半低不圆唇	cup[cʌp]（杯子）	英语
[ɤ]	后半高不圆唇	哥[kɤ⁵⁵]	普通话
[ɯ]	后高不圆唇	黑[xɯ³³]	洛阳话

元音[ɨ]、[ʉ]、[ə]、[A]、[ɐ]，舌位处于前元音和后元音的中间，通常被称为“央元音”。央元音系列中，[ɨ]、[ʉ]的舌位最高，[ɨ]是不圆唇，[ʉ]是圆唇。元音[A]在央元音系列中，舌位最低。[ə]是口腔发音器官处于最自然状态发出的元音，舌位不高不低、不前不后，唇形也处于圆与不圆之间。[ɐ]的

舌位比[ᴀ]高，却比[ə]要低。

除此之外，比较常见的舌面元音还有[æ]、[ᴇ]，它们是处于标准元音之间的元音，其中[æ]处于[ɛ]、[a]之间，[ᴇ]处于[e]、[ɛ]之间。到此为止，已经介绍过的常见舌面元音的舌位与唇形如下（如图2–9所示）：

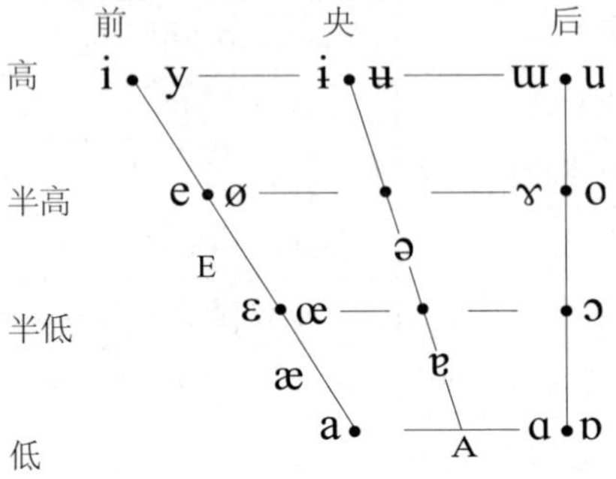

图2–9　舌面元音舌位示意图

2. 舌尖元音

舌尖抬起靠近齿龈发出的元音为舌尖元音。舌尖前伸靠近齿龈的前部，发出的元音为舌尖前元音；舌尖后翘靠近齿龈的后部，发出的元音为舌尖后元音。舌尖元音发音时口腔较闭，唇形的圆展也会影响到舌尖元音的音质。因此，舌尖位置的前后、唇形的圆展是描写舌尖元音发音特征的两个重要因素。例如，普通话元音[ɿ]，就可以描写为舌尖前不圆唇元音，而元音[ʅ]，可以描写为舌尖后不圆唇元音。发舌尖元音时起作用的部位是舌尖，与发舌面元音时舌面起作用明显不同。从下图舌尖元音[ɿ]、[ʅ]与舌面元音[ɨ]的舌位图像中可以清楚地看到这种差异（如图2–10所示）。

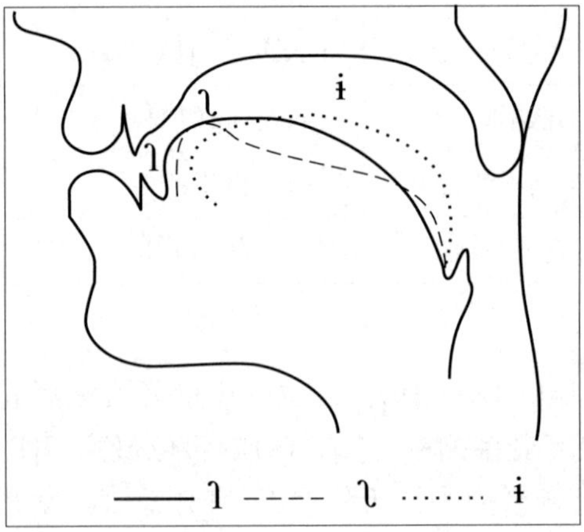

图2–10　元音[ɿ]、[ʅ]、[ɨ]的舌位示意图

舌尖元音音标、词例及词语所属语言或方言来源列表如下：

音标	语音特征	词例	词例来源
[ɿ]	舌尖前不圆唇	字 [tsɿ^{51}]	普通话
[ʅ]	舌尖后不圆唇	吃 [tʂ^{h}ʅ^{55}]	普通话
[ʮ]	舌尖前圆唇	乳 [zʮ^{31}]	苏州话
[ʯ]	舌尖后圆唇	书 [ʂʯ^{23}]	栾川话

3. 卷舌元音和鼻化元音

发元音时舌尖如果向硬腭前部翘起，发出的音通常是一个带有卷舌色彩的元音，称为“卷舌元音”，如元音[ɚ]（如图2-11所示）。

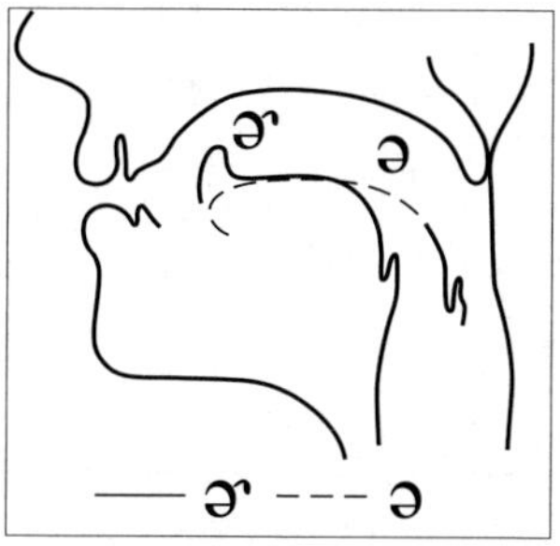

图2-11　元音[ɚ]与[ə]的舌位

舌面元音、舌尖元音、卷舌元音等主要利用口腔共鸣器官发音，称为“口元音”。有些元音发音时软腭下垂，小舌打开，发出的元音会带有鼻音色彩。这种同时利用口腔、鼻腔共鸣发出的元音称为“鼻化元音”。鼻化元音的标写是用附加符号[˜]来表示的，如[ã]、[õ]等。

（二）辅音的分类

辅音的不同主要取决于辅音的发音部位、发音方法以及喉部声门的发声等因素，下面分别从发音部位、发音方法、喉部声门的发声三个角度，对常见辅音进行具体的描述和分类。

1. 发音部位与辅音

辅音发音时气流受到阻碍的部位，称为“发音部位”。口腔是发音器官中最重要的共鸣器官，辅音绝大多数发音部位与口腔发音器官密切相关，具体表现为口腔主动发音器官靠近被动发音器官而形成对气流的阻碍。不过，声门闭合或接近闭合的状态也可以成为阻碍发音气流的部位，自然也可以构成一个发音部位。

辅音发音部位与发音器官的关联列表如下：

发音部位		成阻发音器官		辅音举例
汉语语音学命名	国外学者命名			
双唇	双唇（Bilabial）	下唇	上唇	[p]、[p^h]、[b]、[m]
唇齿	唇齿（Labiodental）	下唇	上齿	[f]、[v]
齿间	齿（Dental）	舌尖	齿	[tθ]、[tθ^h]、[θ]、[ð]
舌尖前	齿龈（Alveolar）	舌尖	龈前	[ts]、[ts^h]、[s]、[t]、[n]
舌叶	龈后（Postalveolar）	舌叶	龈后	[tʃ]、[tʃ^h]、[dʒ]、[ʃ]、[ʒ]
舌尖后	卷舌（Retroflex）	舌尖/舌头背面	龈后	[tʂ]、[tʂ^h]、[ʂ]、[ʐ]
舌面前	龈腭（Alveopalatal）	舌面前	龈腭	[tɕ]、[tɕ^h]、[ɕ]、[ʑ]
舌面中	硬腭（Palatal）	舌面中	硬腭	[c]、[c^h]、[ç]
舌面后	软腭（Velar）	舌面后	软腭	[k]、[k^h]、[g]、[x]
小舌	小舌（Uvular）	舌面后	小舌	[q]、[q^h]、[ɢ]、[ɴ]、[ʀ]
咽	咽音（Pharyngeal）	舌根	咽壁	[ħ]、[ʕ]
喉	声门（Glottal）	声门		[ʔ]、[h]、[ɦ]

2. 发音方法与辅音

辅音的发音方法是指发音过程中发音器官形成阻碍以及气流克服阻碍的方式。阻碍进程通常可分为三个阶段：成阻——形成阻碍，持阻——阻碍持续，除阻——阻碍解除。发音时气流受阻与克服阻碍的种种方式，是造成辅音音质有别，形成辅音复杂类型的重要因素。

一是辅音可分成塞音和擦音。

发音器官完全闭合阻碍发音气流通道，称为“塞”。气流受阻，会对成阻部位形成较大的压力，阻塞突然解除，气流便会喷发而出，形成“爆破”。像[p]、[p^h]、[b]、[t]、[t^h]、[d]、[k]、[k^h]、[g]等音素就是成阻完全闭塞，除阻突然爆破发声发出的辅音。这类辅音因其利用了“塞”的发音方法，故称“塞音”；因其除阻爆破阶段发声，也称“爆破音”。

发音器官的主动部分和被动部分在成阻时没有完全闭合，而是留有狭窄的缝隙，气流会从成阻部位的缝隙中挤出，形成摩擦，称为“擦”。像[f]、[v]、[s]、[z]、[ʐ]、[ʂ]、[x]、[h]等音素就是利用“擦”的发音方法发出的辅音，故称“擦音”。

有些辅音如[ts、tʂ、tɕ]，发音时同时利用了“塞”和“擦”两种发音方法，成阻时发音部位完全闭合，阻塞气流，之后有一个延迟除阻的阶段，阻碍部位露出缝隙，气流通过缝隙摩擦发声。此类辅音发音时“塞”和“擦”两个阶段结合紧密，同单个擦音在时长上没有什么差别。这种辅音因同时利用了“塞”和“擦”两种发音方法，故称“塞擦音”。

二是辅音可分成颤音和闪音。

双唇、舌尖、小舌等柔软发音器官在十分放松的情况下经气流冲击而连续颤动发音，称为“颤音”。颤音在发音时，颤动的部位会迅速地开合，气流忽通忽塞，仿佛一连串连续的塞音。法语中的小舌音[ʀ]、西班牙语中的舌尖音[r]都是反复颤动阻碍气流形成的颤音。

双唇、舌尖、小舌等柔软发音器官在十分放松的情况下经气流冲击而闪动一下发音，称为“闪音”。闪音没有颤音那样连续的颤动，只是发音器官柔软的部分轻轻一闪。山东、河南部分方言儿化音节的声母和韵母之间有时会有一个闪音[ɾ]。

三是辅音可分成边音和边擦音。

发音时气流在舌头的中间部分受阻，通过舌头两侧流出，这样发出的辅音称为“边音”，如普通话的辅音声母[l]。边音发音时如果摩擦较重，就会形成“边擦音”，如广东台山话、广西博白话中“三”的声母[ɬ]。

四是辅音可分成口音和鼻音。

口腔后部的软腭和小舌可以控制通往鼻腔的气流通道，因而在区分口音和鼻音音质上起着至关重要的作用。绝大多数辅音发音时软腭上升，小舌堵塞鼻腔通道，气流只从口腔流出，这样发出的辅音是“口音”，如[p]、[p^h]、[b]、[f]、[t]、[t^h]、[d]、[ts]、[ts^h]、[dz]、[s]、[k]、[k^h]、[g]等。发音时口腔发音部位阻塞气流，同时软腭下垂，小舌打开鼻腔通道，气流从鼻腔流出，这样发出的辅音是“鼻音”，如[m]、[n]、[ŋ]等。

五是辅音可分出近音。

近音发音时，发音器官成阻部位留下的空隙介于擦音和元音之间，摩擦程度也介于擦音与元音之间，摩擦微弱，如[w]、[ʋ]、[j]等音。传统语音学因其发音特征介于辅音与元音之间，故有“半元音”“无擦通音”之称。

3. 喉部声门的发声与辅音

喉部器官不同的发声行为和活动也可以造成不同的辅音，诸如辅音的清浊、送气的区别，就主要取决于喉部声门的发声状态。

一是辅音可分成清音和浊音。

声带是语音的发音体，它的振动与否，会直接影响到辅音的音质。发音气流从气管流出，如果声门敞开，声带不振动，发出的是不带音的辅音，称为“清音”；如果声门微闭，声带拉紧靠拢，气流的冲击会使声带振动，发出的是带音的辅音，称为“浊音”。例如，[p]和[b]就是一对发音部位相同而清浊有别的塞音。

二是辅音可分成送气音和不送气音。

辅音的送气与不送气，与声门的气流有密切关系。送气特征通常表现为：塞音、塞擦音除阻时伴随着一股较强的气流呼出。

汉语中塞音、塞擦音的送气和不送气区分得很清楚。例如，普通话“低”和“梯”的读音分别是[ti^{55}]和[t^hi^{55}]，发音差异只在于是否送气；“早”和“草”的读音分别是[$tsɑu^{214}$]和[$ts^hɑu^{214}$]，发音不同也仅仅是送气与否。不过，需要注意的是，不送气辅音如[p]、[t]、[k]等，发音时并不是没有气流流出口腔，而是流出的气流较弱；送气辅音如[p^h]、[t^h]、[k^h]等，发音时流出的气流较强。

综合辅音发声、调音的诸多方式和方法，可以有效描写和分析辅音的语音特征。语音学习和研究中的常见辅音列表如下：

第三节　音位和区别特征

本节学习要点

1. 音位的性质：辨义功能，最小语音功能单位，抽象单位，属于特定语言或方言的语音系统，音质音位，超音质音位。

2. 音位的归纳：对立，互补。

3. 音位变体：条件变体，自由变体。

4. 区别特征：特征的确定与二元偶分，区别特征与音位聚合。

上一节说的音素，是依据发音特征这一自然属性划分出来的语音单位，但语言本质上是一种社会现象，语音并非风声、雨声那样单纯的自然现象，因此要深入了解语音的性质，还需要从社会功能的角度来认识，这就要涉及语音的功能单位——音位，以及音位社会功能的最终担负者——区别特征。

常见辅音表

			双唇	唇齿	齿间	舌尖前	舌尖后	舌叶	舌面前	舌面中	舌面后	小舌	喉
塞音	清	不送气	p			t			ȶ	c	k		ʔ
		送气	pʰ			tʰ			ȶʰ	cʰ	kʰ		
	浊	不送气	b			d			ȡ	ɟ	g		
		送气	bʰ			dʰ			ȡʰ	ɟʰ	gʰ		
塞擦音	清	不送气		pf	tθ	ts	tʂ	tʃ	tɕ				
		送气		pfʰ	tθʰ	tsʰ	tʂʰ	tʃʰ	tɕʰ				
	浊	不送气		bv	dð	dz	dʐ	dʒ	dʑ				
		送气		bvʰ	dðʰ	dzʰ	dʐʰ	dʒʰ	dʑʰ				
鼻音	浊		m	ɱ		n			ȵ		ŋ		
颤音	浊					r						ʀ	
闪音	浊					ɾ	ɽ						
边音	浊					l	ɭ						
擦音	清		ɸ	f	θ	s	ʂ	ʃ	ɕ	ç	x	χ	h
	浊		β	v	ð	z	ʐ	ʒ	ʑ				ɦ
近音	浊		w	ʋ			ɹ			j			

一、音位

前面所说的音素以及元音和辅音，多是从语音的发音生理机制方面分析和界定的，并没有涉及不同的音素在具体语言中的地位和作用。在具体语言或方言里，对实现语言的社会功能而言，有些音素间的差别很重要，有些则不重要，重要的必须要加以区分，不重要的则可以归并为同一个单位而不必区分，这样得到的语音单位就是“音位”，或者说音位是一个语音系统中能够区别意义的最小语音单位。

（一）音位的性质

音位是特定语言或方言中具有区别意义功能的最小语音单位，其性质可以从以下几方面来认识：

第一，音位最本质的特征是它具有辨义功能，是一种语音的功能单位，它通过区分语素或词的语音形式，起到区别不同意义的作用。例如，普通话的[tʰi⁵⁵]（梯）和[tʰu⁵⁵]（秃）中，[i]和[u] 在完全相同的语音环境中使两个语素（“梯”和“秃”）的语音形式区别开来，从而起到区别这两个意义的作用，它们在普通话中就是两个不同的音位。

在一种语言或方言里，人们能够发出的声音是很丰富的，能够发出的音素很多，但并非所有的音素都具有这种辨义功能。有些音素，尽管发音有别，然而它们在言语交际中却并不能区别意义，人们也常常把它们当成一个单位来看待，这样的音素就不能区分为不同的音位。例如，普通话[tan⁵⁵]（单）和[tɑŋ⁵⁵]（当）中的元音[a]和[ɑ]，是两个不同的元音，但由于它们在普通话中不具有区别意义的作用，说普通话的人除非受过专门的语音学训练，否则感觉不到它们之间有什么差别，人们习惯于将它们主观感知为同一个语音单位，因此这两个音素只能归并为同一个音位，而不能分立为不同的音位。

第二，音位就组合的线性序列而言，是无法进一步切分的最小单位。[ɑu]、[ɑŋ]这样的语音成分，虽然在普通话[tɑu⁵⁵]（刀）和[tɑŋ⁵⁵]（当）中同样具有区别意义的功能，但它们都不是音位，因为它们都可以进一步切分。当[ɑu]、[ɑŋ]进一步切分并归纳为[ɑ]、[u]、[ŋ]三个成分之后，这三个语音成分在普通话中不仅能够区别意义，且不可再切分，因而就分属三个不同的音位。

第三，音位是从辨义角度归纳出的音系基本单位，因此，它通常是基于一组没有辨义作用且声音相近的语音成分归纳出的抽象单位。例如，普通话的低元音音位/a/，在[n]前发成前低不圆唇元音[a]，在[u]、[ŋ]前发成后低不圆唇元音[ɑ]，处于[i__n]环境中发成舌面前半低不圆唇元音[ɛ]，处于[y__n]环境中发成前次低不圆唇元音[æ]，处于开尾音节发成央元音[ᴀ]。低元音音位/a/就是在[a]、[ɑ]、[ɛ]、[æ]、[ᴀ]等音素的基础上归纳概括出的一个抽象单位，这个抽象单位通常只能在具体语音环境中以某种具体的语音形式体现出来。我们平时之所以用/a/来表示普通话这一低元音音位，只是出于标记音位的需要而采用该音位一个常见的语音表现形式而已。

第四，音位是从社会功能角度划分出来的语音单位，特定语言或方言的语音系统，是音位赖以存在的基础，因此，音位只属于特定语言或方言的音系，脱离了特定语言或方言的音系，音位分析就无从谈起。音素则不同，它是从音质角度切分出的最小单位。音素的发音生理机制、声学物理特征，对所有的语言、方言来说都是一样的，并不会因语言或方言的不同而改变。相同的音素，在不同的语言或方言中，却可能在是否具有辨义功能上完全不同，因而音位的分合也就不同。例如，[k]、[k^h]两个音素，在汉语普通话中，因其有区别意义的作用而分立为两个不同的音位/k/、/k^h/；在英语中，则因其彼此的差别没有辨义功能而归属于同一个/k/音位。再如，[n]、[l]在汉语普通话中是两个音位，在南京话中则可以归并在同一个音位里。

音位从实际存在形式上看，可以分为音质音位和超音质音位。音质音位是以音素为基础归纳出来的，通过音质差别来起辨义作用的音位，如前面已经讨论过的普通话的/a/音位和英语的/k/音位等。超音质音位是通过音高、音强、音长等非音质因素的差别来起辨义作用的音位，如汉语声调具有辨义功能，也可以看作音位，这种音位称作“调位”。汉语普通话语音系统中有/55/、/35/、/214/、/51/四个调位，其对立现象列举如下：

（1）[ma^{55}]（妈）　[ma^{35}]（麻）　[ma^{214}]（马）　[ma^{51}]（骂）

英语轻重音形式的不同，可以区别不同的意义，构成轻重音音位，简称“重位”。存在轻重音音位对立的词语对比列举如下：

（2）['daɪʤest] digest（文摘）　[daɪ'ʤest] digest（消化）
['kɒndʌkt] conduct（品行）　[kən'dʌkt] conduct（引导）

（二）音位的归纳

音位既然是从辨义角度归纳出来的抽象单位，那么，这个特定语言或方言的音系基本单位又是如何归纳出来的呢？

1. 对立关系与音位

不同语音成分如果在完全相同的语音环境中具有区别意义的功能，那么这些语音成分之间就存在着对立关系。对立关系表明，在语音环境相同的情况下，对立语音成分独立承担着区别语素或词的语音形式的作用。例如：英语的[pɪt]（pit，坑）、[pæt]（pat，拍）、[pet]（pet，宠物）等词，首音和尾音都相同，只有中间的元音不同，这表明在英语里，[ɪ]、[æ]、[e]之间存在对立关系，它们的语音差别有区别意义的作用。汉语普通话中的[ma^{55}]（妈）和[ma^{35}]（麻），声母和韵母都相同，只有声调不同，这表明在汉语普通话里，[^{55}]和[^{35}]之间存在对立关系，它们之间的音高变化也有区别意义的作用。凡是语音差别有区别意义作用的语音成分就处于对立关系之中，处于对立关系中的语音成分通常要区分为不同的音位。上面的[ɪ]、[æ]、[e]就是英语的三个元音音位，55调和35调就是汉语普通话的两个声调音位。

语词的语音形式中只有对立成分发音不同，其余成分发音都相同，这样的对立形式称为“最小对立体”。最小对立体是音位归纳过程中区分不同音位的重要事实依据。

2. 互补关系与音位

不同的语音成分如果从来不在相同的语音环境中出现，那么这些语音成分之间就存在着互补分布的关系。例如，普通话[ɿ]、[ʅ]、[i]三个元音的分布见下表：

元音	互补分布	例词读音
[ɿ]	只与[ts-]组声母拼合	[$tsɿ^{51}$]（字）
[ʅ]	只与[tʂ-]组声母拼合	[$tʂʅ^{51}$]（治）
[i]	与非[ts-]、[tʂ-]组的其他声母拼合	[$tɕi^{51}$]（记）

处于互补关系的不同语音成分，如果语音相近，通常会归并为一个音位。普通话的三个元音[ɿ]、[ʅ]、[i]，汉语拼音方案只用一个字母“i”来代表，实际上就是将三个元音归并为一个/i/音位。

（三）音位变体[1]

音位在具体语音环境中的实际存在形式，也就是实际发音，称为“音位变体”。例如，英语的/p/音位在词语中的实际发音有[p]、[p^h]，汉语普通话

（1）本书仅在列举和举例说明音位变体时采用严式标音，其余皆采用宽式标音。

的 /e/ 音位有[e]、[ə]、[ɤ]等具体发音形式等。音位变体依变体之间的相互关系可分为条件变体和自由变体两类。

1. 音位的条件变体

一个音位的多个变体如果各有各的出现环境而不在相同的语音环境中出现，也就是处于互补分布之中，这类音位变体就称为“条件变体”。例如，普通话 /a/ 音位的多个音位变体就是条件变体，它们具有不同的出现环境，普通话 /a/ 音位的变体及条件可归纳成下表：

音位	音位变体	变体出现的条件	例词读音
/a/	[a]	[_i]、[_n]、[u_n]	[ai51]（爱）[an55]（安）[uan55]（弯）
	[ɑ]	[_u]、[_ŋ]	[ɑu214]（袄）[ɑŋ35]（昂）
	[ɛ]	[i_ n]	[iɛn55]（烟）[piɛn55]（编）
	[æ]	[y_n]	[yæn55]（冤）[tɕyæn214]（卷）
	[ᴀ]	[_Ø]（零韵尾音节）	[tᴀ214]（打）[iᴀ35]（牙）

2. 音位的自由变体

有些音位变体在相同的语音环境中可以自由替换，且没有区别意义的功能，这类变体称为“自由变体”。例如，武汉话中的[n]、[l]声母在四呼韵母前都可以自由替换，属于不区别意义的自由变读，如“南”既可以读作[nan213]，也可以读作[lan213]；“连”既可以读作[nian213]，也可以读作[lian213]。所以，[n]和[l]是武汉话 /n/ 音位的两个自由变体。

音位和音位变体呈现为抽象和具体、一般和个别的关系。也就是说，音位是在音位变体基础上概括出来的抽象单位，它在实际语流中又以音位变体的形式具体呈现出来，且存在于具体的音位变体之中。

二、区别特征

前面说音位是具有辨义功能的语音单位，音位之所以具有这样的功能，是因为不同的音位相互区别，可以区别语素和词的语音形式，进而区别不同的意义。那么不同的音位又是如何相互区别的呢？这就要涉及“区别特征”的概念。

（一）区别特征

音位是一个语音系统中能够区别意义的基本单位，不同音位彼此对立，可以区别语素和词的语音形式，从而区别意义。音位的对立可以进一步分析为一个或几个语音特征的对立。如普通话/p/、/p^h/、/k/、/s/四个辅音音位的语音特征可以归纳如下表：

音位	语音特征			
/p/	双唇	清	闭塞	不送气
/p^h/	双唇	清	闭塞	送气
/k/	舌面后	清	闭塞	不送气
/s/	舌尖前	清	擦音	

普通话音位/p/与/p^h/的区别只在于送气与不送气的不同，/p/与/k/的不同只在于双唇与舌面后发音部位的不同。/p^h/与/k/之间，既有发音部位的不同，也存在送气与不送气的差别。/s/音位与其他三个音位的差别不仅存在发音部位的差别，而且存在塞音与擦音发音方法上的差别。使不同音位彼此对立、相互区别的区别性语音特征，称为“区别特征”，也称“区别性特征”。

音位的区别特征可以从语音的声学角度去考察，如普通话的/a/、/i/等元音音位，通常都是声音响亮的带音成分，具有响音性特征，而像/p/、/s/之类的清辅音音位，都是声音不响亮的不带音成分，不具有响音性特征。音位的区别特征也可以从语音的发音生理角度来确定，如普通话元音音位/a/具有前、低、不圆唇等特征，辅音音位/p/具有清、闭塞、不送气等特征。从发音生理角度看，每个元音音位都有自己特定的舌位和唇形，不同辅音音位都有特定的发音部位和发音方法。学习元辅音时通常是从发音生理角度入手的，因此，从发音生理角度确定元辅音音位的区别特征，显然更易于理解和把握。

音位是在特定语言或方言的语音系统中划分出的音系基本单位，因此，音位的区别特征需要视特定的语音系统而定。例如，普通话的辅音音位/p/，就发音部位“双唇”而言，与辅音音位系统中的舌面后辅音音位/k/对立；就发音方法“闭塞”而言，与鼻音/m/对立；就“送气”特征而言，与送气辅音音位/p^h/相区别。英语的辅音系统中也有辅音音位/p/，该音位就发音部位而言，与辅音系统中的/t/、/k/等音位对立，这点与汉语普通话相同，然而，英语中的辅音音位不存在送气特征的对立，也就是说，辅音音位/p/并没有一个送气的/p^h/与之相区别，这点与汉语普通话显然是不同的，因此，英语的/p/音位也就没有“送气”方面的区别特征。

区别特征通常是二元偶分的对立，用“+”表示具有某一区别特征，用“—”表示不具有某一区别特征。例如，普通话/a/、/i/、/u/三个元音音位的区别特征可以用如下矩阵表示：

音位	区别特征		
	[± 高]	[± 后]	[± 圆唇]
/a/	−	−	−
/i/	+	−	−
/u/	+	+	+

（二）区别特征与音位的聚合

音位在音系中并不是孤立存在的个体，而是处于对立关系的网络之中，如普通话/p/、/p^h/、/m/、/t/、/t^h/、/n/、/k/、/k^h/、/ŋ/等辅音音位，就处于这样的关系网络之中，它们的对立关系可以列示如下：

p	t	k
p^h	t^h	k^h
m	n	ŋ

上表列示的每一个音位，无论是横向对比，还是纵向对比，都存在着对立。不同音位至少拥有一个相互有分别的区别特征，如/p/音位，横向对比则以“双唇音”与音位/t/、/k/相区别，纵向对比则以“不送气”特征与音位/p^h/相区别，以“塞音”与/m/相区别。

一个音位通常具有多项区别特征，处于对立关系网络中的某些音位也常会具有一些共同的特征，依据共同的区别特征可以构成一定的音位聚合群。汉语普通话里，/p/、/p^h/、/m/、/t/、/t^h/、/n/、/k/、/k^h/、/ŋ/等辅音音位，可以依照部位特征形成聚合群，具体情况如下（如图2-12所示）：

p	t	k
p^h	t^h	k^h
m	n	ŋ

图2-12　普通话部分辅音音位部位特征聚合群示意图

同时，它们又可以依据方式特征，形成另一个不同的聚合群，具体情况如下（如图2-13所示）：

p	t	k
p^h	t^h	k^h
m	n	ŋ

图2-13　普通话部分辅音音位方式特征聚合群示意图

音系中处于同一聚合群中的不同音位，由于具有共同的区别特征，共时层面常常会呈现一些相同的音系特点，历时层面常常会发生一些相同的语音变化。例如，普通话三组塞擦音声母（音位）与开、合、齐、撮四呼韵母拼合时，具有相同部位特征的声母，遵循相同的拼合规律，具体拼合规则可以归纳成下表：

四呼 声母	开口呼	合口呼	齐齿呼	撮口呼
ts、ts^h、s	+	+	–	–
tʂ、$tʂ^h$、ʂ	+	+	–	–
tɕ、$tɕ^h$、ɕ	–	–	+	+

再来看语音的历时演变现象。古见组、晓组声母中古读音为[k、k^h、x]，北方方言今细音韵母前演变为[tɕ、$tɕ^h$、ɕ]，演变的具体条件和结果归纳如下：

（3）$k \rightarrow tɕ / \_\_\_ i$

$k^h \rightarrow tɕ^h / \_\_\_ i$

$x \rightarrow ɕ / \_\_\_ i$

[k、k^h、x]具有相同的部位特征，可以聚合为舌面后辅音的聚合群。同聚合群的三个辅音声母在细音韵母[i]前分别演变为[tɕ、$tɕ^h$、ɕ]，所发生的变化均为发音部位的前移，三个声母呈现出一种平行性的演变。

第四节　语音的组合

本节学习要点

1. 音节的性质：音节是听觉上能够自然分辨出的最小语音单位；肌肉紧张度说。

2. 音节的结构：音节首，音节核，音节尾；开音节，闭音节；复辅音，复元音；声韵调分析法。

3. 语流音变：同化，异化，弱化，脱落，增音。

音位是语言中最小的语音功能单位，这种单位的成员在一种语言或方言中通常只有几十个，因此，它们只有组合起来，才能为成千上万的语素和词提供所需的语音形式。音位如何组合成更大的语音单位——音节；在语音的组合过程中，音和音之间又是如何相互影响而产生变化的；这些语音组合问题就是本节要讨论的内容。

一、音节

音节通常是由音位组合而成的，它是语音组合的重要形式，是一种重要的语音结构单位。从这个意义上说，音节是比音位更大的语音单位。既然音节是语音组合形式，而语音组合并不是任意的，那么音节的构成就要遵循一定的结构规则。

（一）什么是音节

音节是听觉上能够自然分辨出的最小语音单位，以普通话的一段音流“$tɕ^{h}iaŋ^{35}$ $ʂaŋ^{0}$ kua^{51} $tʂə^{0}$ i^{55}_{51} fu^{35} xua^{51}（墙上挂着一幅画）”为例，人们听感上最自然、最容易分辨出的最小语音单位有如下七个，即七个不同的音节[1]。例如：

（4）$tɕ^{h}iaŋ^{35}$ # $ʂaŋ^{0}$ # kua^{51} # $tʂə^{0}$ # i^{55}_{51} # fu^{35} # xua^{51}

音节基于听感的界定，主要是从人的神经处理程序角度来说明的，然而，音节本身究竟是一个什么样的语音单位，音节单位的切分与音节边界的确定等，仍是困扰语言研究者的难题。人们为解决这一问题曾做过各种尝试，提出过种种不同的理论。目前在我国有一定影响的是“肌肉紧张度说”。这种理论是根据发音时肌肉紧张程度的变化来解释音节的形成和确定音节之间的边界的。这种理论认为，人在发音时，发音器官的肌肉总是松弛和紧张相互交替的。肌肉每紧张一次，就形成一个音节。肌肉的紧张过程又可以分为渐强、最强、渐弱三个阶段，最强阶段叫“音峰”，渐弱阶段和下一次紧张的渐强阶段的交界之处，紧张程度最低，叫“音谷”。音谷所在的地方就是音节之间的分界处。比如汉语普通话[pai]这串音，如果发音时肌肉紧张一次，就形成一个音节，听上去是[pai^{55}]（掰）；如果发音时肌肉紧张两次，就形成两个音节，听上去是[pa^{55}+i^{55}]（八一）。又如汉语普通话[fanan]这一串音，如果发音时音谷在第二和第三个音之间，可以形成[fa^{55}+nan^{51}]（发难）两个音节；如果音谷在第三和第四个音之间，可以形成[fan^{55}+an^{51}]（翻案）两个音节。

（二）音节结构

音节通常是由若干个音位结合而成的语音结构单位，以普通话的[$tɕ^{h}iaŋ^{35}$]（墙）、[kua^{51}]（挂）为例，两个音节可以分别进行如下分解：

（5）$tɕ^{h}iaŋ^{35}$：/$tɕ^{h}$/、/i/、/a/、/ŋ/、/35/
kua^{51}：/k/、/u/、/a/、/51/

基于元辅音音位分析，以元辅音音位为最小单位进行音节结构分析的方法，称为“元辅音分析法”。根据元辅音组合的情况，音节结构大致可分为

（1）上标0表示轻声；#表示音节边界。

V、CV、VC、CVC[1] 等基本类型，如汉语普通话和英语的下列音节类型：

（6）V：[i]（衣）、[ɤ]（鹅）
CV：[hi]（he）、[li]（力）
VC：[ɪt]（it）、[an]（安）
CVC：[hɪm]（him）、[kaŋ]（钢）

音节结构通常又可以分析为音节首、音节核和音节尾三个部分。音节核通常由元音或能够自成音节的辅音来充当，是音节必不可少的部分；音节首和音节尾通常由辅音或近音来充当，通常是音节可有可无的部分。也就是说，一个音节必有音节核，而是否有音节首或音节尾，则是可以选择的。音节如果以元音结尾，如V、CV类型的音节，叫“开音节”；音节如果以一个或多个辅音结尾，如VC、CVC类型的音节，叫“闭音节”。世界上绝大多数语言既有开音节，也有闭音节，但是，也有一些语言如彝语、哈尼语、纳西语等，只有开音节，没有闭音节。

世界不同语言的音节组构常常会有不同的表现。以汉语普通话和英语为例，两种语言虽然都有CVC结构的音节，但是，英语的CVC音节首辅音C可以扩展为两个或三个相连的辅音丛，如[spai]（spy，间谍）、[sprait]（sprite，鬼怪）等词语读音中的辅音丛。汉语普通话则不可以，只能是一个单辅音，如[pa^{51}]（爸）。英语的辅音音节尾可以有[l]、[g]、[s]、[t]多种辅音，汉语普通话则只能是[n]、[ŋ]两个鼻音。英语的音节尾可以有两个或多个辅音构成的辅音丛，如[tɛkst]（text，文本），汉语普通话则不可以。

一个音节内两个或多个辅音相连构成的辅音丛，称作“复辅音”，比如英语[plæn]（plan，飞机）中的[pl-]，[skru:]（screw，螺钉）中的[skr-]。然而，辅音相连的现象未必都是复辅音，如英语[ɪksɛl]（excel，擅长）中的[k]、[s]两辅音虽然相连，但辅音[k]归前一音节，辅音[s]归后一音节，两个辅音分属不同的音节，就不是复辅音。

一个音节内两个或多个元音相连，称作“复元音”，如汉语普通话的复韵母ɑi [ai]、iɑ[ia]、iɑo[iau]等。两个元音组合而成的复元音称为“二合元音”，三个元音组合而成的复元音称为“三合元音”。复元音是一个音节内元音相连的语音现象，它的实际音值并不是几个元音成分的简单相加，而是由起首元音向后续元音逐渐过渡发音的连续性过程，例如，汉语普通话复韵母 [iau]

（1） C表示辅音，V表示元音。

发音时，就是从“i”向“a”再向“u”逐步滑动的连续音流。

世界不同语言的音节结构特点尽管各自有别，然而，如果从音节内部各音位成分的响度等级情况来看，不同语言音节内部音位的组构却存在一定的共性。具体说来，音节内部的音节核是一个音节最响亮的成分，音节核前后的音位成分，响度以音节核为中心，向两侧渐次降低。以英语“foundry（铸造厂）”一词为例，音节响度的变化大致如下（如图2-14所示）：

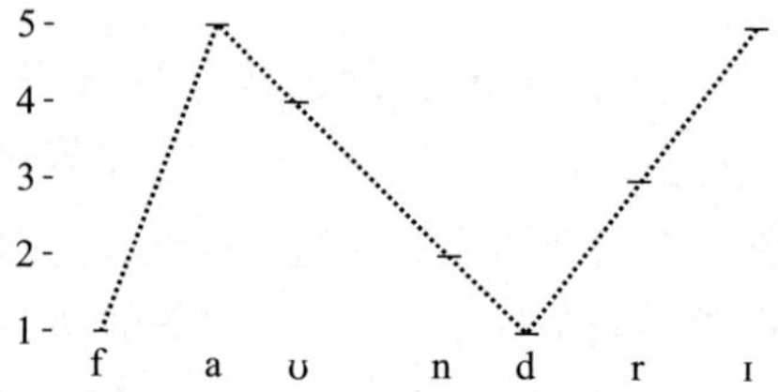

图2-14　foundry　词内音节的响度变化示意图

汉语的音节结构，传统上通常分析为声母、韵母、声调三部分，以“田”字的普通话读音$[t^hian^{35}]$为例，层次分析如下：

（7）

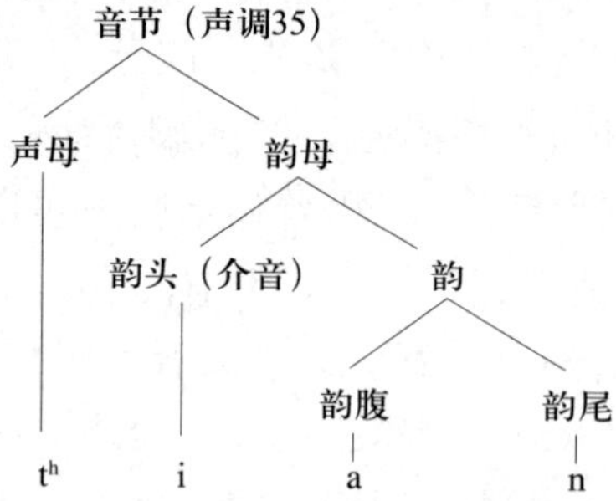

声母是音节开头的辅音，如$[t^hian^{35}]$音节中的辅音$[t^h]$；韵母是音节内部声母后面的部分，如$[t^hian^{35}]$音节中的[ian]。韵母进一步分析，可以切分出韵头（介音）、韵腹、韵尾三个部分：韵腹是韵母中语音最响亮的成分，如$[t^hian^{35}]$中的[a]；韵腹前的成分是韵头，如$[t^hian^{35}]$音节中的[i]；韵腹后的成分是韵尾，如$[t^hian^{35}]$音节中的[n]。音节能够区别意义的音高变化是声调，如$[t^hian^{35}]$音节中的调值35。这种基于声母、韵母、声调分析所形成的“声韵调分析法”，比较便于考察汉语音节结构的特点，也较便于描述汉语音系的基本面貌。因此，它一直是汉语，也是汉藏语系单音节有声调语言分析音节结构的一种基本方法。

二、语流音变

连续语流中的语音成分因受到相邻成分的影响，或者是受到语音高低、强弱、快慢等超音段因素的影响，而发生一定的变化，叫“语流音变”。有些语流音变表现为不同语素之间语音相互影响而发生的连读音变，例如，英语“cats[kæts]（猫）”中的复数词尾[z]附着在“cat[kæt]”词语之后，语音发生清化，变为[s]。有些语流音变表现为词与词之间语音相互影响而发生的连读音变，例如，济南话“买马[$\text{mɛ}^{55}_{42}\text{ma}^{55}$]”，连上变调是发生在动词“买”与名词“马”之间的语音变化。有些语流音变表现为音节内部的语音变化，如北京话儿化音变所形成的儿化韵，属于音节内的语音变化。有些语流音变则表现为不同音节之间的语音变化，如北京话“电报[$\text{tiam}^{51}\text{pau}^{51}$]”，“电”字读音的音节尾由[-n]变成[-m]，显然是后一音节影响前一音节的缘故。常见的语流音变现象有同化、异化、弱化、脱落、增音等。

（一）同化

语流中两个不同的语音成分由于互相影响、互相适应变为相同或相近的音，这种语流音变现象叫作“同化”，例如，北京话的“难免”连读时读[nam miɛn]，前字的韵尾被后字声母同化，变成相同的音；“电报”连读时读[tiam pau]，前字韵尾的发音部位被后字的双唇音声母同化，变得语音相近。同化音变现象多是连读过程中为了发音上的顺口而产生的，如上面两个词语，前一音节韵尾辅音与后一音节起首的辅音原本发音部位不同，连读音变后发音部位趋同。

同化音变中，前音影响后音使之发生同化音变的称为“顺同化”，后音影响前音使之发生同化音变的则称为“逆同化”。例如，福州话双音节词语的前一音节韵尾如果是鼻音，后一音节起首辅音通常会被同化为相同的鼻音。例如：

（8）品[p^{h}iŋ]+ 行[xeiŋ]→品行[p^{h}iŋ ŋeiŋ]
清[ts^{h}iŋ]+ 唱[ts^{h}uɔŋ]→清唱[ts^{h}iŋ ŋuɔŋ]

汉语方言中逆同化的语流音变现象也很常见，如北京话下述词语中的逆同化现象，前一音节的词尾辅音受后一音节起首辅音的影响，发音部位发生了变化，与后音节起首辅音的发音部位趋同。

（9）门[mən]+ 面[miɛn]→门面[məm miɛn]

分 [fən]+ 配 [p^hei]→分配 [fəm p^hei]

世界其他语言中也不乏同化的例子，例如下面英语的词语组合，前一词语词尾的辅音都受到了后一词语起首辅音发音部位的影响，发生了逆同化的语音变化。

（10）this（这）[ðis]+shape（样式）[ʃeip]→this shape [ðiʃ ʃeip]
in（在……上）[in]+bed（床）[bed]→in bed [im bed]

（二）异化

语流中两个相同或相近的音由于互相影响变得不相同或不相近，这种语流音变现象叫作“异化”，例如北京话两个上声音节相连，前一音节声调由曲折调214变为了高声调35，调值发生了异化的语流音变。

（11）总 [$tsuŋ^{214}$]+ 统 [$t^huŋ^{214}$]→总统 [$tsuŋ^{214}_{35}$ $t^huŋ^{214}$]
买 [mai^{214}]+ 米 [mi^{214}]→买米 [mai^{214}_{35} mi^{214}]

一般来讲，同化音变多是为了发音上的顺口，使得连读的不同语音成分的语音特征趋同，而异化则是为了避免发音的拗口，使得连续的同音或音近成分变得不同。世界语言中，异化音变比同化音变现象要少得多。

（三）弱化

语音成分在语流中发音变弱的音变现象，叫作“弱化”。发音弱化的可以是语流中的一个音节，如北京话中的轻音音节；也可以是语流中的音段成分或超音段成分，如北京话轻音音节中声母、韵母、声调的弱化。

北京话轻音音节中辅音声母的弱化，常常表现为辅音的浊化以及塞音、塞擦音的擦音化等，例如：

（12）喇 [la]+ 叭 [pa]→喇 · 叭 [la ba]
嚏 [t^hi]+ 喷 [pən]→嚏 · 喷 [t^hi fən]

韵母的弱化常常表现为复韵母的单元音化、单韵母的央元音化等。例如：

（13）木 [mu]+ 头 [t^hou]→木 · 头 [mu t^ho]
妈 [ma]+ 妈 [ma]→妈 · 妈 [ma mə]

声调的弱化主要表现为轻音音节失去本调，其自身的调值究竟如何读，完全取决于前一音节的声调读音。例如：

（14）阴平＋轻声：　55+2　桌子　说头
　　　阳平＋轻声：　35+3　瓶子　榔头
　　　上声＋轻声：　21+4　椅子　枕头
　　　去声＋轻声：　51+1　凳子　看头

（四）脱落

语言成分中某些原本有的语音成分在语流中丢失的音变现象，叫作“脱落”。北京话里就有这一类的脱落现象。例如：

（15）豆 [tou]+ 腐 [fu]→豆腐 [tou f̩]
　　　一 [i]+ 个 [kə]→一个 [i^{35} $ə^{2}$]

脱落常常是弱化语音成分进一步弱化的结果，拿北京话词语“豆腐”和数量词组“一个”来说，“豆腐”一词，后字“腐”轻读，弱化导致韵母的脱落；数量词组“一个”中“个”的语音弱化，导致声母辅音丢失。事实上，“个”的语音如果发生进一步弱化，“个”整个音节都可以脱落，如北京话中就存在“一”与名词直接组合的“一＋名”结构。

世界上不少语言都存在着语音脱落的现象。英语里就有一些语音成分脱落。例如：

（16）I（我）+am（是）→I’m（我是……）
　　　he（他）+will（将要）→he’ll（他将……）

上面例子中，英语词语“am、will”在口语中常因弱化而黏附于前面的人称代词，黏附之后，词语读音也与前面人称代词发生融合，[æm]、[wɪl] 分别音变为 [m]、[l]，自身的一些语音成分发生脱落。另外，英语中有些词语在语速较快的情况下弱化加剧，也容易出现语音成分脱落现象，如“and（和）”一词，弱读常读为 [ənd]，语速较快时则脱落 [d] 而读为 [ən]，甚至可以进一步脱落 [ə] 而读为 [n]。

（五）增音

有些语言成分在连读语流中会添加进来一些自身原来没有的音，这种语流音变现象叫“增音”。例如英语非标准语读音里，词语“athlete['æθliːt]（运动员）”和“film[film]（电影）”的读音分别为“['æθɑliːt]”和“[filum]”，词语内部分别增加了元音[ɑ]和[u]。

（17） 标准语读音 非标准语读音

['æθliːt]（athlete运动员） → ['æθɑliːt]（athlete运动员）

[film]（film电影） → [filum]（film电影）

汉语普通话不少儿化韵母也存在增音现象。如“皮儿”[piər]“驹儿”[tɕyər]等儿化词语，韵母元音i、y儿化卷舌之后，都增添了元音[ə]。

（18）[p^hi]（皮）→[p^hiər]（皮儿）

[tɕy]（驹）→[tɕyər]（驹儿）

第五节 韵律特征

本节学习要点

1. 韵律特征的性质：依附于音质成分，重要的是相对差别。

2. 韵律特征的类型：长短音；轻重音：词重音，词组重音，轻音；声调：基调，派生调；语调：停延，语句重音，句子的音高变化模式。

任何一段音流都不是仅仅由音质成分组构而成的，而是呈现为伴随着音长、音强、音高等一系列非音质成分的语音组合。语音组合中的这种伴随成分主要表现为长短音、轻重音、声调、语调等韵律特征。

一、什么是韵律特征

音流中能够区别意义的音高、音强、音长等超音质成分，称为“韵律特征”。例如，英语名词“abstract（摘要）”与动词“abstract（提取）”的语音差别，就主要是利用轻音与重音的韵律区别特征来实现的。两个词语在重音配置、音高模式上的具体差别对比如下：

（19）

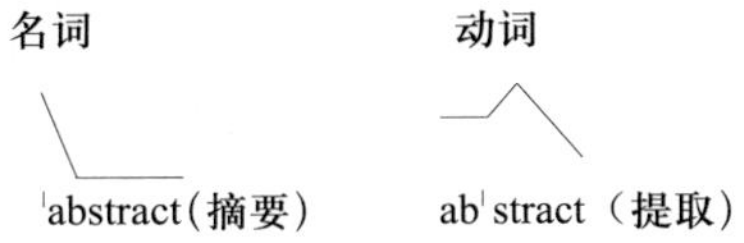

英语名词“abstract”的第一个音节重读，音节起音较高，音值自高而低，第二个音节不承载词重音，音高则呈现为较低的音值。动词“abstract”的第二个音节重读，起首音节的音高为中高音值，第二个音节的音高，除去与起首音节的音联部分，主要呈下降趋势，音高的起音比起首音节要高。

韵律特征在组构韵律结构、形成音流的过程中，必须以音质成分为载体，与音质成分同时出现，而不能单独存在。它们可以负载在一个音节之上，如普通话的/i^{55}/（衣）、/i^{35}/（姨）、/i^{214}/（椅）、/i^{51}/（意）等单个音节能够区别意义的音高变化；也可以跨越多个音节，将若干个音节组构为一定长度的韵律单元，如负载于语句之上的语调变化模式。

对于韵律特征而言，重要的并不是音长、音高、音强等超音质成分的绝对音值，而是声音长短、高低、轻重的相对差别。例如，就英语的轻音、重音差别而言，重要的是轻音节、重音节之间轻重程度的对比，至于重音具体有多重，轻音具体有多轻，并不太重要。再如汉语音节的声调，之所以能够区别不同语音形式，进而区别意义，并不是由声调的绝对音值决定的，而是由一个声调和其他声调的相对音值差别决定的。因此，韵律特征作为能够区别意义的音系基本成分，通常表现为一对或一组超音段的对比性特征，具体表现为诸如长短音的差别、轻重音的对立、声调语调音高变化模式的相对区别等。

二、长短音

音长是语音成分在时间维度上所持续的长度，世界上不少语言或方言，常利用语音成分的长短对立来区别意义。例如，藏语拉萨话的[$la:^{55}$]（麝）与[la^{55}]（工钱），元音[a]的长短具有区别两个词语语音形式的功能。

能够区别意义的元辅音长短对立，具有音位的性质，可以构成长短音音位。这种利用元辅音时长差异所形成的能够区别意义的超音段音位，称作“时位”。元音的长短对立，较为常见，也是人们关注较多的音位对立。例如[1]：

（20）日语：[toːri]（路）　　[tori]（鸟）
拉丁语：[maːlus]（苹果树）　　[malus]（邪恶、罪恶）
阿拉伯语：[kaːtaba]（与……相一致）[kataba]（“写”的过去式）

有些语言，辅音成分的时长差别也可以区别不同的语音形式，从而区别不同的词语或语素，达到区别意义的目的。例如[2]：

（21）日语：[sakka]（作者）　　[saka]（斜坡）
意大利语：[nonno]（祖父）　　[nono]（第九）
阿拉伯语：[darrasa]（“教”的过去式）　[darasa]（“学习、研究”的过去式）

三、轻重音

轻重音也是重要的韵律特征，世界上不少语言或方言，常利用音的轻重对比来区别不同的意义。

（一）轻重音和重位

说话是有节奏的，话语连续音流中彼此相连的各个音节，语音的轻重程度往往并不完全相同。有些词语中的某个音节在听感上相对突出一些，发音较重，如英语词语“ˌcorreˈspondence [ˌkɔrəˈspɑndəns]（一致）”中带重音符号[ˈ]和次重音符号 [ˌ]的音节。词语中也有些音节听起来相对微弱，发音较轻，如汉语普通话轻声词“[tuŋ⁵⁵ ɕi²]（东西）”后字音节的读音。世界上不少语言常常利用语音成分的轻重来区别意义，语言中这种能够区分意义的轻重对比性韵律特征，就是“轻重音”。

轻重音对立可以区别不同的意义，具有音位的性质，可以构成轻重音音位，也叫“重位”，如英语词语“ˈconduct [ˈkɔndəkt]（品行）”和“conduct [kənˈdʌkt]（引导）”的轻重区别就是重位的差异。词语轻重音的改变常常伴

（1）例词注音中的附加符号“ː”，表示它前面的音段是长音；无标记的相应音段，为短音。
（2）辅音成分的长音，学界多采用双音符号来表示。

随着相关语音成分的变化，例如，北京话中的轻音音节，音节时长缩短，发音变轻，同时也伴随着声韵母的弱化以及声调失去本调等。

轻重音韵律特征与音强有关，但并不一定仅仅取决于发音的强弱，而可能与音高、音长、音质甚至语音停顿等因素也有一定关系。例如，北京话的轻音音节相对重音音节而言，发音较轻；不过，实验数据表明，轻音音节的音长也会大大缩短。也有实验语音数据表明，英语、法语、俄语等语言的重音也都不是以音强的增加为主要特征的。

（二）重音

重音是指某个语音成分在音流中相对凸显的一种韵律现象。根据重音所处语言单位的大小，重音有词重音、词组重音和语句重音的不同。不过，目前的重音理论，主要涉及词重音和词组重音问题，语句重音的相关内容多在语调层面进行讨论。

1. 词重音

出现在多音节语词中的重音，叫“词重音”。不同语言单个语词内所拥有的重音数量不尽相同。有些语言如俄语、法语等，一个语词内只有一个重音；而有些语言如英语，单个语词内却可以有多个重音，也就是有主重音[ˈ]和次重音[ˌ]的区别，如“information[ˌɪnfəˈmeɪʃn]（通知）”就有主重音和次重音两个重音音节。

不同语言词重音所处的位置也可能不同。有些语言如蒙古语，词重音固定落在词的第一个音节上；有些语言像法语、维吾尔语，词重音固定落在词的最后一个音节上；还有些语言如波兰语、马来语，词重音都固定落在词的倒数第二个音节上。上面的语言词重音出现的具体位置虽然有所不同，但在重音位置固定这一点上却是相同的。词重音在同一语言所有语词中都落在相同位置上的重音，称为“固定重音”，固定重音不具有区别不同词语的功能。有些语言如英语、俄语，词重音的配置与蒙古语、法语、维吾尔语等语言明显不同。以英语的词重音为例，有些词语如“baby[ˈbeɪbɪ]（婴儿）”，重音落在词的第一个音节上，有些词语如“envelop[ɪnˈveləp]（包围）”，词重音则落在词的第二个音节上，还有些词语如“distribution[ˌdɪstrɪˈbjuʃn]（分配）”，词重音（主重音）则落在词的第三个音节上。同一语言不同词语的重音位置可以有所不同的重音，称为“自由重音”。有自由重音的语言常常会利用重音位置的改变来区分不同的词语，例如，英语“digest [ˈdaɪʤest]（文摘）”与“digest[daɪˈʤest]（消化）”就主要是依靠词重音的位置不同来相互区别的。

2. 词组重音

一个词内部如果存在多个重音，通常其中一个重音为主重音，其他重音为次重音。由多个词构成的词组通常也会有一个核心重音，称为“词组核心重音”，如英语由“Mississipi（密西西比）”和“river（河流）”两个词构成的词组“Mississipi River（密西西比河）”，核心重音就处于“river”的第一个音节上。

说话是有节奏的，说话的节奏往往体现为语言成分的轻重有规律的交替。每个词语通常有自己的词重音，多个词在组成词组时常常会破坏轻重交替的自然模式，造成两个重音相连，引发重音冲突。为重新获得轻重交替的节奏，语言往往会改变其中一个词重音的位置，如北部意大利语的重音调整现象：“meta”的重音原本在词尾音节，这就与“torta”词首音节的重音发生了重音冲突。因此，当这两个词组成词组时，北部意大利语就将“meta”词尾的重音移至词首。

（22）meˈta ˈtorta→ˈmeta ˈtorta（半块蛋糕）

（三）轻音

轻音是指某个语音成分在音流中相对较弱的一种韵律现象。轻音音节发音较弱，音节内的音质成分通常会发生一定的变化，例如，英语“telegraph [ˈtɛləˌgræf]（拍电报）”与“telegraphy [təˈlɛgrəfɪ]（电报通讯）”，随着重音后移，第一音节由重音变为轻音，轻音音节内的元音也由前半低元音[ɛ]变成了央元音[ə]。

汉语的词重音现象远不如英语突出，然而轻音却是汉语不少方言用来区别不同词语意义或承载一定语法意义的重要语音手段。例如，北京话的轻音可以区别同形的不同词语，也可以区别同形的词与词组。

（23）[ʂuo^{55}fa^{2}]（说·法）　　[ʂuo^{55} fa^{214}]（说法）
[pai$^{214}_{21}$ ʂə^{4}]（摆·设）　　[pai$^{214}_{21}$ ʂə^{51}]（摆设）
[tuŋ^{55}ɕi^{2}]（东·西）　　[tuŋ^{55}ɕi^{55}]（东西）

北京话不少语法标记如助词、语气词以及有些语法手段如动词重叠等，通常都具有轻音的语音形式。

（24）吃·了　　想·着

卖菜·的　　　　　　说·得好
是·吗　　　　　　　走·吧
说·说　　　　　　　写·写

四、声调

任何一个音段或者音段的序列，都有一定的音高，然而世界上只有部分语言，利用音高因素来区分不同的语素义或词义，这种音高因素就是通常所说的“声调”，汉语就是典型的有声调语言。

（一）声调及标调法

单个音节内部能够区别语素或词语意义的音高变化，称为“声调”。例如，“诗、时”两个语素在普通话和济南话中都是依靠这种音高变化来区别的，具体情况如下：

（25）普通话：[ʂʅ⁵⁵]（诗）　　[ʂʅ³⁵]（时）
　　　济南话：[ʂʅ²¹³]（诗）　　[ʂʅ⁵³]（时）

当前学界用来标写声调的方法有多种，这里仅介绍较为常见的两种：一是五度标调法，二是HML标调法。

“五度标调法”是目前标写汉语声调调值最通行的方法。这种标调法把声调的音高分为五度，用一条四等分的竖线代表，最高为5度，最低为1度。音高的变化用竖线左侧变化的直线或曲线来表示。普通话阴平、阳平、上声、去声四个声调，五度标调可分别标写为（如图2-15所示）：˥（55）、˧˥（35）、˨˩˦（214）、˥˩（51）。

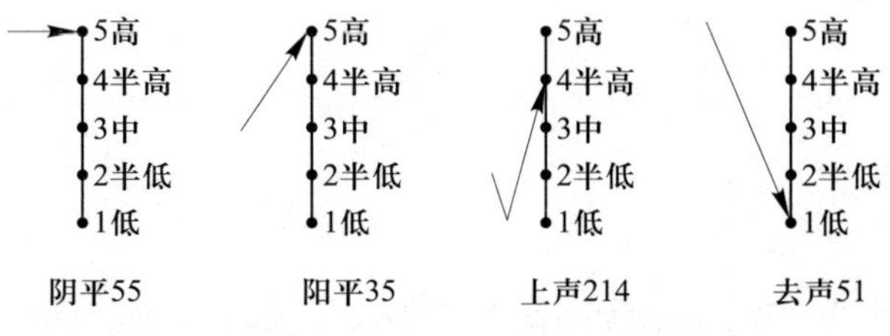

图2-15　五度标调法示意图

声调单字调调值的音高变化，五度标调通常标写在竖线的左侧，连读变调的音高变化通常标写在竖线的右侧。例如，普通话“雨伞”的声调标音[y˨˩˦˧˥ san˨˩˦]。如果采用数字标调，音段标音符号的右上角标写单字调，右下角标写连读变调，如普通话“雨伞”的声调标音标为[y^{214}_{35} san^{214}]。

“HML标调法”是20世纪70年代后采用的标调法。这种标调法用H表示高平调，M表示中平调，L表示低平调；LM、MH 、LH等表示升调，HM、ML、HL等表示降调。HML标调法只有高、中、低三度，相比五度标调法五度的区分，对声调调值描写的准确度要求有所降低。HML标调法更侧重于对音系中音高区别功能的标写。音系中有区别调型作用的音高变化如果只有两级，通常采用H和L来标写。例如，非洲的一些语言和日语，基本上可以采用H和L标调。音系中有区别调型作用的音高变化如果较复杂，存在三级区分，通常采用H、M、L来标写。

（二）基调和派生调

声调虽然是与音段成分同时出现的超音段成分，却是相对独立、拥有自身独特特征和规律的一个语音层面。从共时角度考察，声调有单字调、连读调的不同；从历时角度考察，声调存在古代声调和今调的差异。

如果从声调系统中不同声调是否可预测的角度分析，声调还可以有不可预测的基调和可预测的派生调的区别。例如，北京话单音节层面的上声[214]与连读调层面的[35]连调，后者的变调规则可以表示如下：

（26）$214 \rightarrow 35 / \underline{\quad\quad} 214$（上声214在上声214之前变为35）

相对来讲，[214]调无法从[35]调派生出来，我们很难找到其中变化的条件和规则。上声[214]因而属于不可预测的变体形式，属于基调。相反，上声读[35]的连读变调，是可以基于单字调[214]和连上变调规则推导出的一个声调变体读音，因而属于派生调。

五、语调

人在说话时常常利用语音的高低、强弱以及停顿等韵律要素来调整话语音流，以辅助表达或传递话语的意义、说话人的情感态度等信息。话语中这种与语句意义的表达，与情感态度的传递相关的语句层面的韵律组织系统就是语调。语调对语句韵律的调节，具体涉及停延、语句重音、句子的音高变化模式等。

（一）停延

人们说话时往往会在语句中的某个成分后有较明显的停顿，或将语句中的某个音节拉长。语句中的这种语音停顿以及音节读音的延长，称为“停延”。例如：

（27）a. 冬天/来了/。

b. 刚上车的/乘客/，请往/里走/。

上面例句中画斜线的地方，都是可以发生停延的位置。停延的配置，有些是出于话语表达过程中生理换气的需要。较长的语句、段落、篇章，很难一口气说下来，总要设置一定的停延，让说话人有换口气的机会。不过，停延的配置，更多的则与语句的结构有密切的关系。从停延出现的一般位置来说，语句末尾与较长语句片段之后，往往是必须出现停延的地方，这些地方在书面上通常也会有标点符号的标识。句中词语或词组之间，依据话语语速的快慢不同，往往是可以发生也可以不发生停延的地方，而词语内部一般不会发生停延。

停延是构成语调的重要特征之一。自然语句中特定的停延模式，往往能够表达特定的语气，传递说话人特定的情绪，因此，合理利用停延韵律手段，是构成特定语调、表达特定语气不可或缺的重要方面。例如，下面北京话中表示命令的语句，尤其是在命令语气比较强烈的情况下，说话的速度较快，通常只在句末有停延，句中一般没有明显的停延。命令句中不设停延，便于整个语句凝成一个韵律节奏单元，一口气快速说出，增强下命令的力度。

（28）a. 出去！　　　　b. 给我站起来！

（二）语句重音

语句重音顾名思义是指出现在语句层面的重音，是比词重音、词组重音层级更高的重音。句重音通常不涉及词义，而只同全句的意思和语气等有关。语句重音可分为两种：一种是节律重音，一种是强调重音。

节律重音是指语言节奏自然赋予语句的重音，它与语句的句法结构密切相关，因而也称“语法重音”。一般情况下，主谓结构中谓语较重；谓语部分动词如带宾语，宾语相对较重；修饰语与所修饰的中心语之间，修饰语较重。例如：

（29）a. 客人'来啦。
b. 张师傅ˌ买了一筐'苹果。
c. 买张'去北京的ˌ车票！

语句的节律重音有主重音、次重音的不同。不同重音分别对应着不同的节律单元，也分别对应着不同的句法结构。节律重音不是说话人有意识地加上去的，而是说话时自然而然地带上的，一般来说，节律重音是有规则的，是可以预测的。

强调重音是指说话人有意识加重某个词语的读音，以突出强调语句中的某个成分而赋予的重音，也叫“逻辑重音”。强调重音与节律重音不同，它不是语句节奏自然赋予的，而是说话人根据表达需要有意识添加上去的。例如：

（30）a. '我买车票。（回答“谁买车票？”）
b. 我'买车票。（回答“你取车票还是买车票？”）
c. 我买'车票。（回答“你买什么？”）

（三）句子的音高变化模式

语句层面的音高变化模式，是构成语调的主干和核心内容，也是构成语调最为重要的语音特征。句子的音高变化模式，也称“句调”。

从物理声学的角度考察，句调主要表现为连续语流的音高变化。比如北爱尔兰贝尔法斯特英语分别用陈述和疑问语调表述“Mr. Leaner”（Leaner先生）就有两种不同音高变化模式（如图2-16所示[1]）。

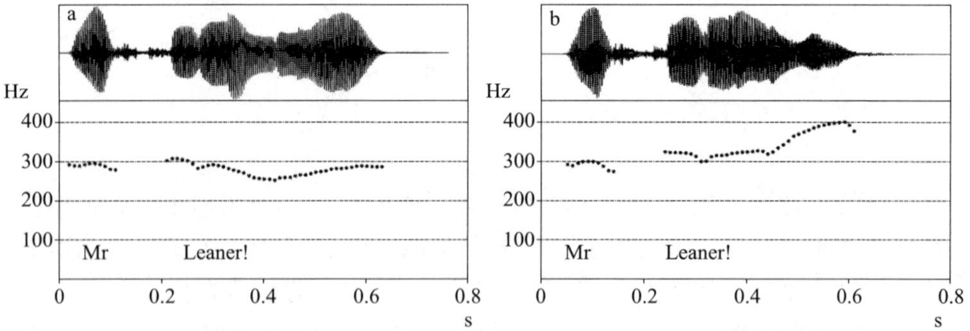

a陈述语调　　b疑问语调

图2-16　北爱尔兰贝尔法斯特英语陈述语调、疑问语调音高变化曲线图

（1）图中虚线的升降变化，标示的是句调的音高变化曲线。

比较上图中a、b语图音高变化的具体情况，可以看出，两种句调在Mr.处的音高变化区别并不明显，但陈述语调的a图，整个句调呈降调的音高变化模式；疑问语调的b图，整个句调呈升调的音高变化模式。

句调作为语句层面的音系现象，是在词语音高变化的基础之上，对词语音高进行进一步韵律调节所形成的语句音高变化模式。具体来说，语句中承载主要信息的词语，其语音成分呈现出最为凸显的音高特征，构成“调核”。语句第一个重音至调核部分的音高变化，构成句调的中心段落，称为“调头”；“调头”之前的轻音成分，形成“调冠”；而调核之后至句末的音高变化构成“调尾”。通常情况下，调核和调尾是负载句调主要信息的部分，语句往往通过调节调核、调尾的相关语音特征来实现不同的句调。例如，从图2-16中不难看出，英语往往利用调节调核、调尾的音高来实现不同句调的音高变化模式。

汉语是有声调语言，句调音高变化模式的韵律调节自然与没有声调的英语不同，而是往往采用改变调核、调尾处音节声调的音域，调整调尾音节声调调形的倾斜度等手段，来实现不同句调的音高变化模式。北京话“马厂长买五把好雨伞”的陈述和疑问句调音高变化的曲线就有不同（如图2-17所示）。

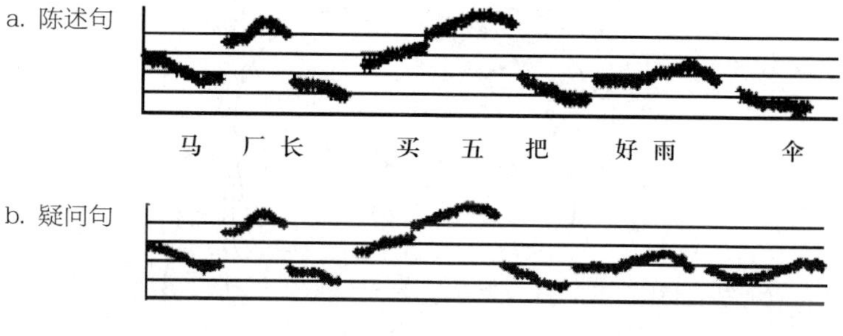

图2-17 “马厂长买五把好雨伞”陈述、疑问句调音高曲线示意图[1]

上面的音高变化曲线图显示，无论是陈述句，还是疑问句，“马厂长买五把好雨伞”的调核都处于“五把”这个位置。陈述句句末音节“伞”，声调呈降调调形，整个音节的音高曲线不仅低于调核后的“好”“雨”等音节，而且是全句句调音高曲线的最低部分。疑问句句末音节“伞”，声调则呈降

（1） 林茂灿：《汉语语调和声调》，《语言文字应用》2004年第3期，第59页。

升调调形，且升调部分明显，整个音节的音高曲线与调核后的“好”“雨”相比，声调调域也没有明显降低。

思考和练习

1. 声音的四要素是什么？在语言中各起什么作用？
2. 语音学和音系学有哪些区别和联系？
3. 什么是音素？它和音位有何区别？
4. 什么是国际音标？国际音标在标音方面有何优点？
5. 怎样区分元音和辅音？决定元音和辅音音质的因素各是什么？
6. 画一个舌面元音舌位图，标出八个标准元音。
7. 根据下图所标示的发音部位填空。

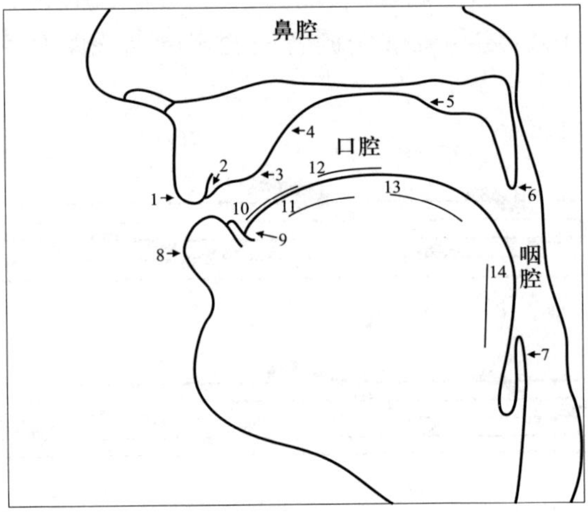

1__________ 2__________

3__________ 4__________

5__________ 6__________

7__________ 8__________

9__________ 10__________

11__________ 12__________

13__________ 14__________

8. 归纳音位应该遵循哪些原则？

9. 结合实例谈谈什么是音位变体？音位的自由变体和条件变体有什么区别？

10. 什么是音位的区别性特征？/p/、/m/、/i/、/u/的区别特征有哪些？

11. 什么是音节？现代汉语的音节结构有何特点？

12. 结合实例说明什么是语流音变，并简要介绍常见的几种语流音变现象。

13. 举例说明什么是韵律特征。

14. 结合实例谈谈轻重音在一些语言中的具体表现。

15. 结合实例谈谈语调的构成和有关因素。

第三章

语　法

第一节　语法的性质

本节学习要点

1. 语法的概念：说话是有规则的，语法是语言中组词造句的规则。

2. 语法的性质：高度的抽象性，强大的递归性，严密的系统性，相对的稳定性。

3. 语法与其他语言现象的关系：语法与语音，语法与语汇，语法与修辞，语法与语境，语法与逻辑。

要学习和研究语法，就要先了解什么是语法，语法规则具有什么样的性质和特点，以及语法现象与其他语言现象或语言要素有什么样的关系。

一、什么是语法

组词造句的时候必须遵守一定的规则，这一点在学习或使用外族语的时候表现得最为明显。例如，初学英语的人都有体会，就算知道了若干英语的词语和它们的发音，在说话的时候一定还要仔细去想想怎么组织和使用这些词语，否则就可能说错话。下面的句子里，虽然上一句和下一句差不多，词语本身也不错，但上面一句能说，下面一句就不正确。例如：

（1）a1. I love you.（我爱你）
　　a2. *I love she.（我爱她）
　　b1. Mary posted a letter.（玛丽寄了封信）
　　b2. *Mary writed a letter.（玛丽写了封信）
　　c1. Bill likes to swim.（比尔喜欢游泳）
　　c2. *Bill enjoys to swim.（比尔喜爱游泳）

同样，中国人听一些外国人说汉语时，除了感觉他们发音不准以外，还常常会发现有些句子听上去就有毛病。下面是外国学生说话或写文章时经常出错的例子。

（2）a. *昨天我见面了老师和同学。

b. *这事我也以前不十分清楚。

c. *现在我也跟大家想一样了。

说英语的人听到上面第一组例子中带“*”号的句子或说汉语的人听到第二组句子，都会感到比较别扭，觉得不像英语或汉语。之所以会有这种感觉，是因为说英语或汉语的人直觉中有一种“像”英语或汉语的“标准”，并且会根据这种标准去修改上面的句子。会英语的人都知道：例（1a2）中的代词“she（她）”要改成宾格代词“her（她）”；例（1b2）中动词的过去时应变为不规则形式“wrote（写）”；例（1c2）中主要动词后面要用动名词“swimming（游泳）”。而说汉语的人也知道：例（2a）中的“老师和同学”不能放在动词“见面”后面做宾语，而应加介词“跟（和、同、与）”放在动词前状语位置上；例（2b）中要把“以前”放在“也”前面；例（2c）则可以有多种改法，如“跟大家的想法一样/跟大家想的一样/跟大家一样这么想”等。经过这样的修改，上面这些句子才像英语或汉语了，听上去也才比较顺当。从这里就可以看出，说话确实是有规则的。如果说怎么发音是一种规则，怎么用词是一种规则，那么上面涉及的这些内容，即“像”某种语言的格式的一些“标准”，就是“语法”的规则。

语法规则本质上是说本族语的人头脑中潜在的一种直觉知识，也可以说是人们说话时的一种约定习惯。本族人是在使用语言过程中潜移默化地获得这种知识的，同时在说话时也就逐步具有了运用这些知识的能力。这种过程通常称作“语言获得”，它无形中就在特定人群中形成了一种共同的“语感”，即强制性地要求说本族语的人都按照某种标准去说话：你如果不这样说，别人就不能接受；别人如果不这样说，你马上就会感到别扭。例如，汉语说“刮风了”谁都能理解，说“天刮风了”反而不通，可是英语就非得说成“It is blowing”，要是少了个本来没什么意义的“it”就不行。这种大家都认可的什么样的话能说，什么样的话不能说的语感，就成了这种语言组词造句的语法规则。有些人学习外语时常常会出错，就是因为学习时没有经过像自己母语那样的语言获得过程，因此也就不会一下子具有该语言的语感。这时表面上看他们得通过老师讲课或读语法书来掌握该语言的语法规则，其实说到底这无非还是通过某种辅助手段来培养语感。完全可以设想一下，一个人不经过专门学习甚至不知道有哪些语法规则，而在该语言环境中最终会流利地用某种他本来不会说的语言交流，这时与其说他是学会了这种语言的语法规则，不如说是得到了这种语言的语感。很多外语教师常说，只有不需要想语法规则就能说外语了，才算达到了一定的外语水平，也就是这个意思。

正因为语法规则是一种直觉知识和约定习惯，所以有人提出，既然语法规则那么麻烦复杂，能不能由语言学家或政府部门作个规定统一或者简化一下，这也是不可能的。语法规则作为客观存在的现象，既不是人为规定出来的，也不是发个通告就可以改变的。当然语法规则也会发生变化，例如，古代汉语和现代汉语的语法就不完全一样。但这种改变必须在社会交际中自然而然地形成，最终也要以全社会共同接受为前提，不是哪个人说了就能算的。历史上有这样一个故事：古罗马帝国有一个皇帝，有一天主持会议时将拉丁语的一个词用错了“格”和“性”，别人纠正说这个词应该用宾格，应该是中性的，他竟说我是皇帝，我这么说就是对的，结果当然这个词并没有因为皇帝说要改就改了。现在政府有语言文字部门专门管语言的使用，语言学家也常常对语言中某些不当用法提出意见，但这种工作的主要目的也并不是限制大家怎么说话，而是要在大多数人语感的基础上对个别的混乱现象适当进行统一和规范，而规范的结果事实上最后也还要服从社会大多数人的选择。

二、语法的性质和特点

语法作为人们说话时组词造句的规则，有以下一些主要的性质和特点。这些特点对于理解语法规则有重要意义，需要仔细体会和认真把握。

（一）高度的抽象性

所谓“抽象”指的是对具体东西进行类的概括。语言中的词语数量庞大，句子数量更是无限多的，因此不可能对每个词语、每个句子都建立一条规则，这就需要把各种现象归类。语法规则实际上就是对人们说的话中的单位、结构和关系的一种类的概括。例如，“桌子、书包、电影、思想”等词语，虽然意思不同，但根据某种共同特点，如都能受数量词修饰，常常做主语和宾语，就可以建立“名词”这个类：这就是根据词的用法对语法单位类别的概括。再如“搬桌子、背书包、看电影、谈思想”等语言片段，它们的具体意义也不同，但结构形式都是“动词＋名词”，而且两个词语之间的关系都是动作行为涉及某个事物，就都可以归为“动宾结构”：这是根据结构形式对语法关系类别的概括。又如英语动词像“look（看）、teach（教）、wash（洗）”等，后面都可以加上“-ed”表示动作发生在过去的意义，前后都可以加上“be / -ing”表示动作正在进行的意义；汉语动词像“放、贴、挂”等，后面都可以加上“着”并在“桌上放着几本书”这样的存在句中表示动作后状态持续的意义：这些是根据形态或格式对语法意义类别的概括。

正因为语法规则具有抽象性，它才能成为一种概括的规则，即语法不必去管一个一个具体的词语和句子，而只需处理一类一类的现象。这就有点像数学符号和公式，它不管具体数字是什么，但各种数字又要按照公式代入。有了抽象的语法规则，人们在说话时才可能由此及彼、以类相从，在由各种类别构建的单位、结构和关系的框架内造出一句句合格的话来。

（二）强大的递归性

所谓“递归”指的是相同的规则可以在一个结构里重复使用。语言中句子格式和长度各种各样，即使抽象也不可能不断增加新的规则，这就需要让一种规则多次起作用。语法规则实际上就是一种有限手段可以反复使用的规则。例如下面汉语（3）和英语（4）例子中各个句子长度不同（理论上甚至可以无限延长），但只需应用一条规则就可以说明了，因为它们各自都始终是相同的“主语＋谓语”和“（谓语＝）动词＋宾语”结构的套叠。例如：

（3）a. 小李来过北京了。
（句子1＝主语＋谓语，谓语＝动词＋宾语）
b. 小王知道小李来过北京了。
（句子2＝主语＋谓语，谓语＝动词＋宾语（句子1））
c. 小张认为小王知道小李来过北京了。
（句子3＝主语＋谓语，谓语＝动词＋宾语（句子2））
d. 我觉得小张认为小王知道小李来过北京了。
（句子4＝主语＋谓语，谓语＝动词＋宾语（句子3））

（4）a. John came to Beijing yesterday.
(S1＝NP+VP，VP＝V+NP)
b. Marry knows that John came to Beijing yesterday.
(S2＝NP+VP，VP＝V+S1)
c. Ashok thinks that Marry knows that John came to Beijing yesterday.
(S3＝NP+VP，VP＝V+S2)
d. I believe that Ashok thinks that Marry knows that John came to Beijing yesterday.
(S4＝NP+VP，VP＝V+S3)

正因为语法规则具有递归性，它才又是一种简明的规则，即不必建立许多不同的规则，只需重复使用有限的几条规则就能管住大量的现象。这也就像数学运算，小学时学到的加减乘除等最基础的运算规则，即使到了高等数学阶段仍然用得着；某个或某些规则在开始算一道题的时候用得上，算到后面时可能还用得上。有了递归的语法规则，人们在说话时才可能举一反三、以简驭繁，用数量有限的规则手段造出无限多的话语来。

（三）严密的系统性

所谓“系统”指的是语法规则具有推导性和解释性。语言中的每一条语法规则并不是独立起作用的，一条规则之外往往还有另一条规则管着。例如一般都说汉语“把”字句的结构规则就是把本来在动词后边的宾语名词前移到介词“把”后，即构成“名词1 + 把 + 名词2 + 动词词组（动补词组）”，如“我洗干净了衣服了→我把衣服洗干净了”“他摔碎了花瓶→他把花瓶摔碎了”。其实光这么说还不够，因为有的句子不能这样变换，如“他喝醉了酒→*他把酒喝醉了”“我听烦了说教→*我把说教听烦了”。原因就在于其中还受另一条规则的制约，即如果“把”字句中动词词组是动补结构，其中的补语必须是用来陈述“把”后边名词2的，即补语动词语义上是名词2的谓语，在符合这一条规则的基础上才能应用前一条规则。例如，能说“衣服干净了”“花瓶碎了”，所以前两句的变换能成立，不能说“*故事烦了”“*酒醉了”，所以后两句的变换就不成立。进一步说，因为可以说“我烦了”“他醉了”，所以后两句中的主语反倒可以放到“把”后构成“把”字句，如“这故事都把我听烦了”“这点酒就把他喝醉了”。可见用两条规则就要比用一条规则更能准确地说明“把”字句的构造形式。当然对某一种复杂的句式来说，两条规则也可能还不够用，那么这时就一定还需要另外的一些规则，可以说所有语法规则都是这样互相联系着并共同起作用的。

正因为语法规则具有系统性，它才又是一种有解释力的规则，即语法规则实际上环环相扣，这一条规则往往受另一条规则制约，或者说另一条规则可以补充这一条规则。这还是像数学运算，在运用某一条运算规则时又不能违反另一条规则，或者说某条规则在特定条件下就不能用了。有了系统的语法规则，人们在说话时才能形散神聚、变而不乱，造出一句句复杂多样但又严密有序的话语来。

（四）相对的稳定性

所谓“稳定”指的是语法规则与语音、语汇这样一些与地域差异或社会发展关系紧密的语言要素比较起来，变化现象比较少，变化过程也十分缓慢。从语法变化的现象看，很多语法规则可以说是根深蒂固，多少年一直保持了下来。以汉语为例，距今三千多年前甲骨文中就有“癸卯卜，其自西来雨”这样的刻辞，跟现代汉语的句子格式没有太大区别。《诗经》中“关关雎鸠，在河之洲；窈窕淑女，君子好逑”，《论语》中“三思而后行”等名句，在今天读来仍是朗朗上口，理解起来也不大费力。外语也是如此，例如，拉丁语的语音和语汇从古代到现代印欧语系各语言已有很大变化，甚至今天的人已经不会说也看不懂了（这与它们的词语要随着读音而发生拼写变化有关），但拉丁语名词有性、数、格，动词有时、体、态，造句有一定的格式等，在现代印欧语中却并没有太大的改变。从语法变化的过程看，实际上即使十分微小的语法现象的出现或更替，都得经过语法系统内部的重新调整，甚至长时间的拉锯战才可能完成。例如，据考证，汉语的“把”字句式从最初出现到现在成为常用句式，前后差不多经过了一千多年，而且现在这种变化还在缓慢进行中，比如新出现了一些像“把桌子擦擦”“把帽子一摔”这样的“把”字句。再如本来英语跟德语、俄语等印欧语系的语言一样，名词都有全套格标记，所以这些语言中语序和句法结构形式在语法规则中并不十分重要，但后来英语名词的格标记慢慢都消失了，现在只剩下少数几个代词还有主格、宾格等的区别，如“I、me、my、mine（我、我的）”，因此也就越来越需要依据成分位置来判定主语、宾语、定语等结构成分，这时语序和句法结构形式就成为重要的语法手段了。英语语法的这种转变过程也经历了漫长的岁月，至少在几代人之中是感觉不出来的。

正因为语法规则具有稳定性，它才能成为一种有效的规则，即规则一旦形成就不能随意增加或废止。这也就像数学中大家认可的运算符号或一些基本定理，除非特别需要或在特定条件下，就不可能轻易改变。有了稳定的语法规则，在相当时期和范围内人们在说话时才可能有据可循、运用自如，造出一句句能够顺利进行交际和相互理解的话语来。

三、语法与其他语言现象

虽然语法是组词造句的规则，即它应该是只管词的构成、变化和词构成词组和句子的规则，但实际上语言现象是一个整体，语音、语汇等和语法互相都有联系，往往你中有我，我中有你，有时很难截然分开。因此语法规则一方面不同于语音、语汇等规则，但另一方面也不能完全不考虑语法与其他语言现象的联系，甚至从较宽泛的意义上也可以说语法规则是与语音、语汇等其他语言要素相互作用的规则。

（一）语法与语音

语音是指语言的声音，包括字词的发音、音节的轻重、单位之间的停顿、句子末尾的句调等。语音形式有时也可能影响到语法，或者说语法现象就表现为语音差别。例如，“想起来了”有两个意思（回想起 / 打算起床），也是两种结构（动补 / 动宾），这种区别在语音上就表现为“起来”要分别轻读和重读。再如“你今天怎么来呢”，“怎么”重读和“来”轻读时问“来”的方式，“怎么”轻读和“来”重读就问“来”的原因。又如“我们两个人一组”，如果在“我们”后停顿表示有很多人，每两人一组；如果在“我们两个人”后停顿则表示我们这两个人组成一个组。语音的韵律对语法的影响也很大，如“打电话了三次”不合格，而要说成“（打）电话打了三次”，原因就在于谓语动词后面不能同时带上两个负载自然重音的成分，而把其中的名词“电话”前移，或在“三次”前面再加上一个动词，句子才合格。至于同样的一句话，如“你能解决这个问题”，在没有句末语气词的情况下，句末用低调或降调（书面用句号）表陈述，句末用高调或升调（书面用问号）就表疑问，这更是汉语中语法与语音结合的一种普遍现象了。

（二）语法与语汇

语汇是指语言中使用的词语，包括词语的意义、用法和类别等。词语的意义和用法也往往影响语法，因为某些特定词语会造成语法上的差异。例如，“长三米”和“短三米”，前句是两个意思两种结构（主谓：长度是三米；动宾：长出了三米），而后句只一个意思和一种结构（动宾：短了三米）。这种意义和结构区别就是因为“长、短”这对词语中只有“长”才具有“长度”的意思造成的。再如“过意不去”的两个意思也会造成语法差异：在表示“不安、抱歉”时，只需要联系一个名词（如“我很过意不去”），但在表示“刁难、苛待”时，就必须引出另一个对象（如“他跟我过意不去”）。又如“差点摔倒”和“差点没摔倒”意思一样，都是“没摔倒”，而“差点考上”和“差点没考上”意思就不一样，前句是“没考上”，后句是“考上了”。这也可以看作人们对“差点”这个词语理解的不同而造成了语法上肯定和否定的不对应现象。

（三）语法与修辞

修辞是对语言中表达的要求，包括词语选用、辞格运用和句式调整等。修辞现象有时也可能影响语法，即为了修辞需要有时可以超出语法规则的限制。例如，在“别这么近视眼”“太阿Q”“很女性”这样的句子里，名词就活用为动词或形容词而作了谓语。“多美啊，黄山！”是感叹句特定的主语和谓语倒装的格式。至于像“两个红领巾走了过来”“花儿绽开了笑脸”这样的句子，更是利用借代、拟人等故意违反语法上词语搭配规则的手法来增强表达效果的常见用法。最近几年出现一种新的“被”字句格式，如“被自杀、被幸福、被网瘾、被离婚”等，这种“被”字句并不是直接表示被动，而是表示“被认为是……、被强迫做……”的意思，这种语法格式在语法结构上说不通，其实也可以看作一种修辞用法。

（四）语法与语境

语境指说话时的环境条件，包括特定的场所、对话人和上下文等。语境对语法的影响有时也很大，即在特定条件下常常会出现一些特殊的语法现象。例如，“一张动物园”，看起来是量词误用，其实是“我要买一张去动物园的票”这句话在特定场所（公共汽车上）的成分省略现象。再如“上课了，已经”“干干净净的，洗得”，看起来是违反了副词做状语必须在动词前面和状态词做补语必须在动词和“得”后面的语法规则，但在说话匆忙时这种因为追加补正而造成的语法成分易位现象还是很常见的。再如像“你真聪明！”这句话，究竟是真正的夸奖还是含蓄的批评，也只有放到特定语境中才能得到确定的理解。有时同样是说“现在已经九点了”这句话，除了用来回答“现在几点了”这样的提问，在“孩子该回家而尚未回家”“孩子不去睡觉还在看电视”等不同语境中，就可能还有“担心、责备、不满、劝告”等意思。鲁迅《阿Q正传》中有一段描写：“‘好，好！’看的人们说，不知道是解劝，是颂扬，还是煽动。”这恰恰说明在复杂的语境中，虽然只有“好！”这样一个字的简单句子，却呈现出远超出“好”这个词的意思的解劝、颂扬和煽动的意义。

（五）语法与逻辑

逻辑是语言表达内容的规律，语法是语言表达形式的规律，因此二者的关系非常紧密。语法中“主语、谓语、宾语”等概念就是从逻辑术语中借用的；复句的语法关系实际上也就等于逻辑上复杂判断和推理的关系。逻辑对语法的影响主要表现为对语言成分之间搭配关系的制约。从基本要求看，一般人们说话不但要合语法，也要合逻辑。例如，“风把门吹开了”，既合语法也合逻辑，所以才是正确的，但“门把风吹开了”，虽然格式不错，但由于不合逻辑，所以就不是正确的句子。有时个别例子看似不大合逻辑，但大家都这么说，也懂得是什么意思，就不能完全用逻辑来苛求。像“好热闹”和“好不热闹”意思一样；本来该说“来北京以前”，但人们反而常常说“没有来北京以前”：都是这种情况。不过不合逻辑的现象也不是无缘无故的。有的找得出原因，例如，“太阳从东方升起”，用现在的眼光看并不科学，但最初造这个句子却是符合人们当时的认识的。还有的一时说不出什么原因，例如，“打扫卫生”和“救火”，逻辑上好像不通（“打扫”的不是“卫生”，“救”的也不是“火”），但此时也就只能以习惯为准，不能说是错句。就好像现在有人把“我非去不可”说成“我非去”，如果今后这种用法固定下来，并且后人不知道产生这种句子的原因，那时候也会形成否定句表肯定义这样不合逻辑的格式了。

第二节　语法现象和语法研究

本节学习要点

1. 语法研究的范围和目的：语法研究可以有不同的范围和目的；历时语法与共时语法，教学语法与信息语法，普遍语法与个别语法。

2. 语法研究的角度和现象：语法研究可以有不同的角度，角度不同，对语言现象的分类也不同；词法和句法，组合规则和聚合规则，核心语法和外围语法。

3. 语法单位：语法单位是不同的语言片段，它们在性质和作用上各不相同；语法单位的类别：语素，语素组，词，词组，句子，句组；语法单位之间的关系：量变关系和质变关系，组成关系和形成关系。

语法是人说话时组词造句的习惯或标准，或者用术语界定为：“语法是语言中关于词的构成、变化和词构成词组和句子的规则。”但不管哪种说法，大家可能都会进一步问，语法规则到底有哪些，我们又是怎么知道有这些语法规则的呢？要回答这个问题，就涉及“语法”的两个不同概念：一种是客观存在的语法，即人们说话时直觉和习惯上所遵守的某种语感，这时说的语法更准确地说应叫作“语法规律”。对于说本族语的人来说，语法规律只有一种，只要能正常说话的人都具有运用这种规律的能力，或者说共同受到这种规律的制约。另一种是主观认识的语法，即语言学家对于人们组词造句的语感或习惯进行研究后做出的归纳和说明，这才是所谓的“语法规则”，或者叫作“语法学”。从这个角度说，一般说的“语法”其实是指后者，即语言学家通过研究发现的关于语法的一些规则，而不是说客观存在的语法规律就是哪几条。不过大家通常说“语法”时并不特别区别上面的两个概念。这是因为语言学家说的语法虽然都指的是某种主观认识，但又都希望自己的研究成果与客观存在的语法规律尽可能一致，即最大限度地去描写各种语法现象，揭示客观的语法规律。

一、语法研究的范围和目的

通常所说的“语法”实际上是指语言学家对于客观语法现象和规律的研究及其成果。在这种认识下，就不难理解为什么随便翻开几本语法书都会发现语言学家们说的语法规则可能很不一样。就拿汉语“饭吃过了”这个句子来说，有人说它是受事宾语倒装的变换句式，有人则说它本来就是受事名词当主语的原型句式，有人从表达角度说这是话题句，有人从语义角度说这是被动句，还有人从结构角度说这是省略句等。造成这种看法的不一致有多种原因，例如，语言学家的主观认识会有某种局限，即不可能一下子就把所有的语法规则都搞得很清楚、很准确；又可能因为语言学家采用的理论方法和语法体系有所不同，即有意识地从不同角度做出说明和解释。不过即使不考虑上面的原因，语法研究的结果也不可能完全一样。因为不管谁来研究语法，首先都要限定某个范围，不可能包罗万象什么都管，例如把古代汉语语法和现代汉语语法放在一起，就不如分开来更容易说清楚；另外讲语法也必须限定某种目的，不可能不分对象都讲一样的话，例如给中学生讲课说的语法和给机器翻译用的语法各自的要求就肯定不同。正因为如此，语言学家研究语法首先必须确定自己研究的内容：研究侧重哪些方面，研究限定什么范围，研究有什么用处等。这种区别中最重要的有以下几个方面：

（一）历时语法与共时语法

“历时语法”指的是从语法发展变化角度纵向地和动态地研究语法，研究的重点是某些语法现象在特定时间过程中产生和消失的原因和规律。例如，一提到古代汉语，大家都会想到“矣、乎、者、也”这一套语气词，但在现代汉语（特别是口语）中它们却已经全部消失，并变成“的、了、呢、吗”等另一套语气词了。为什么原来的一套语气词会被新的一套语气词取代，这中间经过了怎样的发展演变过程，这种成系统的变化有什么规律等，这类问题就是历时语法要研究的。

“共时语法”指的是从某一时期存在的语法现象的角度横向地和静态地

研究语法，研究的重点是某一语言在特定时间范围内的语法表现形式和语法规则系统。例如，研究汉语一般把汉语分成古代汉语、近代汉语和现代汉语，其中古代汉语时间跨度大些，但现代汉语通常就指"五四"以后至今不足百年的汉语白话和后来的普通话，所以一般说的现代汉语语法就是一种共时的语法系统。

当然历时和共时又是相对的，其中最值得注意的是方言语法现象。例如，广义的现代汉语既包括普通话，也包括方言，它们是共时的，但因为它们都是从古代汉语发展演变过来的，而变化的过程又有快有慢，其中有的保留古代汉语的语法现象少些，差异大些，有的保留古代汉语的语法现象多些，差异小些。例如普通话中的词缀"的"有三种用法，一种是出现在某些词的后面构成副词性成分，如"忽然的、渐渐的"；一种是出现在某些词的后面构成形容词性单位，如"好好的、热乎乎的"；还有一种是出现在某些词的后面构成名词性成分，如"吃的、干净的、他的"。但这三个词缀语音形式相同，所以很难说到底是一个东西还是三个东西。但从粤方言看，分别起这三种作用的后缀是不同音的"咁[kem^{35}]、哋[tei^{35}]、嘅[kɛ^{33}]"，很明显是三个不同的东西。后者的区别其实就正是反映了古代汉语（至少唐宋时）的情况，可见普通话与古代汉语比较起来变化较大，而粤方言离古代汉语则更近些，也就是说普通话和粤方言的共时差异恰恰反映了汉语的历时语法变化。

（二）教学语法与信息语法

"教学语法"研究的结果面对的是人，即建立一套怎么用词造句的语法规则体系用来进行语言教学。教学语法的特点是规范和实用，定义和说明要求简明性和可接受性。或者说这种语法系统要充分考虑人的特点：一方面因为人的理解力有限而不能太复杂，另一方面又因为人毕竟有一定的理解力而不需要太多太细。例如，长期在中国的中学教学中使用的"暂拟汉语教学语法系统"和近年修订的"中学语法教学系统纲要"就是一种专门用来教学的语法系统。其中对名词和动词等词类都从意义上来定义，如"名词是表示人或事物的词，动词是表示动作行为的词"等；对句子的结构成分都放在同一层次来分析，如"我们/努力/学习/科学/知识"就是"主语＋状语＋谓语＋定语＋宾语"。这些虽然不够精确，但在教学中比较容易理解，对于掌握和运用一种语言的语法也基本够用了。

"信息语法"也称作"计算机语法"，它的研究结果面对的是机器，即建立一套可以自动识别和操作的语法规则体系用于计算机进行信息处理。信息语法的特点是精确和可靠，定义和规则必须具有推导性和可验证性。或者说这种语法系统要充分考虑计算机的特点：一方面计算机有很强的计算能力，这就允许给出的语法规则是比较复杂和形式化的；另一方面计算机却不像人那样具有某种智能，所以提供给它的语法规则又必须是非常严格和细致的。现在世界已进入信息时代，各国目前都在抓紧面向信息处理的语法的研究。中国也出版了《现代汉语语法信息详解词典》等著作，例如把常用的几千个动词分成十几种小类，同时每个动词都给出了多达几十个的特征定义和搭配规则，这与教学语法对动词的简单定义比较起来当然就有天壤之别了。国家“973 计划（国家重点基础研究计划）”最近也列入了中文信息处理的课题，内容就是建立汉语句子的句法构造和语义理解模型，用于机器翻译、人机对话、网络识别等重要科技领域，这种课题需要的语法显然不同于一般学校里学习的语法。

（三）普遍语法与个别语法

“普遍语法”指的是对人类语言的语法共性的研究，其意义在于发现人类语言中共同的语法机制。从比较大的范围看，普遍语法研究为什么儿童能够在短短几年内学会一种语言，为什么人们能说出他从未学过的话，为什么有些本来能正常说话的人会产生各种各样的语言障碍等，这是从心理、生理、病理等学科角度来证明语法具有某种普遍制约因素。从比较小的范围看，普遍语法研究为什么人类语言都有相似的结构层次和关系，为什么都会有名词、动词等实体词类和某些起功能作用的虚词，为什么都有表示时态的语法手段，为什么都有语序变化等，这是从语法现象本身的角度来证明语法具有某种普遍内容和形式。

“个别语法”则指的是对个别语言语法的研究，既包括研究一种语言的语法系统，如汉语语法、英语语法等，也包括研究一种语言与其他语言不同的语法特点，其意义在于发现各种语言独特的语法现象。举例说，任何语言的结构都可以分析为由中心语和前项修饰语或后项补足语构成的结构形式，例如定语和状语不是出现在中心语前面，就是出现在中心语后面，这就可以看作是一种普遍原则。但具体到某种语言，例如，英语的定语和状语，既可以出现在中心语之前，也可以出现在中心语之后，例如“The good suggestion / The suggestion which is good（这个挺不错的建议）”“He came yesterday / Yesterday he came（他昨天来过了）”；而汉语不管多长的定语和状语，就都只能出现在中心语前面，不能出现在中心语后面，例如，“一个挺不错的建议/他几年前提出的建议”“他昨天来过/他去年专程利用暑假的机会来过”。这就是英语和汉语在普遍原则制约下的个性差异。

二、语法研究的角度和现象

不管是上面说的哪一种语法研究，都要面对十分复杂的语法现象，因此还都得先把语法现象分成一些大的类别。这种划分也可以是多种多样的。就像我们说到“房子”，可以按照材料看，是由石料、木料、钢材、玻璃等构成的；也可以按照功能看，是由庭院、客厅、卧室、厨房等构成的。语法也是这样，从不同的角度就可能划分出不同的类别。这一方面是为了对语法现象的描写和说明更有条理和更容易说清楚，另一方面也是为了更有效地发现和揭示语法规律内部的系统。语法研究中对语法现象的划分主要分以下几种类别：

（一）词法和句法

这种分法是传统语法学提出来的，即把语法分成词法和句法两个部分。“词法”也称“形态学”，主要描写词的形态特征和变化规则。“句法”又称“造句法”，主要说明句子成分和句子类型。因为传统语法的研究对象主要是印欧语，分析标准主要是形态，而形态变化都是附着于词上的，甚至句法结构也都离不开词的形态变化（如主语和谓语就必须考虑主谓的形态呼应，动宾结构的宾语必须变格等），所以传统语法讲词法的内容很复杂。词法既然是形态学，顾名思义应只研究跟词的形态变化有关的现象，即只是构形问题。像俄语名词有单数和复数的区别，有阳性、阴性和中性等性的区别，还有主格、宾格、属格等格的区别等，动词的形态变化甚至包括时、体、态、式、形动词、副动词等横竖交叉共一百多种形式：这些都是典型的构形现象。但由于印欧语言中构词单位、构词方式和词类等也都无不与形态变化有关，像英语“slow、slowly、slowness”三个词的意义都是“慢”，但由于形态变化不同，所以构词可以看作词根加词尾变化，词类可以分别划归形容词、副词和名词，这样构词问题和词类问题也就都成了词法的一部分。及至后来很多语言的构词现象和词类现象与形态变化失去了关联，如现代英语很多词类的原形已没有区别，如“water（水/浇水）、fire（火/点火）”就既是名词也是动词；还有些语言如汉语本来就缺乏形态变化，如“房子、木头”中的词缀“子、头”都不是严格的名词词尾变化；“吃了、吃过”也不是动词的形态变化而是动词后面加独立的助词；动词、名词等词类也没有足以相互区别形态标志：这些现象其实已不再是构形问题，而是句法问题了。但受传统语法分类的影响，至今很多语法书仍然把构词和词类问题归入词法。但实际上在汉语这样的语言中词法问题并不像印欧语那么重要，而相反像语序、虚词、结构等句法问题应该在语法中占更多分量，所以划分词法和句法对汉语就不一定适合了。需要补充说明的是，本书也把“词类”和“构词”放到“语法”一章。把“词类”归入语法这是通常的做法，而把汉语的“构词”也放到“语法”部分来讨论，则主要是因为本书不单列“语汇（词汇）”一章的缘故。

（二）组合规则和聚合规则

这种分法是现代结构语法学提出来的，即把语法规则分成组合和聚合两种规则。第一章里说过，就所有语法成分（小到语素和词，大到词组和句子）之间的关系而言，从线条性的不同位置看都是相互怎么样搭配起来的关系，这就是“组合规则”；从线条性的某个位置看都是相互能不能替换出现的关系，这就是“聚合规则”。例如，汉语“我/买/书”这三个词，理论上可以有六种搭配组合，但只有“我买书”成立，不能说“书买我”，虽然在特定的环境下能说“书我买”“买我书”等，但意思也不一样。至于像“我/把/窗户/关/上/了”这六个词搭配的可能性有几十种，却更是只有一种组合形式能成立。这种哪个成分在前哪个成分在后的问题就由组合规则来管，所以组合规则实际上就是语法结构的构成规则。不光句子的组合是这样，词和词组的组合等也是如此。人说话不能只说一句，但并不是每说一句话就得有一条不同的组合规则。例如“他写字”“我们唱歌”“小张主持节目”其实都是按照“我买书”的组合规则说出来的。它们之所以都是正确的句子，还因为这种组合形式实际上存在三个可替换的位置，例如在“我”的位置上可以替换出现“他、我们、小张”，在“买”的位置上可以替换出现“写、唱、主持”。如果不是同类成分就不能替换出现在同一种位置上，如“写、唱”就不能替换出现在“我”的位置上，否则就会出错。可见组合其实不是一个一个词或词组的组合，而是一类一类词或词组的组合，这种什么样的成分能替换出现在某个组合位置上的问题就由“聚合规则”来管，所以聚合规则实际上就是语法成分的归类规则。不光这种结构是这样，所有的词、词组和句子形式也都是这样。组合规则和聚合规则是互相依存的：一方面可以说每个语法成分都处在既可能跟别的成分替换（聚合），又可能跟别的成分连接（组合）的关系之中；另一方面可以说聚合规则是潜在的，就像机器零件分门别类地存放在仓库里，组合规则是现实的，就像按图纸把零件组配成机器。把语法分成组合规则和聚合规则，就没有必要特别考虑形态了，前面说的词法中的构形问题和词类问题可归入聚合规则，而构词问题和一般说的句法结构问题就属于组合规则。这种划分似乎更适合汉语的情况。

（三）核心语法和外围语法

当代的形式语法学较多采用这种分法，即把语法分成核心语法和外围语法两个层面。“核心语法”仅指句法结构的规则，“外围语法”则还包括与语法有关的词语、语义和语音等现象。这种分法一方面把语法的范围缩小了，因为核心语法只管语言片段是不是合乎结构形式规则，而规则本身又只有非常抽象的几条句法规则，这就是所谓“小语法”；另一方面又把语法的范围扩大了，因为外围语法要管词语的搭配（选用什么词），意义的表达（成分之间的语义关系）和语音的实现（能不能说出来）等，这就是所谓“大语法”。这种分法的好处是一方面通过建立核心语法使得语法规则有可能在一定范围内构成简单、严格的原则系统，使语法规则在各种语言中具有某种普遍性；另一方面通过建立外围语法使得很多与语法有关的因素，特别是词语本身的构造和词类问题，词语之间的意义和搭配问题，句子的表达和理解问题等，都被分离出来，这些则在不同语言中可能表现出自己的某些特点。这种语法分类是一种较新的观点，在理论和方法论上有重要意义，也适用于各种语言。

三、语法单位

在了解语法规则之前，或者说在进行语法分析之前，还需要建立“语法的单位”。下面说说为什么要建立语法单位，一共有哪些语法单位，各种语法单位之间有什么样的关系。

（一）为什么要区分不同的语法单位

人们说话时的单位长度各不相同，小到只有一个词，大到一句话或一段话，这些可以总称为“语言片段”。这些大大小小的语言片段之间有联系，因为大的语言片段可以分解成更小的语言片段，或者说小的语言片段可以组合成更大的语言片段。例如，“我粉刷了房子”是由“我”和“粉刷了房子”构成的，“粉刷了房子”是由“粉刷了”和“房子”构成的，“房子”又是由更小的“房”和“子”构成的。可见一个语言片段中可以包含另一些语言片段。这些大大小小的语言片段之间也有区别，因为不同的语言片段在性质和作用上也各不相同。例如，“我粉刷了房子。”是说出来的完整的一句话；“粉刷”和“房子”不是一句话但可以在语句中独立使用；“房”和“子”不能独立使用，但还是具有一定的意义。可见一种语言片段并不完全等同于另一种语言片段。正因为这样，语法研究就还必须把上面说的这些大小不同或性质不同的语言片段先分成不同的单位，这就是“语法单位”。有了语法单位才便于描写和说明各种语言片段的类型和关系。

（二）语法单位的类别

语法单位通常都分成四级或四种，即“语素、词、词组、句子”。本书增加了“语素组”和“句组（包括句群、语段和篇章）”两个单位。这样就一共有六级或六种语法单位，其中三个是基础单位（语素、词、句子），三个是组合单位（语素组、词组、句组）。

1. 语素

语素是最小的有意义的语言单位。例如上面例子中“粉”和“刷”就是语素，因为它们都有意义且各自不能在音义结合的角度再分解。“房子”中的“子”也不能再分解，它虽然没有实在的语汇意义，但还是有某种特定意义，所以也是语素。相对来说，“房”是实语素或词根语素，“子”是虚语素或后缀语素。其他语言也如此，如英语“worker（工人）”可以分解成“work”和“-er”两个语素，“-er”也是没有太实在的意义的后缀语素。

2. 语素组

语素组是语素的组合体。比如“高射炮”这个词中，构词成分“高射”就是一个语素组，语素组内部还包含两个更小的同级单位——语素“高”和语素“射”。由一个语素直接形成的词是单纯词，由多个语素构成的词是合成词。语素组与语素的功能一样，即都是用来构词。语素组也有成词的语素组和不成词的语素组之分：如“高射”是不成词语素组，“交响（乐、曲）、向日（葵）、后遗（症）、分水（岭）、明信（片）”也是不成词的语素组，不成词语素组只能跟别的构词成分一起构成词；而“计算、研究、多数、前提”等则是成词的语素组，成词的语素组除了可以单独构成词以外，也可以跟别的构词成分一起构成词，如“计算机、研究员、大多数、小前提”。不过，从这个意义上说，所有的词在成为“词”，即进入造句单位前，都是语素或语素组。如不但“高射炮”中的“高射”是语素组，“计算机”中的“计算”是语素组，而且“高射炮、计算机”在成为“词”之前，在构词层级也都是语素组。

3. 词

词是最小的、有意义的、能独立使用的语言单位。一般说词都要比语素大一些，例如，词“粉刷”比语素“粉”和“刷”长，或者说是由“粉”和“刷”这两个语素构成了“粉刷”这个词。但词与语素真正的区别还不是看彼此的长度，而在于词比语素多出了“能独立使用”这一条。“能独立使用”的意思是说这种成分在语句的某个位置上可以自由地替换出现，例如，“粉刷了房子”中的“粉刷”可以用“购买”替换，说成“购买了房子”，而且“粉刷”可以作为一个整体挪来挪去，如“房子粉刷了”“请人粉刷过”“粉刷的费用”等，所以“粉刷”就是一个词。从这个条件看，词有时也就不一定都比语素长，如“我粉刷了房子”中的“我”可用“他”替换，“我、他”就都是词，但“我、他”又不能再分解，又是语素，因此就既是语素又是词，即成词语素。其他语言也是这样，如英语中“I（我）、go（走）、big（大）”等，就既是语素又是词。词也不一定非得有实在的意义，如“粉刷了”中的“了”可以被“过”替换，尽管“了、过”都没有实在的语汇意义，但仍有某种特定意义，所以也都是词，也就是虚词，或者说是这种词是由虚语素形成的虚词。其他语言也有这些区别，如英语中“in、on、of”等就既是虚语素，也是虚词。

4. 词组

词组是有意义的、能独立使用的语言单位。它跟词的相同之处是都能够独立使用，区别则在于词组肯定要比词大一些（因此定义中要去掉“最小”），或者说凡是由词和词组合起来的语言片段就是词组。词组可以由两个词组成，如“粉刷房子”是由“粉刷”和“房子”两个实词组合成的词组，“粉刷了”是由“粉刷”和虚词“了”组合成的词组。词组也可以由许多词即若干个词组组成，如“粉刷/了/房子”就是包括了三个词和两个不同层次词组的复杂词组，“我/刚刚/粉刷/了/的/房子”就是包含了更多词和更多层次的复杂词组。其他语言也是这样，如英语“my father（我父亲）”就是两个词组合成的词组，“my father who worked hard（辛勤工作的父亲）”就是好几个词组合成的复杂词组。从某种意义上说，其实所有的句子在成为“句子”，即进入表达单位前，都是词或词组。如不但“粉刷了”或“粉刷了房子”是词组，“我粉刷了房子”在最终说出来成为“句子”之前，在造句层级也是词组。

5. 句子

句子的定义要稍微复杂一些。虽然一般说句子要比词组更长，即是相对完整些的结构，例如“我粉刷了房子”就可以说是一个句子。但实际上一个语言片段再长，结构再完整，如果没有单独说出来，就还不是句子而只是词组。所以句子是由若干个词或词组按照一定的规则组合成的，能表达相对完整的意义，前后有较大的停顿并带有一定的语气和句调（书面上用句号、问号等表示）的语言单位。可见句子和词组的本质区别也不在于结构的长度，而在于是不是独立说出来并用于交际。例如，在“你知道我粉刷了房子”中，“我粉刷了房子”就处于被包含的状态，所以还不是真正的句子。有些语言对句子的结构形式有比较严格的要求，如英语就必须是完整的主谓结构才能构成句子，如果缺少某些成分就不能算句子，那么结构的完整性也是句子的必要条件。例如“I painted the house（我粉刷了房子）”是句子，“I painted（我粉刷了）”或“painted the house（粉刷了房子）”就不能成为句子，或者说作为完整句子在语法上不合格。但有些语言的句子结构形式要灵活些，例如汉语就常常有省略了某些成分的句子形式，像汉语对话“房子粉刷了吗？”“粉刷了。”“粉刷了什么？”“粉刷了房子。”“谁粉刷的？”“我。”等，所有这些语言片段在实际说出来的情况下（前后有较大停顿和带有语气句调），都可以看作句子；反过来说就是，很多句子在成为句子之前，本来就是词或词组。

6. 句组（句群、语段和篇章）

句组是由多个句子组合而成，表达相互关联的比较复杂的意义，书面上表现为一组句子、一个段落或一篇文章的语言单位。句组的特点就是包含多个独立的句子。其中句群、语段和篇章没有截然区别：句子少一些、意义不太复杂但联系紧密一点的是句群；句子多一些、意义更复杂但联系稍松散些的叫语段；更大的语言片段就叫篇章。也有人认为“句组”不属于语法的单位，而是会话的单位，应归入语用学。

（三）语法单位之间的关系

从上面说的语法单位的定义可以看出，各种语法单位相互之间实际上具有不同的关系。大致上一种是“量变关系”，即语法单位之间只是所含成分数量的增减，但性质和作用不变。如汉语中词与词组之间就是这种关系：因为词组一定是由多个词组合而成的，即词组总要比词长些；但它们的作用都是做造句的材料（独立使用），这一点相同。还有一种是“质变关系”，即语法单位之间表现为所起作用的差异，但成分数量未必变化。如汉语中词组与句子之间就是这种关系：因为词和词组没有表达功能，句子却要求必须说出来和用于交际（前后停顿和带语气句调），即它们有不同的功能；但句子中成分数量可以与词或词组相等，这一点又是相同的。根据语法单位的这些特点，可以把6种语法单位表示为以下的关系：

（5）语法单位的关系：

第一级（构词单位）：1. 语素→2. 语素组

⇓ ⇙

第二级（造句单位）：3. 词→4. 词组

⇓ ⇙

第三级（表达单位）：5. 句子→6. 句组

可以这样来理解上面所列关系：同级的语法单位之间的差别是数量性的，即彼此有不同的长度：第一级中语素组是由语素组成的，第二级中词组是由词组成的，第三级中句组是由句子组成的。不同级语法单位之间的差别是功能性的，即各自有不同的作用：第一级语素和语素组的功能是用来“构词”；第二级词和词组的功能是用来“造句”；第三级句子和句组的功能是用来“表达”。同级语法单位之间的量变关系也可以叫“组成关系”（单箭头表示），“组成”指的是大单位由小单位组合而成，如语素组一定包含多个语素，词组一定包含多个词，句组一定包含多个句子。不同级语法单位之间的质变关系也可以叫“形成关系”（双箭头表示），“形成”指的就是下一级单位获得上一级单位的功能，如语素和语素组获得造句功能就成为词，词和词组获得表达功能就成为句子。因此语言中某个语言片段到底属于哪种语法单位，既要看它们的长度，更要看它们的功能。

第三节　语法形式和语法意义

本节学习要点

1. 语法形式和语法意义：语法形式是能够体现一类意义或有共同作用的形式，语法意义是通过一类形式或共同功能所获得的意义，二者相互依存不可分割。

2. 语法形式的主要手段：词法手段：词形变化，词的轻重音，词的重叠；句法手段：虚词，语类选择，语序，句调；综合性手段和分析性手段。

3. 语法意义的主要范畴：词法范畴：体词属性范畴，谓词属性范畴；句法范畴：类别范畴，关系范畴。

语法是关于词的构成、变化和词构成词组和句子的规则。那么这种规则只是关于语言的形式的规则呢，还是也包括语言的意义的规则呢？换句话说，通常讲的“语法形式”和“语法意义”是怎么回事？二者有什么关系？我们也需要从这个角度来了解语法。

一、语法形式与语法意义

语法首先是关于语言形式的规则。例如词的形态变化，词与词的排列组合，结构中的虚词等都是某种形式，语素、词、词组和句子等语言单位也是某种形式。这些当然都是语法问题。但语言除了形式还有意义。例如词的形态变化有意义，词与词的排列组合有意义，结构中的虚词也有意义，前面提到语素、语素组、词、词组、句子和句组等语言单位的定义中就包括了它们必须有意义。这些当然也是语法的内容。不过更准确地说，语法管的形式不是指语言中所有的形式，而只是能体现语法意义的那些形式，语法管的意义也不是指语言中所有的意义，而只是语法形式所体现的那些意义。这种定义一下子不容易理解，下面就先分开这两个概念举些例子来说明，然后再合起来看看二者具有什么样的关系。

（一）语法形式

字面上看，既然说语法形式，就不该是其他的形式，例如不是语音的形式，也不是词语的形式等，但实际上也不能一概而论。一般的语音现象当然不是语法形式，如汉语“看”读作“kàn”，“上海”读作“shànghǎi”，都只是若干声母、韵母和声调组合的个别语音形式，这与语法无关。但由于有些语音形式能产生某一类意义或有共同作用，如“看看”两个动词重叠时，后一个“看”就要读轻声从而产生尝试性动作义，汉语所有的动词重叠都是如此；又如“上海”在单独说出来时若读成高调或升调“shànghǎi ↑”，就有疑问的作用，汉语所有的词语在形成疑问句时都是如此：因此这些语音变化形式就是语法形式了。同样，一般的词语形式也不是语法形式，如英语“worker”的意思是工人，“work”的意思是工作，它们只有词语个别的读音和意思，与语法无关。但由于有些词语的词形变化能够产生某一类意义或有共同作用，如“workers”因为后面加词尾“-s”就表示复数（工人们），英语大多数名词都这样；“worked”因为后面加词尾“-ed”就表示过去的动作（工作过），英语几乎所有的动词都这样：所以这些词形变化形式也就成了语法形式。

当然语言中也有一些与语音和词语变化无关的形式，同样可以表示某一类意义或有共同作用，这就更只能是语法形式。如汉语“看、吃、玩”等一批词，本身的发音和词形虽不像英语那样可以发生变化，但它们都可以作谓语，如“大家看”；都可以用“不”否定，如“不看”；都可以加“了、着、过”表示时态，如“看了”；同时都能支配或涉及某个事物，如“看书”，也就是都可以归入动词这个词类：这种能共同与某种成分组合和能共同归为某种类别的形式也就是语法形式。

据此就可以这样说，语言中不管是语音的表现形式，词形的变化形式，还是成分的组合和类别形式，凡是能够体现一类意义或有共同作用的形式，就都是语法形式；反之只体现个体意义或只有个别作用的形式，就不是语法形式。这也就是前面定义的“语法形式就是能体现语法意义的形式”的意思。

（二）语法意义

字面上看，既然说语法意义，就不等于其他的意义，例如不等于词语的意义，不等于句子的意义，但实际上也不能笼统地这么说。因为词本身就是语法的单位，而每个词语都是有意义的，如“街道、楼房、汽车”当然都有意义。但词语的意义有两种：一种是只属于个别词的具体意义，如这三个词分别表示不同的东西，这种一个词区别于另一个词的意义叫作词的语汇意义。另一种是从一类词的共同形式抽象出来的意义，例如这三个词都可以受数量和性质词语修饰，如“一辆汽车、高级汽车”，都可以受动作词语支配，如“开汽车、买汽车”，这些形式就给了这三个词能称数、有属性、受支配及表示事物的意义，汉语大多数名词都是如此，因此这种意义就是词的语法意义。同样，句子也是一种语法单位，而每个句子也都有意义，如“妈妈扫街道、爸爸盖楼房、我开汽车”都有意义。但句子的意义也有两种：一种是只属于个别句子即只是词语搭配所表达的意义，如这三句话分别表示不同的人做不同的事，这种一个句子区别于另一个句子的意义叫作结构的语句意义（或叫词语搭配意义）。另一种是从一类句子的共同形式抽象出来的意义，例如这三个句子都是“名词 + 动词词组”，动词词组都是“动词 + 名词”等。这些形式就给了这三个句子某些共同的意义，如“名词 + 动词词组”有主谓关系的意义，“动词 + 名词”有动宾关系的意义，动词词组前面的名词是施事成分，动词词组中动词后面的名词是受事成分等，汉语所有的同类结构形式都是如此：所以这些意义就是结构的语法意义。

当然语言中也有一些词语形式和结构形式本身并没有实在的语汇意义或词语搭配意义，它们作为一种形式所产生的意义就更只能是语法意义。如汉语的虚词“的”，它本身没有语汇意义，单独也不能说，但放在词与词之间就可以使前后两个成分之间具有领属、性质等修饰和被修饰的关系，如“我的帽子、学校的图书”。因为虚词的特定形式都是对一类结构适用，并能使该类结构获得某种共同的意义，这种意义就是语法意义。再如汉语的句子结构“客人来了”和“来了客人”，词语的搭配意义一样，说的也差不多是同一件事，即使分别分析成“主谓”和“动宾”，其中的“客人”也都是施事；

但两个结构的意义仍然有区别，例如，“客人”在动词前是有定的（等于英语“the guest”），在动词后就是无定的（等于英语“a guest”），这种相同名词出现在动词前后的形式适用于一批结构而且都能造成名词有定和无定的区别，这种意义也就是语法意义。

据此就可以这样说，语言中不管是词语意义，还是结构意义，凡是通过一类形式或共同功能所获得的意义，就是语法意义；反之只属于个别词语或个别句子的意义就不是语法意义。这也就是前面定义的“语法意义就是语法形式所体现的意义”的意思。

（三）语法形式与语法意义的关系

语法形式与语法意义就像是语法这一张纸的两面，二者相互依存，不可分割。可以说语法研究的任务就是发现语法形式与语法意义的对应关系，即抓住一种形式的时候要问这种形式有什么用处，发现一种意义的时候要问这种意义是怎么来的。当然各种语言的语法形式与语法意义又有不同情况。例如，同样表现动作发生在过去的意义，英语用动词加词缀“-ed”的词形变化形式，汉语就用动词后面加虚词“了、过”的形式。一种语言中的语法形式和语法意义也并非简单对应。例如，有的是一种形式对应一种意义，如英语中定冠词“the”只表示后面的名词是有定的或特指的，如“the house（这所房子）”；也有的是一种形式对应了多种意义，如德语中的定冠词除了表示名词定指，还表示名词的性或数，如“der Tisch（桌子，定指/阳性/单数）、die Tische（桌子，定指/阴性/复数）、die Tafel（黑板，定指/阴性/单数）”；还有的是多种形式对应一种意义，如汉语中表示名词的定指意义，既可以通过语序形式，即出现在动词前的光杆名词就是有定的，如“房子（塌了）”，也可以通过加指示代词或特定介词的形式表示名词是有定的，如“（喜欢）这房子”“把房子（卖了）”。正因为如此，在讲语法的时候一般还只能是把语法形式和语法意义分开来说，例如先从形式这头归纳出有哪些语法形式，或先从意义这头概括出有哪些语法意义。

二、语法形式的主要手段

根据上面的定义，语法形式就是能体现语法意义的形式。但这么说还过于概括。要了解什么是语法形式，还必须具体说明语言中到底有哪些语法形式，或者语法形式是一些什么样的形式。人类的语言各种各样，语法形式也就多种多样，为了能理出一个大致的头绪，一般都根据某些语法形式的共同特点，把语法形式归并为几个基本类别。这种语法形式的类就叫作“语法手段”。

语法手段又可以先分成“词法手段”和“句法手段”两大类。即凡是通过词的变化来表现语法意义的形式就是词法手段，凡是通过结构的变化来表现语法意义的形式就是句法手段。当然词法手段也并非跟句法无关，只是说这些形式是围绕着词而表现出来的，所以也可以叫作综合性手段；而句法手段就是不直接依附于词的形式，所以也可以叫作分析性手段。

（一）词法手段

词法手段主要包括“词形变化”“词的轻重音”和“词的重叠”三个小类，有的小类内部还有一些不同表现。

1. 词形变化

这是通过词的形态变化产生一定语法意义的形式。印欧语最多采用这种语法形式。具体说词形变化又包括“附加”“屈折”“异根”和“零形式”等。

“附加”即在词的前面、中间或后头加词缀。词缀一般指在词典中不显示但在句子中系统出现的附着于词的部分。例如英语名词“book/ books（书）、tree/ trees（树）”就是加上后缀“-s”来表示复数；动词“work/ worked/ working（工作）”是分别加上后缀“-ed /-ing”来表示过去时和进行体。有些语言的名词有格的变化，如俄语名词有六个格，都是通过词缀（也叫词尾）来表现的。汉语基本上没有这种语法手段。虽然宽泛地说，汉语动词加“过、着”也表示动词过去时和进行体，如“去过、走着”，但这些后附成分毕竟不是印欧语那种严格的词形变化。

“屈折”即词的内部发生语音的交替变化。屈折与附加的作用相同，只不过一种是给词的外部加点东西，一种是改变词内部的某个东西。例如，英语同样是表示名词的单数和复数，有时也用屈折形式，如“man/ men（男人）、foot/ feet（脚）、mouse/ mice（老鼠）”等。英语同样是表示动词的过去时，有时也用屈折形式，如“sing/ sang（唱）、get/ got（得到）、write/ wrote（写）”等。汉语没有这种词法手段。

“异根”即换用不同的词根构成相同意义的词。异根也有跟附加和屈折相同的作用，但这种形式较少见。如英语只有极少数动词的过去时用异根形式，如“go/ went（走）”，不过英语“是”这个动词现在时和过去时的异根形式“be/ am/ is/ are/ was/ were”却非常典型。异根在印欧语中更多是用于人称代词变格，如英语人称代词的主格和宾格分别是“I/ me（我）、she/ her（她）、we/ us（我们）”等。印欧语形容词和副词的“级”也可用异根形式表示，如英语“good/ better/ best（好）、little/ less/ lest（少）”等。汉语没有这种词法手段。

“零形式”即相对于词形变化的词的原形形式。既然附加、屈折和异根等形式可以产生某种语法意义，那么词在变化前的原形，当然也有某种语法意义，所以原形也就可以看作一种词形变化，或者说变化的是一个零成分。例如前面提到的英语名词“books（一些书）”是通过加词缀“-s”后表复数，那么相应未加词缀的“book（书）”这种单数意义就是用零形式表示。同样，英语动词“work/ worked”分别表示现在时和过去时，现在时也用零形式表示。

2. 词的轻重音

这是通过词的某个部分重读或轻读而产生一定语法意义的形式。有些语言中重音形式更重要，可以叫作“移动重音”。即一方面强调“移动”，因为词的固定位置重音并不产生语法意义，只有位置移动的重音才能产生语法意义；另一方面也更强调“重音”，因为只有重音才能产生语法意义，也就是重音位置必须重，轻则只是相对的。如英语有时可以用词的重音区别动词和名词，如“re'cord（记录，动词）/ 'record（记录，名词）”“im'port（输入，动词）/'import（输入，名词）”等就是这种情况。但也有些语言中的轻音也有语法作用。例如汉语就较多利用轻声的形式，也就是轻声音节必须轻，而重音则只是相对的。如汉语有些相同语素的组合形式，既可能是词组也可能是词，意义也不同，往往就可以利用是否包含轻声的成分来区别，如“东西/东·西”“买卖/买·卖”等。

3. 词的重叠

这是通过词或词中某个语素重复使用而产生一定语法意义的形式。表面看词的重叠已超出了一个词，但词重叠和语素重叠不仅形式相同，而且重叠形式往往都有相当于词的独立用法，因此词的重叠也还是词的一种变化形式。重叠形式在印欧语中用得不多，而在汉藏语系语言中使用比较普遍，汉语更是较多利用了重叠形式，包括词的重叠和用语素重叠构造某一类新词。例如名词或量词重叠“人/人人、天/天天、件/件件”，都有“逐个”的意思；动词或动词语素重叠“看/看看、研究/研究研究、帮忙/帮帮忙、游泳/游游泳”，都有短时和尝试等量小的意思；形容词或形容词语素重叠“大/大大（的）、高/高高（的）、清楚/清清楚楚、喷香/喷喷香、雪白/雪白雪白”，都有程度增加的意思。

（二）句法手段

句法手段主要包括“虚词”“语类选择”“语序”和“句调”四个小类，各个小类内部也有一些不同的表现。

1. 虚词

这是通过使用虚词来表示一定语法意义的形式。语言中凡是没有语汇意义只有语法意义的词就是虚词。因为虚词不依附于某个词，其语法意义又不是通过虚词本身表示的，而是在与别的词发生关系时才产生的，所以使用虚词就是一种句法手段。如“我和老师”如果替换成“你和学生”“我们和领导”，语汇意义变了，但词与词之间的并列关系却并不变；而如果把“和”替换成“的”，如“我的老师”“你的学生”等，词与词之间就成了领属性修饰关系：这就是虚词“和”和“的”的作用。

语言中的虚词主要可以分成“辅助词”和“功能词”两大类。

辅助词是指多多少少与另一个词的变化还有些关系的虚词，或者说只要有别的词就需要同时出现的词。例如，英语表示动词现在完成时，动词需要用“to have V-ed”形式，如“I have worked（我已经做完工作了）”，其中“-ed”是动词的词缀，同时出现的“have”就是辅助词中的一种，叫助动词。辅助词中再一种是冠词，如英语的冠词“the”和“a（n）”分别表示它后面的名词是有定的或无定的，如“the boy（这个男孩）”和“a boy（一个男孩）”。一些语言中的冠词还可以区别动词和名词，如英语“to play（玩/演出）”“to answer（回答）”是动词，“the play（比赛/剧本）”“the answer（回答）”就是名词。

功能词则是指与另一个词没有必然联系的虚词，或者说是不由别的词决定而又决定别的词的关系和意义的一种词。各种语言中的功能词种类很多，但最主要是介词、连词（连接词）和语气词这三种。

介词是表示事物与动作之间关系的词，通过介词可以引出动作的时间、处所、工具、原因、方式、手段、目的等。例如英语“He lived in the room（他在这屋子住过）”“He cut the beef with a knife（他用刀切牛肉）”其中“in（在）、with（用）”就是介词。汉语也用介词表示类似的动词与名词的关系（例如上面汉语译文也用相应的“在、用”等介词）。

连词（连接词）是表示成分之间组合关系的词。前面提到汉语“我和老师”中的“和”就是表示两个成分之间具有并列关系的连接词。英语的“and”也是这种连接词。前面提到汉语“我的老师”中的“的”就是表示两个词之间具有修饰关系的连接词，而“跑得很快”中的“得”是表示两个词具有补充关系的连接词（汉语的“的、得”等又叫助词）。汉语连接句子的连接词有“因为病了，所以没上班”中“因为、所以”以及“如果、那么”“虽然、但是”等，英语的“because（因为）、if（如果）、but（但是）”等也是这种连接词。

语气词是突出句子语气意义类型的词，通过语气词可以表示句子的否定、肯定、疑问、祈使等用途的意义。汉语“你去吗？”中的“吗”就是表示疑问意义的语气词，类似的还有表示其他不同语气的“的、了、吧、呢”等。其他语言归入语气词的词，有的更多，如俄语把很多在汉语、英语中用副词表达的意义也用语气词来表示；有的很少，如英语就几乎没有语气词，像强调的语气“I love only her（我只爱她）”用副词“only”表示。疑问语气“How do you know（你怎么知道）”是用助动词、句调和疑问代词前移等形式共同表示的。

2. 语类选择

这是通过选择句法结构中可以组合的词类或词组的类来表示一定语法意义的形式。语言中各种结构都是词或词组按照一定的语法关系构成的，这种关系不等同于词义搭配，而主要取决于参与组合的词或词组的类。例如，“读书”是动宾结构，“好书”是偏正结构，之所以它们是正确的结构，就是因为“读”和“书”、“好”和“书”分别所属的词类能够组合。

语类选择从词对结构的要求说，是看什么类的词能进入某个位置，如“从、把、和、的、吗、因为”等虚词不能进入任何基本结构位置，“水、苹果、太阳、思想”等名词能进入主谓结构的主语位置或宾语位置，但很少能进入谓语的位置。从结构对词的要求说，是看哪些词类的组合能够成立，如“妈妈来”能说，是因为名词后面能加上动词而构成主谓关系，“张老师的妈妈从山东老家来”也能说，同样是因为名词词组后面加上动词词组也能构成主谓关系，这说明相同词类或词组类的组合能构成相同结构。“洗衣服”能成立，是因为动词加名词能构成动宾关系，“洗干净”也能成立，是因为动词加形容词能构成动补关系，这说明不同词类成分的组合又可能构成不同结构。

各种语言的句法结构形式有相同的，如汉语“唱了支歌”是动宾结构，英语“to sing a sang（唱了支歌）”也是动宾结构；汉语“他已经走了”是主谓结构，英语“He has gone（他已经走了）”也是主谓结构。但不同语言也有不同的情况：包括对同样的词类却要求不同位置，像英语的副词可以出现在动词后面，而汉语的副词就只能出现在动词前面，例如“He grows up gradually（他渐渐长大了）”。也包括同样位置的却要求不同词类，像英语只能是名词或部分有特定形式的动词和动名词才能做主宾语，而汉语的动词和形容词就可以直接做主宾语，例如“I enjoyed swimming（我喜爱游泳）”。

3. 语序

这是通过句法结构中词语的位置顺序来表示一定语法意义的形式。前面说的语类选择是讲词的类别，而语序则是讲词的顺序。各种语言都要利用语序的形式，但语序的作用有所不同。如果词与词的关系主要靠形态变化表示，语序所起的作用就小；相反，如果缺少形态变化，语序的作用就大些。汉语和大部分汉藏语系语言属于后者。

汉语常常要利用词语的顺序表示语法关系，如“天气好”是主谓关系，“好天气”是偏正关系；“猫捉老鼠”和“老鼠捉猫”都是主谓关系，但出现在动词前面的名词一定是施事成分，动词后面的名词一定是受事成分。俄语则属于前者。例如，如果“я（我）”是第一人称单数主格，“книга（书）”是宾格，“читаю（读）”是带相应词尾变化的动词，那么无论这三个词怎么排列，结构不但都成立而且意思都是“我读书”。

当然上面只是说有的语言语序更重要，有的语言形态更重要，而不是绝对没有另一种形式。例如汉语也存在像“客人来家里了”和“家里来客人了”这种语序变化了而语法关系不变的情况。俄语当主语和宾语的词形相同时，也就不得不靠语序来区别主语（施事）和宾语（受事），例如“Мать любит дочь（母亲爱女儿）”，“Дочь любит мать（女儿爱母亲）”。

在以语序为主的语言中语序的安排也有区别，其中最受到关注的是谓语动词和宾语的语序。汉语、英语、法语等都是宾语在动词后面，如说“写字、吃饭”，但在日语、朝鲜语、维吾尔语等语言中则宾语在动词前，如说成“字写、饭吃”。前者被称作“SVO（主动宾）”型语言，后者就是“SOV（主宾动）”型语言。

4. 句调

这是通过整个句子的音高、重音、停顿等来表示一定语法意义的形式。句调实际上已经是表达层面上的一种语法手段了。句子的句调与前面说的语气词的关系十分密切，如“他去吗？”“你去吧！”分别用不同的语气词来表示疑问、祈使语气。但在不使用语气词的情况下，也可以独立使用句调来表示这些语气意义，如“他去？（高调）”“你去！（低调）”等。

各种语言都要利用句调这种形式表达语气意义，一般说，陈述句和祈使句用低调或降调，疑问句用高调或升调。另外像汉语说“你不去。我也不去。”前一句句末有大的停顿，同时用低调，这两句之间表示并列关系；“你不去，我也不去。”前一句句末只有小的停顿，同时用平调，这两句之间表示的就是因果关系。这里的前一句的句调形式既表示不同的语气意义，也表示构成复句时与后一分句间的关系意义。

上面举例介绍了可归为七种语法手段的某些形式，肯定还不全面。但即使就是这些语法手段，不同语言也并不一定都采用，而总是各有取舍或有所偏重。一般可据此把人类语言分成两大类：主要使用词形变化、词的轻重音等语法手段的语言，如俄语、德语等，叫作综合性语言；而主要使用虚词、语序等语法手段的语言，如汉语、英语等，叫作分析性语言。这就是前面说词法手段又可以称作综合性手段，句法手段又可以称作分析性手段的意思。

三、语法意义的主要范畴

根据上文的定义，语法意义就是语法形式所体现的意义。但这么说也过于笼统。要了解什么是语法意义，还必须具体说明语言中到底有哪些语法意义，或者语法意义是一些什么样的意义。语言中的语法意义也是多种多样的，有的甚至不易捉摸，为了能描写出一个大致的轮廓，一般都根据某些语法意义的共同内容，把语法意义概括为几个基本类别。这种语法意义的类就叫作“语法范畴”。

语法范畴也可以大致分成“词法范畴”和“句法范畴”两大类。凡是主要由词的变化形式表示的语法意义就属于词法范畴，凡是主要由结构的变化形式表示的语法意义就属于句法范畴。当然词法范畴也并非就跟句法无关，只是说这些意义是围绕着词形变化表示出来的，所以也可以叫作属性范畴，而这些范畴意义在分析性语言中则可能用词语和句法形式表示。而句法范畴就是不直接由词的形态变化表示的意义，所以也可以叫作类别和关系范畴，同样，这些范畴意义在综合性语言中则可能就是用词形变化的形式表示出来的。

（一）词法范畴

词法范畴主要有“体词属性范畴”和“谓词属性范畴”两大类。当然有些语言的某种范畴可能同时涉及体词和谓词。如俄语的“性”就既与名词有关，也与动词、形容词有关（即相关动词、形容词也可以说有“性”的范畴意义）；英语主语名词的“数”，也影响谓语动词词尾的变化（即相关动词也可以说有“数”的范畴意义），但毕竟“性”和“数”首先还是名词的属性范畴。就好像反过来说，英语一般现在时谓语动词在主语是复数名词时，动词用原形，主语是第三人称单数名词时，动词要加词尾“-s”，虽然“时”和“体”跟主语名词也有关，但其本身仍主要是动词的属性范畴一样。这样就可以把“性、数”归入体词属性范畴，把“时、体”归入谓词属性范畴。具体说来，两大类语法范畴内部都还分别包括一些内容。

1. 体词属性范畴

体词属性范畴主要指由名词的词形变化形式表示的意义。综合性语言中的名词都有词形变化，主要表示四种范畴意义，即“性”“数”“格”和“指称”。

“性”范畴是在某些语言中表示人或事物有关性属的一组特征。俄语、德语名词都分阳性、中性和阴性三类，法语有阳性和阴性两类。名词的性与自然界的性有些是一致的，如动物词语的性往往就跟动物本身的雌雄性别有关。但其他词语就可能不一致了：如德语“Das Sofa（沙发）”是中性，但法语“le fauteuil（沙发）”是阳性。“太阳”一词在德语、法语和俄语中分别是阴性、阳性、中性。古英语也曾有过性的范畴，但在现代英语中已消失。汉语同样不用词形变化表示性，如果要表达自然的性别就要加上特定的词语，如“男人、母鸡”，但这已不是语法意义了。至于汉语代词“他、她、它”则只是文字的分化形式，连语汇区别都算不上。名词的性尽管属于语法范畴，但更多的是一种历史遗留现象，很多语言里性范畴的语法作用已不很明显了。

“数”范畴是表示事物数量的一组特征。与语汇上表示事物具体数量的数量词不同，一些语言的数范畴只是把可数的名词分成单数和复数。如英语“house / houses（房子）”，前者是单数名词，后者是复数名词。在一些语言中名词的数与动词的时体有一定的关系，如英语的主语是第三人称单数，动词现在时就要用加词缀“-s”的形式，如“He sleeps in the morning（他在早上睡觉）”有人认为汉语指人名词后面也可以通过加上虚语素“-们”表示复数，如“学生们”，其实除了人称代词“我们、你们、他们”等确实是“我、你、他”的复数外，其他名词就不一定是这样，因为“学生们”固然是复数，“学生”也完全可以表示复数，如“学生都来了”，所以在汉语中并没有严格的数范畴。

“格”范畴是表示名词与其他词的语法结构关系的一组特征，在很多综合性语言中都是重要的名词属性范畴。例如前面说俄语语法结构不讲究语序，原因就是结构中所有的名词都已由词缀（或词尾）给出格的标记，如做主语用主格形式，做直接宾语用宾格形式，做间接宾语用与格形式，做定语用属格形式。像“книга моего друга（我朋友的书）”中“我朋友”的原形是“мой друг”，现在变为属格形式“моего друга”，就表示“书”的所有者，这就是格的作用。英语的名词除了用加“-’s”的形式表示所有格，另外代词还有主格、宾格等区别外，格的形式已经相当弱化了，甚至疑问代词虽然还保留了格形式但也很少用了，如“Who（＝whom）did you see yesterday（你昨天见到了谁）”正因为如此，现代英语的语序才变得越来越重要，即必须通过名词的位置来确认格的意义。汉语也没有通过显性的词形变化形式表示的格范畴，名词的格的意义（即施事主语、受事宾语、领属定语等）主要靠虚词和语序等隐性的句法形式来确定。

“指称”范畴是表示名词有定和无定性质的一组特征。在印欧语的很多语言中都用定冠词和不定冠词来表示名词的有定和无定意义，这也是一种重要的语法意义。如英语“I have just read the book（我刚读完这本书）”，“the book”是有定的，即特定的某本书；“I bought a book yesterday（我昨天买了一本书）”，“a book”是无定的，不特指哪本书。上面句子翻译成汉语，要用“这本书”或“一本书”等指量词或数量词表示名词的有定或无定。另外前面也说过，汉语动词后的“数量名”形式的名词词组往往是无定的，如“买了一本书”中的“一本书”；而在动词前的名词，无论什么形式（加“这/那”或光杆名词形式）都是有定的，如“这本书读完了”中的“这本书”，以及“书买回来了”和“我把书弄丢了”中的“书”。

2. 谓词属性范畴

谓词属性范畴主要指由动词的词形变化形式表示的意义。综合性语言中的动词也都有词形变化，主要表示的范畴意义有“时”“体”“态”和“人称”。

“时”范畴是表示动词所反映的动作发生时间和说话时间关系的一组特征。很多语言都以说话时间为坐标确定句子中实际动作发生的时间，是非常重要的一种语法范畴。一般可分为现在时、过去时和将来时。俄语一律用屈折形式表示动词的时。英语则现在时“He works（他工作）”和过去时“He worked（他工作过）”用屈折形式，而将来时“He will work / He is going to work（他将去工作）”用助动词形式。在有些语言中还可以以过去或将来的某个时间为坐标表示句子的动作时间，如英语“You were going to give me your address（你曾经打算把你的地址给我）”就表示过去将来时。汉语没有通过词形变化表示的动词时范畴，但也可以用语汇形式表示类似意义，如“他将去上海”，就用“将”表示与英语“will、shall、be going to”差不多的意义。

“体”范畴是表示动词所反映的动作行为进行状况的一组特征，也是有重要作用的一种语法范畴。常见的有进行体、完成体和未完成体等。英语动词主要有进行体和完成体，例如“I am reading the book（我正在读这本书）”是进行体，动词用“be V-ing”形式，“I have written the book（我写完了这本书）”是完成体，动词用“have V-ed”形式。当然体范畴和时范畴常常是结合起来的，如上面两个英语例子严格说就应该是“现在进行时”（现在时加进行体）和现在完成时（现在时加完成体）。再如“I was reading the book then（我那时正在读书）”就是过去进行时（过去时加进行体）。汉语可以在动词后面加助词来表示相应的动作状况的意义，如“-了”表示完成，“-着”表示持续，“-过”表示经历，“-起来”表示动作开始，“-下去”表示动作继续，动词的重叠表示短时和尝试动作等。

“态”范畴是表示动词与主语名词之间施受关系的一组特征。这种语法范畴各种语言都有，主要分为主动态和被动态两种。主动态表示主语是动作的施事，被动态表示主语是动作的受事。有的语言只用动词词形变化表示主动态和被动态，如拉丁语“amo（我爱）”是主动态，“amor（我被爱）”是被动态。有的语言则不限于纯粹的词形变化，例如英语“The boy broke the cup（那男孩打碎了杯子）”是主动态，动词用一般形式；“The cup was broken by the boy（杯子被那男孩打碎了）”是被动态，动词用“be + 动词过去分词”的形式。上面两句的汉语译文是汉语主动句和被动句的例子，除动词没有词形变化外，两种句式的语序跟英语类似，即主动句用“施-动-受”语序，被动句则是受事成分当主语，并用介词“被”引出施事，即“受-被-施-动”语序。除了主动态和被动态，“中动态”也是很多语言的一种语态。如英语的“The book reads easily（这本书很容易读）”就是一种介于主动和被动之间的结构，特点是受事名词做主语（这一点类似于被动态结构），动词用原形（这一点类似于主动态结构），而且动词的施事成分隐含不说出来。汉语中像“这本书读起来很容易”或者“这本书容易读”被有些人看作中动结构；也有人认为“米饭给煮糊了”是汉语的中动结构：这几种结构都有上面提到的几个特点。

“人称”范畴是表示动词与主语名词之间一致关系的一组特征。这种范畴的语法作用不明显，只有少数语言中动词的人称形式必须与主语的人称一致。俄语在这方面比较典型，动词在单数和复数的三个人称后要发生六种变化。英语动词与主语名词的人称一致现象不系统：现在时且主语是第三人称单数时动词加“-s”，如“The boy plays the ball（这男孩玩皮球）”；将来时主语是第一人称时用助动词“shall”，其他人称用“will”，如“The boy will play the ball（这男孩将要玩皮球）”。汉语动词与主语名词没有人称的一致变化。

除了上面提到的几种词法范畴，还有的语言有“级”范畴。如英语形容词“good（好）”的比较级是“better（较好）”，最高级是“best（最好）”。但形容词在有些语言中不属于谓词，而“级”在有些语言中也不是通过词法形式表现的，如汉语就是通过词组“较好、最好”的句法形式表现的。

（二）句法范畴

句法范畴可以分成“类别范畴”和“关系范畴”两类。但因为过去一般都只把词形变化形式表示的意义类型称作语法范畴，而非形态形式表示的语法意义就不算了，因此句法范畴的研究目前还不够系统，这只是一个大致与前述部分句法手段（即语类选择、虚词、语序）相对应的语法意义分类。

1. 类别范畴

类别范畴是由语类和语类选择形式表示的语法意义。从词的类别看，各种语言都需要词的语法类别意义，例如建立名词的类表示人或事物的意义，如“工人、英语”，建立动词的类表示动作行为的意义，如“工作、学习”等。但不同语言在语类意义上也有差异。例如，俄语、德语中所有修饰名词的词都必须是形容词，英语也大致如此，即修饰名词的如果本来是别的词类，大都要变成形容词才能有修饰意义。像英语“military telephone（军用电话）、advanced telephone（高级电话）、digital telephone（数字电话）、recordable telephone（录音电话）”就是这样。但汉语修饰名词的词不需要词形变化，如“军用电话、高级电话、数字电视、录音电话”，其中只有“军用”是相当于印欧语形容词类的词，而“高级、数字、录音”等都是其他类的词，所以汉语的不同词类都可能表示修饰义。另一方面从词与词的类别选择看，各种语言也都要求某类词与某类词组合的意义，例如，名词加动词就产生人或事物被陈述的意义，如汉语“工人工作”，动词加名词就表示人或事物被支配的意义，如汉语“学习英语”。但不同语言在语类选择的意义上也有差异。如上面的形态丰富的语言像俄语、德语的名词前需要修饰义的成分时只能选择形容词，即修饰和被修饰义的语类选择范围比较严格。而汉语的名词需要修饰义成分时可以选择形容词，也可以选择其他的词类，即修饰和被修饰义的语类选择范围比较灵活。

2. 关系范畴

关系范畴主要指通过虚词和语序表示的语法意义。有些缺少形态变化的语言中词与词的组合即构成句法结构时，由于语类意义不单一，语类组合也就较灵活，因此就必须通过虚词和语序来表示特定的语法关系意义。例如汉语“学生家长”同样都是“名词 + 名词”，但既可能是并列关系也可能是修饰关系，通过加上连接词“和”和“的”，如“学生和家长”“学生的家长”，就可以区别这两种关系意义了。再如汉语“晚上联系”“电话联系”“大家（多）联系”，都是“名词 + 动词”，但表达的语法意义也不同，通过能不能加介词和加不同的介词就可以区别动词前的名词是表示“时间”（在晚上联系），表示“工具”（用电话联系），还是表示“施事”（大家多联系）。除了虚词，有些语言更多是通过语序变化来确定结构的语法关系意义。例如英语“动词+动词”可以表示不同的结构关系意义，如“stopped talking（停止说话）”是动宾关系，“talking stopped（谈话结束了）”是主谓关系，“stopped to talk（停下别的事开始说话）”是先后动作的关系，这些主要是通过动词的词形变化表示出来的。但汉语同样是“动词+动词”，也同样可以表示这三种结构关系意义，可是由于无论哪个动词的词形都不发生变化，就只能靠语序来区别不同的结构关系了，如“停止说话”就表示动宾关系，“说话停止”就表示主谓关系，“停下来说话”就表示先后动作的关系。

上面只是举例讨论了可归为四大类范畴的某些语法意义，当然也还很不全面。但即使是这些语法范畴，不同的语言也并不完全相同，而总是或具有某些不同的范畴意义，或用不同的形式表示某种类似的意义。可以大致上说：主要使用形态变化等综合性手段表示语法意义的语言，词法范畴的内容就比较丰富，或者是用词法范畴覆盖了在另一些语言中属于句法范畴的意义；而主要使用虚词和语序等分析性手段表示语法意义的语言，句法范畴的内容就比较丰富，或者是用句法范畴覆盖了在另一些语言中属于词法范畴的意义。

第四节　组合规则和聚合规则

本节学习要点

1. 词的聚合——词类：词类划分标准：形态标准，意义标准，分布标准，分布是反映词类本质的特征，形态和意义也有参考作用；词类划分结果：共同词类和特殊词类，词类的大类和小类，典型词类和跨类词类。

2. 词的组合——词组：简单词组——组合的结构类型：基本词组：主谓词组，动宾词组，偏正词组，动补词组，联合词组；特殊词组：介词词组，数量词组，“的”字词组；复杂词组——组合的层次关系：直接组成成分，层次分析；词组的聚合：体词性词组和谓词性词组，向心词组和离心词组。

3. 句子的聚合——句类：句子的功能类：陈述句，疑问句，祈使句，感叹句；句子的简繁类：单句，复句。

前面说过，语言中大大小小的语言片段可以分为语素、语素组、词、词组、句子和句组等语法单位，前面也说过，这些不同的语法单位之间又都具有“聚合关系”（也就是成分之间“竖着”的相互替换关系）和“组合关系”（也就是成分之间“横着”的相互组合关系）。所以我们还需要从语法单位的聚合和组合角度来进一步了解语法，也就是竖着和横着来看语法单位的关系。

一、词和句子在语法结构中的地位

语法单位中最重要的是“词”和“句子”这两个单位，也可以说语法规则主要是指应用于“词”和“句子”这两级单位的规则。这是因为词和句子都既是基本单位，又是最终单位，它们可以把各种语法单位联系起来。表面上看，语言中有语素、语素组、词、词组、句子和句组六种语法单位，其中好像语素最小，句组最大。其实严格说，语素只是构词级的基本单位，而词则是造句级的基本单位，句子则是表达级的基本单位；反过来说，语素或语素组都可以形成词，所以词又是构词的最终单位；词或词组都可以形成句子，所以句子又是造句的最终单位。这样从构词和造句看，词就既是构词级的最终单位，又是造句级的基本单位；从造句和表达看，句子就既是造句级的最终单位，同时又是表达级的基本单位。也可以说词和句子是既能联系低一级单位又能联系同一级单位的语法单位。

为什么说聚合规则和组合规则主要是指应用于词和句子的规则呢？这是因为词和句子都可以同时建立聚合类和组合类，它们可以把两种语法规则联系起来。虽然任何一级语法单位都既是聚合关系的类，又是组合关系的类，但并不是所有语法单位都需要建立这两种类。因为，一方面，聚合关系就是相同功能成分的替换关系：构词单位语素与语素组功能相同，就只需要建立语素的聚合类；造句单位词与词组的功能相同，就只需要建立词的聚合类；表达单位句子与句组的功能相同，就只需要建立句子的聚合类。另一方面，组合关系就是不同关系成分的结合关系：语素与语素可以组合成语素组，而语素组的再组合相当于语素的组合关系；词与词可以组合成词组，而词组的再组合相当于词的组合关系；句子与句子可以组合成句组，而句组的再组合相当于句子的组合关系。所以词是造句层级聚合类和组合类的核心单位，句子是表达层级聚合类和组合类的核心单位。也可以说词和句子是既能联系聚合规则又能联系组合规则的语法单位。

下面就分别讨论词和句子的聚合关系和组合关系。主要是词的聚合与“词类”，词的组合与“词组”；句子的聚合与“句类”。但句子的组合与“句组”由于超出了一个句子的范围，一般看作“话语”或“篇章”现象，所以有关现象将主要在“语用”一章讨论。

二、词的聚合：词类

“词类”是词在语法上的分类结果。因此像“一朵花”的“花”（花$_1$）和“花钱”的“花”（花$_2$）在语音上叫作同音词；“一朵花”的“花”和“花布”的“花”（花$_3$）在语汇上叫作多义词，就都不是语法上的词类。而这三个词中，“花$_1$”是名词，“花$_2$”是动词，“花$_3$”是形容词，这种分类就是词类。词类可以这样定义：它指“竖着看”可以替换出现在语法结构某些相同位置上的词的类，即具有聚合关系的词的类。关于“组合位置”“替换出现”等，前面已举例作过说明。但仅有这个定义还太笼统。所以下面要再具体讨论一下，怎么才能够得到这样的类和总共能得到多少这样的类。

（一）划分词类的标准

这实际上是应该怎么划分词类的问题。这方面有很多争论，也有人提出不同的办法。这些分类办法归纳起来主要有三种，但也可以综合运用这些标准。

1. 形态标准

这种意见是说可以根据词形变化来确定词类。这个标准对于形态丰富的语言来说，确实简单管用。学过英语的人都知道，英语动词有时、体、态的词形变化，如可加“-ed”等，名词虽然没有性和格的词形变化，但还有单复数的变化，如复数加“-s”，所以就可以根据词形变化来区别动词和名词。如果广义地把构词词缀也算作形态变化，那么英语名词大多有“-tion、-ness、-ment、-ship”这样的后缀，形容词大多有“-ful、-able、-al”这样的后缀，副词大多有“-ly”这样的后缀，这也可以帮助区别词类。用词形变化来区别词类，就好比一个人从事什么职业就穿什么制服，这样不必观察他的工作情况，单凭衣服就可以断定他的职业了。

但显然这种标准并不适用于所有语言。例如，汉语几乎任何词类都没有词形变化，即使把“子、儿、头”算作名词后缀，把“了、着、过”算作动词后缀，一来“子、儿、头”并非所有的名词都有或都能加上，缺乏普遍性，二来“了、着、过”也不是词形的变化，而是动词以外另一个独立的词。因此汉语的词类就像各行各业的人都穿同样的衣服，从外表也就看不出他的职业了。

2. 意义标准

这种意见是说可以根据词的意义来确定词类。这个标准对于一般人来说确实感觉很有用。因为说到“桌子、楼房”，很容易想到某种具体的东西，所以是名词；说到“吃、走、玩”，很容易想到做什么事，所以是动词；说到“漂亮、干净”，很容易想到人或东西是怎么样的，所以是形容词。事实上最早的词类概念，即古希腊古罗马语法的几大词类，也基本上就是根据概念和意义建立的。

但是根据意义确定词类又是不太可靠的。前面曾说过，词的意义有两种，一种是语汇概念意义，一种是语法范畴意义。根据语汇的概念意义确定词类肯定行不通，例如英语“develop、development”的意思都是“发展”，但分别是动词和名词。汉语也是这样，如“突然、忽然”意思一样，但一个是形容词，一个是副词；“聪明、智慧”意思差不多，却分别是形容词和名词。那么根据语汇的语法意义建立词类行不行呢？例如说“名词就是表示人或事物的词，动词就是表示动作行为的词，形容词就是表示性质状态的词”等。这些确实是某一类词的共同意义，用来定义词类也并不错。但这还是要涉及怎么确定事物、动作、性质状态等。这种问题对于大多数印欧语系语言还比较好办：因为这些语言的名词、动词、形容词等不仅有词形变化，还与主语、宾语、谓语、定语等句法成分有比较明显的对应关系。所以当了主宾语的词就表示事物，也就是名词；当了谓语的词就表示动作行为，就是动词；当了定语的词就表示性质状态，就是形容词。例如英语“fly”这个词，做谓语时得说成“(I) fly the plane (我开飞机)”，“fly”就表示动作，所以是动词；做主语时得说成“Flying the plane (is easy) (开飞机很容易)”，这样“flying (the plane)”就表示某种事物性动作，也就可看作名词。可见印欧语言的词形变化、句法位置与语法意义大多一致，根据语法意义确定词类当然也可以。

但用意义标准确定汉语的词类还是有些困难。例如上面两句的汉语译文中“开飞机”当谓语和当主语时词形就没有变化，甚至当宾语、定语时也一样，如“他喜欢开飞机”“开飞机的人”。如果套用印欧语的情况，说“开(飞机)”做谓语是表示动作的动词，做主宾语是表示事物的名词，做定语是表示性质状态的形容词，即“开(飞机)”既是动词，又是名词，又是形容词，那汉语的很多词类也就分不开了。可见即使承认汉语“开(飞机)”在做不同句法成分时的意义有些区别，还是不能用这一条来区别汉语的词类。

3. 分布标准

这种意见是说要根据词的聚合位置来确定词类。聚合和分布实际上是一个意思。例如，汉语“木头烂了”中“木头”的位置可以用“房子、道路、轮胎”等词语替换，“烂”的位置可以用“塌、通、漏”等替换，这些可替换出现的词之间就具有聚合关系。词类本质上就是这种聚合关系的类。不过更准确地说，确定词类还不能只根据某一个聚合位置。例如这些结构中的“木头、房子、道路”等都是做主语，但不能说做主语的词就是名词，因为做主语只是名词能替换出现的所有位置中的一个，或者说在具体的语言片段中某个个体的名词只是实现了名词所有分布位置中的一种。但对于整体的名词来说，就还能出现在别的许多位置上，例如汉语名词还能做宾语，如“锯木头”，能做定语，如“木头房子”，能在数量词后面，如“一根木头”，能在介词后面，如“把木头（锯断）”等；汉语名词也还有很多位置不能出现，如不受“不、很”修饰，不能说“*不木头、*很木头”，不能带“了、着、过”，不能说“*木头了”，大多不能做状语和补语等。把所有这些可能或不可能的位置加起来，就得到了汉语名词的一组聚合位置，这就叫作名词的“分布”。名词就可以根据这种分布来确定。

按照这条标准的意思，词类就是根据一类词的所有聚合位置的总和即分布来确定的。可能有人会觉得这样划分词类太麻烦了，因为一类词能出现的位置或能结合的成分相当多，而不同词类又可能出现在相同位置，一般人怎么掌握呢？其实各个词类的分布中都既有相同的交叉位置，也有不同的对立位置，所以只要把其中最重要的分布差异作为分类标准，那么各种词类还是很容易区别的。例如，汉语名词的分类标准是能受数量词修饰，但不能受“不、很”修饰，并且常常做主语和宾语，那么如果有的词与此相反，如能说“不去、不干净”，“去、干净”就不是名词而是别的词。又如动词、形容词的分类标准是常常做谓语，能受“不”修饰，但动词能带宾语，不受“很”修饰，而形容词不能带宾语，可以受“很”修饰。那么能说“去上海”，不说“*很去（上海）”，能说“很干净”，但不说“*干净了房间”，所以“去”是动词，“干净”是形容词。汉语其他词类都可以根据某种分布来划分。从整体上说，汉语的词类划分似乎只能用这种标准。

4. 综合运用三条标准

上面讨论的三条划分和确定词类的标准中，表面上看好像前两条标准比较适用于印欧语，后一条标准比较适用于汉语。那么能不能干脆就说，有的语言就用这种标准，有的语言就用那种标准呢？这种说法也对也不对。

说不对是因为从词类的内在属性看，这三条标准中只有分布才是反映词类聚合关系本质的特征，而形态变化和语法意义都只不过是这种聚合关系的体现。事实上并不只是汉语这样缺乏形态变化的语言必须靠分布来确定词类，即使是可以用形态和意义标准确定的词类，归根到底也都必须符合词类的分布要求，或者说正是因为某类词有共同的分布，才可能有共同的词形变化和共同的语法意义。例如英语的名词除了词形变化，也肯定有诸如做主宾语、受数词修饰，受形容词修饰和不受副词修饰等分布限制；更不用说形态丰富的语言中的虚词，如介词、连词等，也没有形态变化，仍得靠分布标准。

说上面那种说法也对，是因为从词类的具体判定上，例如让你说出某个词是什么词类，那么如果碰到英语、德语的词，一看到某种词形变化或特定的词缀，马上就可以知道属于什么词类，这时只要根据形态标准就可以了，不一定要考虑分布。事实上汉语也不一定只用分布来确定词类，例如“汽车、书包”这样的词，本来的语汇意义就表示具体的物体，“吃、走、看”这样的词，本来的语汇意义就表示动作行为，那么直接根据这些就能知道前者是名词，后者是动词了，这时连词的语汇意义也多少有点用处，甚至不妨说同一词类都有相同或相关的意义基础。所以虽然分布是任何语言中词类的本质属性，但在具体区别词类时，形态和意义也有参考作用。

（二）划分词类的结果

这实际上是总共能得到多少词类的问题。由于不同语言中各类词的分布肯定有差异，例如英语、德语中只有名词和非限定动词才能做主语，但在汉语中能做主语的除了名词，还可以直接就是动词、形容词等；俄语中做定语的只能是形容词，而在英语、汉语中名词也可以做定语。这样各种语言分出词类的数量就不会完全一样。例如英语一般认为只有九种词类，即名词、动词、形容词、副词、介词、代词、数词、连接词和叹词。但汉语差不多有15~20种，至少要比英语多分出状态词、区别词、量词、方位词、助词、语气词等。总的看，各种语言的词类划分结果往往都有以下几个特点：

1. 共同词类和特殊词类

各种语言都有一些共同的词类，也都有一些特殊的词类。例如已知的人类语言中无一例外地都有名词、动词、副词、形容词、代词、数词、连接词等，这就是各种语言共同具有的一些词类。共同性词类与自然界的某些基本属性有密切关系：例如任何语言都得表示人或事物，所以都要有名词；都得表示动作行为，所以都要有动词；都得表示性质和状态，所以都要有形容词和副词；此外要称数就要有数词，要指代就要有代词等。

但是不同语言也往往有一些特有的词类。例如汉语的量词、助词等就是其他语言很少或没有的词类；而如德语、英语名词前面的冠词、动词前面的辅助词，日语主语、宾语名词后面的标记助词等在汉语中也没有；也有的词类几种语言都有，但范围不同，如汉语的语气词主要用于句末表示句式类型，而俄语的语气词还包括表动作方式的词等，这些就是某些语言的特殊词类。

存在特殊词类的一个原因是相同的语法意义在不同语言中可能用不同的语法形式来表达。例如，汉语名词的有定或无定主要靠语序来表示，如主语名词或介词“把”后面的名词都是有定的，例如“(把)钱包丢了”，宾语名词或“数量＋名”就往往是无定的，例如“丢了(一个)钱包”，所以基本上不需要冠词；而英语则必须靠不同的冠词来区别名词的有定和无定，上面的话要分别说成“the wallet has been lost (钱包丢了)”“lose a wallet (丢了个钱包)”，所以就需要有冠词这个词类。再如英语中不可数名词因为不具有固定的量，所以才需要借用名词充当量词，如“a bottle of water (一瓶水)”，可数名词则因为表示具体的人或物，就不需要量词，如“a person (一个人)、two cars (两辆车)”；但汉语不管可数名词还是不可数名词都得加上量词，像上面汉语译文中的“个、辆”就是专用的量词，所以量词就成了汉语一种独特的词类。

造成特殊词类的另一个原因还在于是否严格区别不同的小类。例如，传统上把汉语“漂亮、雪白、彩色(的车身)”这种当定语的词都归入形容词，但由于这三种词的分布和意义都不一样，同时不是形容词的词类如名词、动词等有时也可以当定语，所以就不如再把它们细分为几小类，例如“漂亮”是形容词，“雪白”是状态词，“彩色”是区别词等，这样汉语形容词的范围跟别的语言的形容词就可能不完全相同，状态词和区别词也就成了特有的词类了。汉语的“了、着、过”也是这样，把它们看作动词后缀，就不必作为一种词类，如果看作独立的词，那就得建立有别于印欧语动词构形词尾的动态助词这一词类。

2. 词类的大类和小类

各种语言的词类都可以根据某种共性往上归大类，也可以根据某种个性往下分小类。例如，一般语言中的词类都首先可以分成两大类，或者说各种词类都可以向上归为两个大类，即实词和虚词。实词包括名词、动词、形容词等，共同点是都可以充当主语、谓语、状语、定语等句法成分，都有实在的语汇意义，位置不固定，数量开放等。而虚词如助词、介词、语气词、连词等，其共同点则与实词相反，一般不充当句法成分，没有实在的语汇意义，位置固定，数量封闭等。

实词和虚词都可以再往下分成次一级的大类，如实词一般可以分成分布性质对立的体词和谓词两类。体词主要指名词（方位词、处所词）、一部分代词等，常做主宾语，不能作谓语；谓词包括动词、形容词、状态词等，主要作谓语，一般不能做主宾语。很显然体词和谓词还可以再往下分成刚刚说的名词、动词、状态词、区别词等词类。但到这一级其实还不是最终的词类结果。例如动词在各种语言中都是内部最复杂的词类，因此，往往还需要一层层往下细分。例如英语的动词根据能不能带宾语可分成及物动词（Vt）和不及物动词（Vi）两类。不及物动词包括不带宾语的，如“He died（他死了）”和带表语的，如“He seems sad（他显得悲哀）”两种。及物动词也分两类：一类只带一个宾语（单宾语）；另一类在宾语以外再带一个名词（双宾语）。汉语的动词也可以这样细分，例如及物动词可以分成带体词宾语的动词和带谓词宾语的动词；体宾动词可以分成单宾动词和双宾动词；单宾动词可以再分带受事、结果、处所、工具等不同宾语的动词等等。可见各种语言的词类划分结果都可粗可细，无非是根据不同的组合要求建立不同的聚合类罢了。

3. 典型词类和跨类词类

各种语言中都有一些词是典型的某类词，也有一些词则可能是边缘的或跨类的词。像英语“table（桌子）、person（人）”是典型名词，“read（读）、buy（买）”是典型动词。但“fire”可以是名词（火），也可以是动词（点火），这种词就是跨两类的词。汉语的实词缺少形态变化，同一个词的句法功能往往有比较大的灵活性，因而跨类的现象就比较多。如前面说过的“一朵花、花钱、眼花”的“花”就跨名词、动词、形容词的分布，但因为彼此意义对立，只能算作三个不同的读和写成“花”的同音（同形）词。但像“机械、科学、青春”等，一般看作名词，但偶尔也跨形容词的分布，如“一种机械、很机械”，这是边缘类的词。而像“学习、批评、调查”等，也跨动词和名词的分布，但因为无论做动词，如“学习外语”，还是做名词，如“政治学习”，意义都差不多，就是兼动词和名词的词（或者叫动名词）。

三、词的组合：词组

词与词的组合，或者更准确地说是特定的词类与词类的组合，就构成了词组。前面说过，词组作为一种语法单位，它与词这种语法单位实际上是同质而不同量的关系：从聚合角度看，词组与词相同，它们具有相同的句法功能；但从组合角度看，词组与词就不同，它们有不同的成分数量。例如“看小说”中的“小说”可以用“武侠小说”替换，如“看武侠小说”；“看”可以用“经常看”替换，如“经常看小说”。替换前的语言片段是词，替换后的语言片段就是词组。可见词“小说”与词组“武侠小说”，词“看”与词组“经常看”，它们的聚合关系相同，都可占据相同位置，也不改变整个结构的关系；但它们的组合关系却不同，因为一个词，如“看”或“小说”，本身不存在词与词的组合关系，而一个词组，如“经常看”或“武侠小说”，因为包含了两个以上的词，就有了词与词之间的组合关系。

词与词的各种组合关系可以从两个角度来说明：一是两个词构造的只具有一种关系的简单词组可能有哪些组合关系；二是多个词构造的有许多关系的复杂词组可能有什么样的组合关系。

（一）简单词组的组合关系

这实际上是词的组合的结构类型问题。广义地说，只要是词与词的组合，即两个词合规则地结合在一起，就都是简单词组。例如汉语的“吃”是词，“米饭”也是词，所以“吃米饭”是词组；又如“吃”是词，“的”是词，所以“吃的”也是词组。但“吃米饭”是实词加实词（动词 + 名词）的词组，“吃的”是实词加虚词（动词 + 助词）的词组。这样就可以先把词组分为两大类：前一种词组主要利用了语序的语法手段，叫作“基本词组”；后一种词组主要利用了虚词的语法手段，叫作“特殊词组”。

1. 基本词组

“基本词组”的“基本”有两个意思：一是因为实词都是可以充当句法成分的词类，实词与实词的关系意义比较实在，所以语法分析时都必须作为组成成分；二是因为实词差不多是各种语言都有的词类，所以这种词组也是各种语言几乎都具有的结构类型。基本词组主要包括以下五种类型（暂不考虑例子中的虚词）：

“主谓词组”指两个成分之间具有被说明和说明关系的词组，被说明成分是主语，说明成分是谓语。如汉语“他很聪明”“火车开了”，英语“He has slept（他睡了）”“The door opened（门开了）”，都表示人或事物怎么样，就是主谓词组。

“动宾词组”指两个成分之间具有动作和所支配事物的关系的词组，动作成分是述语，被支配成分是宾语。如汉语“修理汽车”，英语“to repair the car（修理汽车）”，都表示做什么事情或动作涉及什么事物，就是动宾词组。对于汉语和英语这种SVO型语言，动宾关系都表现为前动后宾，即出现在动词后面的名词是宾语，像汉语“吃面条、吃火锅、吃馆子”，尽管动词与名词的语义关系很不同，如“吃面条”是动词 + 受事，“吃火锅”是动词 + 工具，“吃馆子”是动词 + 处所，但都是动宾词组。但对于德语、日语等 SOV 型语言，动宾关系则是前宾后动，而且宾语往往要有一定的标记。例如日语“私は中国语を勉強しました（我学过汉语）”。

“偏正词组”指两个成分之间具有修饰限制和被修饰被限制关系的词组。偏正词组有一种中心语是体词（整个结构是体词性的），修饰语是定语，如汉语“优秀教师、学术会议”，英语“pretty girl（漂亮姑娘）、personal computer（个人电脑）”，表示什么样的人或事物。另一种中心语是谓词（整个结构是谓词性的），修饰语是状语，如汉语“马上出发、十分紧张、在家休息”，英语“very good（很好）、just left（刚离开）、quickly responded（快速地反应）”，表示怎么样的性质状态和怎么样做某种动作或行为。汉语的偏正词组一定是前偏后正，但英语的从句性定语则一定在中心语后面，如“the hope that he may recover（他康复的希望）”，副词性和时间、处所状语则可在中心语之前，也可在中心语之后，如“（He）quietly entered /（He）entered quietly（悄悄地进来）”。

“动补词组”指两个成分之间具有动作行为和补充说明关系的词组，动作成分是述语，补充成分是补语。如汉语“洗干净了、抬进去、摆得整整齐齐、饿得发呆”等，补语就表示动作行为的结果、趋向、状态和程度等。其他语言很少有汉语这种动补词组。但前述英语、德语等置于中心语后面的定语、状语也叫作中心语的补充成分，如英语“She sings beautifully（她唱得很动听）”的后置状语就差不多相当于汉语的补语。

“联合词组”指两个成分之间具有并列或互不从属关系的词组，一般都需要用连接词连接，而且前后两个词可以互换位置而意义基本不变。如汉语“能源（和）交通、策划（并）组织、坚定（而）沉着”等，英语“boys and girls（男孩和女孩）、to read and write（读和写）、beautiful and interesting（美妙而动听）”，都表示两个并列的事物、动作、状态、性质等，都是联合词组。这种词组的构造形式各种语言都差不多。

2. 特殊词组

“特殊词组”的“特殊”也有两个意思：一是因为实词与虚词的关系意义比较抽象，所以语法分析时虚词往往可以忽略不计；二是因为虚词常常包括各种语言中专有的某些虚词词类，所以不同语言就可能有不同的特殊词组。例如英语的“冠词词组”（冠词 + 名词），如“the house（这所房子）”；汉语的“助词词组”（动词 + 时态助词），如“吃了、说过”；汉语的“语气词词组”（谓语 + 语气词），如“去吗、走吧”；汉语的“方位词组”（名词 + 方位词），如“桌子上、屋里、路边”等，就是一些比较特殊的词组。除此以外，汉语中还有三种比较重要的特殊词组，即介词词组、数量词组、“的”字词组。

“介词词组”是由介词引导的词组。汉语常常需要用介词来引导表处所、时间、工具、方式、对象等的名词来充当状语，如“在墙上（写字）”引出处所，“用毛笔（写字）”引出工具等，这些就是介词词组。其他很多语言也都有介词词组，如英语“on the table（在桌上）、with a pen（用钢笔）、to her（对她/给她）”等，语法作用与汉语的介词词组差不多，也常做状语，区别在于汉语的介词词组作状语更多出现在所修饰的动词前面，如“在墙上写字”，英语等外语的介词词组更多出现在动词后面，如“to write the words on the wall（在墙上写字）”。

“数量词组”即数词加量词的词组。很多语言中除逻辑量词外，如英语“a（一个）、some（一些）、all（所有）、a little of（一点儿）、a lot of（很多）、many（不少）”等，没有专门表示量的词；而且即使有借用量词，如英语“two bottles of milk（两瓶牛奶）”，也可归入偏正词组。但汉语数词后面必须有量词，如“一个人、三本书”中的“个、本”，而且很多“数词 + 量词”构成的数量词组常常可单独使用，作用差不多就相当于名词，例如“一个（都不能少）、（买了）三本、（说了）几句”等。另外汉语的数量词组还可以表示动作的量，如“（看）一眼、（打了）一顿、（去过）三次”；表示时间的量，如“（歇）一会儿、（哭了）一天、（学过）三年”等。

“的”字词组即“X + 的”构成的词组。“X”既可以是名词、动词、形容词、代词等实词，也可以是各种词组，如“公家的、吃的、新鲜的、我的、他买来的、买了车票的、洗干净了的”等。“的”字词组也都可以独立使用，并转指某类人或某种事物，例如“买了票的”就指某些人，“他买来的”就指某种东西。这也是汉语中一种作用相当于名词的词组。

3. 词组的聚合分类

上面是各种语言中词组的主要组合类型。前面说过，词组与词的语法功能相同，因此各种词组（特别是实词词组）当然也可以建立类似词类的聚合类。词组的聚合分类只考虑词组的聚合性质，即整个词组与什么样的词类在语法上有相同的替换关系。

一是分成“体词性词组”和“谓词性词组”。这是词组聚合分类的一个角度。“体词性词组”指整个词组的功能相当于体词的词组，如“微型汽车”是定中偏正词组，但整体相当于名词，就是体词性词组；此外还有体词性联合词组，以及汉语中相当于名词的“的”字词组、数量词组、方位词组等。“谓词性词组”指整个词组的功能相当于谓词的词组，如“慢慢走”是个状中偏正词组，但整体相当于动词，就是谓词性词组；此外还有动宾词组、谓词性联合词组等，汉语动补词组也是谓词性词组。

二是分成“向心词组”和“离心词组”。这是词组聚合分类的又一个角度。“向心词组”指整个词组的功能相当于词组中心语功能的词组，如偏正词组的功能与中心语相同，例如“木头房子”等于“房子”，“仔细看”等于“看”，就是向心词组；还有动宾词组、动补词组、联合词组等也是向心词组（联合词组中并列的几个成分都是中心语）。“离心词组”指整个词组的功能不等于词组中任何成分的功能的词组，如汉语的“的”字词组的功能既不等于“的”前的成分，也不等于“的”，例如“吃的”，不等于“吃”，也不等于“的”，就是离心词组；此外还有主谓词组、介词词组也是离心词组。

（二）复杂词组的组合关系

这实际上是词的组合的层次关系问题。表面上看，复杂词组是多个词成线条性排列的，例如“南京大学/有/许多/外国/学生”共有五个词，受发音时间和发音器官的限制，说话时是说完一个词再说一个词。但实际上复杂词组的关系却并不一定就是一个词与紧接着的下一个词相互组合的。例如上面的这个语言片段，就首先是“南京大学”与“有许多外国学生”组合成的主谓词组，因此“有”并不是先与“南京大学”组合，而是先与“许多外国学生”组合，即谓语是“有”与“许多外国学生”组合成的动宾词组；同样，宾语“许多外国学生”又是“许多”与“外国学生”组合成的偏正词组；“外国学生”是更低一层的偏正词组，这样可以一层一层地一直分析到词。反过来也可以说，复杂词组总是词与词先组合成简单词组，如“外国”与“学生”先组合成偏正词组，这个词组又作为一个整体成分与“许多”组合成“许多外国学生”这样的上一级偏正词组，依此类推就可以逐步扩展成复杂的词组。这种把复杂词组逐层切分一直到词为止，或从词开始逐层组合一直到复杂词组为止的方法，就叫作“直接组成成分分析法”或“层次分析法”。上面这个词组的层次关系可以用下面三种等价图形显示：

（6）图形A：层次关系括号分析图：

$[_{SP（主谓）}$南京大学$[_{VP（动宾）}$有$[_{NP（偏正）}$许多$[_{NP（偏正）}$外国学生$]]]]$

图形B：层次关系倒树形分析图　图形C：层次关系正树形分析图：

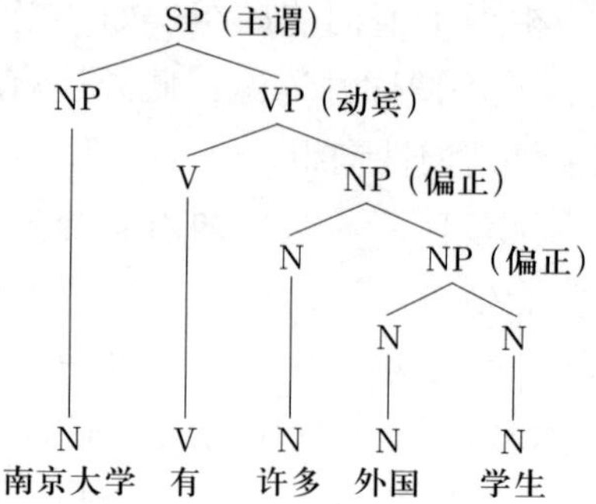

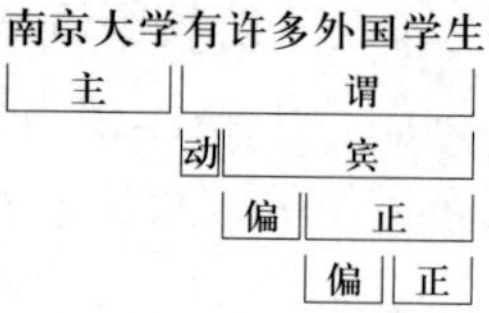

从上面的图形可以看出，这个由五个词组合成的复杂词组实际上可分为四层，也一共包含四个不同的词组。这些词组都可以分成两个部分（如果是联合词组也可以分成三个或以上的部分），这两部分就是这个层次的词组的“直接组成成分”。复杂词组的层次，即各级直接组成成分，不能任意切分。例如，如果把上面这个复杂词组切分成“南京大学有/许多外国学生”就不正确，因为切分的两边无法相互组合，即不能构成合格的词组结构。再如把其中宾语切分成“许多外国/学生”也不正确，因为不但切分的两边无法相互组合，切分出来的“许多外国”也不是词组中本来的词语搭配意义。由此可见，层次分析必须依据两条基本的原则：一是“成结构”，即任何时候切分的两边都必须能互相组合成词组结构；二是“有意义”，即任何时候切分的两边都不但要有意义，而且必须是本来词组中词语的搭配意义。下面（7）~（8）的例子虽然看起来左边和右边差不多，但必须做不同的切分才正确，就是这个原因（用上面的图形C表示）。例如：

（7）

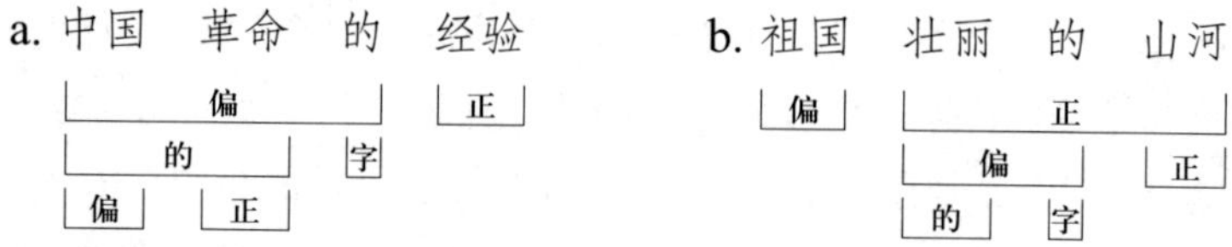

（8）

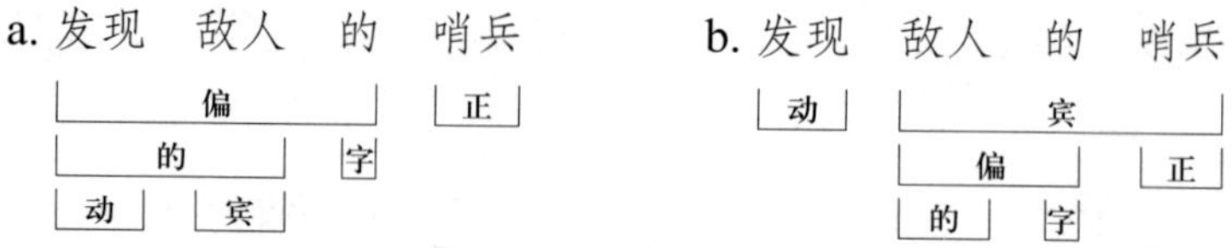

四、句子的聚合：句类

前面说过，造句层级的语法单位词和词组具有了表达功能，即说出来，就成了句子。句子与词和词组比较，有相同的一面，即同样需要采用语类选择、语序和虚词等语法形式，体现词和词组的类别意义和关系意义。但句子与词和词组又有不同的一面，即增加了句调的形式和语气的意义。因此句子又是最基本的表达单位。既然句子的内部结构与词组（特别是主谓词组）一样，那么当然就不需要再区分句子的组合类型，即句子的结构形式就相当于某种词组，如："她考上大学了"是主谓词组，"考上大学了"是动宾词组，"考上了"是动补词组。但句子的外部作用又与词组（包括主谓词组）不一样，而是多了表达功能，如"她考上大学了"是陈述一件事；"考上大学了（吗）？"是提出一个疑问；"大学她考上了"就是"她考上大学了"这个主谓词组中宾语移至句首改变话题而形成的句子。所以要了解句子层面的结构形式，要了解语言的表达作用和传递信息的功能，就要在表达层级建立不同于词组的句子的聚合关系类型。表达层级的句子类型主要有"功能类"和"简繁类"。

（一）句子的功能类

"功能类"实际是按句子的用途和语气分类。如果不考虑句子的结构形式和变换形式，只看句子的不同表达功能，那么也可以从句子的用途和语气给句子分类，这就是句子的功能类。各种语言句子的功能类都可以分为以下几种：

一是"陈述句"，即报导一个事实的句子。如英语"He is sick（他病了）""I have just finished my work（我刚做完了我的工作）"；汉语"今天星期一""昨天凌晨台湾发生了强烈地震"。

二是"疑问句"，即提出一个问题的句子。如英语"What did he say?（他说了什么？）""Can he take photos?（他会照相吗？）"；汉语"你知道这件事吗？""为什么你不去呢？"

三是"祈使句"，即表达一种意志（包括请求、命令、商量等）的句子。如英语"Let's go!（我们走吧！）""Handle with care!（轻拿轻放！）"；汉语"别闹了！""请把这件事尽快办一下。"

四是"感叹句"，即抒发感情的句子。如英语"How beautiful the city is！（多美的城市啊！）""It's great!（太棒了！）"；汉语"多么可爱的孩子们啊！""敬爱的周总理，您安息吧！"

还有一些句子从表达功能上看也有某种特点。例如"呼应句"，如英语

"Hello!（你好！）""Good bye（再见）"汉语"喂，老王""你好"再如"反问句"，如汉语"我怎么能见死不救呢！""难道你就没有责任吗！"又如"口号句"，如汉语"热烈庆祝澳门回归！""伟大的中华人民共和国万岁！"当然呼应句也可以归入祈使句，反问句也可以归入疑问句，口号句也可以归入感叹句，但它们都是这些功能类中的特殊小类。

（二）句子的简繁类

"简繁类"实际是指句子的单句和复句分类。上面说的句子都是简单句，即都是由一个主谓结构（或省略了成分的主谓结构）构成、表达的意思也相对单一的句子。如果从一个句子中包含的结构是否比较多，表达的意思是否比较复杂的角度看，那么句子还可以分成"单句"和"复句"两大类，这就是句子的简繁类。

"单句"从字面上看好像就是指结构比较简单和意义比较简单的句子。不过更准确地说，结构简单和意义简单的句子，如英语"He ran away（他跑了）"，汉语"我病了"，当然肯定是单句。但单句不一定就是结构简单和意义简单的句子，即实际上单句也可以包含较多的结构和表达较多的意义。这又有两种情况。

一种情况是，就某个句子看只是一个主谓结构，但充当句子中某个成分（如主语、宾语、定语、状语等）的也是主谓结构，也就是说在句子中还包含着从属或降级的主谓结构。例如："我听说今年大学扩大招生了"（"我听说"的宾语 = 主谓结构"今年大学扩大招生了"）；"我交学费的钱还不够"（"钱"的定语 = 主谓结构"我交学费（的）"）；"妈妈累得心脏病又犯了"（"妈妈累（得）"的补语 = 主谓结构"心脏病又犯了"）。这种包含着从属或降级结构的句子还是单句，但就是一种内部结构复杂的单句，所以又叫"复杂结构单句"。

另一种情况是，就某个句子看不止一个主谓结构，其中任何一个主谓结构也不是从属或降级的主谓结构（即不能分析为主语、宾语、定语、状语等），但这些主谓结构之间的联系非常紧密（句子中间没有停顿，书面上没有标点符号），也就是说这几个主谓结构说的差不多就是一件事。例如："我下了课去图书馆（句子 = 我下课 +（我）去图书馆）"；"老师鼓励我考大学（句子 = 老师鼓励我 +（我）考大学）"；"你一说我就明白了（句子 = 你说 + 我明白）"。这种由两个或两个以上关系非常紧密的主谓结构构成的句子也还是单句，但就是一种外部结构复杂的单句，所以又叫"复谓结构单句"。刚才举例的这三种汉语句子又分别称作"连动句（即句子中两个动作行为连续发生）""兼语句（即句子中前一个结构的宾语兼做后一个结构的主语）"和

“连锁句（即句子中的两个结构有连锁关系）”。

外语也有类似的单句类型。例如英语句子：“I saw what he did（我看见他做了什么）”“Give me the book you hold in your hand（把你手里拿的那本书递给我）”“The light came straight towards where I was standing（光线直直地照到我站着的地方）”就是复杂结构单句。“I have been down town to buy a book（我去城里买了本书）”“Professor Li invited us to attend the meeting（李教授邀请我们参加这次会议）”“I am glad that he came（我很高兴他来了）”就是复谓结构单句。

除了上面说的各种单句外，那么当然比单句的结构和意义更复杂的句子就是“复句”了。或者更准确地说，复句就是由两个或两个以上互不从属的分句（分句即主谓结构或省略了某些成分的主谓结构）组成，表达多个相互关联的较完整的意义，并且分句之间有较小停顿（书面上用逗号、分号等标点符号表示）或有特定的连接词连接，整个句子前后有较大停顿（句末用句号、叹号等标点符号表示）的句子。

关于复句的定义要注意：根据前面的讨论，复句并不是复杂句的意思，而是复合句的意思。因此有多少主谓结构或表达多少意义并不是复句的最主要的标准，而句中的停顿和关联词才是复句最重要的标志。例如同样意思的几句话：“他今天有病没去上班”，是前面说的复谓结构单句；而“他今天有病，没去上班”，因为句中有了停顿（逗号），所以就是复句；“因为他今天有病所以没去上班”，虽然句中没停顿，但有特定的连接词（因为……所以……），所以也是复句。英语也是如此，例如“He did not go to work for his illness today（他今天有病没去上班）”是单句；而“He was ill, and did not go to work today（他今天病了，没有去上班）”“He did not go to work today, because he was ill（因为他今天有病，所以没有去上班）”就是复句了。

复句根据所包含的分句之间的意义关系，可以分成不同的小类。例如表示并列关系的复句：“虚心使人进步，骄傲使人落后。”“我们是革命的乐观主义者，又是革命的现实主义者。”表示选择关系的复句：“宁可站着死，决不跪着生。”“不是鱼死，就是网破。”表示递进关系的复句：“我们不但善于破坏一个旧世界，我们还将善于建设一个新世界。”“他非但不承认自己的错误，还一味把责任推给别人。”表示连贯关系的复句：“大堤决口了，洪水进村了，房屋冲塌了。”“他们从地上爬起来，揩干净身上的血迹，掩埋好同伴的尸首，又继续战斗了。”以上几类可以统称为“联合关系复句”。

又例如表示因果关系的复句：“因为担心疯牛病，法国政府一直禁止进口英国牛肉。”“既然知道做错了，就应该尽快改正。”表示转折关系的复句：

"人总是要死的，但死的意义有不同。""人的生命是有限的，可是为人民服务是无限的。"表示条件关系的复句："只有先做群众的学生，才能做群众的先生。""无论遇到多大的困难，我们都要按期完成任务。"表示假设关系的复句："如果敌人不投降，我们就坚决消灭他们。""万一出了事故，后果将不堪设想。"表示让步关系的复句："即使真的发生了禽流感，我们也有应急措施。""哪怕前方就是地雷阵，我们也决不后退。"以上几类可以统称为"主从关系复句"。

外语中复句的情况跟汉语差不多，如英语"I am going to bed，as I' m very tired（我去睡了，因为我太累了）"是因果复句；"They will not go tomorrow if it rains（如果明天下雨，他们就不去了）"是假设复句；"Foolish though she may be，she is kind of heart（她尽管不是太聪明，但是心地善良）"是转折复句。

以上句子的功能类和简繁类等相互是交叉的，即实际上任何一个句子都一定同时属于上面的各类中的一个小类。例如，汉语"你把这本书好好读一遍！"简繁类是个单句，功能类是祈使句。英语"I love her and she loves me too（我爱她，她也爱我）"整个句子是并列关系复句，功能类是陈述句。

五、句子的组合：句组

前面说词与词的组合，或者说特定的词类与词类的组合，就构成了词组。那么同样道理，句子与句子的组合也就可以说是构成了"句组"。只不过大于句子的句组，例如比较长的一篇文章或一段对话，到底是作为语法结构来分析还是作为语用结构来分析，句组本身在结构和表达上又有什么特点，大家意见并不一致。

有的学者似乎较倾向于把句子和句子的组合这种比较长的语言单位叫作"句组"。顾名思义，就像词与词组成词组一样，句子加句子就构成了"句组"。这样说不是没有道理，因为句组对所包含句子的语法结构和语义关系会有制约作用。例如"午餐他只吃了一个面包"，这是一个完整的句子，好像也看不出有歧义。但实际上这个句子可能有两个意思：即副词"只"可能指向"一个"，也可能指向"面包"，条件就是看这个句子外面还有什么句子。如果上文是"面包他吃得不多"，这句话的意思就是"只吃了一个"（"一个"重读，"面包"也可不说）；如果上文是"东西他吃得不多"，这句话的意思就是"只吃了面包"（"面包"重读，"一个"也可不说）。再如这句话中的“他”到底指谁，是张三还是李四，也得到句组中去找先行词才能确定，而先行词甚至可能出现在语篇中距离很远的地方。这种句子内部副词的语义指向和代词的语义所指就要通过句组这种更大语法单位才能得到解释。

不过也有学者更主张把句子和句子的组合这种比较长的语言单位叫作“话语”。顾名思义就是说这种语言单位完全不同于语法层面的各种单位，而只是一种语言运用的单位。这样看也不是没有理由：一方面话语在结构上就相当于一个一个的句子（包括复句）的连续出现，而且相互之间也没有特定的连接词语和严格的语法连接关系，因此句子之间只有表达层面的作用和关系，并没有形成新的语法结构和关系。另一方面语法层面的句子分析是静态的，主要是分析其组合规则和结构形式，但话语结构则是动态的，是特定语境中由特定的说话人按照不同的心理操作构成的语言片段，特别是话语具有明显的语境依赖性，因此是一种最基本、最重要的语言运用形式。

其实把句群、语段和篇章这类比较大的语言单位看作语法层面的“句组”或语用层面的“话语”都不无不可，或者说可以各有侧重地在语法层面和语用层面分别研究。这就如同“语素”当然是语法单位，但因为又是构词的基本单位，所以也可以放到“语汇”部分去讨论一样。本书也只是为了讨论方便或不要前后重复，才将句组（话语/会话）的一些问题放到后面的“语用”部分讨论。

第五节　词的构造和句子的构造

本节学习要点

1. 语素的性质：最小的有意义的语言单位，汉字和语素的关系。

2. 语素的类型：成词语素和不成词语素，自由语素和不自由（黏着）语素，定位语素和不定位语素，实义语素和虚义语素。

3. 词的构造：单纯词：直接成词，转化成词；合成词：复合构词，附加构词，重叠构词；复杂合成词的层次结构。

4. 句子的构造：句子的基础结构形式：一元动词结构，二元动词结构，三元动词结构；句子的完整式和非完整式；从句子的基础结构形式到变换式：成分移位，成分删略，成分添加，成分替换。

句子的构造本来就是语法（即句法）现象。词的构造问题虽然也可以归入语汇学，但由于大部分形态丰富的语言中，构词都跟词形变化有关，因此构词一般也归入语法（即词法）现象。这样讨论语法构造，就既包括句子的构造，也包括词的构造。

一、词的构造

就像前面说过“音节”都是由音素（音位）构成的一样，“词”实际上都是由语素或语素组构成的。要了解词的构造形式，就必须先认识语素的性质和语素的类型，然后再讨论语素如何构成词。

（一）语素的性质和类型

讨论构词的成分语素，涉及两个问题：一是怎么确定语素，二是语素有哪些类型。

1. 怎么确定语素

语素是“最小的有意义的语言单位”，怎么理解这个“最小”的意思呢？语言中当然有比语素更小的单位，但语素这种“最小”要从音和义相结合的角度来看。以普通话“姐”这个成分为例：如果只考虑语音，不管意义，那么“姐[$\mathrm{tɕiɛ}^{214}$]”可以分解成声母[tɕ]、韵母[iɛ]和声调[^{214}]，虽然这时得到的单位更小，却只有语音而没有意义，所以就不是语素，而只是语音的单位。反过来如果只考虑意义，不管语音，那么“姐”又可以分解为[+人/+女性/+同胞/+年长]等语义特征，虽然这时得到的单位也更小，却只有意义而没有语音，所以也不是语素，而只是语义的单位。但如果既考虑语音又考虑意义，那么显然“姐”就不能再分解了，这种最小的单位就是语素。外语也是这样，如“book（书）、basis（基础）、in（在……里）”在音义结合上也不能再分解，所以也是语素。

语素既然是音义结合的单位，当然就必须有意义，怎么理解这种“有意义”呢？上面所举的汉语的“姐”、英语的“book（书）”，因为都有实在意义，这还比较容易体会。但汉语“的”，英语名词后的“-s”这样的成分有没有意义，一般人就难以捉摸了。其实它们也是有意义的。举例说，“吃（某种动作）”不等于“吃的（某种食物）”，“book（书）”不等于“books（一些书）”。后二者表事物的意义和表复数的意义就是从“的”和“-s”来的，所以“的”和“-s”也有一定的意义，即是一种起语法作用的意义。正因为“的”和“-s”也有某种意义，而且同样在音义结合的角度不能再加以分解，所以也是语素。

一个汉字通常表示一个音节，这个字或音节又往往有一个意义，所以一字一音，单音成义，这表明一个汉字常常表示一个语素。汉字的这个特点通常被利用来辨认汉语的语素。但严格说，汉语的语素跟音节或汉字还是很不同的。从语素和汉字的关系看：首先有的汉字没有意义，如“葡、萄、咖、啡”和“沙、发、巧、克、力”，前一组字永远没有意义，后一组字在某种组合中没有意义，没有意义的汉字就不可能表示语素。其次即使有意义的汉字也不一定只有一个意义。如有的字有两种读音，如“会（开会/会计）”；有的字有两种词性，如“花（开花/花钱）”；还有的字有多种相关意义，如“死（他死了/脑子太死/死不认账）”，“了（动词后助词/句末语气词）”。这些异读、同音、多义的字严格说都应该是有几个意义就表示几个语素。可见只有当一个汉字有意义，并且只有一个意义的时候，才表示一个语素。外语也有类似情况，比如英语名词复数形式是[-s]，第三人称单数一致的动词后面的词尾也是[-s]，但它们的意义明显不同，就是不同的语素。

2. 语素的类型

知道什么是语素还不够。语素的形式很多，在构词中的作用也不完全一样，因此讨论构词成分语素，还需要了解语素的不同类型。下面先举些汉语不同语素形式的例子：

（9）a. 笔　灯　走　看　好　大　他　谁　蜻蜓　轰隆　雷达　沙发
b. 也　再　与　吗　呢　了（走－）　着（躺－）　被　的　把　们
c. 机　企　体　民　坚　技　迹　甚　式　者　员　无　构　泛
d. －子　－儿　－头　阿－　第－　老－　－乎乎　－滋滋　－咕隆咚

语素的一种分类是分成“成词语素”和“不成词语素”。成词语素指某个语素虽然是语素，但也可以直接形成为词。上面a类和b类就是成词语素。例如a类的“走”是最小的音义结合的单位，因此肯定是语素，但它还可以直接作为词来使用，如在“他走了”中“走”就是一个词。b类的“被”也是最小的音义结合的单位，也是语素，但在“东西被偷了”中“被”就是一个词。与成词语素相反的不成词语素就是只能是语素，不大能单独成词（不能单用）的语素。例如上面c类语素，如“机（机械）”，d类语素，如“－子（剪子）”等。

语素的再一种分类是分成“自由语素”和“不自由（黏着）语素”。自由语素指的是某种语素既可以单独形成词，同时又可以单独作为句子说出来。这样只有a类语素才是自由语素，例如“他最近好吗？－好。”，答句中的“好”就是单说形式的自由语素。而像b类语素，虽然一定成词，但因为是虚义词，所以又永远不能单独说出来，例如不可能单说“了”或“吗”，这就是不自由（黏着）语素。同样根本不能形成词（既不能单说，也不能单用）的c类语素，如“企（企业）、技（技术）”，d类语素，如“－头（木头）、阿－（阿姨）”，也都是不自由（黏着）语素。

语素的另一种分类是分成“定位语素”和“不定位语素”。定位语素指在最小合成结构（词结构或词组结构）中的位置是固定的。如b类语素中的“了（轻声）”永远只能位于组合形式的后面，如“吃了饭”只能是“吃了/饭”，不能是“吃/了饭”；而“把（介词）”就只能在组合形式的前面，如“我/把衣服（洗了）”，不能是“我把/衣服（洗了）”。d类语素也是这样，如儿化的“－儿”只能出现在另一个语素的后面，如“画儿、盖儿、亮儿”，“老－”只能在另一个语素的前面，如“老鼠、老鹰、老师”。上面就都是定位语素。而不定位语素就是在最小的合成结构中位置不固定的语素。如a类语素“笔”，可以构成“铅笔、毛笔”，也能构成“笔杆、笔头”；c类语素“体”既能构成“肌体、身体”，也能构成“体育、体操”等。

语素最后一种分类是分成“实义语素”和“虚义语素”。实义语素就是本身直接负载了语汇意义的语素。像a类语素“灯（开灯）、大（宽大）”和c类语素“民（人民）、迹（痕迹）”，就是实义语素。而虚义语素就是一般不具有实在的语汇意义的语素，或者说语素本身不直接负载意义，但当与其他成分组合成词或更大单位时，能使词或更大单位获得某种新的意义。因此像b类语素，如“的（吃→吃的）、被（他→被他）”和d类语素，如“－子（锯→锯子）、－儿（画→画儿）”等，就都是虚义语素。

上面这些语素分类就构成了汉语语素的类别系统。每一个语素一定同时属于上面的各类，这样就可以按照不同的语素形式分别给出类别定义，比如：a类语素（如“书、走、好”等）是成词、自由、不定位和实义语素；b类语素（如“被、了、吗、的”等）是成词、黏着、定位和虚义语素；c类语素（如“企、民、机”等）是不成词、黏着、不定位和实义语素；而d类语素（如“－子、－儿、－头”）就是不成词、黏着、定位和虚义语素。

外语的语素分类与上面的汉语语素的分类大体上是一致的。任何语言的语素也都有成词或不成词、自由或不自由（黏着）、定位或不定位、实义或虚义的区别。如英语“head（头）、art（艺术）、red（红）”等，就是成词、自由、不定位和实义的语素；英语“of、in、to、with、from”等，就是成词、黏着、定位和虚义的语素；英语“bio-（生命/生物）、cogn-（知道/了解）、

-er（从事某种职业的人）”等，是不成词、黏着、定位和实义的语素；而像英语的“-s、-ing、-ed、-ly、-ful、-tion”等，就是不成词、黏着、定位和虚义的语素。

（二）词的构造形式

“词”是比语素高一级的单位。了解了语素的性质和类型，就比较容易说明词的构造了。按照词所包含语素的数量，由一个语素构成的词叫作单纯词，由两个以上语素构成的词叫作合成词。但不管是单纯词还是合成词，实际上都可以看作是由语素构成的。因此广义的词的构造形式，从语素与词的关系角度就包括两种情况：一种情况是单个语素直接形成为词，可以统称为“成词”：这些由一个语素构成的词都可以叫单纯词。另一种情况是语素与语素相互组合而构成词，可以统称为“构词”：这种由两个以上语素组合构成的词就是合成词。

1. 单纯词的“成词”形式

语素成词有不同情况。其中由一个语素直接形成单纯词就叫作“直接成词”。这跟一个音素有时也可以直接构成音节，如“一（i [i]）”，道理是一样的。语素直接成词在各种语言中都十分普遍。例如汉语的“大”、英语的“boy（男孩）”，本身是语素，但同时因为还可以“独立使用”，就又可以成为词，能够直接成词的语素当然一定得是成词语素。前面说过成词语素又分为两类：一类成词语素是自由的不定位的实义语素，这种语素形成的词就是实词（动词、名词等），如汉语“花、写、好、我、乒乓、参差、骆驼、糊涂、蛐蛐、奥林匹克”等，英语“book（书）、go（走）、bad（坏）、he（他）、tick-tack（滴答）”等。另一类成词语素是黏着的定位的虚义语素，这种语素形成的词就是虚词（介词、连词、助词等），如汉语“了、着、吗、被、把、的、罢了”等，英语“and、in、of、with”等。

跟语素直接成词差不多的是一个或多个语素转化为另一个语素形式再形成单纯词，这可以叫“转化成词”。转化成词中一类是“变性成词”，即语素转变词性而形成另一类词。如英语的语素“call”可以形成动词“to call（打电话）”，也可以形成名词“a call（电话）”；又如语素“phone”可以形成“a phone（电话/电话机）”，也可形成动词“to phone（打电话）”。这种现象在形态不太丰富的语言中大量存在，如汉语中“锁（动词—名词）、热（形容词—动词）、在（动词—介词—副词）”等就是类似现象。这些现象一般叫作词的兼类，其实从构词角度说就是通过转变词性分别形成了不同词类的词。转化成词的另一类是“逆序成词”，即把原本合成词中的不成词语素变为成词语素，再去形成词。如英语“beggar（名词：乞丐）”中包括“beg”和

"ar"两个语素，但"beg"原来并不能成词，从这个合成词中截取该语素形成"to beg（动词：乞讨）"，这就是逆序形成的单纯词。还有些词经过截取但并不造成词性的变化，如英语"omnibus → bus（公共汽车）、laboratory → lab（实验室）、popular → pop（流行）、pianoforte → piano（钢琴）、bicycle → bike（自行车）、smoke fog →smog（烟雾）"。汉语"安（安培）、赫（赫兹）、瓦（瓦特）"，差不多也可以看作逆序成词。

2. 合成词的"构词"形式

两个以上语素组合而产生一个合成词就是"构词"。这是各种语言最常见的词的构造方式。其中又主要包括"复合构词""附加构词"和"重叠构词"三种情况。这三种构词方式还可能在一个词语中同时使用，也就是构成复杂合成词。

第一种是"复合构词"。

复合构词就是词根语素加上词根语素构成一个新词。这样得到的合成词又叫复合式合成词，即"复合词"。复合词在各种语言中都有，但在汉语中更是最能产的词的构造类型。构成复合词的词根语素都是实义的成词语素（即不是虚词语素），或实义的不成词语素（即不是词缀语素）。如英语"black-board（黑板）、honey-moon（蜜月）、rail-way（铁路）"，法语"cure-dent（牙签）"，德语"Panzer-kraft-wagen（装甲车）"，汉语"火车、心疼"，就是成词语素和成词语素构成的复合词；英语"hypo-thesis（假设）、aero-plane（飞机）"，西班牙语"tocadiscos（电唱机）"，汉语"袖珍、端详"，就是包含不成词语素的复合词。

按照语素与语素之间的组合关系，复合词又可以分成几个小类：一是陈述式复合词，即前后两个语素分别表示被陈述的事物和对这个事物陈述的意义。如英语"earthquake（地震）、sundown（日落）"，汉语"胆怯、性急、祖传、口吃"。二是偏正式复合词，即前一个语素表示性质状态或方式程度等意义，后一个语素表示被修饰的事物或动作等意义。如英语"girl friend（女友）、greenhouse（暖房）、redhot（火热）、sleepwalk（梦游）"，汉语"红茶、汉语、狂热、重视"。三是支配式复合词，即前后两个语素分别表示动作行为和动作行为所涉及事物的意义。如英语"pickpocket（扒手）、carryall（提包）、pinchpenny（吝啬的）"，汉语"丢脸、悦耳、动人、缺德"。四是并列式复合词，即前后两个语素分别表示相关、相近或相反的事物、性质或动作的意义。如英语"downfall（垮台）、come-and-go（来往）"，汉语"裁缝、道路、动静、教学"。此外汉语还有一种特有的补充式复合词，即前后两个语素分别表示动作行为和相关结果的意义。如"改善、证实、纠正、打动、抓紧”等。

第二种是“附加构词”。

附加构词就是词根语素加上词缀语素构成一个新词。这样得到的合成词又叫附加式合成词，即“派生词”。派生词在汉语中不多，但在形态丰富的语言中大量存在，是词的主要构造类型，比如用前缀“un-（非）”构成的英语词，在《韦氏英语大词典》中就有2 700多个。构成派生词的词根语素也都是实义成词语素或实义不成词语素，词缀语素就是不成词、黏着、定位和虚义的语素。例如汉语“-子”是后缀，“剪子”就是派生词；英语“un-”是前缀，“unhappy（不悦的）”就是派生词。

按照词缀在词中的位置，派生词可以分成三小类：一是词缀在词根前面的前缀式派生词，如英语“sub-way（地道）、un-afraid（不怕的）、dis-obey（违背）、pre-determine（预定）、re-write（重写）、anti-war（反战的）”等，汉语“老-虎、第-一、阿-姨、可-怜”等。二是词缀在词根后面的后缀式派生词，如英语“teach-er（教师）、typ-ist（打字员）、hard-ship（困难）、move-ment（运动）、king-dom（王国）、slow-ly（慢慢地）、modern-ize（现代化）、desire-able（合意的）、boy-ish（男孩气的）”等，汉语“锤-子、木-头、花-儿、哑-巴、绿-化、热-乎乎、沉-甸甸、黑-咕隆咚、脏-里叭唧”等。三是词缀在词的中间或词缀非连续出现的中缀式派生词，如马来语“putuk（啄）”加上中缀就成了名词“pu-la-tuk（啄木鸟）”；菲律宾旁托语“kilad（红的）”加上中缀就成了动词“k-um-ilad（红了）”。此外，像英语的“abso-bloody-lutely（绝对绝对地）”，德语“Arbeit-s-mann（工人）”，汉语“古里古怪、糊里糊涂、吊儿郎当”等也可以看作加上中缀构成的派生词。上面的几种词缀有时可以一起出现，如英语“super-son-ic（超声速的）、un-friend-ly（不友好地）、un-gentle-man-li-ness（非绅士样的风度）”，就是多重派生词。

第三种是“重叠构词”。

重叠构词就是词根语素通过重叠形式而构成一个新词。这样得到的合成词又叫重叠式合成词，即“重叠词”。重叠词在其他语言中不太多见，在汉语中也并不是所有的成分重叠形式都是重叠词。比如“猩猩、蝈蝈”等，因为意义不能再分解，本身只是一个语素，这就只是单纯词中的“叠音词”，不是重叠词。而“看看、试试、个个、次次”等严格说也不是语素重叠构成的重叠词，而是重叠形式的词组或语法的重叠形式。汉语的重叠词主要包括几种情况：一是名词性重叠词，如“爸爸、姐姐、星星、娃娃”等。二是副词性重叠词，如“刚刚、偏偏、渐渐、常常”等。三是多重重叠词，如“骂骂咧咧、婆婆妈妈、形形色色、干干净净、热热闹闹”等。一般说重叠构词既不像语法上的重叠形式可以增加某些语法意义，也不改变重叠词本身的词类。

上面三类构词都只讨论了两个语素的组合形式。但如果构成词的语素多于两个，这种合成词的结构就比较复杂。复杂的合成词可以是多个词根语素的组合，也可以是多个词根语素和词缀语素的组合。无论哪种复杂组合，其内部都一定按照组合的先后顺序形成不同的层次，而每一层次无非就是上面说的几种结构形式中的一种，或者说复杂合成词实际上就是不同类型的合成词的多次组合。如汉语“插秧机”包含三个语素，其中“插秧”和“机”是第一层组合，整个词是偏正式复合词，而“插秧”是第二层组合，又是支配式复合。再如“资产阶级化”包含了五个语素，第一层是“资产阶级/化（后缀式派生词）”，第二层就是“资产/阶级（偏正复合）”，第三层是“资/产（偏正复合）”和“阶/级（并列复合）”。外语的复杂合成词也是这样，如英语“un-gentle-man-ly”应分析为，第一层“un / gentlemanly（前缀派生词）”，第二层“gentleman / ly”（后缀派生），第三层“gentle / man（偏正复合）”。下面是两个复杂的合成词的层次分析：

（10）a. 资产阶级化　　　　b. un-gentle-man-ly

二、句子的构造

前面讨论过句子的聚合类型，即“功能类”和“繁简类”，但那只是句子的表层形式分类或语句功能分类，并不涉及句子的构造，或者说并不涉及句子的深层结构或原始构造。所以讨论句子的构造要从句子的基础结构入手。

（一）句子的基础结构形式

要确定语言使用中各种不同句子的构造形式，就要先确定句子的基础结构。以动词谓语句为例，如下面的两个动词句：（11a）包含了5个名词，（11b）则没有名词，（11a）句的长度实际上还可以增加。这样，如果说（11b）句是（11a）句的省略形式，那么（11b）句没有确定的起点；如果说（11a）句是（11b）句的扩展形式，那么（11a）句没有确定的终点。比较：

（11）a. 昨天 他 在家里 用洗衣机 洗 衣服　b. 洗了

怎样才能建立句子的基础结构呢？这就要依赖句子核心成分的语法性质。比如下面（12a）中的谓语“洗”和（12b）中的谓语“春天”，表面上看都出现在同样的语法环境中和同样的语法位置上，并且都可以构成独立的句子。但实际上很清楚，它们的词类不同：“洗”是动词，而“春天”是名词。比较：

（12）a. 洗了　　b. 春天了

在语法上作出这样的判断并不是根据意义，而是根据它们的语法性质。“洗”和“春天”的结构形式有重要的区别。如（12a）有（13）的扩展形式，而（12b）则没有。比较：

（13）a. 洗了　[V]
→ b. 他洗了　[NP V]
→ c. 他洗了那几件衣服　[NP V NP]

如果把“洗”类动词的这种扩展形式“[NP V NP]”，即动词与名词性成分的支配和结合关系，就看作这类动词的一个典型分布环境，那么这种分布环境本质上就是一种抽象结构形式或基础结构形式。换句话说，不管“洗”类动词出现在什么条件下，它作为该类动词所具有的这种基础结构形式都不会消失。

如果根据动词谓语前的名词有没有和能不能加上介词而加以排除，根据动词后抽象地看最多可以放下几个名词，就可以建立汉语动词的三个基础结构形式，即一元动词结构（不及物动词结构）、二元动词结构（单宾及物动词结构）和三元动词结构（双宾及物动词结构）。即下面的三种结构形式就是汉语的基础动词结构形式：

（14）SP1（一元动词结构）：[NP_1 V^1]
a. 孩子们 在游泳
b. 奶奶 又咳嗽了
c. 他们 终于醒悟了
d. 他 醉了

（15）SP2（二元动词结构）：[NP_1 V^2 NP_2]

a. 他 洗了 那几件衣服

b. 运动员 创造了 新的纪录

c. 我们 参观了 一个展览会

d. 这个工厂 又扩充了 设备

（16）SP3（三元动词结构）：[NP_1 V^3 NP_2 NP_3]

a. 大家 称呼 他 王大哥

b. 他 泼了 小张 一身水

c. 爸爸 挂 墙上 一幅画

d. 老师 送了 我 一本书

除了上面三种基础结构外，汉语中有些动词结构中的动词前后不一定总是出现名词性成分，也可能出现动词性成分。例如：

（17）a. [抽烟]对身体有害处　b. [锻炼]可以增强体质

（18）a. 他打算[考研究生]　　b. 他希望[去大西北]

事实上，例（17）~（18）里的动词性主语或动词性宾语（方括号内）可重新进入动词基础结构进行递归推导，即这类主语和宾语也一定是前面例（14）~（16）的基础结构形式，只不过是"降级"成为整个句子的组成成分。

（二）句子的完整式和非完整式

建立了句子的基础结构形式，那么实际使用的包含该动词的每一个具体的句子结构就都是该动词所形成的基础结构的变体形式。这样，我们对动词的观察就可以不只是看这个动词做主语、做谓语、做定语等句法成分的能力，而还可以进一步看这个动词在具体使用时相对于句子基础结构形式其内部有什么变化。如果先撇开动词在各种实际语言片段中充当主语、宾语、定语、谓语等句法成分的不同情况，动词作为基础结构的核心成分，其结构形式内部的变化实际上就都表现为与动词联系的名词性成分的变化。更具体地说就是，在动词结构充当各种句法成分时，要么在基础结构规定的名词位置上有词语，要么在基础结构规定的名词位置上没有词语。前一种情况是动词的正常用法。因为按照句子基础结构形式，在固定的名词位置上填入词语，这本来就是动词应有的语法功能。这种变体形式称作句子的典型结构形式。

下面都是动词“洗”的典型结构形式（方括号内）：

（19）a. [s 他洗了那几件衣服]
b. 尽管很不愿意，[s 他还是洗了那几件衣服]
c. [s 他洗了那几件衣服] 就睡了

而动词结构更多的情况是在实际使用的语言片段中，在基础结构规定的名词位置上没有词语，而这个词语或者根本没有出现，或者跑到其他非固定位置，这就是句子的非典型结构形式。句子的非典型结构形式中，名词固定位置未出现词语可以标记为“空语类（E）”，通过空语类仍可以“看到”句子的基础结构形式。例如：

（20）a. [s E洗了 E]
b. [s 他（把那几件衣服）洗了 E]
c. 他每天一回到家[s E 就洗衣服]

如果换用一种比较简单的说法，由于句子基础结构主要是一种“主-谓-宾”的完整形式，因此句子的基础结构形式也可以叫作句子的“完整式”或“完全主谓句”，而句子的非典型结构形式可以叫作“非完整式”或“不完全主谓句”和“非主谓句”。这也是一种句子的结构分类。

主谓句的内部大类划分各语言有所不同，例如汉语除动词谓语句外，还有形容词谓语句，如“这孩子真聪明”“房间里干干净净的”；名词谓语句，如“她都大学生了”“这姑娘大大的眼睛，圆圆的脸”。但动词谓语句在各种语言中都是最主要的主谓句类型，因此内部往往又再分成若干更小的句型类。著名的《英语详解语法》就把英语的动词谓语句分为七种主要句型：

（21）a. SV 句型“Prices rose.（物价上涨了。）”
b. SVO 句型“Mary enjoyed classical music.（玛丽喜爱古典音乐。）”
c. SVC 句型“Your face seems familiar.（你的脸看上去很面熟。）”
d. SVAd 句型“My sister lives next door.（我姐姐住在隔壁。）”
e. SVOO 句型“We wish you happy birthday.（我们祝你生日快乐。）”
f. SVOC 句型“The president declared the meeting open.（总统宣布会议开幕。）”

g. SVOAd句型 “The doorman showed the guests into the drawing room.（门房领客人们进了客厅。）”

上面说过汉语三种主要的动词主谓句类型，其实也还可以继续往下分出更细的小类。根据上面说的动词基础结构形式，可以先分出无宾语句和带宾语句，前者如“物价上涨了、爸爸正在休息”；后者再分成带谓词宾语句和带体词宾语句，谓宾句如“弟弟喜欢踢球、哥哥打算出国”；体宾句再分出带单宾语句和带双宾语句，单宾句如“孩子看电视、妈妈织毛衣”，双宾句如“妈妈送我一样礼物、学生问老师许多问题”。而无论是单宾句还是双宾句，还可以根据宾语的语义角色分出不同的类型，如“妈妈吃苹果”是受事宾语句，“妈妈吃火锅”是工具宾语句，“妈妈吃馆子”是处所宾语句。

与主谓句相对的就是“不完全主谓句”和“非主谓句”。这两种情况在某些语言中比较少。例如拉丁语族的大多数语言因为谓语动词和主语、宾语有强制性联系，所以很少有非主谓结构的句子形式。但也有些语言如西班牙语、意大利语的句子就常常可以省略主语，汉语句子中的主语、宾语在特定语境（特别是对话）中更是几乎都可以省略，所以在这些语言中就还有大量不完全主谓句和非主谓句的句子形式。

汉语中不完全主谓句和非主谓句有时不太容易区分。例如“下雨了”，因为可以补出主语，说成“天下雨了”，还有俗话也说“天要下雨，娘要改嫁”，所以“下雨了”就是不完全主谓句。但跟这种句子差不多的“刮风了”“打雷了”，因为肯定不能补出主语（最多在前面加上表时间、处所的词），所以就是非主谓句。因此大致上说，只要能够补足缺少的成分而构成主谓句，或者说需要依赖一定的语境和上下文的补充才能表达完整意思的句子就是不完全主谓句，或者叫作省略句。例如“（我）有点不舒服”“你看过（这本书）吗”等。而一些不具有主谓词组的结构形式但一般又不需要或不能补出成分，或者说不需要依赖语境和上下文的补充就能表达完整意思的句子就是非主谓句。例如“禁止吸烟”“有人来了”“你的车呢”等，是不需要补出缺少成分的非主谓句；“热得我满头大汗”“多聪明的孩子”“出太阳了”等，是不能补出缺少成分的非主谓句。非主谓句中由一个单词直接构成的句子，如“谁？”“好。”“进来！”等，又叫“独词句”。

（三）句子的原式和变换式

各种语言除完全主谓句或者叫基础结构形式外，都有一些特殊的句子形式。例如英语和汉语都有被动句，像“The house was washed away by floodwater（房子被洪水冲垮了）”，就可以说是一种特殊句式。再如英语的

“‘There be X’存在句式”，如“There are many cars coming and going on the highway（公路上有许多来来往往的汽车）”；“‘It is X that Y’强调句式”，如“It is China that invented the printing（是中国发明了印刷术）”，就是英语的一些特殊句式。汉语中的“把”字句如“我把那幅画挂墙上了”，“存在句”如“墙上挂着一幅画”，“话题句”如“那幅画我挂墙上了”等，也是汉语的一些典型的特殊句式。各种语言都可以分别归纳出这样一些句式，相对于主谓句那种“句型”，一般把这种句子形式叫作“句式”。

但从另一个角度看，这些“句式”实际上又都可以看作基础句子结构的变换形式，或者说是通过基础句子结构（或完全主谓句）中句法成分的位置变化或删略添加等形式构造的。因此也可以从结构变换角度说明这些句式的构造形式。如果把句子的基础结构形式（或完全主谓句）叫作句子的“原式”，那么这些句式其实就是句子的“变换式”。

句子的变换式主要有几种情况：

一是“XY→YX变换”，即成分移位造成的句式。像汉语的“话题句”（又叫“主谓谓语句”）就都是由主谓结构中某个成分移至句首构成的，例如“我认识这个人→这个人我认识”（宾语前移），“我们一定能克服这个困难→这个困难我们一定能克服它”（宾语前移，代词复指）。英语的疑问句都必须把所问的主谓结构中的某个成分变成疑问词并前移至句首，如“I know this person（我认识这个人）→Who do you know（你认识谁）”，这也是一种移位变换。

二是“XY→X变换”，即成分删略造成的句式。很多语言的祈使句都不需要说出主语，如英语“set down（坐下）”“go away（滚开）”，汉语“进来”“休息休息吧”，就都是删略主语构成的。

三是“X→XY变换”，即成分添加造成的句式。英语的疑问句除了疑问词前移，在原来主谓结构前面还要添加一个助动词，如上面“Who do you know”中的“do”。汉语的疑问句常常需要在主谓句后面加上语气词，如“你去上海→你去上海吗/谁去上海呢”。这些都是成分的添加。

四是“X→X’变换”，即成分替换造成的句式。英语和汉语的疑问句都需要把所问的成分替换成疑问词，如上面例子中“this person→who”和“你→谁”，就是成分替换，汉语“你去上海→你去不去上海”中“去→去不去”也是一种成分替换。

有了这些变换形式，就可以把各种语言中所有的特殊句式都分析为运用上面的变换形式中的一种或几种而构造出来的。例如前面提到的英语和汉语的被动句，就综合运用了成分的移位（受事宾语移至句首，施事主语移至介词“by”或“被”后)、添加(助动词和介词)等变换形式。汉语存在句的构造过程就是“我在墙上挂了一幅画 → 墙上挂着一幅画”，即综合运用了移位(处所名词移至句首)、替换或添加(动词后“了→着”)和删略(删除施事主语名词，删除“了”)等变换形式。

思考和练习

1. 名词解释：语素、句子、词形变化、虚词、向心词组
2. 举例说明什么是语法规则的抽象性、递归性、系统性和稳定性。
3. 试各举一例说明语法与语音、语汇、修辞、语境、逻辑等现象之间有一定的关系。
4. 举例说明语法形式和语法意义的关系，说明什么是语法手段，什么是语法范畴。
5. 举例说明根据语法的不同现象，可以从哪几个角度对语法现象进行划分。
6. 举例说明什么是语法单位，语法单位之间是什么关系。
7. 举例说明根据什么标准划分词类，一般可以分出哪些不同的词类。
8. 举例说明根据句子的用途和语气，汉语的句子可以分成哪几类。
9. 举例说明什么是语素，语素可以分成哪些类型。
10. 举例说明汉语合成词有哪些构词方式。
11. 下面的词分别是什么词类，分别可以怎样重叠，重叠后表示什么意义：

    人 哪里 个 次 说 高 研究 帮忙 干净 雪白 热闹 冰凉

12. 试将下面给出的词组按照(A)体词词组、谓词词组，(B)向心词组、离心词组，(C)基本词组、特殊词组三个标准进行分类：

    ① 学习语言学 ② 语言学学习 ③ 学习语言学的
    ④ 学习的语言学 ⑤ 语言学的学习 ⑥ 语言学学习过

⑦ 对语言学学习（有兴趣）　　　　⑧ 学习的是语言学

13. 下面都是“动词性成分 + 动词性成分”构成的词组。试说明他们分别属于什么词组（词组的结构类型）：

① 喜欢开车	② 开始讨论	③ 调查研究
④ 经营管理	⑤ 骑车上学	⑥ 试验失败
⑦ 了解清楚	⑧ 抽烟喝酒	⑨ 排队挂号
⑩ 演出完毕	⑪ 回想起来	⑫ 准时出发

第四章

语　义

第一节　语义的性质

本节学习要点

1. 语义的概念：与语言形式的结合是语义的基本特征；语汇意义和语法意义，语言意义和语境意义；语义与指称：指称的不同层次，语义与指称性质不同。

2. 语义的性质和特点：语义的概括性：是语言作为社会交际工具的必然要求；语义的模糊性：语义模糊性的性质，模糊性的认知根源，语义的精确化；语义的民族性。

语言的主要功能是传情达意，无论是语汇形式，还是语法形式，都与语义问题相关，或者说所有的语言形式都是用来表达意义的，因此语义无疑是涉及语言现象范围最广的语言要素。语义是一种意义，但不是任何意义都是语义，语义有其自身的性质和特点。

一、什么是语义

语义是语言形式表达的意义，与语言形式的结合是语义的基本特征。语言并不是人类唯一的交际工具，语言之外，人们还可以利用灯光、铃声、手势、表情、体态等一些非语言的手段来传递一定的信息或情感。这些手段虽可传递一定的意义，但它们都不是语言形式，所表达的内容也就不能算是语义。语言形式包括“语汇形式”和“语法形式”两类。语汇形式是指结构和意义相对凝固，表示的意义又相对具体的语言形式，包括所有的实词和固定词组；语法形式是指能够体现某一类意义或具有某种共同作用的语言形式，包括语序、虚词、形态、重音、语调等。由语汇形式表达的语义叫“语汇意义”，由语法形式表达的语义叫“语法意义”。就“狼咬狗”和“狗咬狼”这两个句子的意义来看，“狼”和“狗”都表示一种动物，“咬”表示一种动作，这些意义都是通过词来表达的，因而都是语汇意义。此外，前一个句子里的“狼”是“咬”的动作发出者，是施事，“狗”是“咬”的动作承受者，是受事；后一个句子正好相反，“狗”是施事，“狼”是受事。“狼”和“狗”这两个词孤立存在时，并没有施事或受事的意义，句子中的施受意义是由词语的组合次序带来的，语序是一种语法形式，因而这种施受意义是语法意义。

语言形式所表达的意义有一般与个别、稳定与临时的分别，只有一般的、稳定的意义才是严格意义上的“语义”。在一般情况下都能够存在的意义是一般的、稳定的，在特定语境中才能出现的意义是个别的、临时的。“今天有雨”这句话表示“说话的当天会下雨”，这是它的一般的和稳定的意义；但在不同的情景下，这句话还可能传递提醒听话人外出带伞或不要在户外晾晒衣物等意思，这些同特定的情景联系在一起的意义是难以穷尽列举的，它们是这句话的个别的和临时的意义。语义具有概括性，因此，一般的、稳定的意义是语言形式本身所表达的意义，而个别的、临时的意义虽然也要借助语言形式，但交际场合和交际背景等语境因素却起着决定性的作用。从比较宽泛的意义上说，这两种意义都是语义，但二者性质不同。为了区别它们，前者通常称之为“语言意义”，也可以说是严格意义上的“语义”，后者则通常称之为“语境意义”。一般来说，专门研究语义问题的语义学，主要关注的是语言形式所表达的一般的、稳定的意义，也就是语言意义。

语言形式既有意义，也往往有一个指称对象，语义和指称对象并不等同。语言在使用过程中，必然要和现实世界发生关联，其显著表现是，实义词语可以用来指称现实中的对象，句子可以用来陈述现实中的行为。例如“桌子”可以用来指称一种家具，“椅子”可以用来指称另一种家具，“他看完了一本小说”可以用来陈述现实中任何一个人看完任何一本小说的行为。这容易造成一种误解，好像一个语言形式的意义就是它的指称对象，而实际上二者并不是等同关系。语言形式的指称现象比较复杂，有不同的层次，有的不依赖语境，有的则对语境有所依赖。

最为基础的指称现象是，不同的语言形式可以用来指称不同类别的对象，可以指称哪类对象，是语言形式的意义决定的，而与语境无关。这是一种最为基础的指称现象，因为在这种情况下，一个语言形式的指称对象就是其语言意义的外延，就是一个语言意义概括对象的范围。例如“桌子”一词的意义是“上有平面，下有支柱，可以在上面放东西和做事情的家具”，这个意义使“桌子”这个词可以用来指称现实中桌子这类家具，因为桌子这类客观对象就是“桌子”词义的外延。这个层次的指称现象与语言形式意义之间的联系最为紧密，最为单纯，但即使如此，也并不意味着二者是等同的。明显的证据是意义不同的语言形式却可以有相同的指称对象，“孙悟空”“孙猴子”“齐天大圣”指称对象相同，但不能说它们的词义也相同。这个层次的指称现象是其他指称现象的基础，其他的指称现象都是在这个基础上由于语法、语境因素的影响而派生出来的。

另一个层次的指称现象是，语言形式可以有不同的指称类型，指称类型的不同既与语言形式的语法特征有关，也与语境有关。例如：

（1）a. 小王娶了一位北京姑娘。　　b. 小王想娶一位北京姑娘。
　　c. 青蛙大，蝌蚪小。　　　　　d. 那只青蛙大，这只青蛙小。
　　e. 客人来了。　　　　　　　　f. 来客人了。

（1a）表示一个已经实现的行为，句中的“一位北京姑娘”因此而有所指对象；（1b）表示一种意愿，句中的“一位北京姑娘”既可以理解为有具体所指，也可以理解为没有具体所指，这要依语境而定。（1c）和（1d）的差别在于：前者中的“青蛙”和“蝌蚪”都指类别而不指个体，后者中的“那只青蛙”和“这只青蛙”都指个体而不指类别。（1e）和（1f）的差别在于：前者中的“客人”具体指谁，说话人和听话人都是清楚的，“客人”有确定的所指；后者就听话人而言，“客人”具体指谁是不清楚的，“客人”没有确定的所指。这类与语法特征和语境因素都有明显关系的指称现象，算是语言意义，还是语境意义，就会有不同的看法，也可以说它们是语言意义和语境意义相互交叉的结果。

再一个层次的指称现象是，一个语言形式获得明确具体的指称对象，主要是由语境带来的。人称代词“我”随着说话人的不同，可以具体指张三、李四、王五或赵六；“今天”“明天”等时间词语在不同的时间里使用，可以指不同的具体日期；“这里”“那里”“前面”“后面”等处所词语在不同的空间内使用，可以指不同的具体方位。不过这种指称现象一旦脱离了特定的语境就不复存在，因此只能算是一种“语境意义”。

总之，语言形式的意义和指称虽然都和语言与外部世界的关联有关，但性质不同，语义是对客观对象属性的概括反映，指称则是语言符号与外部世界之间的一种称说关系，二者虽有联系，但并不能等同。

在语言里，语素、词、词组、句子等各级单位都有意义，其中词的意义和句子的意义具有突出的地位。人们在用语言来交流信息时至少要使用一个句子，句子是言语交际的基本单位，句义是更大单位意义的基础。从上面对“狼咬狗”和“狗咬狼”的意义分析中可以看到，句子的意义是语汇意义加上语法意义构成的，因此，要正确理解一个句子的意义，首先要知道句中词语的意义，还要了解句中的语法意义，而正确把握句中的语法意义常常也离不开对词义的理解。例如“孩子吃过了”和“晚饭吃过了”，我们之所以知道

“孩子”是“吃”的施事，而“晚饭”只能是“吃”的受事，是因为我们知道“孩子”的词义是表示某类人，人是可以发出“吃”这个动作的，“晚饭”的词义是表示某种物品，而物品是不可能发出任何动作的。

二、语义的性质和特点

语义具有概括性、模糊性和民族性，其中概括性是语义最为重要的性质和特点。语义的这些性质和特点对于深入理解语义问题有重要意义。

（一）语义的概括性

语义具有概括性，概括性是语义最为重要的属性。语言形式所表达的语义，无论是词义还是句义都是概括的。语义的概括性是语言能够以有限形式表达无限内容的重要原因之一。

词义是一定的语言社会对现实对象的概括反映，是人的认知结果。词义反映的对象可以是客观世界的，如人、鸟、鱼、天、地、山、河等；也可以是主观世界的，如思想、天堂、神灵、鬼怪等。除专有名词外，每个词语都表示一类对象，词义从具体对象中抽象概括出区别于他类对象的特征，同时舍弃同类对象之间的各种差别。这样，人们就可以把世界中的各种对象划分为不同的类别，用不同的词语去表示它们，使其同他类对象区别开来。现实中的具体对象千差万别，数量无限，人们不可能也没有必要为每一个具体对象设立一个语言符号。正是由于词义是概括的，所表示的不是现实对象的无限个体，而是现实对象的有限类别，人们才可能以有限的词语去指称无限的具体对象，可见，概括性是语言作为社会交际工具的必然要求。例如，衣服分为棉衣、皮衣、毛衣、内衣、衬衣、大衣、风衣、西服、中山装、工作服、运动服等各种不同的种类，即使是同一种类的衣服，也会有所差别，可以说世界上没有哪两件衣服是完全一样的。“衣服”的词义是“穿在身上遮蔽身体和御寒的东西”，这个意义是从所有衣服中概括抽象出来的，它反映的是不同衣服的共性，这一共性使衣服区别于其他事物，不同种类的衣服在材料、款式、用途等方面的差别以及衣服的所有个体差异统统被舍弃了。这样，所有的衣服就都可以用“衣服”这个词去指称，而其他事物，如帽子、鞋子、袜子等则可以被排除在外。

专有名词的词义同样是概括的。专有名词虽然往往表示世界上独一无二的事物，而不是表示整类的事物，但它的词义也是概括的。“北京”专指中国的一个城市，在不同时期里，这个城市的面貌、人口、政治、经济、文化等都不尽相同，就像有许多个“不同的北京”，然而在这些“不同的北京”中，总有一些共同的特征，如共同的地理位置、共同的地域文化、共同的城市历史等区别于其他城市，将这些特征概括起来，就是“北京”一词的词义。

词组和句子都是由词语按照一定模式组合而成的，因此它们的意义也具有概括性。作为一个词组，“新衣服”的意义尽管比“衣服”具体，但仍然是概括的，只不过概括的程度低一点、概括的范围小一些而已，因为它反映的是世界上不同质料、不同款式、不同尺寸、不同用途的各种新衣服的共同特征，而不是具体指哪一件新的衣服。作为一个句子，“他买了一件新衣服”的意义也是概括的，因为它可以用来陈述任何一个人购买任何一件新衣服的行为。

语言形式所表达的意义虽然是概括的，但在具体交际中却能够指称现实对象的个体。语义是概括的，语言形式所表示的是现实对象的类别，但在交际活动中人们谈论的对象却往往是个别的、具体的。表达类别意义的语言形式要与类别中的个体联系在一起，就需要依靠上下文和交际环境对语言形式所指的限定作用。经验告诉我们，“把床上的被子给他”这句话在特定的上下文或交际环境中，不难确定句中所说的“床”是指哪张床，“被子”是指哪床被子，“他”是指张三还是李四，听话人能够毫无困难地对这个句子作出正确的反应，但如果脱离了特定的上下文或交际环境，句中的这些词语乃至整个句子的具体所指就无从确定了。所以说，词句的意义虽然是抽象概括的，但在语境中却可以获得具体的所指，相同的词句因而可以指称不同的具体对象，从而有限的语言形式也就可以指称无限的个体对象了。

（二）语义的模糊性

词义通常具有模糊性，而不是精确的。词义的模糊性是指词语意义所反映的对象只有一个大致的范围，而没有明确的界限。精确常常被认为是语言表达的基本要求之一，而且人们可能会认为，既然词义是对现实对象的概括反映，这种反映当然越精确越好，但实际上词义通常都具有模糊性，是不精确的。“大师”这个名词，词典上的解释是“在学问或艺术上有很深的造诣，为大家所尊崇的人”，那么究竟学问或艺术上的造诣深到什么程度，又受到何种尊崇，才称得上是“大师”，这并没有也不可能有量化的、精确的标准，也就是说大师与非大师之间虽有区别，但没有明确的、绝对的界限。在现实生活中，有些人尊崇某人为“大师”，但另一些人却可能并不认同，这种社会评价的分歧与“大师”的词义模糊性有直接的关系。其他诸如表示“少年、青年、中年、老年”四类人，“赤、橙、黄、绿、青、蓝、紫”七色，“春、夏、秋、冬”四季，“挖、剜、抠、剔、掏”等动作的词语，其意义也都具有模糊性。特别是那些表示事物属性而具有主观评价性的词语更是只具有相对的价值，而没有绝对的标准，意义的模糊性就更为明显。比如人的身高是“高”还是“矮”，并没有明确的标准。就一般中国人而言，成年男性身高1.8米大概可以算高，但对篮球运动员而言，恐怕就要算“矮”；即使是一般人，如果身高1.8米算“高”，那么1.79米算“高”还是算“矮”？ 1.78米呢？ 1.77米呢？……可见，人们对身高的“高”和“矮”只有一个大致的标准，而难以确定“高”与“矮”的绝对界限在哪里。类似的词语如“大—小、长—短、宽—窄、粗—细、远—近、胖—瘦、美—丑、新—旧、好吃—难吃、聪明—愚蠢、仔细—马虎、死板—灵活、伟大—渺小、抽象—具体”等，也都是如此。

词义的模糊现象往往出现在词义所指范围的边缘区域，词义所指范围的中心区域则是清楚的。词义模糊性的突出特征是不同词义的所指范围边界不清，而不是不同词义的混同。否则，如果一切都是模糊的，人们将无法借助词语来区分不同的对象，语言就会因此而丧失交际和思维功能。例如，“河”是指“天然的或人工的大水道”，但水道大到什么程度才算是“河”而不是“溪”或“沟”，并没有可以截然分开的界限。但“河”这个词所指的中心区域还是明确的，像黄河这样的大水道是“河”就不会有疑问，像田间灌溉用的小水道是“沟”或“渠”而不是“河”也不会有人质疑。“中年”与“青年”“老年”的边界也不清楚，因此有人问35岁算“青年”还是“中年”，55岁算“中年”还是“老年”时，人们可能会犹豫不决，不同的人有可能会作出不同的回答。但“中年”一词所指范围的中心区域还是明确的，因此如果有人问45岁算不算“中年”时，人们的回答就会比较一致。再如，“高”与“矮”的边界虽然不清楚，但它们所指范围的中心区域也还是明确的，因此在中国北方，对成年男性而言，身高1.85米以上算个子“高”，身高不足1.6米算个子“矮”，人们对此也不会有什么争议。正是因为具有模糊性的词语，其所指范围的中心区域是不模糊的，人们才有可能利用它们来区别和表示不同的对象。

语义的模糊性并不限于词义，词组和句子的意义也具有模糊性。词组和句子都是由词组合而成的，语义模糊的词语会把模糊性带入这些更大的语言单位，使这些单位也具有模糊性。“大房子、盛开的花朵、快点儿走、他详细询问过有关人员”等，这些词组或句子的意义也都是模糊的：房子面积多大可以算“大房子”，花儿绽开到什么程度可以说是“盛开的花朵”，每分钟走多少步才可以满足“快点儿走”的要求，询问细到什么程度才算“详细询问”，有什么样的关系才算“有关人员”，这些都没有明确的、绝对的标准。上面这些词组、句子之所以是模糊的，就是因为它们中的“大、盛开、快点儿、详细、有关”是模糊的。

语义的模糊性有其认知上的根源，具有一定的必然性。范畴化的结果是语义的重要来源，而正如我们在第一章“语言的认知基础”一节中所说的，人类在认识世界的过程中所形成的范畴，通常都是所谓原型范畴，这种范畴不是根据一组泾渭分明的对立特征来划分的，而是建立在公认为典型的、清楚的好样本基础之上的，是依据与这些好样本的相似程度对事物进行归类的结果。由于范畴通常并不是完全依据对立特征划分出来的，因此范畴的边界往往是模糊的。范畴化的这一特点反映到语言上，就使词义也具有模糊性。也正是因为原型范畴是以若干公认为典型的、清楚的好样本为参照划分出来的，由这些好的样本所构成的词义所指范围的中心区域才因此是明确的，说“麻雀、喜鹊、老鹰”都是“鸟”，人们就不会有什么争议，因为它们是“鸟”的典型成员，但“企鹅”和“鸵鸟”算不算“鸟”，不少人就可能拿不准，因为它们是“鸟”的非典型成员，与麻雀等相比，它们只具备“鸟”的一部分特征。

模糊性是语义中的普遍现象，但语义也不是只能有模糊性，而不能有精确性。语义的模糊性不仅在普通词语中普遍存在，即使是专业术语，也难以例外。人们虽然总是追求专业术语的精确化，以尽量减少学术讨论中的分歧，但实际上往往做不到。语言学中的“元音、辅音、语素、词、句子、主语、宾语、名词、动词”这些基本术语，就都没有明确的边界。但同时也应该看到，词语的意义有些也是可以精确化的，不过这需要一定的条件。一个可能的条件是词语所反映的对象具有个体上的唯一性，这种唯一性排除了一个词语指称其他对象的可能，因此，一般也就不会有模糊现象，例如“太阳、地球、长江、黄河、鲁迅、周恩来”等专名就不是模糊的。另一个可能的条件是不同的范畴可以用二元对立特征来划分，而且这些特征是可以精确界定的。例如，日常生活里所说的“大雨”和“小雨”是模糊的，但气象科学为了气象研究和气象预报的准确性和科学性，规定24小时内降水量在10毫米以下的为“小雨”，10~25毫米的为“中雨”，25~50毫米以上的为“大雨”，经过这样的规定，“大雨、中雨、小雨”的词义就精确化了。

（三）语义的民族性

语义的民族性是指语义会带有民族文化的烙印，会具有不同于其他语言的民族特点。由于生存环境不同，历史传统不同，不同的民族对客观世界的认识也就不会完全相同，对客观世界的切分和分类也会存在差异，这些民族心理和文化因素会凝结在语言的语义中，使语义具有民族特点。

语义的民族特点常常体现在词语的理性意义或附属意义上。在词语的理性意义方面，不同语言可能会有所不同，以至于不同语言间在词义上常常难以完全对应。例如，英语的“nephew”虽可以用汉语的“侄子”或“外甥”来对译，但所指范围比汉语的“侄子”或“外甥”都要大，因为英语的“nephew”并不像汉语的“侄子”和“外甥”那样，区分兄弟的儿子还是姐妹的儿子。在词语的附属意义方面，不同语言也常常会有所不同。例如，汉语的“狗”和英语的“dog”理性意义相当，但在汉族的传统意识中，狗并不是什么好东西，因而“狗”这个字眼便常常用于贬抑某种事物，如“走狗、狗东西、狗腿子、狗头军师、狐朋狗友、狗仗人势、狗胆包天、狗嘴里吐不出象牙”等；可是在英国人眼里，狗却是一种善良、忠诚、与人情义深厚的动物，因而“dog”这个字眼就常常用于褒扬某种事物，如常说“Love me，love my dog（爱我的话，请你也爱我的狗）”“a lucky dog（幸运儿）”等。

语义的民族特点还突出地体现在词义的引申发展过程中。词语由单义发展到多义，是人类语言的普遍现象。这种词语多义化的过程，反映的是以某个范畴为参照去认识和理解其他范畴的认知过程。在这种认知过程中，不同民族会有所不同，这种认知差异反映到语言上，就可能使相同词义的引申在不同的语言中有着不同的历程。例如，英语的“blue”指“蓝色”，后又引申出“忧郁的、沮丧的”的意思，而汉语的“蓝”就没有这样的引申义；汉语的“小”本来表示“在体积、面积、数量、力量、强度等方面不及一般”，后又引申出“排行最末的”的意思，如“小儿子”，而英语的“small”就没有这样的引申义。

三、语义的研究

语义是人的认知活动的反映和结晶，涉及人类社会的各个方面，语义的研究与语言学、哲学、心理学、逻辑学、人类学、社会学等都有着密切的关系，因此，专门研究语义的学科——语义学，从研究的角度来看，至少可以分为三种：语言学的语义学、逻辑学的语义学和哲学的语义学。它们都以语义为研究对象，但因学术背景不同而有所不同。语言学的语义学以人类的自然语言为研究对象，把语义作为语言的一个构成要素来进行研究，研究语义的性质、内部结构、语义间的关系、语义的演变发展以及语义与语汇形式、语法形式的关系等。逻辑学的语义学的研究对象是逻辑形式系统而不是自然语言，它研究逻辑形式系统中的符号的解释问题。哲学的语义学是围绕语义的本质来讨论哲学问题，“语义哲学”是20世纪前半叶盛行于西方的哲学流派，这个流派主张把全部哲学问题都归结为语言问题，哲学的任务就在于解释语言的意义。这几种不同的语义学并非相互隔绝，语言学的语义学在其发展过程中，就不断从逻辑学和哲学的语义研究中引进了一些概念、观点和方法。

人们对语义的关注由来已久，语义研究经历了很长的发展过程。我国的先秦诸子，如儒家、墨家、道家、名家等就曾讨论过“名”与“实”的关系问题，古希腊的哲学家苏格拉底（Sokrates）、柏拉图（Plato）等也曾讨论过“词”与“物”的关系问题。我国古代有解释古书字词章句之意的训诂学，汉代的《尔雅》、西汉扬雄的《方言》、东汉刘熙的《释名》和许慎的《说文解字》等都是训诂学的经典之作，这种训诂之学一直延续发展至今。

1897年，法国语言学家布雷阿尔（Michel Breal）出版了著作《语义学探索》，一般认为，这部著作问世标志着作为语言学一个分支学科的语义学的建立，标志着独立、全面、系统的语义研究的开始。20世纪初，在瑞士语言学家索绪尔（F.de Saussure）的学说影响下，欧洲的一些语言学家用结构主义的理论和方法对语义问题进行研究，并获得一些新的进展。30年代初，德国语言学家特里尔（J.Trier）较为系统地提出了“语义场”理论，把语言的意义看作一个系统，强调在系统中观察和分析意义，重视语义之间的相互关联、相互制约。这一理论对后来的语义研究产生了不小的影响。50年代，美国人类学家朗斯伯里（F.G.Lounsbury）、古德内夫（W.H.Goodenough）等，受到音位学区别特征理论和分析方法的启发，在研究亲属名词的相互关系时提出了义素分析法（也叫“语义成分分析法”），这一方法后被用来分析其他词义的异同和关联，使语义的分析较以往更为精密，且为语义分析的形式化提供了可能。不过，自布雷阿尔《语义学探索》问世以后的半个多世纪里，语义研究基本局限在词义的范围之内，词组和句子的意义并没有受到足够的关注和研究。

20世纪60年代，语言学家对语义的研究开始突破词义的范围，词组和句子意义的研究受到关注。这一时期，转换生成语法的标准理论中分化出两种有关语义与句法之间关系的学说，即解释语义学和生成语义学。尽管这两种学说截然不同，但这两派学者都在句子的语义结构分析方面做了大量工作。这以后，又有美国语言学家菲尔墨（C. J.Fillmore）提出的“格语法”理论，用以处理语义和句法结构的关系，分析句子的语义结构。这些理论和相关研究都推动了语义研究从词义向句义的发展。

20世纪80年代，认知心理学和语言学相结合的认知语言学在北美和欧洲兴起，作为认知语言学重要组成部分的认知语义学也随之对语义研究产生影响。认知语义学认为意义是认知模式中的概念化，语言意义与人类的一般认知能力和方式有着密切的关系，主张语言的意义是一种认知现象，最终必须从认知的角度对其进行分析。

尽管在布雷阿尔《语义学探索》问世后的100多年里，语义学得到了很大的发展，但与音位学、句法学相比，仍是语言研究中一个相对薄弱的环节。语义研究的相对落后，其主要原因在于：音位分析和句法分析都可以找到比较客观的形式分析标准和依据，因此可以做到比较客观、严密、精确；语义分析则缺少客观的形式分析标准和依据，不得不更多地依赖人的感觉和体验，因此具有较大的不确定性，要达到客观、精确的要求有很大的难度。从这个角度说，语义研究是一个更为困难的研究领域。

第二节　词义的结构

本节学习要点

1. 词义的构成：理性意义：与概念的区别，词义内涵和词义外延；词的附属意义：感情色彩，语体色彩，形象色彩。

2. 义位与义项：义位与义项性质不同，义项和义位并非严格对应。

3. 义素的概念：是分解义位而得到的词义的区别性语义特征，是不与语音形式相联系的抽象语义单位。

4. 义素分析：是一种词义分析方法，义素分析的基本方法是对比法。

前面语法部分讨论了词的构造，但词语都是用来表示意义的，都是形式和意义的统一体，它们既有形式上的结构，也有意义上的结构。了解词义的结构，对认识和分析词义有重要价值。

一、词义的构成

词是音义结合的语言单位，词义是指词的语音形式所表示的内容。词的意义包括语汇意义和语法意义两部分，一般认为，实词具有语汇意义，如名词“人”指“能制造工具并使用工具进行劳动的高等动物”；虚词则具有语法意义，如助词“的”表示修饰关系。但实际上实词也有语法意义，如名词“人”就带有“事物”的类别意义，“看”就带有“动作”的类别意义，“好”就带有“性质”的类别意义，这些类别意义会对词语的语法性质产生显著影响。本章讨论的词义只限于词的语汇意义，“词义”一词也仅指词的语汇意义。

词义是人对一定现实对象的概括反映，这种凝结在词里的认知结果，就是词的理性意义。词在表达理性意义的同时，往往还带有人对反映对象的主观态度和其他附加色彩，这种理性意义之外的附加意义，就是词的附属意义。因此，词义可以说是由理性意义和附属意义两部分构成的。

（一）词的理性意义

词的理性意义是通过人对客观对象的概括反映而形成的，是人的认知结果在语言中的反映。在生活和劳动中，人们接触到各种各样的事物，这些事物通过人的感觉器官反映到人的大脑中来，通过大脑对这些客观对象的范畴化，抽象概括出可以使不同对象相互区别的特征，并利用一定的语音形式将这种认知结果包装起来，固定下来，就形成了一个一个的词。这种同词的语音形式关联在一起的、对客观对象区别性特征的认知结果就是词的理性意义。例如，世界上的山千姿百态，没有哪两座山是完全一样的，但不管世界上的山彼此有多少差异，它们都是“地面上由土、石形成的高耸的部分”，这一共同特征使“山”这一类事物区别于其他事物，汉族人把这一区别性特征概括出来，并用特定的语音形式去表示它，就产生了汉语里“山”这个词，“地面上由土、石形成的高耸的部分”就成为这个词的理性意义。

词义（理性意义）和概念都是人对客观对象的概括反映，都与人对世界的认识有关，但二者又有所不同，概念具有人类共通性，而词义则具有民族性。概念是人对事物本质属性的反映，事物的本质属性并不会因认知主体的不同而不同，所以，概念具有人类的共通性，如《辞海》对“人类”的解释是：“灵长目。一般指更新世以来的人。通常只包括智人。其特点为：具有完全直立的姿势，解放了的双手，复杂而有音节的语言和特别发达、善于思维的大脑；并有制造工具、能动地改造自然的本领。人类是社会性劳动的产物。”[1]这个“人类”的概念，就具有人类共通性，它是人类对自身特征认识的总结和概括。尽管在科学研究中，一个事物的本质属性究竟是什么，一个概念究竟应该如何界定，不同的人可能会有不同的认识，甚至常常会产生争论，但这些认识上的不同往往是由理论背景不同、研究视角和方法不同或研究目的不同引起的，而这些因素同样具有相当的人类共通性，从这个意义上说，对事物本质属性和相关概念即使有争论，这种争论也同样具有人类的共通性，这一点在科学研究领域表现得尤为明显。词义则不同，它具有民族性，一个民族独特的认知结果会反映到词义中来，从而使不同语言的词义存在差异。这一点我们在“语义的民族性”一节中已有所论述。但同时也应该看到，人的认知结果是语义的来源，而认知能力作为人脑的一种机能，是各民族相同的，不同民族在认识世界的过程中，也共同遵循人类思维的一般规则和规律，不同民族的认知活动既各有特点，又有相当的共性。更何况，概念也需要语言来包装和表达，概念也会进入词义。因此，词义具有民族性并不意味着不同语言的词义是完全不同的，词义既有民族性，又有人类共通性，否则不同语言之间的相互翻译就没有可能。

词的理性意义既有内涵，也有外延。词义的内涵是人对客观对象特征的概括反映，词义的外延则是词义概括对象的范围。“花儿”的词义内涵是“种子植物的有性繁殖器官”，词义外延是桃花、杏花、菊花、牡丹花一类的客观对象。掌握一个词的词义内涵和词义外延是正确使用这个词语来指称事物的前提。不过，就一般情况而言，词义外延在掌握词语的指称用法上常常起着更为重要的作用。对普通人来说，要准确了解所有词语的词义内涵几乎是不可能的，专家也只可能在自己的专业领域内做到这一点。但这并没有妨碍人们正确使用词语来指称事物，这是因为他们虽可能对一个词的词义内涵知之不多，但可以通过语言实践了解这个词的使用范围，知道这个词的词义外延，这对在日常交际中使用这个词语来说，也许已经足够了。

词义可以反映物质世界中的对象，“天、地、河、树、牛、马、人、车、电脑、飞机”这些词所反映的就是物质世界中的对象。词义也可以反映精神世界中的对象，不管这类对象是否怪诞，是否带有幻想成分，词义都会如实地反映它们，“玉皇大帝、上帝、神仙、妖怪、鬼、天堂、地狱”等词所反映的就是精神世界中的对象。

词的理性意义是词义的核心部分，没有理性意义，语汇系统就无法容纳人的认知结果，就会丧失区别和指称客观对象的功能，表示人的主观态度等

(1)《辞海》(第六版)，上海辞书出版社2010年版，第1560页。

的附加色彩就没有了依附的根基，因而理性意义是词义不可缺少的部分。

（二）词的附属意义

词的附属意义是附着在词的理性意义之上的，因而又叫作词义的附加色彩。词的附属意义主要包括感情色彩、语体色彩和形象色彩。

1. 感情色彩

感情色彩是词义所带有的、人对词义反映对象的主观态度。感情色彩中主要包括“褒义色彩”和“贬义色彩”。褒义色彩表现的是对词义反映对象的肯定、赞许、喜爱的态度；贬义色彩表现的是对词义反映对象的否定、贬斥、厌恶的态度。“鼓励”和“怂恿”都有“鼓动他人去做某事”的意思，但前者用于做好事，带有褒义色彩；后者用于做坏事，带有贬义色彩。“英雄、团结、勤劳、慷慨、果断、典雅、真诚”等都带有褒义色彩，“狗熊（指人）、勾结、懒惰、小气、武断、粗俗、虚伪”等都带有贬义色彩。词语并非都带有感情色彩，没有感情色彩的词是中性的，中性词语在语言的语汇中占大多数，如“山、河、人、绿、大、小、宽、长、房屋、汽车、联合、制造”等，就没有什么感情色彩。

2. 语体色彩

语体色彩是为了适应交际环境的不同而产生的附加色彩。作为人类社会最重要的交际工具，语言存在于人与人交往的一切环境之中。交际环境主要由交际场合、交际对象、交际方式等因素构成，语言表达要同这些因素相适应，这就是语言表达的得体性要求。为满足语言表达的得体性要求，人们会根据不同交际环境的特点，调整自己的语言表达形式，从而使同一种语言在不同的交际环境中呈现出不同的形态，产生与不同类型的交际环境相关联、相适应的变体，这种为适应交际环境的不同而形成的语言变体就是“语体”。如果一个词语能够契合某种语体的特征，就会经常用于这种语体，就会带上这种语体的印记，这就是词的语体色彩。

口语语体和书面语语体通常被认为是语言中两种最基本的语体，词的语体色彩也相应地存在口语语体色彩和书面语语体色彩两种基本类型。但需要指出的是，语音和文字只是言语交际所凭借的物质手段，交际的物质手段虽对语体有一定影响，却不是决定性的因素。从本质上说，一般所说的口语语体，实际上是指正式程度较低的语体；一般所说的书面语语体，实际上是指正式程度较高的语体。

带有口语语体色彩的词语经常用于亲人、朋友、熟人之间的日常交谈，也经常用于比较通俗的文学作品和一般文学作品的对话描写中；带有书面语语体色彩的词语经常用于比较正式的书面写作和比较正式、庄重的社交场合。不带任何语体色彩的词语是通用词语，它们通用于口语语体和书面语语体。例如“脑袋—头颅—头、搁—放置—放、歇—休憩—休息、溜达—漫步—散步、估摸—揣测—猜测”各组中，分别依次就是口语词、书面语词和通用词。

带有书面语语体色彩的词语还可能由于契合某种文体的风格而经常用于这一文体，如政论文章、科学著作、文学作品、法律文书、公文等，而获得某种文体色彩。例如，“阻值、速率、常数、变量、当且仅当”等都是带有科学著作色彩的词语，“峰峦、暮色、恬美、袅袅、涟漪、婆娑、荡漾”等都是带有文学色彩的词语，“证言、勘验、质证、拘传、在逃、供词、讯问”等都是带有法律文书色彩的词语，“报批、报送、函告、函复、查复、查照、此布、此复”等都是带有公文色彩的词语。

3. 形象色彩

形象色彩是指由词的内部结构所引起的对事物视觉形象或听觉形象的联想。同是描写红颜色，“血红”会使人联想到鲜血的颜色，“桃红”会使人联想到桃花的颜色，“枣红”会使人联想到红枣的颜色，这些词语的内部成分和结构都会引发对某一事物具体形象的联想，这种联想就是词的形象色彩。有时两个或几个词的指称对象相同，但因词的内部成分不同，就可能带上不同的形象色彩。“水泥”和“洋灰”所指对象相同，但前者使人联想到和水成泥，后者则使人联想到粉末如灰。再如，北京颐和园昆明湖上有一座汉白玉石拱桥叫“玉带桥”，许多人又把它叫作“罗锅桥”，两个词语同指一座桥，但引发的视觉联想却截然不同。在语言中，用摹状、拟声方法构造的词语大都具有明显的形象色彩。“天蓝、杏黄、橄榄绿、带鱼、鹅卵石、狮子狗、马蹄莲、鼠窜、瓦解、蚕食、林立”等都是以摹状方法构造的词语，都会引起人们对事物视觉形象的联想；“知了、布谷鸟、乒乓球、呼啦圈”等都是以拟声方法构造的词语，都会引起人们对事物听觉形象的联想。

二、义位与义项

前面谈词义的构成，是单就词义本身的结构来看的，并未涉及词义与词的语音形式之间的对应关系，而要进一步认识这种对应关系，还需要了解“义位”和“义项”的概念。

（一）义位

义位是与词的语音形式结合在一起的语义单位，是对一类事物的概括反映。在很多情况下，一个词只有一个义位，但一个词具有几个义位也很常见。一个词究竟有几个义位是由词反映对象的多少决定的。如果一个词只反映一类事物，这个词就只有一个义位，例如“自行车”只用来表示“一种交通工具”，就只有一个义位；如果反映多个类别的事物，这个词就有多个义位，例如“包袱”一词就有四个义位，分别是“包衣服等东西的布”“用布包起来的包儿”“比喻某种抱负”“相声、快书等曲艺中的笑料”。

义位是从词语的各种用例中概括出来的共同的、一般的、稳定的意义。语义具有概括性，义位作为一种语义单位同样是概括的，词语在具体语言环境里所表示的具体所指和临时意义不是义位的内容。例如，在不同的语言环境里，“鞋”有时指皮鞋，有时指布鞋，有时指张三的鞋，有时指李四的鞋，这些“鞋”的具体所指都依赖于特定的语境，都是个别的、具体的意义，而不是在各种语言环境中都讲得通的共同意义，因而它们都不能成为“鞋”的义位。“鞋”的义位应该是对这些不同所指的共性概括，即“穿在脚上、走路时着地的东西”，这是“鞋”这个词在“皮鞋、布鞋、运动鞋、旅游鞋、张三的鞋、李四的鞋”等各种用例中体现出来的共同的、一般的意义。又如，明知一个人来晚了，却对他说“你来得真早”，在这个特殊的语言环境中“早”实际上表达的是“晚”的意思，这种意义只是一种在特殊语境条件下产生的临时意义，一旦脱离了特殊的语言环境，这种意义也就不复存在了，因而这种临时意义也不能算作义位。

词义是以义位为单位的，义位不同，词义所反映的对象也就不同，附加色彩也可能不同，甚至语义组合关系也会存在差异。例如，动词“吃”至少有两个义位，一是“把食物等放到嘴里经过咀嚼咽下去”，一是“吸取”。前者只能用来陈述有生命的事物，如人或动物；后者则不能用来陈述人或动物，而只能用来陈述无生命的事物，组成诸如“宣纸吃墨”“菠菜吃油”一类的句子。

（二）义项

义项是词典释义的最小单位，是词语的释义单元。义项与义位性质不同，二者并非严格对应。一个词语的意义在词典中是以义项的形式记录下来的，下面各例中用数字序号标示的都是不同的义项：

（2）a. 书眉：书页的上端。

b. 丘陵：连绵成片的小山。

c. 冷落：① 不热闹。② 使受到冷淡的待遇。

d. 轻重：① 重量的大小；用力的大小。② 程度的深浅；事情的主次。③（说话做事的）适当限度。

就义项和义位的关系而言，一个义项可以是一个义位，如“书眉”和“丘陵”的义项就各是一个义位，“冷落”的两个义项就是两个义位。但义项是词典的释义单位，义位是语言的语义单位，义项的划分和设立除了要考虑义位的情况，还要受词典的类型、规模、编纂技术等因素的影响，可粗可细，并不像义位那样完全由反映对象的类别来决定。因此，一个义项也可以包含多个义位，如“轻重”的义项①和义项②就各是两个义位，“重量的大小”和“用力的大小”不同，“程度的深浅”和“事情的主次”也不同，它们都是不同的义位，却因意义相近而可以分别归并在一个义项里。

三、义素与义素分析

研究词义的结构，在义位的基础上还可以做进一步的分析，要进一步分析，就需要更小的语义单位，这个更小的语义单位就是“义素”。义素是最小的词义构成成分，义素分析是词义分析的一个重要手段。

（一）义素

义素是分解义位而得到的词义的区别性语义特征。一个词的意义可以分析为若干义位，一个义位是否可以进一步进行分解呢？在语音学中，一个音位可以进一步分解为若干个区别特征，受此启发，现代语言学把义位进一步分析为一束更小的语义特征的集合，不同的义位是依靠这些具有区别作用的语义特征，即义素，相互区别开来的。例如，对“椅子”的义位可做进一步的分析，通过与相关词语的对比，可以分解出它的义素：[坐具][有腿] [有靠背]，“椅子”正是依靠这三个语义特征与“桌子、凳子、坐墩儿”等词语相区别的。又如，对亲属称谓“姐姐”也可以做进一步的分析，通过与相关词语的对比，可以分解出它的义素：[血亲][同胞][女性][年长]，“姐姐”正是依靠这四个语义特征与非亲属称谓以及“哥哥、弟弟、妹妹、堂兄、堂弟、堂姐、堂妹”等亲属称谓相互区别的。

义素是理论分析的结果，是一种不与语音形式相联系的抽象的语义单位。词义中的义位和义项都是和语音形式结合在一起的，都有其语音表现形式，义素则不同，它没有语音表现形式，不是音义结合体，例如“姐姐”的义素“血亲、同胞、女性、年长”就与“姐姐”的语音形式没有什么关联。正因为如此，义素在语言中是无法直接观察到的，它只有以一定的方法和步骤通过分析才能得出。

（二）义素分析

义素分析是一种词义分析方法，就是把义位分析为义素的集合，用以说明义位的结构、异同以及相互关系。义素分析的基本方法是对比法。所谓对比，就是对一群有某种关联的词语从意义上进行比较，提取出可以使它们互相区别的语义特征。例如，“椅子”的义素正是通过与“桌子、凳子、坐墩儿”等词语的对比而得到的，“姐姐”的义素正是通过与“哥哥、弟弟、妹妹、堂兄、堂弟、堂姐、堂妹”等词语的对比而得到的。义素分析采用对比方法并不是偶然的，因为义素分析的目的在于揭示词义之间的共性和个性，而任何事物的共同点和差异，都可以而且只能通过事物之间的比较来揭示。

义素分析通常可以按以下步骤来进行：

第一步是确定对比分析的范围。义素分析的第一步是要找出一组相关的词语，作为对比分析的范围。首先，用来对比的应该是指称同一种类对象的词语，例如，要分析“姐姐”的义素，就不能用“吃”来进行对比，因为“姐姐”是指一种人际关系，“吃”则是指一种动作，二者指称的对象相去甚远，缺乏可比性，这样的对比难以得到有价值的结果。“姐姐”也不宜用“教师”来进行对比，因为“姐姐”和“教师”虽然都是指人，但前者指的是一种亲属关系，后者指的是一种职业，二者指称的对象仍不属于同一种类，这样的对比也难以得出准确的结果。再者，事物的分类是分层级的，大类里面可以再分出小类，小类里面可以再分出更小的类。义素分析应该首先从指称事物最小类别成员的一组词语开始，如有需要，再进一步扩大对比分析的范围。例如，要分析“姐姐”的义素，可以先从“姐姐”与“哥哥、弟弟、妹妹”的对比开始，因为它们同属于“同胞”这个“亲属关系”的最小类别。

第二步是比较词义的异同。比较词义的异同，就是通过对比找出不同义位在语义特征上的共同点和差异，归纳它们的共同义素和区别义素。例如，要分析“哥哥、弟弟、姐姐、妹妹”的义素，可以首先比较这些亲属称谓的词义，从中归纳出共同义素[同胞]，这个义素可以使它们与其他非同胞的亲属称谓，如“堂兄、堂弟、堂姐、堂妹”等（也包括“爷爷、奶奶、爸爸、妈妈、舅舅、姑姑”等）区别开来。然后将“哥哥”与“弟弟”比较，归纳出区别义素[年长]和[年幼]，再将“哥哥、弟弟”与“姐姐、妹妹”比较，归纳出区别义素[男性]和[女性]。通过这些区别义素，这四个亲属称谓彼此可以区别开来。如果再把这四个亲属称谓与“堂兄、堂弟、堂姐、堂妹”放在一起对比，还可以归纳出范围更大的共同义素[血亲]，这个共同义素可以使这八个亲属称谓区别于所有非血亲的亲属称谓，如“舅妈、姑父、嫂子、姐夫、弟妹”等，以及所有的非亲属称谓，如“大叔、大娘、先生、老师、师傅”等。通过对比分析，找出不同义位的共同义素和区别义素，这是义素分析最关键的一步。

最后是整理和描写。对义素分析结果的整理和描写，就是要尽可能简化义素分析的结果，用尽可能简明、尽可能少的共同义素和区别义素来揭示有关义位的结构，并用适当的方式来表达分析结果。描写分析结果的过程中，如果某对义素具有“非此即彼”的对立关系，应只取其中一个义素，并在前面加上正、负号来表示这对义素，例如“男性”的对立项是“女性”，那么[-男性]就可以表示“女性”。描写过程中，应去除一切冗余特征，例如，“女人”的义位结构可以分析为[+人、-男性、+成年]，如果再加上[+体内可产生卵细胞、+会说话、+有思维能力]三个义素，虽不能说错，却是冗余的，因为这三个义素中，前一个可以从义素[-男性]推知，后两个可以从义素[+人]推知。下面是“哥哥”等亲属称谓的义素分析结果：

（3）a. 哥哥：[+血亲　+同胞　+男性　+年长]
　　b. 弟弟：[+血亲　+同胞　+男性　-年长]
　　c. 姐姐：[+血亲　+同胞　-男性　+年长]
　　d. 妹妹：[+血亲　+同胞　-男性　-年长]
　　e. 堂兄：[+血亲　-同胞　+男性　+年长]
　　f. 堂弟：[+血亲　-同胞　+男性　-年长]
　　g. 堂姐：[+血亲　-同胞　-男性　+年长]
　　h. 堂妹：[+血亲　-同胞　-男性　-年长]

义素分析在语义研究和语法研究中有着广泛的应用。义素分析有助于词义的研究、学习和掌握。义素是义位的构成成分，将义位分解为若干义素，可以细致、简洁地说明词义的结构，便于比较词义之间的异同，便于揭示近义、反义、上下位义等词义关系。义素分析还有助于说明词语组合的语义限制条件。词语组合的语义限制条件常常集中体现在若干语义特征上，通过义素分析揭示这些语义特征，就可以解释词语组合的相关语义条件。义素分析还有助于语义描写的形式化。义素分析是要用一套数量有限的义素来描写语言中的所有义位，这就使得利用字母代码或数字代码来表示语义知识成为可能，这种形式化的语义知识便于计算机处理，因而对自然语言的计算机处理具有积极的意义。

就目前而言，义素分析的方法还不完善，最主要的问题在于：义素分析的最初设想是要用一套数量不多的语义特征来描写和说明整个词义系统，以达到以简驭繁的目的，但词义系统不仅义位数量庞大，而且具有开放性，分析和描写这些词义所需要的义素数量可能远远超出人们的最初设想，因而，义素分析是否可以对整个词义系统做出简洁的描写，而不是仅仅用于分析个别系统性较强的词群，至今仍是一个问题。

第三节　词义的聚合

本节学习要点

1. 多义词：多义化的认知根源和本体根源；本义，基本义，派生义；隐喻和转喻词义引申方式。

2. 同义词：同义词的性质；同义词的差别：理性意义差别，附属意义差别；等义词的前途。

3. 反义词：反义词的性质；绝对反义词和相对反义词。

4. 语义场：语义场是由具有共同类属义素的义位构成的系统；语义场的系统性和层级性。

词义具有一定的系统性，一个词义不仅体现在这个词义本身是什么，也体现在它周围有什么，体现在若干词义之间相互制约、相互规定的关系上。从这个角度，可以建立起“多义词”“同义词”“反义词”“上下位词”等不同的词义聚合类别。此外，词义的聚合还可以通过“语义场”来观察和分析，语义场的存在也是词义系统性的体现。

一、多义词

多义词是相对于单义词而言的：一个词的意义概括反映一类对象，也就是只有一个义位，这类词叫“单义词”；一个词的意义可以概括反映有关联的几类对象，也就是包含几个互相联系的义位，这类词叫“多义词”。

（一）词的多义化

就一般情况而言，一个词在刚产生的时候往往都是单义的，后来一些有关联的意义也逐渐由同一个词来表达，单义词就逐渐转变为多义词，这个过程就是词的多义化。

人对客观对象相互关联的认知是词语多义化的认知根源。在人看来，客观事物往往并不是独立存在的，事物与事物之间往往有这样或那样的联系，事物之间的联系有相似性和相关性两类。相似性是指不同的事物可能具有某些相同或相近的特征，通过这些特征，不同事物之间可以建立起某种关联。相关性是指客观事物存在于同其他事物的关联之中，某一事物是与周围的其他事物互相联系，互相依存的。有了对这种相似性和相关性的认识，人们就有可能用表示甲类对象的词去表示乙类对象，从而产生出与原有义位有联系的新义位。汉语的“桥梁”一词原本指“架在水面上或空中以便行人、车辆等通行的构建物”，后来人们认识到“桥梁”和“能起沟通作用的人或事物”在“沟通”这个特征上是相近、相通的，于是就用同一个词去表示这两个对象，使“桥梁”又衍生出“能起沟通作用的人或事物”这个新义位。又如，英语的“pen”原本指“羽毛”，由于古代的欧洲用羽毛蘸墨水写字，羽毛便与书写工具有了联系，在这种相关性的基础上，人们用同一个“pen”去表示这两个虽然不同但又有关联的对象，“pen”就从“羽毛”的意思衍生出“笔”的新义位。

语音形式的有限性和语义内容的无限性之间的矛盾是词语多义化的本体根源。语言中的语音形式是数量有限的，而语言要表达的意义却几乎是无限的，用数量有限的语音形式去表达几乎无限的意义，一个语音形式表达多个意义的多义化现象自然在所难免。例如，即使算上声调的不同，现代汉语的有效音节形式（即不算无意义的音节）也只有1 200个左右，而这1 200个音节形式所要负载的词义数量却要大得多，虽然语汇的双音化可以通过音节的组合为词语提供更多的语音形式，但人对世界的认识是永无止境的，与有无限发展可能的词义相比，语音形式总是有限的，更何况语音形式的过度膨胀也不利于语言这个交际工具的学习和掌握，语音形式的这种有限性，必然会造成一音多义现象。

词语的多义化并不会妨碍言语交际活动的正常进行。一个词虽然可以有几个义位，但在语言的实际运用中，一般不会造成歧义而影响人们的正确理解。首先，词语总是在一定的上下文中使用的，上下文语境的限定作用会使多义词只呈现出一个意义来。现代汉语的动词“打”在词典里有24个义项，但“打人”的“打”只能是“殴打”的意思，“打家具”的“打”只能是

"制作"的意思,"打酱油"的"打"只能是"购买"的意思,"打游击"的"打"只能是"从事"的意思,因此"打"的意思虽然多,但在具体的词语组合中一般并不会造成歧义和误解。其次,人们的言语交际总是在一定的情境中发生的,情境的限定作用也会使多义词只呈现出一个意义来。现代汉语里动词"拉"在词典里有13个义项,但朝着一个正准备提拽绳索的人说"拉呀",就只能是"用力使物体向自己所在的方向或跟着自己移动"的意思,而朝着一个手持小提琴的人说"拉呀",就只能是"牵引乐器的某一部分使乐器发出声音"的意思,可见"拉"的意思虽然多,但在具体的情境中一般并不会造成歧义和误解。

(二)本义、基本义和派生义

词的本义是指词语最初的意义,多义词的其他意义都是直接或间接地从本义衍生出来的,这些衍生出来的后起意义叫作"派生义"。例如,"兵"的最初的意义是"兵器、武器",这个意义现在还保留在"短兵相接、秣马厉兵"等成语里,这是"兵"的本义。后来从这个意义又衍生出"军队、士兵"的意义,如"兵强马壮、强将手下无弱兵"里的"兵";又衍生出"军事、战争"的意义,如"兵不厌诈、纸上谈兵"里的"兵",这两个后起的意义就是"兵"的派生义。

基本义是指多义词的多个意义中现代最常用、最主要的意义。基本义不同于本义,本义是就多义词各个意义产生时间的先后而言的,基本义则是就某一时代中多义词各个意义之间的关系和使用频率而言的,由于二者是从不同的角度来确定的,词的本义和基本义可能一致,也可能不一致。例如,"火"的本义和基本义都是指"物体燃烧时所发的光和焰","草"的本义和基本义都是指"草本植物",它们的本义和基本义是一致的。"兵"的本义是"兵器、武器",现代的基本义却是"士兵";"汤"的本义是"热水、开水",如"赴汤蹈火、扬汤止沸"里的"汤",现代的基本义却是"烹调后汁儿特别多的副食";它们本义和基本义就是不一致的。

派生义产生的途径就是一般所说的引申,引申通常是沿着客观事物间的相似性联系或相关性联系这两个方向进行的。以相似性联系为基础的引申方式是"隐喻",以相关性联系为基础的引申方式是"转喻"。

隐喻是指甲、乙两类事物之间有某种相似性,在此基础上,用原本表示甲类事物的词语去表示乙类事物,从而使词语产生新的意义。隐喻引申常常是从具体到抽象,从特殊到一般,这是由人类认知活动的一般规律决定的,因为与抽象的、一般的事物相比,具体的、特殊的事物更为显著,更容易为人所认识。例如,"变天"原指"天气发生变化"(多指不好的),

后又用来表示“政治上发生根本变化”（多指反动的）；方位词“上”原本表空间方位，意思是“位置在高处的”，后又可表时间方位，意思是“时间在前的”，这些都是从具体到抽象的隐喻引申。英语的“nose”本指“鼻子”，由于鼻子是面部的突出部分，其他物体的突出部分与鼻子有相通之处，因而“nose”就衍生出“物体的突出部分”的意思，这是从特殊到一般的隐喻引申。

转喻是指甲、乙两类事物并不相似，但存在着某种比较稳定的联系，在此基础上，用原本表示甲类对象的词语去表示乙类对象，从而使词语衍生出新的意义。在现实中，整体与部分、物品与使用者、行为与行为发出者、工具与活动、材料与物品、产地与产品等，彼此都有着稳定而明显的关联，因而比较容易在人们的意识中建立起联想关系，这种联想关系反映到词义的发展中，就会使词语衍生出新的意义。例如，“南瓜”原指一种一年生的草本植物，后又用来表示这种植物的果实，这是从整体到部分的转喻引申；“便衣”原指“平常人的服装”，后又用来表示“穿着便衣执行任务的军人、警察等”，这是从物品到物品使用者的转喻引申；“裁判”原指“对运动员竞赛的成绩和竞赛中发生的问题做出评判”，后又用来表示“在体育竞赛中执行评判工作的人”，这是从行为到行为发出者的转喻引申；英语的“saw”原指“锯子”，后又用来表示“使用锯子进行的活动”，这是从工具到相关活动的转喻引申；英语的“iron”原指“铁”，后又用来表示“烙铁、熨斗”，这是从材料到相关物品的转喻引申；汉语的“茅台”原指某一地名，后又用来表示“茅台酒”，这是从产地到产品的转喻引申。

（三）多义词和同音词

多义词和同音词有同有异。同一个语音形式表示几个意义不一定都是多义词，如果这几个意义之间没有衍生关系，就只是读音相同而词义无关的同音词。多义词和同音词的共同之处在于：它们都是以一个语音形式来表示多个意义。二者的不同之处在于：多义词的各个意义之间有着内在的联系，同音词的意义之间则没有任何关联，至少人们感觉不到有任何关联；多义词是一个词兼有几个由推衍关系聚合在一起的意义，是词义的一种聚合方式，而同音词则是两个或几个不同的词，它们仅仅是在语音形式上关联在一起，与词义的聚合没有什么关系。例如，“花朵”的“花”和“花钱”的“花”，读音相同，甚至书写形式也相同，但两个“花”的词义毫无联系，它们只是读音和书写形式相同而已，两个“花”的词义没有任何根据可以聚合在一起。

二、同义词

多义词和同音词都是以相同的语音形式表达不同的意义，同义词则与之相反，是以不同的语音形式表达相同或基本相同的意义。

（一）什么是同义词

同义词是指特定的语汇系统中理性意义相同或基本相同的两个或两个以上的词。“西红柿—番茄、鸡蛋—鸡子儿、父亲—爸爸、吝啬—小气、散步—溜达、美丽—漂亮”等就都是同义词。同义词是词义聚合的一种形式，它具有以下性质：

第一，同义词所概括反映的对象应该是一致或基本一致的。词义反映的对象如果是大类和小类之间的包含关系，不能构成同义词，例如，“蔬菜”是可以做菜吃的草本植物的总称，“白菜”只是蔬菜的一个种类，后者反映的对象包含在前者反映对象的范围之中，因而它们不是同义词。词义反映的对象如果是整体和部分的关系，也不能构成同义词，例如，“房间”是“房子”的一个部分，“手指”是“手”的一个部分，它们反映的对象并不一致，因而也不能构成同义词。

第二，同义词所反映的是不同词语义位之间的同义关系，并不意味着两个同义词之间所有词义都相同。例如，“大方”有多个义位，在“不吝惜、不吝啬”的义位上可以和“慷慨”构成同义词，但在“（言谈、举止）自然；不拘束”的义位上就和“慷慨”没有同义关系；反过来，“慷慨”在“情绪激昂”的义位上与“大方”也没有同义关系。因此，一个多义词有可能在不同的义位上与不同的词构成同义关系。例如，“熟”在“植物的果实等完全长成”这个义位上可与“成熟”构成同义关系，在“因常见或常用而知道得清楚”这个义位上可与“熟悉”构成同义关系。

第三，同义词是就特定语言或方言的语汇系统而言的，分属不同语言或不同方言的词，不能构成同义词。例如，汉语的“书”和英语的“book（书）”虽词义相同，因分属不同的语汇系统，所以不能构成同义词；汉语普通话的“萤火虫”、苏州话的“游火虫”、南昌话的“夜火虫”和厦门话的“火金姑”，虽指同一种昆虫，但也不能构成同义词。需要说明的是，如果外语词或方言词已被吸收进某一语言的语汇系统，成为这一语汇系统中的成员，就可以和系统中的其他成员构成同义词，例如来自外语的“吉他”就可以和“六弦琴”构成一对同义词。

第四，同义词是就某一历史时期的语汇系统而言的，分属不同历史时期语汇系统的词，不能构成同义词。例如，“箸”的意思是“筷子”，但这是一个古汉语词，现代汉语里并不使用，也就是说，这个词并不是现代汉语语汇系统里的一个成员，因此不能和现代汉语里的“筷子”构成同义词。

（二）同义词的差别

同义词中有一部分理性意义和附属意义都完全相同，这样的同义词也叫作等义词。语言中的等义词有些是借用外语词或方言词的结果。例如，汉语中借用外语词而产生的等义词有“维他命—维生素、米—公尺、吉他—六弦琴、麦克风—扩音器、盘尼西林—青霉素”等，借用方言词而产生的等义词有“马铃薯—土豆、番茄—西红柿、暖瓶—热水壶”等。语言中的等义词还有一些是新旧词语暂时并存造成的，如汉语中的“文法（旧）—语法（新）、痨病（旧）—肺结核（新）”等。

等义词由于理性意义和附属意义完全相同，在语言表达上也就没有什么积极的作用，是语汇系统中的冗余成分，因此，一般来说等义词在语言中不能长期并存。它们要么逐渐产生词义分化，由等义变为不等义；要么逐渐淘汰其他，最终只保留一个。例如，“批评”和“批判”原本意义相同，而现在已有了语意轻重的差别；“德律风”和“电话”是一对等义词，现在前者已被淘汰。同义词中等义词的数量是很少的，绝大多数的同义词都是大同小异，即理性意义相同或基本相同，但词义又存在细微差别。

同义词有些在理性意义上存在细微差别。有些同义词所反映的对象虽基本相同，但在强调的侧面或达到的程度上有所不同。例如，“改善”和“改进”都表示“改变原有情况，使其更符合人们的愿望”，但前者强调使其更好一些，后者则强调使其更进步一些；“收集”和“搜集”都表示“把东西聚集起来”，但前者强调使分散的东西聚集起来，后者则强调经过搜寻把东西聚集起来；“轻视”和“蔑视”都表示“瞧不起”，但在达到的程度上“蔑视”高于“轻视”；“丰富”和“丰盛”都表示“种类多、数量大”，但在达到的程度上，“丰盛”高于“丰富”。同义词在理性意义上的细微差别，往往会影响词语的搭配习惯，使这些同义词在用法上也有所不同，例如，“改善”可以和“生活、条件、关系、待遇”等词搭配，“改进”则不能这样用，而只能和“方法、工作”等词搭配。

同义词有些在附属意义上存在差别。有的同义词在感情色彩上有所不同。例如，“教师”和“教书匠”都指“担任教学工作的专业人员”，但前者没有什么褒贬意味，感情色彩是中性的，后者则带有轻蔑的意味，感情色彩是贬义的；英语的“little”和“small”都表示“小”的意思，但前者还可以带有疼爱、憎恶或鄙视的感情色彩，而后者则没有什么感情色彩。有的同义词在语体色彩上有所不同。例如，“脑袋”和“头颅”理性意义相同，但前者常用于日常交谈，带有口语色彩，后者则一般用于书面写作，带有书面语色彩；“孩子”和“孩童”都指“儿童”，但前者在口语和书面语中都很常用，是一个通用词，而后者只用于书面写作，不用于日常口语交际，带有书面语色彩；英语的“policeman”和“cop”都指“警察”，理性意义是相同的，但前者是一个通用词，而后者则带有俚语的风格色彩。有的同义词在形象色彩上有所不同。例如，“狮子狗”和“哈巴狗”指同一种狗，但前者能使人联想到长毛狮子的形象，后者则没有什么形象色彩。

三、反义词

反义词是词义通过反义关系相互关联而形成的聚合。反义关系有不同的类型，不同类型的反义关系产生不同类型的反义词。

（一）什么是反义词

反义词是指特定的语汇系统中意义相反的两个词。例如，汉语里的“美—丑、高—矮、死—活、重视—轻视、扩大—缩小、真实—虚假、积极—消极、先进—落后”等，英语里的“good(好的)—bad(坏的)、young(年轻的)—old（年老的）、light（轻的）—heavy（重的）、war（战争）—peace（和平）、early（早的）—late（晚的）”等，各组都是反义词。反义词是词义聚合的一种方式，它具有以下性质：

第一，反义词的词义反映的是同类对象内部两个矛盾或对立的方面，具有共同的意义领域是构成反义关系的基础。例如，反义词“高”和“低”都是指高度，“深”和“浅”都是指深度，“男”和“女”都是指人的性别。没有共同意义领域的词不能构成反义词，例如，“大”和“短”、“爱”和“愁”不具有共同的意义领域，也就不能构成反义词。

第二，反义词的意义相反，是以逻辑上的矛盾关系和反对关系为基础的。凡处于矛盾关系之中的两个义位可构成反义关系。矛盾关系是一种非此即彼的关系，即两个概念的外延（即反映对象的范围）没有重合，并且它们的外延之和等于上位概念的外延，例如，“男性”和“女性”的外延之和等于上位概念“性别”的外延，“本地”和“外地”的外延之和等于上位概念“所在地”的外延。凡处于反对关系之中，且分别位于同一意义领域两端的两个义位可构成反义关系。反对关系是指两个概念的外延没有重合，并且它们的外延之和小于上位概念的外延。例如，“长”和“短”都指长度，而“长度”这一意义领域内还存在“不长不短”的意义，“长”和“短”分别处于“长度”的两端，因而可以构成反义关系。再如，“冷”和“热”都指温度，并分别处于同一意义领域的两端，因而可以构成反义关系，而“冷”和“温”就不符合这个条件，也就不能构成反义关系。

第三，反义词的意义相反，是就词语的理性意义而言的，仅有附属意义的对立不能构成反义词。例如，“结果”和“后果”，虽然在感情色彩上一个是中性的，一个是贬义的，但理性意义是基本相同的，词义反映的对象也有重合，“后果”也是一种“结果”，所以它们只能构成一对同义词，而不能构成一对反义词。

第四，一个词可以和几个不同的词互为反义词。如果一个词是多义词，就可能在不同的义位上分别与不同的词构成反义关系。例如，“骄傲”在“自豪”这个义位上，可以和“自卑”构成反义关系；在“自以为了不起”这个义位上，可以和“谦虚”构成反义关系。语言中不同的词往往会有不同的搭配习惯，同一个词用在不同的上下文中，即使义位相同，也可能会和不同的词构成反义关系。例如，同是指“从下向上距离大”，在“飞得很高”中，“高”和“低”构成反义词，在“他个子高”中，“高”和“矮”构成反义词。

第五，与同义词一样，反义词也是就特定语言或方言在特定历史时期的语汇系统而言的，因而不同语言或方言中意义相反的词，以及同一语言或同一方言中属于不同历史时期的意义相反的词，都不能构成反义词。例如，“苦”在现代汉语中的反义词是“甜”，但古代汉语中可以说“苦尽甘来”，其中“苦”和“甘”只是古代汉语的反义词。再如，“粗”和“细”在汉语普通话中是反义词，但粤方言中“粗”的反义词可以是“幼”，“粗”和“幼”就不算汉语普通话的反义词，而汉语普通话中“幼”的意思是“年纪小”，因此反义词是表年纪大的“老”。

（二）反义词的类型

按照前面说的“反义”的两种关系，反义词一般可以分为“绝对反义词”和“相对反义词”两类。

如果两个词处于矛盾关系之中，肯定一方就必然否定另一方，否定一方就必然肯定另一方，二者之间没有非此非彼的中间状态，这类反义词就是绝对反义词。例如，是“合法”就不会是“非法”，是“非法”就不会是“合法”；“不合法”就一定是“非法”，不是“非法”就一定是“合法”；因此“合法”和“非法”就是一对绝对反义词。其他绝对反义词如“男—女、真—假、正—反、有—无、死—活、是—非、整体—部分、必然—偶然、成功—失败、感性—理性、有限—无限、完整—残缺”等。

如果两个词处于反对关系之中，肯定一方就必然否定另一方，否定一方则未必肯定另一方，二者之间存在非此非彼的中间状态，这类反义词就是相对反义词。例如，是“高”就一定是“不矮”，是“矮”就一定是“不高”，但“不高”未必就是“矮”，“不矮”也未必就是“高”，因为在“高”与“矮””之间还存在着“不高不矮”。是“赢利”就一定不会是“亏损”，是“亏损”就一定不会是“赢利”，但“没赢利”未必就是“亏损”，“没亏损”也未必就是“赢利”，因为在“赢利”和“亏损”之间还存在“不赢不亏”。“高”和“矮”、“赢利”和“亏损”都属于相对反义词。其他相对反义词如“大—小、长—短、高—低、深—浅、胖—瘦、多—少、快—慢、远—近、强—弱、美—丑、输—赢、爱—恨、伟大—渺小、高尚—卑鄙、复杂—简单、困难—容易、仔细—粗心、繁荣—萧条、恩人—仇人、朋友—敌人”等。

四、语义场

“场”这个概念是从物理学中借用过来的，它原指一个范围，在这个范围之内，某些物质互相关联，相互作用，如电场、磁场、引力场等。词义具有一定的系统性，一个词语的意义同邻近的其他词义互相依存、互相规定、互相制约，形成类似于“场”的系统。

语义场是由具有共同类属义素的词语（义位）构成的系统。类属义素是指反映事物所属类别的语义特征，凡是属于同一个语义场的词语都具有相同的类属义素。例如，“白菜、菠菜、芹菜、韭菜、油菜、辣椒、黄瓜……”都具有类属义素“蔬菜”，它们就构成一个语义场；“桌子、椅子、板凳、柜子、床……”都具有类属义素“家具”，它们也构成一个语义场；“语素、语素组、词、词组、句子、句组”都具有类属义素“语法单位”，它们也构成一个语义场。在一个语义场内，共同的类属义素把不同的词语关联在一起，使它们聚合成类，各自不同的区别义素又使同类成员相互区别。

语义场与语言中的上下位词有着密切的关系。语言中有些词词义外延大，有些词词义外延小，如果后者的词义外延完全包含在前者的词义外延之内，那么它们之间就有上下位的关系，其中词义外延大的词叫“上位词”，词义外延小的词叫“下位词”。例如，“水果”这个词，对于“苹果、鸭梨、橘子、香蕉、荔枝、西瓜”这些词来说，不仅词义外延大，而且将后几个词的词义外延包含在其中，因此是它们的上位词，“苹果、鸭梨、橘子、香蕉、荔枝、西瓜”等则是“水果”的下位词。属于同一个上位词的下位词具有相同的类属义素，因此可以构成一个语义场。

语义场最重要的特点是它的系统性，场内词义的相互制约、相互规定是语义场系统性的突出表现。一个语义场就是一个词义子系统，在这个子系统中，类属义素限定的意义领域，被切分成若干部分分配给不同的场内词语，因此，在意义领域恒定或封闭的情况下，如果一个词义扩大了自己的外延，相邻词义的外延就会相应缩小；如果一个词义缩小了自己的外延，相邻词义的外延就会相应扩大；语义场中某个词义的变化或词语数量的增减，都可能导致意义领域的重新切分和重新分配，从而引起场内其他词义的变化。例如，“血亲同胞”这个意义领域，在汉语普通话里被切分为四个部分并分配给“哥哥、弟弟、姐姐、妹妹”来表示，在英语里则只切分为两个部分并分配给“brother”和“sister”来表示。汉语普通话里“哥哥、姐姐”的词义，因受到“弟弟、妹妹”的制约而具有义素[+年长]；英语的这一语义场内因没有与汉语普通话“弟弟、妹妹”相当的词，“brother”和“sister”也就不分长幼。再如，18世纪时，德语里的“braun”不仅指棕色，而且可以包括紫色，后来德语从法语中借入了“violet”一词，用来专指紫色，“braun”的词义外延也就随之缩小为专指棕色。由此可见，一个词语的意义往往需要放到词义系统中来认识，不仅要看这个词义本身是什么，也要看它周围有什么。

需要指出的是，语义场的系统性有的比较强，有的比较弱，是不平衡的。一般来说，越封闭、成员越少的语义场系统性越强；反之系统性则越弱。语义场的系统性越强，词义之间的相互制约和影响就越显著。上面提到的“血亲同胞”和“颜色”语义场，因比较封闭，成员数量有限，系统性就比较强，词义之间的相互制约和影响就比较明显，而“家用电器”语义场比较开放，随着科学技术的发展，这个语义场内会不断有新的成员加入，因而系统性就比较弱，词义之间相互制约、相互规定的关系就不那么明显，新词的加入一般也不会引起原有词语的词义变化。

语义场的另一个特点是它的层级性。人对事物的分类是有层级的，小类上面有大类，大类上面还有更大的类，因而反映事物类别的语义场就形成了一个层级结构，若干较小的语义场可以集合成较大的语义场，若干较大的语义场可以集合成更大的语义场。例如，“卡车、轿车、吉普车……”可以构成“汽车”这个语义场，“汽车”又可以和“火车、摩托车、自行车……”等语义场集合成“车”这个较大的语义场，“车”还可以和“船、飞机”等语义场集合成“交通工具”这个更大的语义场。

语义场理论对词义研究和语言比较研究都有重要的意义。语义场理论以系统的观点来看待语言中的语汇意义，使我们能够从词义的相互联系中去探索词义的内涵及其发展演变。例如，从古代汉语到现代汉语，有许多词义扩大的现象，如“腿”原指小腿（“股”指大腿），后意义扩大指整个腿，如果能着眼于词义的系统性，将这些词义演变现象放到词义的相互制约关系中来考察，将有助于解释这些词义演变现象的动因。语义场的划分是义素分析的基础，义素分析中的词义对比首先是在最小语义场内进行的。语义场理论也为词义体系的建立提供了一种可供选择的理论和途径，语义场是分层级的，由小到大，最后集合成一种语言的总语义场，所有词义最后都有可能容纳到这个语义场的层级体系中去。语义场理论也为不同语言的比较研究提供了一种可以利用的手段和框架。例如，通过汉语和英语“血亲同胞”语义场的对比，可以清楚地看到二者的差异。

第四节　句义

本节学习要点

1. 句义的构成：关系意义：关系意义与语汇意义，语法关系意义，语义关系意义；语气意义。

2. 句子的语义结构：述谓结构、谓词与论元，谓词的支配地位，论元的语义角色，述谓结构的类型：简单述谓结构，复合述谓结构，降级述谓结构；语义指向：语义指向与句法结构关系，语义指向对句义理解的影响。

3. 蕴含和预设：蕴含与预设的不同，蕴含、预设与句义聚合。

4. 歧义：歧义的性质：口头歧义和书面歧义，歧义与语义模糊，歧义与语义笼统，歧义难度与语义解释的出现频率；歧义的类型：语汇歧义，组合歧义。

词义是词的意义，句义就是句子的意义。相对来说，词义虽然千差万别，还有多义词、同义词、反义词等复杂的词义聚合现象，但毕竟词义只是由一个一个的词负载的，其语义容量相对较小，语义内容相对固定，相关因素也相对单纯一些。句义的情况就要复杂得多，这不仅因为句子总是由多个成分组成，这些成分之间就必然有各种各样的语法关系和语义关系，还因为句子内有通过停延、重音、句调等其他手段表示的意义，这些都会造成句子意义的错综复杂。

一、句义的构成

句子是言语交际的基本单位，要理解一个句子，不仅要懂得其中每个词语的意义，而且还要了解词语之间的关系意义以及全句的语气意义。要正确理解“小王在修电脑”这个句子，除了要知道句中每个词语是什么意义，还要知道“小王”和“在修电脑”之间是主谓关系，“修”和“电脑”之间是述宾关系，“小王”是“修”这个行为的发出者，“电脑”是“修”这个行为的支配对象，此外，还要清楚说话人说这个句子是为了陈述一个事实，还是在询问，还是在提出一个请求。由此可见，句子的意义要比词义复杂得多，相关因素也多得多。

如前所述，语言形式的意义可以分为两类，一是由语言形式本身所表达的意义，即语言意义；一是在特定的语境作用下产生的意义，即语境意义。句子的意义同样存在这样两种类型，句子的语言意义是由句子里的语汇形式、语法形式来表达的，句子的语境意义则一方面以句子的语言意义为基础，一方面又受制于上下文语境和情景语境。下面所要讨论的句义仅指句子的语言意义，而不包括句子的语境意义。

句子的语言意义可以依据表达形式的不同而大致分为词语意义、关系意义和语气意义三个主要部分。

（一）词语意义

词语是句子的基本构成成分，词义是句义的重要组成部分。词语意义包括实词的语汇意义和虚词的语法意义，理解一个句子的意义，首先要懂得这些词语的意义。例如，要理解“他正在看论文”这个句子，就要知道“他、正在、看、论文”这几个词是什么意思，然后才有可能懂得全句的意思。句子所包含的词不同，句义就可能不同。下面（4）中各句的句义各不相同，句义之间的差别完全是由词义的不同造成的。比较：

（4）a. 他正在看论文。　　b. 他正在写论文。
　　c. 他没有看论文。　　d. 他没有写论文。
　　e. 他正在看小说。　　f. 他正在写小说。

词语意义除了词语本身的意义之外，还包括词语的搭配意义。词语的搭配意义是指词义搭配的选择限制及其体现出来的意义。例如，“写论文”对施事会有这样一些选择限制，其一，“写论文”一定是“人”的行为，所以表示人以外事物的词语都不能与之搭配，除非在童话里，否则“猴子正在写论文”或“桌子正在写论文”这样的搭配都让人难以接受。其二，“写论文”要求施事有写作的能力，所以“那个文盲正在写论文”就显得荒诞不通。如果有意违反这类选择限制规则，就会造成超常搭配。当出现超常搭配时，选择限制规则会迫使听话人按修辞现象去理解语句的意义。例如，“小白兔正在写论文”属于超常搭配，人们如果要接受这个句子，就只能按“拟人”的修辞现象来理解。

（二）关系意义

关系意义是指由词语间的结构关系赋予的意义。句子通常都是由词语组合而成的，词语在组合中就会形成一定的结构关系，由这些结构关系所赋予的意义就是关系意义。关系意义不同，词语组合表示的意义也就不同。例如“香蕉苹果”可以有两种理解，如果将“香蕉”和“苹果”的关系理解为修饰关系，那么指的是苹果的一个品种；如果将“香蕉”和“苹果”的关系理解为并列关系，那么指的是“香蕉”和“苹果”两种水果。

关系意义是词语组合中产生的意义。关系意义和语汇意义不同，语汇意义是词语本身所具有的意义，一个实义词语即使孤立存在，也会具有语汇意义，而关系意义则是词语进入组合之后才会产生的意义，它只存在于一定的句法结构之中，孤立的实义词语是没有这种意义的。例如，“小王在修电脑”这个句子里，“小王”是“修”的施事，“电脑”是“修”的受事，这些意义都是组合关系带来的，脱离了词语的组合，作为孤立的词，“小王”和“电脑”并没有施事或受事的意义。词语在组合中形成的相互关系包括语法结构关系和语义结构关系，因而，词语组合中的关系意义也相应地分为“语法关系意义”和“语义关系意义”。

1. 语法关系意义

语法关系意义是指语法结构关系赋予的意义。词语的组合不是任意的，而是按照一定的组合模式进行的，词语组合的模式就是语法结构。在语法结构中，词语之间会形成一定的语法结构关系，不同的语法结构关系具有不同的意义。主谓结构关系的意义是“陈述”，述宾结构关系的意义是“支配、关涉”，偏正结构关系的意义是“修饰、限定”，并列结构关系的意义的“平列、联合”等。例如，“小王在修电脑”就包含着“小王”和“在修电脑”之间的“陈述”意义，“在”和“修电脑”之间的“修饰、限定”意义，

“修”和“电脑”之间的“支配、关涉”意义。如果相同的词语线条性序列存在两种语法关系意义，就会有两种不同的理解。例如，“进口原料”并存着两种不同的语法关系意义，一是偏正结构的“修饰、限定”意义，一是述宾结构的“支配、涉及”意义。按前者理解，“进口原料”的意义是指“来自国外的原料”；按后者理解，“进口原料”的意义是指“从国外购进原料”。由此可见，语法关系意义是句义的重要组成部分，正确理解这种意义是正确理解句义的前提之一。

2. 语义关系意义

语义关系意义是指语义结构关系赋予的意义。组合中的词语不仅处在一定的语法结构关系之中，还同时处在一定的语义结构关系之中。语义结构关系是指词语在组合中产生的语义上的关系，它是一定的现实关系的概括反映，不同的语义结构关系具有不同的意义。例如，动词和名词之间可以有“动作”与“施事”、“动作”与“受事”。“动作”与“工具”、“动作”与“结果”、“动作”与“处所”等语义关系意义。“小王在修电脑”就包含着“小王”和“修电脑”之间的“施事”与“动作”的意义，以及“修”和“电脑”之间的“动作”与“受事”的意义。如果相同的词语线条性序列存在两种语义关系意义，就会造成两种不同的理解。例如，“她是去年生的孩子”中，“她”和“生”之间既可以有“动作”与“施事”的关系意义，也可以有“动作”与“结果”的关系意义。按前者理解，句子的意思是“她去年生了孩子”；按后者理解，句子的意思是“她是去年出生的”。由此可见，语义关系意义也是句义的重要组成部分，正确理解这种意义也是正确理解句义的前提之一。

（三）语气意义

语气意义是指反映句子功用和说话人主观情态的意义。人们使用句子来进行言语交际，总是出于某种目的，或是向他人述说一件事情，或是向他人询问，或是要求他人做某件事情，或是抒发某种强烈的情感。这类表示句子用途的语气意义主要包括陈述、疑问、祈使、感叹四种。此外，人们在述说、询问或要求的同时，还可能带有某种主观态度或情绪，或确信，或怀疑，或庆幸，或不满，或惊诧，或坚决，或犹豫等。这类语气意义内容复杂，目前还难以做出穷尽性的描写。

语气意义一般都是通过语调来表达的，在英语里，下降的语调通常表示陈述语气，上升的语调通常表示疑问语气。在有些语言中，一些虚词和副词也有表达语气意义的作用。汉语普通话的语气词“吗”可以表达疑问语气，副词“确实、的确”可以表达确信语气，“幸亏、幸好”可以表达庆幸语气，

“竟然、居然”可以表示惊诧语气。如果两个句子的词语意义、语法关系意义和语义关系意义都相同，而语气意义不同，这两个句子的意义也会不同。例如：

（5）a. 小张把鞋脱啦。
　　b. 小张把鞋脱啦？
　　c. 小张把鞋脱啦！

（5a）是陈述语气，（5b）是疑问语气，（5c）是祈使语气，这几个句子意义上的差别完全是由语气意义的不同造成的。由此可见，语气意义也是句义的重要组成部分，正确理解语气意义也是正确理解句义的前提之一。

二、句子的语义结构

词语之间的语法关系意义和语义关系意义，分别是由语法结构和语义结构赋予的。句子中的语法结构是语法学的研究对象，这里将着重讨论句子的语义结构。

（一）述谓结构

从语义结构上看，一个句子可以分为“情态”和“命题”两个部分。情态部分包括时态、语态、语气等方面的意义，情态以外的部分便是命题。一个命题可以进一步分析为一个“述谓结构”，一个述谓结构由一个“谓词”和若干个“论元”组成。在句法上，谓词一般就是充当谓语的动词或形容词，下面各句中的画线部分就都是谓词：

（6）a. 病人已经<u>休息</u>了。　　b. 那孩子很<u>聪明</u>。
　　c. 他<u>吃</u>了一个面包。　　d. 我<u>送</u>你一箱梨。

论元是与谓词有直接语义关系并受谓词支配的语义成分，一般由名词性词语担负，在句法上经常充当主语或宾语。（6）中的名词或名词词组“病人、那孩子、他、一个面包、我、你、一箱梨”就分别是谓词（包括动词、形容词）“休息、聪明、吃、送”的论元。

谓词是述谓结构中处于支配地位的核心成分，一个述谓结构可以有多少个论元以及可以有什么角色的论元，主要是由谓词的语义决定的。例如，谓词“休息”表示“暂时停止活动”，在这种行为中，除了行为的发出者，不会再有其他的参与者，所以“休息”只能有一个施事论元。谓词“聪明”表示某种属性，只涉及属性的领有者，所以“聪明”只能有一个主体论元。谓词“吃”表示“经咀嚼咽下去”，在这种行为中，不仅要有一个动作的发出者，而且要有一个被“咀嚼咽下去”的客体，所以“吃”有两个“论元”，分别是施事和受事。谓词“送”的意思是“无代价地把东西给别人”，在这种行为中，不仅要有一个“送”的行为发出者，而且要有一个被“送”的客体，还要有一个被“送”客体的接受者，所以“送”有施事、受事、与事三个论元。

论元从与谓词的语义关系上看，可以分为不同的类型，这种类型通常称之为“语义角色”。述谓结构是对现实过程和关系的反映，现实过程和关系一定会有参与者或关联者，这些参与者或关联者在过程和关系中担当着不同的角色，语义角色就是对这种现实角色进行范畴化的结果。常见的语义角色有“主体、施事、受事、与事、工具、结果、处所”等。主体表示属性或状态的所有者，如“那孩子很聪明”中的“那孩子”；施事表示动作行为的发出者，如“老王吃了一个面包”中的“老王”；受事表示动作行为的承受者，如“老王吃了一个面包”中的“一个面包”；与事表示转让物的接受者或原有者，如“我送你一箱梨”中的“你”，“那个人偷了老李一双鞋”中的“老李”；工具表示动作行为所凭借的工具、材料或手段，如“水浇花了”中的“水”；结果表示由动作行为产生的事物，如“桥梁建造好了”中的“桥梁”；处所表示动作行为发生或所及的处所，如“他去上海了”中的“上海”。

论元对担负成分是有选择限制的。同一个谓词的论元，语义角色不同，选择限制就可能不同。例如，谓词“修理”有两个论元，一个是施事，一个是受事，施事论元一般要求具有[+人]义素的名词性词语来担负，受事论元则要求具有[+器物]义素的名词性词语来担负，所以，“小王修理电脑”可以成立，而“电脑修理小王”就不能成立。不同谓词的论元，语义角色相同，选择限制也可能不同。例如，“殴打”也可以有施事和受事两个论元，但与“修理”不同，它的受事论元只能由具有[+人]义素的名词性词语来担负，所以，“小王殴打过那个人”可以说，“小王殴打过那条狗”就不能说。由于论元对担负成分的种种选择限制，述谓结构对语法有着显著而深刻的影响。

述谓结构从结构类型上看，可以分为“简单述谓结构”“复合述谓结构”和“降级述谓结构”三种主要类型，这些不同的语义结构反映到语法上，就形成不同的句法结构。

简单述谓结构是只由一个谓词和所带论元构成的述谓结构，而且所有论元本身不是也不包含述谓结构。从句法形式上看，这类述谓结构就是所谓"简单句"。例如：

（7）a. 那辆车很漂亮。　　b. 学校已经开学了。
　　c. 他正在洗衣服。　　d. 我问你一个问题。

复合述谓结构是由彼此间有一定的语义关系，但不具有论元关系的两个或两个以上述谓结构复合而成的述谓结构。从句法形式上看，这类述谓结构就是所谓的"复句"和"连谓句"。例如：

（8）a. 张老师教数学，李老师教语文。　　b. 如果下雨，就改变计划。
　　c. 他觉得不太舒服就先回家去了。　　d. 我去医院看望一位病人。

（8a）由"张老师教数学"和"李老师教语文"两个述谓结构组成，述谓结构之间是并列关系；（8b）由"下雨"和"（我们）改变计划"两个述谓结构组成，述谓结构之间是假设关系；（8c）由"他觉得不太舒服"和"（他）先回家去了"两个述谓结构组成，述谓结构之间是因果关系；（8d）由"我去医院"和"（我）看望一位病人"两个述谓结构组成，后一个述谓结构表示的是前一个述谓结构的目的。

降级述谓结构是充当论元或论元修饰成分的述谓结构。由于这类述谓结构由述谓结构的层级下降到论元，甚至修饰成分的层级，所以称之为"降级"。降级述谓结构又可分为"从属的降级述谓结构"和"特征化的降级述谓结构"两类。

从属的降级述谓结构是充当谓词论元的述谓结构。从句法形式上看，这类述谓结构就是所谓"主语从句"和"宾语从句"。例如：

（9）a. 我们同意你去。　　b. 你去比较好。

（9a）中"你去"是一个述谓结构，但并不独立，而是受主要述谓结构谓词"同意"的支配，做"同意"的宾语论元，因而是一个从属的降级述谓结构；（9b）中"你去"做谓词"好"的主体论元，也是一个从属的降级述谓结构。

特征化的降级述谓结构是充当修饰成分的述谓结构。这类述谓结构因充当修饰成分，不表示一个独立的命题，而是表示事物或行为的属性特征，所谓称之为“特征化的”。从句法形式上看，特征化述谓结构就是所谓“定语从句”“状语从句”和“补语从句”。例如：

（10）a. 我正在看妈妈写的信。　b. 那个戴眼镜的人找你。
　　　c. 我有计划地复习功课。　d. 妹妹高兴得跳了起来。

（10a）中“妈妈写（信）”是一个述谓结构，充当论元“信”的定语；（10b）中“（某人）戴眼镜”是一个述谓结构，充当论元“人”的定语；（10c）中“（我）有计划”是一个述谓结构，充当“复习功课”的状语；（10d）中“（妹妹）跳起来”是一个述谓结构，充当“高兴”的补语。如果说从属的降级述谓结构是从述谓结构下降到论元的层级，那么特征化的降级述谓结构则更是下降到了论元或谓词特征的层级。

（二）语义指向

语义指向是指句子中某个成分在语义上指向哪个成分，或者说与哪个成分发生语义上的联系。句子中某个成分的语义指向与句法结构关系可能一致，也可能不一致。例如：

（11）a. 他喝完了酒。
　　　b. 他喝醉了酒。
　　　c. 他喝光了酒。

（11a）“他喝完了酒”是说“喝（酒）的动作完结了”，“完”是动词“喝”的补语，在语义上也指向“喝”，句法结构关系和语义指向是一致的；（11b）“他喝醉了酒”是说“他喝酒，他醉了”，“醉”虽也是“喝”的补语，但在语义上却指向施事“他”；（11c）“他喝光了酒”是说“他喝酒，酒光了”，“光”也是动词“喝”的补语，但在语义上却指向受事“酒”。后两例中“醉”和“光”的语义指向就和句法结构关系不一致。甚至有时句子中某个成分在语义上还可以指向句中未出现的成分，例如，“他们被客客气气地请进了客厅”，其中“客客气气地”虽然是“请进了客厅”的状语，但在语义上却指向句中未出现的“请”的施事。

语义指向对句义的理解有直接的影响，这种影响可以超越句法结构关系的限制。句法结构关系不同，但语义指向一致，就可能得到相同的语义解释。例如，从句法结构关系上看，例（12）中三句中“浓浓的（地）”分别充当定语、状语和补语，但它们在语义上都指向“咖啡”，得到的语义解释都是“咖啡浓浓的”。比较：

（12）a. 他沏了一杯浓浓的咖啡。
b. 他浓浓地沏了一杯咖啡。
c. 他把咖啡沏得浓浓的。

句法结构关系相同，但语义指向不同，就可能得到不同的语义解释。例（13）中四个句子中都有一个由“在……”充当的状语，但语义指向却不同，得到的语义解释也就不同。比较：

（13）a. 他在食堂里吃饭。　　b. 他在山顶上看海。
c. 他在钱包里掏钱。　　d. 他在车上贴广告。

（13a）中状语同时指向主语和宾语，意思是“他”和“饭”都在食堂里；（13b）中状语只能指向主语，意思是“他”在山顶上，“海”不在山顶上；（13c）中状语只能指向宾语，意思是“钱”在钱包里，“他”不在钱包里；（13d）中状语既可以同时指向主语和宾语，也可以只指向主语，或者只指向宾语，因此可以有三种不同的语义解释，即“他”和“广告”都在车上，“他”在车上而“广告”不在车上，“广告”在车上而“他”不在车上。

三、蕴含和预设

句义之间可以相互关联，可以有各种不同的关系，“蕴含”和“预设”就是句义之间的两种重要的关系，这两种关系对句义的理解有重要作用。

（一）蕴含

蕴含是句义之间的一种重要关系，甲蕴含乙是指就话语本身所表达的意义而言，如果有句义甲就必然有句义乙。蕴含可以用公式表示为：甲→乙，意思是“甲蕴含乙，乙是甲的蕴含”。例如：

（14）a. 他买了一台电视机　→　他买了一台家用电器
b. 他打伤了那个人的胳膊　→　他打伤了那个人

蕴含常常发生在含有上下位关系或整体与部分关系的句义之间。例如，(14a)中的“家用电器”和“电视机”有上下位关系，(14b)中的“那个人”和“那个人的胳膊”有整体与部分的关系。一般情况下，蕴含的规律是含有下位义或部分义的句义蕴含含有上位义或整体义的句义，而不是相反。“电视机”是“家用电器”的下位义，因此从“他买了一台电视机”可以推知“他买了一台家用电器”，但从“他买了一台家用电器”却无法推知“他买了一台电视机”。“那个人的胳膊”是部分义，“那个人”是整体义，因此从“他打伤了那个人的胳膊”可以推知“他打伤了那个人”，但从“他打伤了那个人”却无法推知“他打伤了那个人的胳膊”。但如果句义强调所及之物的周遍性，即强调所述之事涉及某类事物的全体成员或某一整体的所有部分，则含有上位义或整体义的句义蕴含含有下位义或部分义的句义，而不是相反。例如：

(15) a. 什么家用电器他都有 → 他有电视机
b. 那个人浑身都是伤 → 那个人胳膊上有伤

(15a)中“什么家用电器”说的是所有种类的家用电器，因此从“什么家用电器他都有”可以推知“他有电视机”，从“他有电视机”却无法推知“什么家用电器他都有”；(15b)中“浑身”强调的是“那个人”的所有部分，因此从“那个人浑身都是伤”可以推知“那个人胳膊上有伤”，但从“那个人胳膊上有伤”却无法推知“那个人浑身都是伤”。

蕴含把多个句义关联在一起，使句子的意义具有更为丰富的内容。蕴含与词语意义的上下位关系有密切关联，上下位关系是一个多层级的体系，上位之上可能还有上位，下位之下可能还有下位，而且句子所包含的上下位关系还可能不止一种，因此一个句义往往会有多个蕴含，一个句义通过蕴含关系可以同一群句义联系在一起，形成句义聚合，并使这些句义成为这个句子的潜在意义。因此有语言学家认为，一个句子的意义可以看作一组命题的集合。例如：

(16) a. 他在看描写辛亥革命的小说 → 他在看小说 → 他在看文学作品
b. 那个中国青年拿着一本英文书 → 那个中国青年拿着一本外文书
那个中国青年拿着一本英文书 → 那个中国人拿着一本英文书

蕴含关系的认识不仅可以深化对句义的理解，而且还有助于认识句义之间的同义和矛盾关系。如果两个句义互相蕴含，它们之间就是同义关系。例如：

（17）a. 河北省在黄河以北　　←→　　黄河在河北省以南
　　　b. 苏洵是苏轼的父亲　　←→　　苏轼是苏洵的儿子

如果两个句义互相以对方的否定命题为蕴含，它们之间就是矛盾关系。例（18）说明“张杰是老师”和“张杰是学生”分别以对方的否定命题为蕴含，二者之间是矛盾关系。

（18）a. 张杰是老师　　→　　张杰不是学生
　　　b. 张杰是学生　　→　　张杰不是老师

（二）预设

预设是句义之间的一种重要关系，与语义蕴含一样，预设也是就话语本身表达的意义而言的，也是有句义甲就必然有句义乙，但蕴含包含在句子的断言范围之内，是句子的基本信息；而预设不在句子的断言范围之内，是句子的背景信息。预设可以用公式表示为：甲⇒乙，意思是“甲以乙为预设”。试比较：

（19）a. 他妹妹在北京上大学　　→　　他妹妹在北京上学
　　　b. 他妹妹在北京上大学　　⇒　　他有妹妹

（19a）和（19b）甲句（左）都是断言某人在做某事，（19a）的乙句（右）在甲句的断言范围之内，因而（19a）的甲和乙是蕴含关系；（19b）的乙句则不在甲句的断言范围之内，也就是说甲句并不是在说他有没有妹妹，乙句只是甲句附带表达出来的背景意义，因而（19b）的甲和乙是预设关系，即乙是甲的预设。下面各例中，乙句都是甲句的预设：

（20）a. 他又感冒了　　⇒　　他曾经感冒过
　　　b. 他早就退休了　　⇒　　他曾经工作过
　　　c. 我用过他那台电脑　　⇒　　他有电脑
　　　d. 明天的生活将更美好　　⇒　　今天的生活是美好的

通常情况下，可以用否定检验法来区分预设和蕴含。如果乙是甲的预设，否定甲时，乙依然可以成立；如果乙是甲的蕴含，否定甲时，乙可能成立，也可能不成立。“他有妹妹”是“他妹妹在北京上大学”的预设，否定后一句，这个预设依然成立，因为即使他妹妹没在北京上大学，他依然有一个妹妹。“他妹妹在北京上学”是“他妹妹在北京上大学”的蕴含，否定后一句，这个蕴含可能成立，也可能不成立，因为他妹妹可能在北京上中学，也可能根本没在北京上学。

同蕴含一样，一个句义可以通过预设关系与其他句义联系在一起，形成句义聚合，使这些句义成为这个句子潜在的意义，因而说出一个句子后，再说出这个句子的预设，就会使人感到重复啰唆。例如：

（21）a. ？他妹妹在北京上大学，他有妹妹。
b. ？他又感冒了，他以前曾经感冒过。
c. ？他早就退休了，他以前曾经工作过。
d. ？明天的生活将更美好，今天的生活是美好的。

预设是一个句义为真的前提，因此否定句义的预设，往往是比否定句义本身更为有力的反驳。例如，只有在预设“他有妹妹”为真的前提下，“他妹妹在北京上大学”才有可能为真，如果这个预设为假，“他妹妹在北京上大学”就不可能为真，因此“他没有妹妹”就可以彻底否定“他妹妹在北京上大学”。

四、歧义

词有多义词，语句也可能同时有多个意义。在无法确定一个语句表示的是多个意义中的哪一个意义时，就会产生“歧义”，造成歧义的原因是复杂而多种多样的。

（一）歧义的性质

歧义是指一个语言符号线条性序列可以有多种语义解释。例如，“德国车多”可有两种理解，一是“德国车 / 多”，意思是说德国品牌的汽车多；一是“德国 / 车多”，意思是说德国境内车辆多。再如，在英语里，“old men and women”也可以有两种理解，一是“old/ men and women”，意思是“年老的男人和年老的女人”；一是“old men /and women”，意思是“年老的男人和女人（年龄不限）”。

歧义以语言符号序列的同形为前提条件。所谓同形，从口头表达上说，要求音位及其组合形式相同，韵律特征也相同；从书面表达上说，则要求书写符号及其线条性序列相同。口头表达和书面表达各自有一些局限，口头表达无法利用书写符号对同音成分的区别作用，书面表达则难以体现包括轻重音、句内停延在内的绝大部分韵律特征。因此，口头同形和书面同形并不总是一致的。口头同形的，书面不一定同形；书面同形的，口头不一定同形。进一步说，口头歧义和书面歧义并不总是一致的。口头上有歧义的，书面上不一定有歧义；书面上有歧义的，口头上不一定有歧义。例如：在口头上，“这东西可以zhì癌”可以有两种理解，一是“这东西可以致癌”，一是“这东西可以治癌”，但写在书面上，这两个意思就不再同形，歧义当然也就不存在了。上面所举的“德国车多”在书面上是有歧义的，但在口头上说出来，一个是“德国车/多”，停顿在“德国车”和“多”之间；一个是“德国/车多”，停顿在“德国”和“车多”之间，二者并不同形，歧义当然也就不存在了。

歧义与语义模糊性质不同。语义上的所谓“模糊”，是指语言形式所反映的对象只有一个大致的范围，而没有明确的边界，一个意义与别的意义难以绝对划分清楚。歧义则是指同形的语言符号序列可以具有两个或两个以上不同的意义，这些不同的意义之间分界则是清楚的。在言语交际中，歧义可以通过上下文语境和情景语境来消除，而模糊词语在任何语境中都是模糊的，除非能以量化的方法来界定它们。例如，“年老”是模糊的，它与“年轻”之间并没有绝对的界限；“年老的男人和女人”是歧义的，但两种理解区别清楚而不会相混，而且如果换个说法，说成“年老的男人和年老的女人”或“女人和年老的男人”，歧义就消除了，但其中的“年老”依然是模糊的。

歧义与语义笼统性质也不同。语义笼统与语义的概括性有关，是因对同类对象的不同成员进行抽象概括而产生的。一般而言，脱离具体语境的词语和句子，其意义都有笼统的一面，而歧义的产生则与语义的概括性没有直接关系。“这是一本书”在语义上有笼统的一面，未表明是中文书还是外文书，是教科书还是工具书，是学术著作还是文学作品。一个笼统语义在语境中的具体所指可以不同，但这些不同的所指都可以归纳到这个笼统的语义之中，因此同一个笼统语义出现在并列结构中，可以有各自不同的具体所指，但不会造成语义上的冲突。歧义因与语义的概括性并非直接相关，因而也就不具有这种特点。“他拿着一本书”是笼统的还是歧义的，可以用“我拿着一本书，他也拿着一本书”这个并列复句来检验：其中两个“书”的具体所指虽然不同，但不会造成语义上的冲突，不会影响并列复句的成立，所以这句话是笼统的，而不是歧义的。“这家商店关门了”里的“关门”可以理解为“停业”，也可以理解为“营业时间已过”，但是在“这家商店关门了，那家商店也关门了”这个并列复句里，两个“关门”只能作相同的理解，不能一个理解为“停业”，另一个理解为“营业时间已过”，否则会造成两个“关门”之间的语义冲突，因为人们没有理由把“停业”和“营业时间已过”归纳在同一个义位之中，因此这句话是歧义的，而不是笼统的。

歧义在感知和理解上有难易程度的差别。有些歧义现象比较明显，人们很容易察觉和理解；有些歧义现象不易察觉，往往要在别人点破之后，人们才能意识到歧义的存在。对于前者，可以说歧义难度小；对于后者，可以说歧义难度大。歧义难度的大小与不同语义解释的出现频率有着密切的关系。一般来说，不同语义解释的出现频率越接近，歧义语句的歧义难度就越小，歧义就越容易被察觉；相反，歧义难度就越大，就越不容易被发现。例如，“他走了一个多小时了”可以有两种理解，一是“他行走了一个多小时了”，一是“他离开了一个多小时了”，这两种意义很难说哪个更常见，因而这个语句的歧义难度就比较小，歧义容易察觉。“被子盖好了”也可以有两种理解，一是指“被子把什么盖上了”，一是指“用什么把被子盖上了”。从书面看，“小心地滑”也可以有两种理解，一是指“请注意地面比较滑”，一是指“滑行或滑动时要谨慎”。这两个句子，由于后一种理解出现得较少，它们的歧义难度也就大一些，歧义察觉起来也就要难一些。需要指出的是，歧义难度大小所反映的只是歧义感知的难易程度，与是否存在歧义是两回事，歧义难度再大，也不意味着歧义不存在。

歧义可以区分为可能歧义和现实歧义。歧义在语言中是常见的，但由于上下文语境和情景语境有排除歧义的作用，在具体的话语中，具有歧义可能的语句通常却只呈现单一的意义，并不会导致理解上的分歧而妨碍交际的正常进行。但如果语境的限制作用不充分，可能的歧义就会成为现实的歧义，就可能影响交际的正常进行。

（二）歧义的类型

歧义按照所由产生的语言结构内部根源可以分为语汇歧义和组合歧义两大类，每一大类下还可以分出若干个小类。这些分类实际上也是对歧义产生原因的说明。

1. 语汇歧义

语汇歧义是指由语汇原因造成的歧义。语句的意义都是在词义的基础上形成的，因而词语的同音异义、同形（书写形式相同）异义和一词多义都可能造成语句的歧义。由词语的同音异义造成的歧义是语汇歧义的常见类型。例如：

（22）a. 新加坡一yóuchuán起火爆炸。　b. 明天我们学校qīzhōng考试。

（22a）里的“yóuchuán”既可以表示“油船”，也可以表示“游船”，还可以表示“邮船”，因而句子有歧义。（22b）里的“qīzhōng”既可以表示“期中”，也可以表示“期终”，由此造成句子的歧义。如果词语同音但不同形，就只可能造成口头歧义，在书面表达中则不会引起歧义。

词语的同形异义也可以造成歧义。例如：

（23）a. 他在那儿炸鱼呢。　b. 他背着弟弟去看电影。

在普通话里，（23a）中的“炸”如果读去声，意思是“用炸药爆炸”；如果读阳平，意思是“把食物放在沸油中弄熟”；因此句子书面上有歧义。（23b）中的“背”如果读阴平，意思是“用脊背驮”；如果读去声，意思是“瞒着”；由此造成句子的书面歧义。如果词语同形但不同音，就只会在书面上造成歧义，在口头表达中则不会引起歧义。

词语可能会有多个意义，一词多义也可能造成歧义。例如：

（24）a. 大桥已经修好了。
b. 他总算把包袱放下了。
c. The man was mad.

（24a）中的“修”是个多义词，在句中既可以表示“修建”，也可以表示“修理”，因而句子有歧义。（24b）中的“包袱”也是一个多义词，在句中既可以表示“用布包起来的包儿”，也可以比喻“某种负担”，由此造成句子的歧义。（24c）中英语形容词“mad”也是一个多义词，在句中既可以表示“发疯、发狂”，也可以表示“生气、发怒”，按前一种意义理解，全句的意思是“那个男人疯了”，按后一种意义理解，全句的意思是“那个男人十分生气”。一词多义无论在口头上还是在书面上都有可能造成歧义。

2. 组合歧义

组合歧义是指由词语组合关系上的原因造成的歧义。组合歧义又可以分为“语法结构歧义”和“语义结构歧义”两类。

语法结构歧义是指如果相同的词语序列可以并存不同的句法结构关系，就会造成歧义。例如：

（25）a. 奶油面包会有的。

b. 他们要进口钢材。

c. Tell me if you have time.

（25a）中“奶油”和“面包”既可以是偏正关系，意思是“奶油味的面包”；也可以是并列关系，意思是“奶油和面包”；由此造成句子的歧义。（25b）中“进口”和“钢材”既可以是偏正关系，意思是“来自国外的钢材”；也可以是述宾关系，意思是“从国外购买钢材”；因而句子有歧义。（25c）中“if you have time”既可以是状语从句，全句的意思是“如果你有空的话，就告诉我”；也可以是宾语从句，全句的意思是“告诉我你是否有空”。

如果相同的词语序列可以并存不同的层次构造，也会造成歧义。例如：

（26）a. 新汽车牌照　　　　b. the king of England's people

（26a）的层次构造可以是“新/汽车牌照”，意思是说“汽车牌照是新的”；也可以是“新汽车/牌照”，意思是说“汽车是新的”。（26b）的层次构造可以是“the king /of England's people”，意思是“英国人民的国王”；也可以是“the king of England's /people”，意思是“英国国王的人民”。

语义结构歧义是指如果相同的词语序列可以并存不同的语义结构关系，就有可能造成歧义。例如：

（27）a. 援助的是中国。

b. 饺子都包好了。

c. 那种点心他们都吃了。

（27a）中“中国”可以是“援助”的施事，句子的意思是“是中国援助的他们”；也可以是“援助”的受事，句子的意思是“是他们援助的中国”。

（27b）中“饺子”可以是“包”的结果，句子是指饺子从无到有的结果；也可以是“包”的受事，句子是指用什么东西把已经包得的饺子包起来。（27c）中副词“都”在语义上可以指向“那种点心”，句子的意思是“那种点心都被他们吃了”；也可以指向“他们”，句子的意思是“他们都吃过了那种点心”，至于那种点心是否被吃光了，则不是陈述的内容。

思考和练习

1. 什么是语义？为什么说语义不等同于指称？
2. 举例说明语义的概括性。
3. 在词典中随机抽取部分词语，看看它们的词义是否具有模糊性。
4. 比较汉语和一种外语的语义现象，看看二者的差别是否有民族心理和民族文化上的根源。
5. 举例说明词义构成的一般情况。
6. 词的理性意义与概念有什么不同？
7. 从《现代汉语词典》中义项的设置看义位与义项的关系。
8. 对“桌子、椅子、凳子、沙发”进行义素分析。
9. 从《现代汉语词典》中抽取若干多义词，分析它们的词义引申方式。
10. 举例说明同义词的性质和同义词之间的差异。
11. 举例说明反义词的性质和类型。
12. 什么是语义场？如何认识语义场的特点？
13. 体会正确理解一个句子的过程，看看都需要哪些条件。
14. 如何认识句子的语义结构？
15. 体会实际使用的句子，看看它们都有哪些言外之意，哪些可以用蕴含和预设解释。
16. 注意周围言语交际中的歧义现象，并分析其根源。

第五章

语　用

第一节　语用的性质

本节学习要点

1. 语用的概念：语言的实际运用，不能脱离语境是语用最为基本的特征。

2. 语用的性质和特点：语用的社会性，语用的情境性，语用的规约性。

语言是社会的交际工具，脱离了社会的运用，语言就会失去活力，就会成为死语言。因此，对语言研究而言，语音、语汇、语法和语义等本体要素固然重要，而语言的实际运用及相关问题也不应忽视。这一方面当然是因为作为一种交际工具，语言就存在于实际运用之中，另一方面，也是因为语言的本体要素也与语言的运用密切相关，本体因素的特征及演变常常有语言运用方面的动因。语言运用过程中产生的种种现象及相关问题，一般都归属“语用”。

一、什么是语用

语用即语言运用，指人们在一定的交际环境下对语言的实际运用。语言是人类最重要的交际工具，言语交际的过程就是人们运用语言进行说和听、写和读的过程。从信息传递的角度看，这一过程包括编码、发送、传递、接收、解码、反馈六个环节。

所谓编码就是用一定的语言形式把要表达的内容表现出来。语言形式是信息的载体，要表达思想，首先要根据语境条件和交际需要，选取一种交际双方都能理解的语言符号系统，然后按照这种语言的结构规则，寻找合适的词语形式，组词成句。编码完成以后，表达者要通过人的发音器官或文字书写将完成编码的信息发送出去。信息发送的方式取决于人们对语言表现形式的选择。根据不同的需要，表达的一方可能会选择“说”的方式进行口头交际，也可能会选择“写”的方式进行书面交际。

信息传递是向交际对象传送可以感知的言语信息的过程。在这一过程中，如果是用口语传递信息，那么负载语义内容的声波会借助空气或电子设备传递给听者；如果是用书面形式传递信息，借助文字书写出来的书面文本会通过送交、邮寄、张贴、电子传输等方式传递给读者。信息接收是听话人、读者对表达一方所发送、传递的信息进行感知的过程。大多数情况下，信息传送出去让人接收并不困难，表达者最难把握的是听话人或读者能否按照自己所希望的那样准确解读信息，以使交际活动顺利进行。

所谓解码是指听话人、读者根据感知到的语言文字形式，对表达一方所发送、传递的信息进行解析和意义还原的过程。在这一过程中，听话人和读者不仅要运用自己所掌握的语言文字知识理解对方话语中的语义内容，还要根据语境条件，调动自己在社会实践中积累起来的多方面的知识和经验，准确把握其话语含义以及交际意图。解码是听话人和读者的一种内在的精神活动，在双向交流的言语交际活动中，信息接收一方接收和解读信息之后，还会有一个信息反馈过程。信息反馈实际上就是第二次言语表达的开始，只不过这一次的编码和发送是由前一次言语交际中的信息接收者来实施的。如果没有信息反馈，表达者无法知晓听话人和读者对言语信息的理解有没有偏差，因此，信息反馈并非言语交际中可有可无的环节。

语用不能脱离语境，这是语用最为基本的特征。语言的实际运用都是在一定的交际环境中发生的，语言表达总是要和现实发生一定关联的，脱离了具体的交际环境，脱离了与现实世界的关联，语言就只是一个抽象的符号系统。语言的实际运用就是说话和写作，也包括听别人说话和阅读。说话和写作总是出于一定的目的，针对一定的对象，在一定的知识背景下，为表达特定的内容而进行的，这些交际情景因素都会对语言运用产生影响。不仅如此，在说话和写作过程中，前言和后语相互联系，相互影响，共同构成完整的表达，这种上下文因素对语言运用也有显著影响。要了解语言运用的规律，就不能不考虑这些相关因素，脱离了这些语境因素，也就没有语用研究。

总而言之，语言是人类用来交流思想情感的重要手段，语言的使用涉及交际双方，而且要受到语境条件的影响，要想有效地使用语言，不仅要掌握语言的结构规则，而且要了解语言的使用规律。

二、语用的性质和特点

语用作为与语境密切相关的社会现象，有以下一些主要的性质和特点。这些特点对于深入理解语用问题有重要意义，需要仔细体会和认真把握。

（一）语用的社会性

在社会交际中，说话和写文章都是对语言的具体运用。在实际生活中，每个人都有自己的发音特点、用语风格，说话和写作看上去是一种个人行为，但这只是一种表象。语言运用从本质上说是一种与他人密切相关的社会行为，具有社会性。其原因在于语言运用是人与人之间以信息交流为主的社会交际。在交际过程中，无论交际对象是否在场，有没有直接的信息反馈，言语交际都是在人与人之间进行的，这样的交流活动可以发生在个人与个人之间，也可以发生在个人与群体、群体与群体之间。为了实现交际目的，交际双方不论在表达内容，还是表现形式方面都要遵从社会习惯和使用规范，而且彼此要相互配合。不仅要用别人能够听懂、看懂的语言形式说话、写文章，而且还要根据表达需要，选取有助于实现交际意图的表现方式，以保证信息交流顺畅进行。

（二）语用的情境性

语用的情境性指语言运用离不开具体的使用环境。任何言语交际都是在一定的语境中进行的，语言使用的环境既包括由交际双方的言辞构成的上下文语境，还包括言辞之外的各种主客观因素构成的言语环境。语境与语言运用的关系主要表现在以下两个方面。

其一，语境既是语言符号组合的制约因素，同时也为语言符号在组合中获得新的意义提供了可理解、可接受的外部条件。例如，汉语动词“吃”是个多义词，“吃”的基本意义指将食物咀嚼后吞咽下去，因此在通常情况下，跟“吃”搭配的都是与食物有关的语词。不过，在实际生活中，我们既可以说“吃了两个包子”，还可以说“吃掉敌人两个师的兵力”，后一句话中的“吃”与咀嚼无关，指的是消灭或吞并，这一引申义是在使用中通过比喻联想产生的，该义项必须借助语境的帮助才能得到理解。

其二，语境是语言使用的客观条件，语言运用的效果如何在很大程度上取决于话语形式与语境的适应程度。话语形式与语境的适应程度就是通常人们所说的“得体”问题。语言的实际运用是要讲求交际效果的，正式场合和非正式场合话语的表现风格不同，面对不同的言谈对象说话的方式也不太一样，切合语境，得体表达，交际活动才会顺利且有效。正因为如此，在外语教学的会话课上，教师会设计出“打电话”“购物”“问路”“求助”等情景，通过某种角色扮演的交际活动，帮助学习者提高语言的实际运用能力。

（三）语用的规约性

所谓规约性是指在语言运用过程中必须遵从语言使用的社会习惯和表达规则，按照社会的行为规范行事。

运用语言交流思想情感的过程看似简单，实际上包含着许多复杂、具体的问题。要想取得预期的交际效果、顺利实现交际目的，无论听话人或读者是否在场，交际双方的编码、解码活动都要遵守一定的规则，而且不仅要遵守语言的结构规则，还要遵守语言的使用规则。语言的结构规则包括语音的组织规则、语法的结构规则、语义的组合规则等，这些编码规则是语言运用的前提，如果不遵守语言的结构规则，说出来的话不“合法”，像一堆乱码，让人难以理解。当然，仅仅把话说出来，把句子造对了还不行，还要遵守语言的使用规则，使整个表达切合语境，不仅“得体”而且“有效”。语言的使用规则是人们在言语交际中形成的一种社会规约，这些社会规约不仅反映在信息的组织和话语结构的安排方面，还涉及交际双方对语境知识的理解、言语行为的选择、会话原则的遵守、话语含义的推导解读等方面。如果不遵守语用规则，可能说出来的话不那么“得体”“有效”，让人难以接受或无法领会对方的交际意图。

三、语用的研究

从语言学发展的历史来看，语言研究者对语用问题的关注由来已久，修辞学就是比较早发展起来的、专门研究遣词造句技巧以提高表达效果的一门学问。尽管语言学不少研究领域都对语用问题有所关注，但是专门研究语言运用的学科是语用学。

“语用学”这个术语是由美国哲学家、符号学创始人莫里斯（C. W. Morris）首先提出的。1938年，莫里斯在他出版的《符号理论基础》一书中提出，符号学包括三个部分：句法学、语义学和语用学。其中，句法学研究“符号之间的形式关系”，语义学研究“符号及其所指对象的关系”，语用学研究“符号和解释者的关系”。在此，莫里斯正式提出语用学这一概念。莫里斯所说的符号包括语言符号在内的各种符号，他的符号学三分法引起学者们的极大兴趣，语用学研究逐渐在哲学领域展开，并在20世纪50年代中到70年代末取得了一些重要成果，其中包括指示语问题、言语行为理论、会话含义理论及合作原则等。这些成果意义重大，影响深远，不仅为语用学奠定了理论基础，同时也为后人的研究指引了方向。

20世纪的语言学在结构主义语言学思想的影响下重视语言内部要素和结构系统的研究，与此相应，观察和探讨语言结构系统的语音学、语法学成为语言研究的重心，取得了令人瞩目的研究成果，语义和语用方面的研究却因为涉及许多语言之外的因素一直比较薄弱。随着语言研究的不断深入，语言学家们逐渐认识到语用研究的重要性，在哲学家的影响下，语言学领域的语用研究开始走上独立发展道路。1977年,《语用学杂志》在荷兰阿姆斯特丹正式出版发行，该杂志的创刊号上开宗明义地指出：语言的语用学，较宽泛地说，就是研究语言运用的科学，是与语言的使用者相关的一门科学。《语用学杂志》的创刊不仅明确表达了语言学家对语用学的基本认识，同时也标志着语用学作为语言学的分支学科已初步形成。语用学的产生和发展，使语言运用问题得到比以往更为全面、细致的研究。

语用学在语言学领域是一门新兴学科，其发展尚未达到成熟阶段，具体研究哪些内容可能各家各派的看法也不完全一致。有的学者立足点在说话人，认为语用学是研究说话人的话语意义的学问；有的学者从听话人的角度，主张语用学主要研究人们特定的言语行为；有的学者从语境的角度，主张语用学研究如何利用语境来推断出意义；有的学者从社会交际的角度，主张语用学研究语言使用者在特定语境下理解和表达语言的能力；还有学者认为语言运用涉及语言行为的全部复杂现象，应该从认知、社会、文化等多角度对语用现象进行综合性研究。纵观已有的研究成果，无论学者们的理论主张如何，语境、指示语、预设、言语行为、会话原则、会话含义、会话结构等是大家共同关注的问题。学者们在吸收哲学家语用研究方面的理论成果的同时，结合语言运用的实际，在发展中又有所创新。从研究领域和方法来看，目前语用学的研究可以分为三种类型：描写语用学、形式语用学、应用语用学。描写语用学主要是结合语境因素对语言的各种表达形式加以描写，并归纳出特点，解释其中的使用规律；形式语用学探讨语用的形式和范畴，主要采用逻辑分析的方法建立语言表达的模型和推理规则；应用语用学关注的是语言的社会实践，注重通过调查和对比分析来考察语言在文化交流和社会环境中的运用。

总而言之，世界上任何一种语言都是在社会的使用中逐渐完善、发展起来的，语言学不仅要研究语言的结构规律和演变规律，还要研究语言的使用规律。只有充分考虑语言的社会交际功能，在实际运用中观察人们的言语行为，分析总结语言的使用规律，我们才能真正把握复杂、多变的语言现象，更加全面、准确地分析和解释语言结构的形式和意义。作为研究语言运用的现象和规律的一门学科，近几十年来，语用学研究有了较大发展，研究范围也不断扩大，已经成为现代语言学不可或缺的学科领域。本章我们主要介绍语用学中的基本知识，内容包括语境的构成要素及其对语言运用的影响，指示语的类型及其在语境中的确定，言语行为的类型及表现方式，会话的原则及会话含义的推导，句子的信息结构和话语的组织规律。

第二节　语境与语用

本节学习要点

1. 语境的类型：言内语境，言外语境。

2. 语境对语用的影响：言内语境的影响，言外语境的影响：交际情景，社会情境，人际环境，知识背景。

3. 语境与指示语：指示语与语言形式的具体所指；指示语的类型：人称指示，社交指示，时间指示，方位指示；语境是把握话语指示信息的重要条件。

语言的实际运用都是在一定的语境中发生的，脱离了一定的语境，言语交际就无从谈起，语言的实际运用也就不会发生，因此，语用首先与语境有关，不同的语境会影响语言的运用，会影响语句的表达和理解。语境问题因此成为语用研究最为关注的问题之一。

一、语境的要素及类型

语境指言语交际活动的环境。言语活动复杂多变，相关的环境因素和制约条件也多种多样。尽管我们在言语活动中能感受到语境的客观存在，但是要准确地描述影响语言表达的语境因素和制约条件并不是一件容易的事。语境是一种客观存在，语言学家所关注的“语境”是从具体的言语交际活动中抽象出来的，能够对人们的话语结构、意义、表达方式和表达效果产生影响的因素和条件。从言语交际活动的符号性和社会性两个方面来分析，语境的构成涉及语言要素和非语言要素。与话语内部语言要素相关的语境可以称为言内语境，与话语外部的非语言要素相关的语境可以称为言外语境。

言内语境又称上下文语境，指语言表达中的前言后语或上下文。“前言后语”主要指你一言我一语的对话中，出现在某一话语前面或后面的话语；“上下文”是一个比较宽泛的概念，在一段话语或一篇文章中出现在某个语言成分之前的词、词组、句子、句组都是上文，出现在后面的都是下文。说话写文章是通过组词成句、联句成篇来表达思想的，在言语交际中，可以说每一个词句的使用都与前言后语密切相关，彼此影响，互为语境。

言外语境指与言语交际活动相关的时间、空间、场景等交际情景和社会情境，与交际主体相关的人际环境和与话题相关的知识背景等。在语言运用过程中，影响话语表达和理解的各种非语言环境因素非常复杂，时间、地点、场合、人际关系以及交际者的身份、地位、心理状况、文化程度、知识背景等都能成为语境因素，而且各种语境因素还可能交织在一起，共同对话语意义的变化和理解起作用。

语境可以有狭义和广义之分。狭义语境指的是言内语境，广义语境既包括言内语境，又包括言外语境。在研究中，对于语言的编码规律，我们可以立足于语言本体，撇开外在多变的环境因素，只考虑由各种语言要素构成的上下文语境，在一定程度上进行相对纯化的研究；但是，一旦讨论语言的运用，无论是言内因素还是言外因素都不能回避，因为语言运用是一种社会行为，各种语境因素都有可能对话语的结构和意义产生影响，进而影响话语表达的效果。所以，语用学对语境的认识采取的是广义的语境观，关注表达中各种语境因素。

二、语境对语用的影响

如前所述，语境有言内语境和言外语境之分，这两种语境性质不同，对语言运用的影响也有所不同，因此需要分开来讨论。

（一）言内语境

语言运用涉及表达和理解，话语内的上下文语境对语言的表达和理解有着明显的制约作用。从表达的角度来看，组词成句传递信息不仅是表达者对语言结构规则的遵守，还体现出表达者对语境条件的利用；从理解的角度来看，语言的表达形式是有限的，而所传递的信息则丰富多彩、富于变化，不借助上下文语境，很难准确地把握话语的信息内容。下面主要从语言理解的角度来看言内语境对语言运用的影响。

第一，上下文语境有助于把握词语和句子的基本意义。词是语言中能独立运用的最小的语言单位，一个句子由词语按照一定结构方式组成。语言中很多常用的词语都是多义的，不仅如此，还有不少同音异义词和形同音近的异义词，脱离了语境，就很难判断一个词在具体组合中到底表示什么意义。下列各句中的“精神”一词，相同书写形式却表达不同的意思。比较：

（1）a. 当物质生活基本满足时，人们对精神生活就有了更多的需求。
　　b. 领会会议文件的精神是代表们的基本任务。

c. 他们没有一点睡意，越说越精神。

d. 小伙子长得很精神。

结合上面的各个句子的上下文语境，才能确定，（1a）中的“精神”指的是人的意识、思维、情感等主观世界，（1b）中的“精神”指的是文件的主旨或思想内容的实质；（1c）中的“精神”指的是活跃、兴奋，（1d）中的“精神”指的是英俊；相貌好。词语的意义确定了，句子的意义也就容易理解了。

第二，上下文语境有助于消除歧义。语言中歧义的现象很常见。例如“进口设备”这个词组，单说时可以有两种理解，一种是支配关系，表示“进口”某种设备；一种是修饰关系，表示“设备”是“进口”的。如果是放到“厂子里正打算进口设备”和“他们买了一台进口设备”这两个具体句子中，有了上下文的限定，这个词组在语境中体现哪种意义就很明确了。同样，很多单说有歧义的句子，放在一定的语境中意义会很明确。例如“鸡不吃了”这样的句子，单说时可以理解为“鸡不吃东西了”，也可以理解为“某人不吃鸡了”，但是，在“别喂米了，鸡不吃了”和“鸡不吃了，那么你就吃点蔬菜吧”这两个句子中，有了上下文语境的制约，“鸡不吃了”这句话意义明确，不会让人产生歧解。

第三，上下文语境有助于理解语言表达中词句的一些变化，补出隐含信息。语言表达中最常见的词句变化是省略，如果上下文中已经交代或表明了某种信息，在一定条件下省去一个或多个句子成分可以使话语简洁、流畅。省略可以是承前省或蒙后省，例如“你吃午饭了吗？——（我）吃了。”“你吃什么啦？——（吃了）三两水饺。”这两个对话中前后都省略了一些成分，这些成分所表达的信息可以通过上下文语境推导出来，不影响人们的理解。此外，语言表达中还有一种特殊的词句变化是超常搭配，一些词语在超常搭配中会产生某种临时性的意义，要理解它也需要借助上下文语境来推断。例如“红”这个词本义是指一种颜色，在“她早上出门穿了一身红”这个句子中，“一身”与“红”，以及“穿”与“一身红”属于非常规搭配。句子中的“红”临时用来借指红颜色的服装，这个在语用中产生的意义是通过前面的“穿了一身”推断出来的。“红”之所以能代指红色的服装，有学者认为是因为这个句子是一个省略句，省略了有关服装、衣物的成分，即便如此，这些省略了的信息也是通过语境推导出来的。

第四，上下文语境有助于我们全面把握信息，理解话语的意义。很多情况下一个意思需要多个语句才能表达清楚，这些语句之间相互衔接、语义关联，如果断章取义，很容易产生理解上的偏差。我们以下面这首祝寿诗为例来说明：

（2）这个婆娘不是人，九天仙女下凡尘。
儿孙个个都是贼，偷来蟠桃奉娘亲。

这首诗相传是清代大学者纪晓岚所作。据说清朝乾隆年间，王翰林为母亲做寿，请大才子纪晓岚即席作诗助兴。纪晓岚当场答应下来，略微想了一下就当着满堂宾客道出第一句“这个婆娘不是人”，这句诗刚一出口，老夫人就脸色大变，王翰林也十分难堪。宾客们正思量着纪晓岚怎么收场，只听纪晓岚不慌不忙地念出了第二句“九天仙女下凡尘”，顿时全场气氛活跃，大家交口称赞大才子用语不凡。纪晓岚接着又高声道出第三句“儿孙个个都是贼”，老夫人刚转怒为喜的脸色又僵住了，满堂宾客一下子没了声息，气氛紧张又尴尬。当纪晓岚大声说出第四句“偷来蟠桃奉娘亲”时，全场气氛热烈，大家禁不住赞叹纪晓岚高超的语言技巧。这首诗利用上下文语境来实现表意上的峰回路转，这样的表达出人意料，传为美谈。

（二）言外语境

言外语境的构成要素比较复杂，不同的语境要素都有可能对表达者组织话语、接收者理解交际意图和话语信息产生影响。

首先来看交际情景对语言运用的影响。交际情景中涉及的语境要素主要是交际的时间、地点、场合等。交际情景直接影响人们对话题和话语方式的选择。比如工作时间不适合拉家常，大会主题发言则要求主题明确，表达严谨，措辞讲究。交际情景还会影响人们对词句的表达和理解。例如，说“一小时后在下一个路口见”，这句话只有了解交际情景中具体的时间、地点信息才能明确具体所指，因为脱离了具体语境，很难确定“一小时后”具体所指的时间以及“下一个路口”所说的特定地点。

社会情境主要包括时代背景、社会状况、文化习俗。与交际情景相比，社会情境涉及的是更大范围内的时间、地点和场合，有些话语只有在社会情境中才能解读其中包含的意思。例如《笑林广记》中记载的一则笑话：

（3）官值暑月，欲觅避凉之地。同僚纷议，或曰某山幽雅，或曰某寺清闲。一老人曰：“山寺虽好，总不如此座公厅，最是凉快。”官曰：“何以见得？”答曰：“别处多有日头，独此处有天无日。”

上面这则笑话说的是“避暑”，论的是官场的黑暗，如果不从社会情境的角度来领会“有天无日”，这则笑话也就不会那么耐人寻味了。文化习俗是构成社会情境的要素之一，这一要素在跨文化交流中表现得比较突出。例如，在英语中说一个人“You are a lucky dog”是句好话，意思是“你是个幸运儿”；在汉语中说一个人“你是一条看门狗”，这话就是在骂人了。这是因为，“狗”在英语社会里被视为宠物、伙伴、朋友，在汉民族文化传统中却是一种被豢养而且会作恶的牲畜，并不那么讨人喜欢。如果不了解“狗”在不同社会语境下的文化含义，在跨文化交流中对相关话语意义的理解就会产生偏差。

在制约言语交际的各种外在的客观条件中，最难把握的是人际环境。人际环境因素涉及交际参与者的性别、身份、地位及在特定场合彼此间的人际关系和心理距离。现实社会中我们每个人都置身于人际关系的网络中，例如，与亲友构成亲缘关系，与街坊结成邻里关系，在学校建立起师生关系、同学关系，在工作中形成上下级关系、同事关系、合作伙伴关系等。有些类型的人际关系确立以后并非一成不变，例如，刚工作时一起共事的前辈成为亦师亦友的同事关系，一旦得到提拔，原来的同事就成了属下，彼此间就转化为上下级关系。身份变了，交往关系便增加了新的内容；人际关系变了，意味着交往的人际环境会随之变化；人际环境变了，谈话的方式也需要随之作出调整。这种改变不仅表现在称呼上，还会反映在话语的表达和理解上。

知识背景指交际双方对一定现象或事物的共同了解和认识。交际双方如果没有共同的知识背景，会直接影响彼此的沟通和交流。例如：

（4）说话人甲：好消息，博尔特在柏林世锦赛男子100米决赛中跑了9秒58。

听话人乙：他又拿到金牌了吧？

听话人丙：老兄，何止是金牌！博尔特刷新了北京奥运会上他创下的世界纪录，男子100米从此进入9秒50时代。

上面的对话中，说话人甲报告了一个特大新闻，牙买加短跑名将博尔特在柏林田径世锦赛男子100米决赛中跑出了9秒58 的好成绩。由于对于男子100米比赛的知识背景不同，乙和丙两个听话人听到这个消息后反应不一样。听话人乙不了解9秒58的成绩对于男子100米短跑比赛的意义，只是从“好消息”中推断出“夺冠”的信息；乙的反应引起丙的不满，因为丙和说话人拥有共同的知识背景，他能感受到说话人所说的“好消息”指的是博尔特超越自己的同时在挑战人类的极限，他创造了男子100米短跑史上新的奇迹。

实际上，在语言运用过程中，言外各种语境要素常常交织在一起，很难截然分开。复杂的人际环境、多变的交际情景、特定的社会语境、潜在的知识背景等语境要素往往共同作用，从不同方面影响着人们对话语意义的表达和理解。

三、语境中的指示语

由于语义的概括性，语言形式的具体所指只有在具体的语境中才能确定，因此语境中确认词语的具体所指就需要“指示”，包括使用不同的指示语表示人称指示、时间指示、方位指示和社交指示等。指示和指示语用法是语用研究的重要内容。

（一）指示和指示语

语言系统中语言形式所表达的意义都是概括的，所表示的是事物的类别，但在交际活动中人们谈论的对象往往是个别的、具体的。为了明确表达，人们会利用语境因素对语言形式所指的对象加以限定，相同的词句因而可以指称不同的具体对象。在语言运用过程中，这种需要借助语境要素才能把握具体所指和确切含义的现象就是语用学所关注的“指示”现象。

指示是语言运用中的一个重要现象，这一现象充分说明了语言的使用和语境之间的密切关系。任何语言形式的表达和理解都不能离开语境，语用学关注的指示现象主要集中在表达语境信息的一些代词、称谓语、时间词、处所词语等语言形式上。这些用来指称人、时间、地点的语言形式都有自己的意义，但是其具体或确切的指示信息必须结合具体的语境才能准确理解。这些在使用中必须借助语境才能表示确切的指示信息的语言形式，就是语用学中讨论的指示语。

指示语反映了话语和语境之间的关系，是时间、空间、进程、双方的交际关系等与语境相关的话语信息在话语中的具体体现。例如：

（5）a. 你不去就见不到他。　　b. 您是客人，请这边儿坐。
　　c. 明天他们班在这儿开会。　d. 把东西放到里边吧。

上面例（5）的4个例句中的加点词语就是语用学研究中所说的指示语，这些词语所指示的信息涉及话语中最基本的语境因素：交际关系、时间、空间等。不过，这些指示信息只是建立了语言交际中话语与语境之间的某种联系，如果没有具体的语境作为参照，这些指示信息的实际意义依然无法确定。如例（5c）“明天他们班在这儿开会”，这句话中各个语词自身的意义都不难理解，整句话的字面意义是“某个时间（明天）一群人（他们班）要在某个地方（这儿）开会”。如果脱离具体的语境，我们虽然能明白这句话说了些什么，但是无法完全了解其中的话语意义，因为我们不知道“明天”是哪天，“他们班”是哪个班，“这儿”是哪儿。只有在具体的语境中，“明天”“他们班”“这儿”才能有明确的所指，听话人才能真正把握这句话所传递出来的信息。可见，语用学关注的是指示语的语用含义。

指示语在人类语言中普遍存在，而且用于指示的词语和语法范畴也大同小异，只是不同语言在表现形式上存在某些差异而已。例如，汉语主要通过语汇手段表达指示信息，可以用来表示指示信息的词语有“你、我、他、这儿、那儿、今天、明天、现在、刚才”等；英语中离开了语境就无法确定其所指的词语有“I、you（人称代词）”“this、that（指示代词）”“the（定冠词）”“now、today、yesterday、tomorrow（时间副词）”“here、there（方位副词）”等。此外，英语中有的语法范畴具有指示功能，如动词的时范畴。

指示语是语用学中的重要概念，从语用的角度来看，充当指示语的语言单位主要是一些表达指示意义的词或词组，如指示代词、人称代词、表时间或方位的词或词组等。但是，需要说明的是，对于指示词语的认定不能简单地从语法角度来归类，因为充当指示语的词语可以属于不同的语法类别，如英语的指示词语中有代词、副词、冠词，甚至还有词形变化；对于指示语的指示信息的判断也不能仅从语汇意义的角度来理解，因为经常用作指示语的词并不是在所有的情况下都有具体的语用含义。例如：

（6）a. 大家你一言我一语，开始对房价上涨问题发表自己的看法。

b. 今年先种他几亩试验田，取得经验再逐步推广。

c. 我昨天看见过那个人，他今天又来了。

上面（6a）中的“你”和“我”没有确指某个说话对象，而是泛泛而论，属于泛指用法；（6b）中的“他”没有任何指称对象，属于虚指用法；（6c）中的“他”并不跟语境中实际对象联系，而是跟句子中的某个成分（那个人）所指相同，这种代词与其他成分间的同指关系属于“回指”。上面代词的泛指用法、虚指用法和回指用法都是非指示用法，没有具体的语用含义。

无论是口头表达还是书面表达，指示信息都要借助语境来确定。不过，对于口头表达来说，有些指示信息还可以借助体态、手势等非语言手段来传递，例如说话人一边说一边用手势向听话人示意，“这位是办公室主任老张，这位是秘书小李，这位是资料员小王”，如果没有辅以手势等示意方式，听话人就不明白句中的三个“这位”是指哪位。借助手势明确指示信息的做法进一步说明指示语是一种语用现象，其意义的确定离不开语境。

（二）指示语的类型

话语中的指示语通过指示信息反映话语和语境的关系，因此，与语境要素相关的所指意义都有可能成为指示信息。从语境的角度看，指示语的构成主要涉及四个方面的因素：一是话语表达主体之间的表述关系，二是话语表达主体之间的社会关系，三是话语表达的时间，四是话语表达的空间。由此，我们把指示语分为四类：人称指示、社交指示、时间指示、方位指示，其中人称指示和社交指示所传递的指示信息都与交际的参与者及关涉对象有关，只是它们的语用含义有所不同。

使用和理解指示语必须有一个明确的参照点。在语言运用过程中，使用和理解指示语的参照点是话语的表达者，因为人们在交流时，话语的进程由说话人控制和展开，指示语通常也是以说话人为中心组织起来的。以说话人为参照点，表达双方才能知道“你、我”指称谁，才能明确“你、我”之间以什么样的身份和关系进行交流；以说话人说话时的时间为参照点，才能理解“现在”是哪一时刻，“明天”到底是哪一天；以说话人说话时所处的地点为参照点，才能明白“这儿”到底是哪儿。指示和指示语主要包括以下几类：

1. 人称指示

人称指示是交际双方用话语传达信息时的相互称呼，人称代词是语言运用中最典型的人称指示语。世界上许多语言里都有人称代词，而且使用时都以说话人为基准来确定指示信息的内涵。在交际时，说话的一方为第一人称，听话人为第二人称，听话双方之外的交际对象为第三人称，不同的人称有相应的代词来表示。如汉语自指时通常使用第一人称代词“我、自己”或“我们、咱们”，说话人对指的时候通常使用第二人称代词“你、你们”，当说话人谈及第三方的时候，通常用第三人称代词“他、他们”来指代。有形态的语言，人称代词的表现形式相对复杂一些。英语的人称代词也分三种人称形式，第三人称还区分阳性“he”、阴性“she”和中性“it”，而且每一类人称代词都有单数形式和复数形式。英语的人称代词有格的语法范畴，包括主格、宾格、属格三种类型，属格又称物主代词，包括形容词性物主代词和名词性物主代词两类。例如第一人称的主格形式为“I”，宾格形式为“me”，属格形式中，“my”为形容词性物主代词，“mine”为名词性物主代词。

在许多语言中第一人称代词的复数形式都存在两种用法：一种是排除式，单指表达的这一方；一种是包括式，把己方和对方都包括在内。例如英语中句子“May we come in?”（我们可以进来吗？）中，“we”就不包括屋里的谈话对象；但是在句子“Shall we call a taxi?”（咱们叫辆出租车吧？）中，“we”可以包括谈话对象。英语中“we”是否包括听话人主要是根据语境来判断。汉语普通话第一人称代词复数形式“我们”可以用作排除式，也可以用作包括式，但是“咱们”只能用作包括式。例如在“你好好休息，过几天我们再来看你”这个句子中，“我们”不能说成“咱们”，因为来看“你”的“我们”不能包括谈话对象；在“你不要难过了，晚上咱们一起去看电影吧”这个句子中的“咱们”就包括谈话对象，这里的“咱们”也可以说成“我们”。

2. 社交指示

社交指示指通过话语中的一些语词和语法范畴指明语言使用者的社会身份和表达双方相对的社会关系。社会指示与人称指示关系密切，而且很多充当人称指示语的成分也可以充当社交指示语。它们之间的区别在于，人称指示这一概念主要强调话语使用者在交谈时彼此间的表述关系，社交指示这一概念主要强调话语中反映出来的人与人之间的社会关系。

人类在社会生活中会结成不同的社会关系，各种社会关系在语言表达中都会有所反映，只是不同语言社会指示语的表现形式有所不同。在我们熟悉的现代语言中，英语没有专门用来表达社会指示信息的语法形式，法语、意大利语、西班牙语、德语、俄语还保留着第二人称代词单数普通式和尊称式的区别。如法语的“tu”和“Vous”，意大利语的“tu”和“Lei”，德语的“du”和“Sie”，前者相当于汉语的“你”，后者相当于汉语中的“您”。第二人称代词普通式和尊称式的选用反映了说话人和听话人之间关系的亲疏远近，也反映了说话人对听话人的情感态度。一般情况下，对上级、长辈、尊贵的客人用尊称式，对下级、晚辈一般用普通式。社会地位相当的人之间根据彼此间的关系及其他因素来定。

亚洲的一些语言在社会指示信息表达上很有特点，例如，汉语中对听话人除了用尊称“您”外，还常把“贵”作为敬辞来表述与听话人有关的事物，如“贵姓、贵庚、贵校、贵干”等。不仅如此，汉语中对和听话人关系密切的人也有一些特别的尊称形式，如用“令尊、令堂”尊称听话人的父亲、母亲，用“令郎、令爱”来称呼听话人的儿子、女儿，以示对听话人的尊重。此外，汉语中第一人称谦称的用法也是一种社会指示语，用“在下、鄙人、愚兄”等谦称形式指称自己或与自己有关的人或事也是为了传递某种社会信息。与汉语相比，日语、朝鲜语中“敬语”的表达更为复杂、严格、系统。在日本和韩国，说话人对上司、长辈、老师、学长、前辈和需要尊敬的人都要用敬语，日语、朝鲜语中敬语的使用不仅体现在词语选用上，还体现在语法手段的使用和语法形式的变化上。日语中，除了少数动词有特殊的变化外，大多数动词变成敬语有统一的变化规则。朝鲜语中用语法手段表达敬意时，主要通过添加表尊敬的词尾、使用表尊敬的助词、运用不同的终结词尾来表达。可以说，社会指示语在日语和朝鲜语中是一种比较重要的语用现象。

3. 时间指示

时间指示指交际双方用话语传递信息时提到的时间。构成时间指示语的可以是词，可以是词组，词组类时间指示语通常由指示成分和时间名词构成。如汉语中的“今天、明天、后天、去年、前年、下个月、两个星期以后、刚才、最近、现在”等，英语中的“now（现在）、today（今天）、this morning（今早）、in five minutes（15分钟后）、soon（不久）、recently（最近）”等。

时间是一个抽象的概念，它既是事物存在和变化一种表现形式，同时也反映了人们对事物存在和变化的一种感知。为了明确时间，方便交流，人们在长期实践中逐渐形成了一套通行于社会的历法时间和授时系统，以及相应的时间表达方式。如“2012年、春节、星期一、2点40分”等，依社会惯例形成的时间表述系统所表述的是绝对时间概念，即使脱离具体的语境，也不会妨碍人们对时间信息的理解，这种对时间的表述属于非指示性时间表述。语用学所说的时间指示语表述的是相对的时间概念，其所表述的时间信息是以说话人说话的那一时刻为参照点来计算和理解的，离开语境听话人就很难确定说话人所表述的时间信息。如汉语“这个月”指的是说话人说话时所处的月份。英语的“two days ago”（两天以前）是从说话的那一天往前推算两天，“in five minutes”（5分钟后）是从说话的那一刻往后推算5分钟的时间。此外，有形态的语言也可以通过词形变化等语法范畴来表示时间指示信息。例如英语动词的时态也是一种指示性的时间表示方式，在“He swam the Changjiang”（他游过长江）这个句子中，“swam”是“swim（游泳）”的过去时，通过词形变化表示句子动作行为发生的时间先于说话的时间。

任何语言中都存在指示性和非指示性两种时间表达方式，在具体表达中如果不是特别强调某个时间概念，人们习惯于以说话人的表达为参照点，选择指示性表达方式来传递时间信息，因为在特定语境下，针对“会议什么时候开始”的问题，回答“十分钟以后”比回答“八点钟开始”能够传递更为确定的时间信息。

4. 方位指示

方位指示又称空间指示或地点指示，指通过一定的语言形式指明话语中所涉及的方位和处所。汉语中经常充当方位指示语的有指示代词“这儿、那儿、这里、那里”等，方位名词“上头、下头、里面、外面、左边、右边”等，表示位移意义的动词“进、来、去、离开”等，以及“在……里、……上”等表示处所、方位的词组。英语中充当方位指示语的语言形式与汉语大体一致，主要有“here、there（副词），this、that（指示代词），come、bring、go、take（表示位移意义的动词），in front of ……（表示方位的介词词组）”等。

话语中的方位指示信息主要是以说话人所处的位置为参照点来判断的。在言语交际中，表示方位和处所的语言成分是不是方位的指示用法得根据实际情况来判断。例如：

（7）甲：订书机在你那儿吗？我这儿有东西要订。

乙：你来拿吧。订书机不在桌上，在我左边的抽屉里。

在上面这段对话中，指示代词“这儿、那儿”、方位名词“左边”和表示位移意义的动词“来”都是方位指示语，因为它们都是根据说话人的视角来确定方位的。“这”是近指代词，代指靠近说话人的方位，“那”是远指代词，代指远离说话人的方位，“来”表示从别的地方到说话人所在的地方，“左边”也是根据说话人认定的方位来确定的。“桌上”属于方位词组的非指示用法，因为它的方位信息由物体本身的空间状态来定位，不受说话人所处位置的影响。“抽屉里”也是以物体为参照点，它的方位信息相对于“桌上”而言很明确，但是一张桌子往往有多个抽屉，如果不说明抽屉的具体位置，订书机就没法拿到。所以，这段对话中，介词词组“在我左边的抽屉里”属于方位指示用法，其方位指示信息最终是借助说话人的位置来确定的。

（三）语境与指示信息

前面说过，人称指示、社交指示、时间指示和方位指示所传递的指示信息主要涉及三个方面的因素：交际关系、话语表达的时间、话语表达的空间，这三个方面的因素正是言外语境的构成要素。言外语境主要包括与语言活动相关的交际情景和社会环境，与交际主体相关的人际环境和知识背景，这些言语交际中的语境要素是人们理解和把握话语指示信息的重要条件。那么，语境因素在确定指示信息方面又是如何起作用的呢?

首先，语境因素决定了人们的话语表述方式，也影响人们对话语指示意义的解读。在言语交际中，话语的指示信息是由说话人发出的，指示意义的判断也以具体语境下说话人的视角为参照点。例如交谈中人称代词使用问题。人称代词的使用是以说话人为基准的，说话人和听话人的角色在交流中不停地转换，每个人都有可能成为说话人或听话人，成为“我”眼中的“你”，“你”话语中的“他”。在听说双方直接交流的语境中，这样的指代关系不会混淆，但是如果用文字记录下这些话时不及时标明是谁说的话，要整理出“你、我”的话语就比较困难了，所以，书面交际中很多语境信息都不能省略，而且在陈述说话人的意见时，直接引述的话语要用双引号标示出来，间接引述时要表明“某某认为”。电话交谈也属于听说双方的直接交流，不过这类交谈不是面对面的交流，说话人和听话人能够确定“你、我”，但是如果没有更多的有关交际对象的背景信息，说话人仅凭声音很难断定用“你”和“您”哪个更合适，听话人在对方“你”和“您”的选用中也会听出彼此间的亲疏远近。

其次，语境因素为交际活动参与者提供了共有的背景信息，这些背景信息有助于说话人正确地使用指示语，有助于听话人准确地理解对方话语中传递出来的指示信息。例如在火车售票点，售票员与乘客有这样一段对话：

(8) 乘　客：我买一张明天或后天到南京的火车票，要一张T65的，最好是硬卧。
售票员：您好！明后天到南京的火车票都卖完了。
乘　客：现在能买到哪天的票?
售票员：9月7号还有硬座票，卧铺票都卖完了。
乘　客：我买7号的硬座。
售票员：一张9月7号北京到南京的T65硬座票，对吗?
乘　客：对。

上面这段对话中乘客作为说话人“我”首先发话，使用了时间指示语“明天、后天”，并简要地提出了自己的购票要求，售票员的回答表明乘客的话语内容得到了正确的理解。乘客和售票员对话语的理解能达成一致，原因在于他们的交谈包含下列背景信息：这次对话是某一天在某个地方（北京）一处火车售票点进行的，交谈对象是乘客和售票员，他们对交际的时空条件都有共同的认识，都了解彼此的身份，也清楚T65这一车次的信息。如果脱离这些语境信息，对话中的“明天”和“后天”就没有具体所指，售票员也不能确定乘客买一张从哪儿到南京的火车票。值得注意的是，对于乘客来说，买车票是一般性事务，这使得他的话语具有一般口头交际的特点，省略成分比较多，句子简短、随意；但是，对于售票员来说，售票是其本职工作，售票员与乘客之间的交流属于业务范围的正式交际，基于这样的交际环境，售票员对乘客使用了尊称“您”，而且话语里指示语用得比较少，最后一句话“一张9月7号北京到南京的T65硬座票”，其中每一个信息都具体、准确，不需要借助其他语境要素补足意义，这样的表达既简洁又有效，表明售票员在以自己的言语行为为乘客提供专业的服务。

尽管我们强调语境要素是人们理解和把握话语指示信息的重要条件，同时也要清楚地认识到语境要素是由交际活动中与话语表达相关的各种主客观条件构成的，这些构成要素非常复杂，而且会随着不同表达者视角的变化和认知方式的改变而发生变化。在具体语境下，各种语境因素常常交织在一起，从不同的方面对话语意义的变化和理解起作用，所以，在语言的实际运用过程中，确定表达视角，把握人际交往关系，切合语境选用恰当的语言表现形式，指示信息才会有完善的表达和准确的理解。

第三节　言语行为

本节学习要点

1. 言语行为与句子类型：言有所述的表述句，言有所为的施为句。

2. 言语行为的过程和结果：言内行为，言外行为，言后行为。

3. 言语行为的类型：直接言语行为，间接言语行为；直接言语行为与语言形式，间接言语行为与语境。

一般情况下，人们并不是为了说话而说话，说话本身并不是说话的目的，说话总是另有目的。换句话说，说话总是为了实施某种说话以外的行为，只不过这种行为是通过说话而实施的，这就是所谓言语行为。言语行为取决于说话人的目的和意图，关系到话语真实含义的理解和领会，关系到言语交际的有效性，因此是语用研究的重要课题。

一、什么是言语行为

言语行为指说话人通过使用语言来实施的行为，这些行为可以引起听话人作出某种心理上或行为上的反应，实现某种社会交际功能。言语行为是语用的重要内容。例如，主人用客气的话语请客人喝茶，在这一交际过程中主人不仅向客人表达了“请求”，同时也实施了“邀请”的行为，客人随之也会对主人的“邀请”作出反应。这类通过语言形式来完成交际的行为就是语用学中所说的言语行为。

对言语行为的认识来自于人们对语言实际运用的观察和体验。有学者注意到，在言语交际中存在两类话语：一类是言有所述，一类是言有所为。表达“言有所述”的句子叫“表述句”，主要功用是“以言指事”；表达“言有所为”的句子叫“施为句”，主要功用是“以言行事”，这类句子不以陈述事实为目的，或者不仅仅以陈述事实为目的，句子的使用是为了在合适的时候有所表达、有所行动。例如：

（9）a. 晚上实验楼里有个讲座。
b. 今年冬天南方天气很冷。
c. 我向你道歉。
d. 我发誓再也不玩游戏机了。

上面的例句中，（9a）（9b）是“表述句”，表达的是说话人对某一事实的陈述，这些事实在现实中可以验证。（9c）（9d）是“施为句”，话语的目的并不是在陈述某一事实，如（9c）“我向你道歉”，说话人说这句话的主要目的是表明“道歉”的态度，完成“道歉”的行为。言有所述和言有所为实际上是话语的两种功能，它们之间相互联系又有所不同。一方面，“言有所述”的话语并不一定能够实现“言有所为”，但是“言有所为”却必须以“言有所述”为前提；另一方面，“言有所述”的话语可以看作广义的施为句，如（9a）（9b）可以看作通过言有所述的话语完成一种“告知”的行为。

语言运用是一种社会行为，从言语行为的角度观察语言的运用，有助于了解人们怎样以言行事，以及不同话语形式在言语行为实施中所产生的交际效果。

二、言内行为、言外行为、言后行为

从言语交际的过程来分析，一个人说话时，在多数情况下可以实施三种行为：言内行为、言外行为和言后行为。

言内行为是一种述事行为，指的是“说话”这一行为本身，即通过语音、语汇、语法等形式和手段来传递信息。简单地说，就是说出要说的话。例如，要表达欢迎某人的意思，可以用汉语说“Huān yíng guāng lín！（欢迎光临）”，也可以用英语说“Welcome you!（欢迎）”，说话人用某种语言的语音形式说出了这句话，就完成了述事这一行为。言外行为又称行事行为，指通过“说话”来实现说话者意图的行为，如上面（9d）“我发誓再也不玩游戏机了”，这句话既是誓言，也是在完成发誓的行为。言后行为是指说话带来的后果。“我发誓再也不玩游戏机了”是说话人的誓言，说话人发誓后有可能真的实现了自己的诺言——再也不玩游戏机了，这就是言后行为。

将言语行为区分为言内、言外、言后三种行为类型，实际上体现了言语交际过程的三个方面：编码—交际—反馈。言内行为着眼于语音、语汇、语法等语言要素的运用，通过说话表达字面意义，这一行为属于纯粹的编码和信息传送活动；言外行为着眼于交际目的的实现，通过一定的话语形式来表达说话人的意图，属于社会交际行为的具体实施；言后行为是话语产生的后果或引起的反应、变化，例如通过言语活动，我们使听话人听从了命令、接受了劝告，受到了鼓舞等。话语的发出者对言后行为有一定的期待，但是其意图能否达成却很难说。例如说话人对听话人说“请把窗户关上”，他完成了述事行为，又向对方发出了“请求”，并期待听话人将窗户关上，对于这样的“请求”，听话人有可能接受，也有可能拒绝，无论听话人的反应如何都是言后之果。

三、直接言语行为与间接言语行为

根据说话人实现交际意图的方式的不同，可以把言语行为分为直接言语行为和间接言语行为两种类型。这两类言语行为与话语形式的选择有一定的联系。

（一）直接言语行为

直接言语行为是指说话人直接通过话语形式的字面意义来实现其交际意图的言语行为。例如“我答应你一定把自行车找回来”这句话，就直接实施了对听话人的“承诺”行为。

直接言语行为与句子类型和词语的选择关系密切。从句子的功能类型来看，语言中的句子通常分为陈述句、疑问句、祈使句、感叹句，这些句子类型与所体现的言语行为基本相应。如疑问句表示询问、疑惑，祈使句表示请求、劝告、命令，感叹句表示感叹，含有施为动词的陈述句可以表示与动词意义相关的言语行为。所谓施为动词指的是“劝、问、请、承诺、答应、发誓、感谢、道歉、祝贺、欢迎、命令、警告、宣判”之类直接表明“以言行事”意义的动词。以第一人称为陈述句主语，可以实现说话者的直接言语行为，当然这时候谓语动词必须是施为动词，而且整个句子是主动语态，表达说话人某一时刻实施的言语行为。下面这三个例句的施为动词分别是“保证”“提议”“声明”，说话人通过施为动词直接以言行事实施了保证、提议、声明等言语行为。例如：

（10）a. 我保证住在这儿绝对没有问题。
b. 我提议吃完饭大家一起去看电影。
c. 我声明这件事跟我没关系。

当然，直接言语行为与句子的表达类型之间关系密切，并不意味着它们之间存在着简单、直接的对应关系。事实上，很多陈述句只是用来陈述事实，此外，在一定语境下，陈述句也可以用来表示询问，这虽也是一种言语行为，但并不是直接言语行为。例如：

（11）a. 他提议吃完饭大家一起去看电影。
b. 说话人：我不知道这件事跟他有没有关系。
听话人：没关系。

上面（11a）与（10b）不同，（10b）中说话人在陈述的同时实施了“提议”的言语行为，（11a）中说话人只是在转述他人的建议。（11b）中说话人看似在陈述一个事实，实际上表达的是“这件事跟他有没有关系”的询问。

（二）间接言语行为

间接言语行为指说话人的意图不是由话语的字面意义直接表示出来的言语行为。例如：

（12）a. 我劝你还是别上网了。

b. 上网既耽误时间又浪费钱。

（13）a. 请把窗户关上。

b. 今天风很大，窗户好像还开着。

上面（12a）（13a）分别通过施为动词“劝”和“请”直接向听话人表明意图，实施的都是直接言语行为，其中（12a）提出“劝告”，（13a）表达“请求”。（12b）（13b）没有直接表明说话人的意图，实施的是间接的言语行为，其中（12b）字面意义是“上网既耽误时间又浪费钱”，说话人通过一种评价性表述句来进行“规劝”；（13b）字面意义是“风大，窗户还开着”，说话人是通过一种描述性表述句来“请求”听话人关窗户。

间接言语行为是通过某种言语表达方式间接实现交际意图的一种言语行为。间接言语行为的话语意图是借助一定的语境条件，通过话语的“字面意义”推断出来的。根据间接言语行为信息推断的情况不同，间接言语行为可以进一步分为“规约性”和“非规约性”两种类型。规约性间接言语行为的话语意图是结合语境条件，依据社会习惯和交际礼俗来推断的。例如，通过对他人衣食住行的关心来表达问候属于一种间接的言语行为，在中国这种行为已经成为一种交际习俗，因此，遇到熟人问上一句“吃了没有”“你出去啊”，一般人都不会只停留在字面意义的理解上把这些话当成真正的询问，而是把说这类话理解为见面时的寒暄语。非规约性间接言语行为的话语意图要借助听说双方共知的信息和所处的语境才能推断出来。例如：

（14）甲：我们明天去爬山吧。

乙：外面好像要下雨了。

甲：明天不会下大雨，下点小雨也不影响爬山。我们还是一起去吧？！

乙：我昨天踢球的时候脚给崴了一下。

甲：好吧，我回去了。

上面的对话中甲所说的“我们明天去爬山吧”，这句话属于一种语气委婉的祈使句，是甲对自身意愿的一种表述，尽管没有使用施为动词，但是通过语气词“吧”，说话人还是很清楚地表达了对听话人的恳求和建议，交际意图十分明显，该言语行为属于直接言语行为；乙对于对方的建议没有直接表态，而是根据天气情况谈下雨的事，以“雨天不适合爬山”为由含蓄地拒绝对方的建议，乙的回答属于间接言语行为。甲听出了对方的言外之意，用肯定语气直接说明“明天的天气不影响爬山”，并再次发出邀约，但是乙还是没有直接表态，而是告知对方“我昨天踢球的时候脚给崴了一下”。乙用“告知”的行为说明“身体状况不适合爬山”，同时用表述句再一次实施了拒绝甲的言语行为，最后甲只好失望地走了。

与直接言语行为相比，间接言语行为和句子类型的关系要复杂得多。例如，劝人不要乱扔东西，除了用“我劝你不要乱扔东西了”直接表达外，还可以用下列表述方式间接表达。例如：

（15）a. 我希望你把东西放好。（陈述句）
　　　b. 乱扔东西不是一个好习惯。

（16）a. 你能不乱扔东西吗？（疑问句）
　　　b. 这些东西能随便乱扔吗？

（17）a. 这屋子好乱啊！（感叹句）
　　　b. 你怎么老是乱扔东西！

上面的例句说明三个问题：首先，相同的言语行为可以用不同的句子类型间接表达。例如，同样表示“劝人不要乱扔东西”，可以用陈述句表达，还可以用疑问句、感叹句等形式来表达。其次，相同的言语行为因说话的出发点不同，话语的表现形式也不一样。例如，（15a）以说话人为出发点，采用陈述句形式表述说话人的愿望，并间接地表达“规劝”的意图；（16a）“你能不乱扔东西吗？”和（17b）“你怎么老是乱扔东西！”是以听话人为出发点，分别采用疑问句和感叹句的形式，间接地表达说话人的意图。第三，相同的句子类型可以通过不同的言语行为来间接地表达说话人的交际意图。如例（17）两个句子都是感叹句，（17a）“这屋子好乱啊！”对行为结果表达了感叹，用“感叹”来暗示对方不要乱扔东西，（17b）“你怎么老是乱扔东西！”则“责备”大于感叹，通过“责备”对方来表示“劝告”。

通过以上分析，不难发现，间接言语行为的话语表现形式丰富多变，在交际中，听话人要结合语境了解说话人的话语意图，才能理解对方话语的真实含义。如果听话人没有领会说话人的话语意图，那么，说话人采用间接言语行为来表达就很难达到预期的效果。例如：

（18）有一次，某人有急事要联系老王，但是手机里没存他的号码，于是给一个跟老王很熟的同学发短信：“请问你有老王的电话吗？”发完后耐心等待回复。5分钟后，终于收到回复了，只见手机屏幕上赫然写着“有啊”两个大字。无奈之下，只好再发短信给这位同学：“请告诉我好吗？”又等了5分钟，收到了回复。再次迫不及待地打开来看，短信上还是只有两个字：“好啊！”

这则笑话来自《读者》2010年第15期，题为“恼人的回复”。发短信以寻求帮助的问话人前后两次发问，头一次发问是“请问你有老王的电话吗？”用疑问句的形式了解求助的可能性，同时间接表达了提供老王电话号码的“请求”；第二次发问是“请告诉我好吗？”用疑问句的形式再次间接表达了相同的“请求”。问话人的两次问话都得到了答复，但没有实现交际目的，原因在于答话人只是根据字面意义作出回复，看似回答了问话人的问题，却没有领会问话人的真实意图，结果让问话人哭笑不得。这种情况下，问话人不如直接说：“你把老王的电话号码发给我，我有急事要找他。”

第四节　会话原则

本节学习要点

1. 合作原则的内涵：数量准则，质量准则，关联准则，方式准则。

2. 合作原则的违反与会话含义：违反数量准则与会话含义，违反质量准则与会话含义，违反关联准则与会话含义，违反方式准则与会话含义。

3. 礼貌原则的内涵：得体准则，慷慨准则，赞誉准则，谦逊准则，一致准则，同情准则。

4. 礼貌原则与合作原则：礼貌原则与合作原则相辅相成。

会话就是交谈，是言语交际最基本的形式，也是语言运用最为基本的方式，因此会话中必然会涉及言语交际和语言运用的一些基本规则，这些规则的遵守和有意违反，都会对言语交际的结果、语言运用的效果产生显著影响，这些规则就是“会话原则”。

一、合作原则

在社会交际中，语言表达最基本的形式是会话。为了使谈话顺利进行，交际双方在交谈中会遵守合作原则以相互配合。不过，在实际会话活动中不难发现，说话人有时候会有意违反合作原则，用一种特别的方法来表达自己的真实意图。正因为如此，语用学关注的重点不是说话人实际说什么，而是所说的话意味着什么，以及会话含义在什么样的条件下产生。

（一）合作原则的内涵

合作原则是20世纪60年代末美国语言哲学家格赖斯（H.P.Grice）提出来的。所谓合作原则是指在言语交际中，为确保交谈双方相互配合而遵守的语用规则。

合作原则包括以下四条准则：一是“数量准则”。内容包括：所说的话要尽量满足交际需要，所说的话信息适量，不多也不少。二是“质量准则”。内容包括：不要说虚假的话，不要说没有根据的话。三是“关联准则”。内容包括：说话要有关联，不要离题万里。四是“方式准则”。内容包括：避免晦涩的词语，避免歧义，语言简明，条理清晰。

合作原则的四条准则中，“数量准则”强调的是信息量的问题，信息量的多少要根据实际需要来考虑。例如，有人问“从北京站到天安门广场怎么走？”，如果只回答“往西走”，对方还是没办法顺利到达目的地，这时候最好根据问路人所处的方位，把到达目的地的方式、路线都说得详细一些。“质量准则”强调的是信息的真实性和信息来源的可靠性，在新闻、广告等大众传播领域，所传递的信息涉及公众利益，如果信息不真实或不准确，谎言就会乘虚而入，谣言满天飞会让社会组织的公信力受损，而且有可能造成严重的社会后果。“关联准则”强调的是话语与话题的关联性，关联性是言语交际中听说双方表达和理解的基础，也是交际目的得以实现的保证。例如，在法庭论辩中，为了保证案件审理的效率，无论哪一方说与案件无关的话，审判长都会出言制止，并提醒说话人不要偏离主题。“方式准则”强调的是怎么表达更加有效，如果用语晦涩，听话人理解不了；如果话语有歧义，听话人可能会听岔；如果表达没有条理，会让人费解，失去听话的耐心。以上四条准则中，前面三条准则主要涉及“说什么”的问题，第四条准则就跟“怎么说”有关系了。

现代社会人际交流复杂多变，基于不同的社会身份和交际目的，人们的表达需求也不尽相同。在不少情况下，尽管交谈双方都期待彼此在会话中合作，但对各个会话准则的遵守有不同的要求。例如在新闻发布会上，记者希望新闻发言人的谈话遵守“数量准则”和“质量准则”，不仅要真实，还要有足够的信息量；发布信息的组织和机构则担心言多必失，在“数量准则”方面，要求发言人适量发布信息，以免造成麻烦。在回答记者提问的环节，新闻发言人希望记者提问时遵守“方式准则”，话语简洁、明确，表述有条理；记者则希望新闻发言人遵守“质量准则”和“关联准则”，有问必答，遇到敏感的问题不说假话，也不采取回避的态度尽说题外话。

（二）合作原则的违反与会话含义

人们在交谈时并不总是坦率地说出自己想要说的话，在保持基本合作的状况下，说话人常常会有意违反会话的某一准则，以此来含蓄地向对方表达自己的思想和意图，这种言外之意就是会话含义。

在合作原则各项准则中，违反数量准则产生会话含义的情况比较常见。数量准则要求说话人所说的话尽量满足交际需要，而且所说的话信息适量，不多也不少，在一些特殊情况下，说话人会有意违反这一准则来表达言外之意。例如：

（19）甲：我这幅山水图怎么样？
乙：嗯，装裱得不错。

（20）甲：你认识张经理吗？
乙：张经理是我同事的同学，前几天我还见过他，他的桥牌打得不错。

上面两个例子中乙方的应答都违反了数量准则，（19）中乙的回答显然是就轻避重，他只认可画作的装裱，实际上间接地表明他认为对方的山水图绘画水平并不高。（20）中乙的回答则显然信息过量，他说那么多是想告诉对方“不仅认识张经理，而且两人之间还有一定的交往”。

质量准则要求说话人要说真话，而且要说有根据的话。质量准则的有意违反存在两种情况：一种是为了蒙骗他人或逃避责任的真说谎，说话人有意违反质量准则，但不希望对方察觉；一种是出于某种特殊的理由，说话人在对方知晓或设法让对方知晓的前提下，有意违反质量准则，其目的是借说反话、与事实不符或缺乏依据的话来传递不便明说的信息。例如：

（21）病人：大夫，我还剩下多少日子？
大夫：你会好起来的，现在医疗条件那么好，每天都有奇迹发生。

（22）甲：一个人不吃不喝能坚持一个月吧。

乙：是啊，空气中也有养分，光喝西北风就成。

上面例子中（21）是病人和大夫之间的对话。病人知道自己病情严重，很难治愈；大夫为了安慰病人没有如实回答病人的问题，但是话里话外还是透露出病人得的是不治之症，而且剩下的日子不多了。（22）中的乙不相信甲的说法，但是甲没有直接表明态度，而是说了一句明显缺乏事实根据的话。乙故意用反话回应对方，其会话含义是“你的观点真荒唐”。

关联准则要求交际双方话语内容要有关联，应答的一方有意违反这一准则可能是想传递某些不想明说的信息，这种情况是比较常见的。例如：

（23）甲：现在几点了？

乙：宿舍该熄灯了。

（24）甲：明天讨论一下设计方案怎么样？

乙：明天星期天。

上面例子中，（23）中的乙没有直接回答甲的问题，看似违反了关联准则，实际上是想告诉对方“已经很晚了”。（24）中的乙没有直接回应甲的建议，而是违反关联准则，答非所问地说“明天是星期天”。星期天是法定的休息日，乙借此来提醒对方“明天不是工作日”，表明自己拒绝加班的态度。

与前面有意违反三个准则的情况相比，有意违反方式准则的情况要少一些。方式准则要求说话人用语不要晦涩、啰唆，应该避免含糊其辞，而且表述要有条理。说话人有意用晦涩的方式、咬文嚼字地说话，可能是只想让某一方心领神会，而不想让其他听话人知晓；说话时有意含糊其辞、模棱两可，可能是不想透露确切的信息；说话时有意没有条理、兜圈子，可能是一种应对的策略。方式准则对语言简明的要求与数量准则对量的要求有一定的联系，有意说一堆啰唆的话，既可以看作违反了数量准则，也可以看作违反方式准则。违反方式准则的话语中所传递的信息可能不仅有言外之意，而且还带有一定的情绪。例如：

（25）甲：你住的那个旅馆条件怎么样？

乙：设备齐全。卧室里有蚊香，洗手间里有清洁剂，餐厅备有苍蝇拍，就连走廊里都有清洁桶和竹竿，估计要随时擦地、挑蜘蛛网。

上面的对话中，当甲询问乙旅馆的条件怎么样时，乙很啰唆地对甲介绍了旅馆的一些小物件，其会话含义是“这个旅馆的条件和卫生状况都比较差”，同时也透露出说话人的不满。

在社会交往中，虽然直言不讳可以提高表达效率，但是并非在所有的情况下都会有很好的表达效果，在一些场合或特定的交际条件下，出于礼貌或者出于其他某种原因，说话人往往会违反合作原则的一些准则间接地表达自己的想法。而拐弯抹角地说话，委婉地表达在语言表达中是一种比较常见的现象，在会话活动中，要根据实际情况来理解其中的会话含义。

二、礼貌原则

会话的合作原则理论揭示了在言语交际过程中确保谈话顺利进行的基本条件，但并没有突出强调在人际交往中人们希望得到他人尊重的心理需求。20世纪80年代初，英国语言学家利奇（G.N.Leech）等针对格赖斯合作原则的理论局限，提出了话语表达的礼貌原则。

（一）礼貌原则的内涵

礼貌原则是指出于相互尊重的需要，交谈双方在言语交际中应该遵守的语用规则。礼貌原则包括以下六条准则：一是“得体准则”。内容包括：尽量少让他人受损；尽量多使他人受益。二是“慷慨准则”。内容包括：尽量少让自己受益；尽量多使自己受损。三是“赞誉准则”。内容包括：尽量少贬损他人；尽量多称赞他人。四是“谦逊准则”。内容包括：尽量少赞誉自己；尽量自谦，多贬抑自己。五是“一致准则”。内容包括：尽量减少与他人的分歧；尽量与他人取得更多的一致。六是“同情准则”。内容包括：尽量减少对他人的反感；尽量多表示对对方的同情。

礼貌原则的六条准则中，“得体准则”和“慷慨准则”是从损益的角度，强调在表达的时候要讲究策略。得体准则是尽量从内容和形式上少让他人受损，慷慨准则是尽量从内容和形式上少让自己收益。“赞誉准则”和“谦逊准则”是从褒贬的角度，强调在表达的时候尽量以礼相待，抑己尊人。“一致准则”和“同情准则”是从合作的角度，强调在表达的时候尽量减少思想上和情感上的对立，拉近彼此的心理距离。上面的准则实际上表述的是一种社交礼仪和表达策略，其核心是抑己尊人，通过建立良好的交际关系来促进合作，以实现最佳的表达效果。

根据语言的使用功能，礼貌原则的各项准则体现在言语交际的各个环节中。例如，两个彼此还有些生疏的人在一起，交际双方首先应该遵循谦逊准则和慷慨准则，以尊称的方式打招呼，以自谦的形式介绍自己。正式谈话开始，谈话人可以遵循一致准则，选择双方共同感兴趣的话题。如果双方的观点有分歧，谈话人或者求同存异，肯定对方观点中的合理部分，或者遵循同情准则，委婉表达，尽可能避免各持己见，得理不让人。由此可见，礼貌表达不仅仅是问候、祝愿、邀请、致谢、道歉、告别等情景下多说几句客气话，还具体体现在话语内容和话语形式的选择上。说话时首先要确保话语内容不“失礼”，当话语内容与听话人的意愿不相符且很难让人从中受益时，说话人就要通过语言手段让听话人在情感上尽量得到“礼遇”。语言中有许多表达手段，不同的表达手段礼貌程度会有差别。语言表达越直截了当，礼貌等级越低；语言表达越委婉，礼貌等级越高。例如：

（26）a. 你到办公室去取份文件。（命令语气）
b. 你到办公室取份文件，可以吗？（商量语气）
c. 你有空吗？我想请你帮个忙，帮我到办公室取份文件，可以吗？（求助方式）

上面（26）是关于指令他人取文件的三种表达。（26a）是命令式，没有什么情感交流，让人感觉说话态度冷冰冰的；（26b）采用的是商量语气，虽然还是叫人取文件，但是语气和缓，态度温和，有商量的余地；（26c）中，说话人转换立场，把命令改为求助，话语中表现出对他人的尊重，让对方感受到不是在受人差遣做事，而是在给人帮忙。对于听话人来说，“你无权命令我”是一种负面情绪，助人为乐在感情上是一种受益，所以（26c）最符合得体和慷慨准则，（26b）次之，（26a）礼貌程度最低。由此可见，指令性这类在内容上容易引起情绪对立的话语，可以从表达形式上遵从得体准则和慷慨准则，选用客气、含蓄、礼貌的方式来表述。当然，在表达中应该结合实际情况，依据一定的礼貌准则确定哪些话该说，哪些话不该说；考虑不好说的话该怎么说，逆耳的话什么时候才能直接说；即使是安慰的话、同情的话、夸人的话也要适度。

礼貌原则在语言表达中主要起协调人际关系的作用，不同的语境对礼貌有不同程度的要求。一般来说，从交际场合来看，正式交际比非正式交际礼貌程度要高；从人际关系来看，只要双方没有敌意和对立情绪，人际关系越疏远礼貌程度越高；从交际目的来看，在寻求合作的求助性交际中，求助的一方礼貌程度比较高；从交际对象的特点来看，如果交际对象的地位或辈分高过自己，表达一方礼貌程度比较高。一般情况下，同辈亲属、朋友、熟人之间不拘礼，太拘礼就显得见外、生分。不过，大多数情况下，即使是熟人、朋友，不同性别的人在交流的时候说话还是比较委婉、客气，礼貌程度比较高。因此，我们在同别人交流时，不仅要懂得礼貌对人，还要能够针对不同情况选择适合的方式传情达意。

礼貌是社会文明的产物，各个民族的礼俗不同，对礼貌表达和理解也会存在一定的差异，这一点在中西文化对赞誉准则和谦逊准则的表达和理解上表现得尤为突出。西方人喜欢通过赞誉来鼓励人，被称赞的一方通常会及时道谢，并遵从一致原则，高高兴兴地接受对方对自己的肯定和褒奖；中国人在礼貌表达方面有自己的文化传统，推崇说话行事讲分寸，一般不轻易当面夸人，也不习惯直接接受别人的夸奖，面对别人的赞美之词，总是以自谦的形式来表达对他人的尊重。例如，中国人在宴请宾客时，主人即使精心准备了一大桌菜，也会客气地对客人说“没多少菜，不成敬意”；当客人夸女主人烹调手艺好时，女主人往往会很谦虚地说，“哪里哪里，你们过奖了，家常便饭而已”。对于这种自谦，西方人士很难理解，他们不明白为什么中国人不肯坦率地接受别人的赞美。当听到中国人说“我做得不好，您过奖了”这类话时，有的西方人士甚至会以为对方在怀疑自己的诚意，把自己的夸奖当作“言过其实”的吹捧。当然，社会在发展，随着东西方文化交流的日益频繁，许多差异得到人们的理解。无论社会如何变化，尚礼、求雅、和谐的社会文化心理依然没有改变。礼貌是社会和谐的润滑剂，同合作原则一样，礼貌原则也是保证语言表达顺利进行的重要原则。

（二）礼貌原则与合作原则的关系

格赖斯在言语交际活动的观察中总结归纳出会话的合作原则，还注意到出于某种需要，人们有时候会有意违反某一准则说空话、假话、过头话、半截话、啰唆话或不相干的话，并由此产生言外之意。但是人们为什么要违反合作原则中的一些准则，用话语的间接含义表达真实意图，他的理论并没有做出解释。利奇提出的礼貌原则被认为是对格赖斯“合作原则”的补充和发展。那么，在语言的实际运用中礼貌原则和合作原则之间又具有什么样的关系呢？

对于合作原则和礼貌原则之间的关系，不同的人有不同的看法。侧重于信息传递的人会认为合作原则高于礼貌原则；比较关注原则的遵守和违反问题的人会认为礼貌原则和合作原则存在着一种你进我退的关系，理由是这两个原则有时很难兼顾，强调某一方时，另一方就要做出让步；从人际关系的角度看待言语交际的人则认为礼貌原则比合作原则具有更大的约束力。上面有关合作原则和礼貌原则之间关系的看法都有一定的道理，不过，从言语交际的整个过程来看，我们认为礼貌原则和合作原则之间是相辅相成的关系。

首先，合作原则和礼貌原则都概括地说明了语言运用中的社会规约，合作原则侧重于从语言表达的内容和形式方面来说明人们在交流中是怎样谋求合作的，礼貌原则则是从调节人际关系方面来说明怎样选择话语的内容和表现形式，两项原则都是在维护交流双方的有序互动，互为补益，相得益彰。合作本身就反映了交际双方彼此间的尊重，而礼貌表达也是交际双方为了更好地维护合作关系。

其次，有些情况下，人们违反合作原则的准则确实是出于礼貌的考虑，如前面例19中乙的答话没有提供对方需要的信息，他有意违反数量准则，却遵守了礼貌原则，直接说画作装裱得不错，间接地表明他认为对方的山水图绘画水平并不高。此外，为了遵循合作原则而违背礼貌原则时，说话人一般要先表示歉意，或者征求对方的同意，如“恕我直言”“有句话不知该不该说”等。但是，我们也要看到，礼貌原则的遵守并不总是通过对合作原则的违反来实现的，而且违反合作原则也不一定都出于礼貌的需要。

第三，什么时候礼貌原则优先，什么时候合作原则优先，要根据具体情况来确定。如果一般性的人际交往或讨论无关大局的事，那么，礼貌原则和合作原则相冲突时，可能会礼貌优先。在重事实、讲效率的场合，人们常常会要求对方“有话直说”，遵守合作原则而不必拘礼，鼓励对方“别客气，有什么尽管说”就是提醒对方要坚持数量准则。

当然，语言运用所要遵守的原则并不是格赖斯的“合作原则”和利奇的“礼貌原则”可以完全涵盖的。中外一些学者针对合作原则和礼貌原则理论上的局限和认识上的不足提出了一些修正和补充的意见，但这并不妨碍合作原则和礼貌原则的语用价值。

第五节　会话结构

本节学习要点

1. 话语的信息结构：新信息与旧信息，新旧信息的认定取决于说话人的判断，句子的信息分布；焦点是句子内容中最为突出或最为强调的部分，自然焦点和对比焦点及其表现形式，对比焦点往往与特定预设有关。

2. 会话的构成：话轮，相邻对，开头，主体，结尾。

会话是在说话人和听话人之间进行的，是由一句话一句话组成的。既然会话一般都是由交际双方的多句话组成的，那么这些话就有一个组织结构问题，这就是所谓的“会话结构”。会话结构可以从两个角度去观察：如果主要着眼于说话人的表达，那么就有一个如何安排话语要传达的信息，以方便对方理解的问题，也就是话语的信息结构问题；如果主要着眼于交际双方的互动，那么就有一个会话如何在双方之间展开、推进以至结束的问题，也就是会话的构成问题。

一、话语的信息结构

从信息传递的角度看，人们在进行交谈时每一句话语都传递信息，都可以看作由不同信息成分构成的信息结构。构成信息结构的信息成分有新信息和旧信息，以及隐含在话语中的预设信息和有意突出出来的焦点信息，它们的交际价值不同，表现形式和分布特点也有明显的区别。

（一）旧信息和新信息

旧信息又称已知信息，指说话人主观上认定或假定听话人已经知道的那部分信息，也包括由这种信息可以联想到的相关信息；新信息又称未知信息，指说话人主观上认定或假定听话人尚未知道的信息。在交谈中，一方面，交际双方不断地交换角色，轮流担任听话人和说话人；另一方面，通过信息交流，新信息不断转化为旧信息，特殊情况下旧信息也可能被重新领会。

在言语交际过程中，新旧信息的认定取决于说话人。说话人通过对语用环境的判断和对听话人背景知识的了解，认为有的信息是听话人已经知道的信息，有的信息是听话人尚不知道的信息。说话人将旧信息作为话题，并以此为基础陈述与之相关的新信息。对于听话人来说，说话人所认定的信息的新旧也可能跟他的实际情况一致，但也可能不一致，这些情形在会话中很容易观察到。例如：

（27）学生甲：张老师生病了。
学生乙：噢，他病了啊。

学生丙：我知道，他昨天给系办公室打电话要求调课。

学生丁：有人生病了？哪个张老师生病了啊？

上面的对话中，学生甲想告知同学有人“生病了”，并认为对方都知道自己所说“张老师”的具体所指，也就是说，学生甲将“张老师”看作旧信息，“生病了”看作新信息，以旧信息为话题陈述出新信息。从其他同学的反应来看，学生乙对于有关信息的了解与说话人的判断一致，不过在学生丙看来，说话人传递的都是旧信息，而对于学生丁来说，说话人所传递的都是新信息，他不知道有人生病了，也不知道学生甲说的“张老师”的确切所指。

句子是言语交际中最基本的表达单位，能够表达相对完整的意义。从信息传递的角度看，句子可以看作由不同信息成分构成的信息结构。句子中一般都包含旧信息和新信息，这两种信息成分在句子中的分布是有规律的。通常情况下，旧信息作为说话的起点或话题，一般处于句子前部，要传递的新信息一般处于句子后部。例如：

（28）a. 你说的那个学生考上了清华大学。

b. 这个问题我回答不了。

c. 他呀，是我们班最活跃的人。

d. 昨晚下雨了。

上面（28）各例中，下画双线的部分是旧信息，下画单线的是新信息，旧信息在前，新信息在后，这是汉语及其他许多语言句子中信息分布的一般规律。在汉语表达中，旧信息通常处于句子前部，此外，后面还可以停顿或添加语气词，以强调说话人所要讨论的话题，如（28c）。

句子的信息结构虽然通常为“旧信息+新信息”，在语言的实际运用中也会根据情况有所变化，例如“快跑！”“下雨啦！”这些非主谓句就只有新信息。在会话中，由于语境因素能够帮助听话人理解话语内容，一些旧信息成分会省略不说。例如：

（29）甲：小猫呢？

乙：在沙发下面。

上面的对话中，甲通过疑问语气来求取新信息；乙的答话中只出现了新信息，旧信息承上省略。就省略而言，表达中省略的通常都是旧信息，新信息一般不能省略，因为话语表达的目的是传递信息，新信息交际价值大，它是表达的必有成分，一般情况下不可缺少。

在言语交际中，由“旧”到“新”，由“已知”到“未知”的信息传递方式最为常见，这种表达顺序符合信息接收者的心理认知过程，人们习以为常。如果突破常规，新信息在前，旧信息在后，那是特定情况下的一种特殊表达。例如“着火了，仓库！”这句话是在紧急情况下说的，说话人把新信息放在前面是急切地想告知人们“着火”这个突发事件，说话人突出强调的“着火”已经不仅仅是新信息，它同时还是话语表达中所要强调的信息。

（二）焦点信息

焦点信息，又称“焦点”，指句子内容中最为突出或说话人最为强调的部分。根据呈现方式和语用功能的不同，焦点通常分为自然焦点、对比焦点两大类。

1. 自然焦点和对比焦点

自然焦点是常规焦点，是自然表达中句子的语义重心所在。换句话说，自然焦点所突出的信息是说话人在表达中自然呈现出来的。对比焦点是说话人通过一定的表现手段有意强调的信息。也就是说，对比焦点所强调的信息并非自然呈现，而是说话人采用一定的手段有意突出的。如果把凸显焦点信息的特殊方式视为标记，那么，自然焦点属于无标记焦点，对比焦点属于有标记焦点。

自然焦点是无标记焦点，能够识别自然焦点的外在形式主要是自然重音和句法位置。自然重音位置固定，一般落在句末语义重心所在的成分上，随着新信息的表达自然呈现。通常情况下，说话人的目的主要是通过传递新信息来实现的，因此说话人表达的重点在新信息。在没有特别强调的情况下，新信息的核心部分就是整个句子的语义重心，也是自然焦点所在。根据信息结构的规律，句子信息的编排一般遵循从已知到未知的原则，新信息一般在句子的后部，而且越靠近句末信息内容就越重要，交际价值也越大。这样一来，句子的语义重心通常落在句末的语言成分上，这些成分也就成为自然焦点，并带上自然重音。例如“杯子打碎了”，这句话陈述“杯子怎么样”，新信息是“打碎了”，表示结果的成分“碎”是语义重点，也是该句的自然焦点；“他打碎了杯子”，这句话陈述“他怎么样”，新信息是“打碎了杯子”，语义重点自然落在动作关涉的对象“杯子”上，“杯子”是该句的自然焦点，也是自然重音所在。

对比焦点是说话人出于某种表达需要有意采取特殊表现手段凸显出来的

信息。对比焦点凸显焦点信息的方式多种多样，大致可以归为三类：一是语音手段，二是语汇手段，三是句法手段。

作为对比焦点标记的语音形式主要是对比重音。相对于自然重音，对比重音是说话人有意加上去的重音，说话人有意重读某一成分，希望由此引起听话人对该信息的关注。例如“北京的秋天很美”这句话的新信息是“很美”，自然重音应该落在“很美”或“美”上，但是说话人有可能重读“北京”，重点强调“北京”的秋天很美；在“他买了一箱矿泉水”这句话中，新信息是“买了一箱矿泉水”，“矿泉水”是自然焦点，但是说话人可能重读“一”，强调所购物品的数量。这两个例句中通过重读某个成分得以突出的信息都属于对比焦点，说话人表达时有意突出和强调这些信息。此外，与自然重音不同，对比重音位置自由。对比重音的位置不同，句子的对比焦点就不同。对比焦点不同，同样一句话就可以有不同的理解。例如，“他买的苹果太小”，通常情况下，信息的焦点自然地落在句末的“太小”上，表述说话人对“他买的苹果”的评价。这句话如果重读“他”，则是强调“是他买的苹果太小，而不是别人”；如果重读“苹果”，话语的意思又发生了变化，听起来就是强调“是苹果太小，而不是别的”。

作为对比焦点标记的语汇成分可以是一些副词，如英语的副词“only”，可以对后面的成分进行强调，其凸显焦点的作用，见下面例（30）。

（30）a. I only *bought a book* at that store.（我在那家商店只买了一本书）

b. I bought only *a book* at that store.（我在那家商店买的只是一本书而已）

c. Only *I* bought a book at that store.（只有我在那家商店买了一本书）

d. I bought a book only *at that store*.（我只是在那家商店买了一本书）

除了语音标记和语汇标记外，许多语言中还有专门用来凸显对比焦点的句式。汉语中比较常用的强调句式有“是”字句、“是……的”句、“连……也/都”句等。这类句式中“是”或“连”后面的词语一般是对比焦点。例如：

（31）a. 是我在用电脑。

b. 我是在用电脑。

c. 他连我都认不出来了。

d. 他连自己住哪也不清楚。

英语中也有表示强调凸显焦点信息的句式，如 “It is/was … that/who” 这一句式的功能相当于汉语的 “是” 字句或 “是……的” 句，“It is/was” 之后是要强调的部分。例如 “He met an old friend in the park yesterday（昨天他在公园遇到了老朋友）” 这个句子可以换成以下几种强调形式来凸显对比焦点。比较：

（32）a. It was *he* who met an old friend in the park yesterday.

（昨天是他在公园遇到了老朋友）

b. It was *an old friend* who he met in the park yesterday.

（他昨天在公园遇见的是老朋友）

c. It was *in the park* that he met an old friend yesterday.

（他昨天是在公园遇见的老朋友）

d. It was *yesterday* that he met an old friend in the park.

（他是昨天在公园遇见的老朋友）

2. 焦点与预设

预设就是使语句成立或被接受的前提条件，这一前提条件是说话人在表达时对听说双方所共有的背景知识所作的估计。预设可以分为语义预设和语用预设。语义预设指一个句子获得真值（可以判断其真假）的前提条件，即真值条件。这一前提条件不在句子的断言之内，对它的推断也不必依赖外部语境。语用预设是指使用一个句子的恰当性条件，即在一定语境下语句的恰当使用和理解所需的前提条件。语用预设要受到语境以及认知经验的制约，与语言之外的因素有密切的关联。例如，“我们班学习委员有一门课要补考”，这句话的预设可以从语义和语用两方面来理解。就句子本身来分析，其语义预设之一是 “我们班有学习委员”，只有当这一前提条件为真时，句子所陈述的事情才可能是真实的；如果在具体语境中说话人说这话的目的是要发布一条不同寻常的消息，那么说这句话时的语用预设则可能是 “学习委员应该成绩优秀，不应出现补考情况”，只有在这一语用前提条件下，别人才可能领会说话人要表达的 “不寻常” 的含义。

基于上面的认识，从信息表达和理解的角度来看，自然焦点和对比焦点的差别主要在于二者产生的条件不同。自然焦点的产生并不针对特定的预设，它之所以成为句子的语义重心，是因为说话人认为它们是听话人未知的信息，而且是未知信息中最有必要说明的部分。对比焦点是说话人着意强调的信息，其产生往往针对特定的预设，说话人的目的是要纠正或澄清某种误解。在表达中，说话人可以根据不同的预设来选择自己要强调的信息，因此，对于同样一个句子，如果预设不同，对比焦点的位置也就不同。例如：

(33) a. 他买了一本词典。(针对语用预设"别人买了一本词典")
b. 他买了一本词典。(针对语用预设"他借或拿了一本词典")
c. 他买了一本词典。(针对语用预设"他买了三本词典")
d. 他买了一本词典。(针对语用预设"他买了一本教材或小说")

突出表意重点是会话中比较常见的现象，了解焦点和预设的关系有助于理解话语的内容，把握说话人的交际意图。

二、会话的构成

会话活动中的话语虽然都是由句子组成的，但是与演讲和写文章不同，会话中的语句是由会话活动的参与者轮流说话表达出来的，所以观察会话，就不能仅仅看一个句子是如何传递信息的，还要了解会话的构造规律，从整体布局把握一次完整的会话活动是怎样开始、发展和结束的。

(一) 话轮和相邻对

会话的基本单位称作话轮。话轮指一个人在会话中一次说完的话语，这些话语可以是一句话，也可以是多个句子组成的句组。比话轮大的会话单位是相邻对（也称话轮对），相邻对就是两个人对话时一次交谈的来言和去语。

从交际的角度看，听说双方彼此有信息交流的谈话才是真正意义上的会话。如果仔细观察，还会发现，在会话活动中，即使多人参加，且讨论热烈，一场完整的谈话总是表现为轮流说话。基于这样的认识，语用学中把交际双方的来言和去语看成一次基本的会话活动，因此，相邻对是一次完整会话活动最基本的形式。一个相邻对由始发话轮和应答话轮构成，其特点是两个话轮前后相邻、内容相关，分别由交际双方表述。始发话轮又称引发语，是发话人的话语，应答话轮又称应答语，是应对一方的话语，其表现形式为"A→B"。如果谈话不断进行下去，一个相邻对结束，紧接着又一个相邻对开始，整个会话的结构表现为"A1→B1→A2→B2→A3→B3"。在语义连贯的对话中，不仅“A1→B1，A2→B2，A3→B3”结成相邻对，前一相邻对中的应答话轮兼具引发语的功能，“B1→A2，B2→A3，B3→A4”也可以结成相邻对。下面用国内情景喜剧《我爱我家》第47集《远走高飞（上）》中的一段对话来加以说明。比较：

（34）傅老：（看小凡，笑）小凡呐，用功呢？
小凡：啊。 ①
傅老：来来来，坐下，看的什么书啊？
小凡：英语。 ②
傅老：（向志国、和平）英语……美国人是不是也说英语呀？
小凡：对呀。 ③
傅老：……那，最近啊，大学起英语，意欲何为啊？
小凡：（积极地）我要去美国！ ④
傅老：怎么着？你，你怎么承认啦？
小凡：我为什么不能承认呐？这又不是什么坏事儿。 ⑤
傅老：你一下子就承认了，我都没有思想准备，弄得我很被动嘛……你怎么可能去美国呢？你根本就不可能去美国。
小凡：我为什么不能去美国呀？护照办好了，签证拿到了，想走随时都可以走。 ⑥

傅老和小凡的上述对话主要讨论小凡出国问题。在这一会话活动中，傅老和小凡每一次发话的话语都构成一个话轮。一个话轮可长可短，最短的是独词句，例如小凡用叹词“啊”构成的独词句表示应答；长的话轮是由多个句子构成的句组，例如傅老的话语“你一下子就承认了，我都没有思想准备，弄得我很被动嘛……你怎么可能去美国呢？你根本就不可能去美国”。这一段对话中有许多相邻对，例（34）中只标注了其中6个相邻对。这6个相邻对基本上是问答形式，内容相应，前后相邻。在整个交谈活动中傅老是对话的发起人，他从一开始就试图引君入巷，想从小凡的回答中了解她学英语的目的以证实自己的疑虑。从后面的谈话情况来看，小凡的回答终于接近了傅老问话的目的，③~⑤几个相邻对中小凡的答话兼具引发语的功能，与傅老的问话也构成相邻对。小凡承认有去美国的想法以后，整个会话的局面发生了变化。⑤这个相邻对中，小凡的应答形式是反问，⑥这个相邻对中小凡的应答形式是自问自答，小凡明确地告诉傅老，她不仅想去美国，而且一切准备就绪，很快就要远走高飞。

如果进一步分析，可以发现会话活动中每一个相邻对都是在进行话轮转换。话轮转换时，说话人和听话人角色互换，如甲、乙、丙三人“甲→乙→丙→甲→乙→丙→甲……”这样轮流说话。话轮之间的转换既涉及内容上的关联，也涉及形式上的接应。典型的相邻对是话语内容和形式上都相互配合，有的相邻对内容上可能并不完全关联，但形式相应。例如：

（35）甲：小姑娘，你几岁啦？
乙：五岁。

（36）甲：你多大了？
乙：今年二十，明年十八。

上面的两个对话都是谈年龄，例（35）中相邻的话轮在内容和形式上都相互关联相互照应，是典型的相邻对；例（36）答话的内容虽然与问话相应但并不相关，答话人既不想回答有关年龄的问题，也不想让问话人尴尬，就套用一句著名的广告语回答说“今年二十，明年十八”（上海“白丽”美容香皂广告语）。这种似是而非的“答非所问”是一种形式上的相邻对，答话人虽然没有直接对答，但是整个会话活动并没有中断。

典型的相邻对是说话人说出引发语后，听话人会立即回应，不过，有时候听话人会延迟应答，在一个相邻对的两个部分中间引入一个甚至一个以上的相邻对，这种现象被称为“相邻对的内嵌”。嵌进一个相邻对之间的话语称为“插入序列”。例如：

（37）爸爸：成绩出来了吧，期中考得怎么样？
儿子：爸爸，诚实的孩子应该受到表扬吧？ } 插入序列
爸爸：是啊，诚实是美德。 }
儿子：那么，我诚实地告诉您，我期中考得不太好，有两门刚及格。

上面例子中儿子没有直接回答父亲的问话，而是引入一些话语，为自己的回答做铺垫，应答前插入的话语看似偏离话题，实际上是答话人采取的一种迂回策略。

会话活动通常是一种随想随说的交谈，在表达过程中说话人难免会有疏漏或口误，听话人也有没听明白或需要弄清楚的地方，这时候交谈中还可

能会出现一种用于修正话语的“插入序列”。这类插入性话语通常的结构是“疑问+修正”或“提示+修正”。例如：

（38）老师：小林，你的任务是找3个同学到会场帮忙。
小林：3个？原先不是说要找4个吗？
老师：噢，我说错了，是4个，还需要一个同学专门负责联络。
（小林—老师：插入序列）
小林：好，我知道了。

（39）爸爸：我们公司新来的一个大学生真能干，很长的文章居然一气阿成。
儿子：不是一气阿成，是一气呵成。
爸爸：对，对，一气呵成，还是你有文化。
（儿子—爸爸：插入序列）
儿子：这个大学生很会写文章，肯定是学文科的。

上面例（38）中插入性话语的结构属于“疑问+修正”，例（39）插入性话语的结构属于“提示+修正”。当然，说话人察觉话语中出现疏漏或失误后可以自我修正。如果是在新的一轮谈话中自我修正，通常也是用插话的方式来完成。例如“我前面那些话的意思是……”“对不起，刚才我的发言中有一个小疏漏，在这里我要更正一下”。

（二）会话的开头、主体和结尾

会话是由两个或多个人共同完成的，它主要表现为面对面的口头话语，如交谈、讨论、采访等。从整体结构来看，一次完整的会话是由开头、主体和结尾三部分组成。会话活动的参与者以何种方式开始交谈、推进谈话和结束谈话，既与交际目的有关，也与交际双方的关系、场合、媒介等因素有密切的联系。

首先来分析会话的开头。在会话中，无论是熟人之间的谈话，还是陌生人之间的谈话；无论是在正式场合，还是非正式场合；说开场白的一方首先要用某种方式发出“召唤”，以引起对方的注意。例如面对面交流时，可以用叹词“欸”来招呼，此外，熟人之间可以用点头、拍肩膀、招手示意，陌生人之间可以用目光、微笑、咳嗽等非语言手段来示意；电话交谈时，电话铃声就是一种“召唤”的信号，“喂”或“Hello”是电话交谈开始前的招呼语。

“召唤”之后的开场白是始发话轮，始发话轮能否引起听话人的反应，建立第一个相邻对，这关系到会话活动能否顺利进行，所以会话中的开头往往是一个比较特殊的相邻对，这个相邻对的功能是帮助交际双方建立对话关系，为进一步交谈做铺垫。例如：

（40）甲：欸，老王！早啊，出来遛弯啊。
乙：哎，出来活动一下筋骨。

（41）甲：您好！我是奥运会志愿者，请问有什么需要帮忙的吗？
乙：谢谢！我们想去水立方，不知道从哪条路走近一些。

（42）甲：张老师，您回来啦，刚才有电话找您。
乙：谢谢！是哪儿打来的，电话里说了吗？

从上面的几个例子不难看出，问候、自我介绍、询问、报告等言语行为模式是常见的会话开头方式，而且为了建立良好的交流关系，发话人在用语方面比较讲究，通常情况下都要礼貌先行，称呼到位。

交际的一方有了开场白，听话人作出相应的回应，这就意味着交谈开始了。如果有确定的话题，开场白后面可以很快转入正题，开始交流互动。会话的主体部分会呈现什么特点与谈话的场合、性质、讨论的话题以及整个谈话的人际环境有关。会话主体是由一个或多个话轮段构成的。话轮段是指两个或多个会话参与者围绕同一个话题表达出来的一系列话语，通常由多个相邻对组合而成。当说话人有意从A话题转换到B话题，前面的谈话就告一段落。

从话题推进的角度来观察，围绕一个主题展开的会话属于“聚焦型”，谈论A主题时引出B主题，谈论B主题时引出C主题的会话属于“引发型”，如果从一个主题转向毫无关联的新主题就属于“转向型”。聚焦型和引发型会话在采访、会议、座谈、论文答辩和课堂讨论等会话活动中表现得比较突出。转向型的会话主题多变，结构松散，主要见于随意性较强的日常会话。在话题推进过程中，会话活动能否顺利进行还有赖于话语秩序。影响话语秩序的主要因素是交际关系。按照社会习俗，尊者和长辈有更多的话语权，在会话活动中更容易占据主导地位，主导谈话的内容和方式。正式谈话大多属于有准备的会话，如新闻采访类谈话一般都有采访提纲，谈话目的明确，交际双方角色关系分明；座谈会、研讨会等尽管常常是多人参与的会话活动，不过主题集中，而且有主持人引导和控制谈话秩序和节奏。话语秩序失控主要见于争论和吵架，各不相让的谈话其结果是各持己见，不欢而散。当然，并不是每一次谈话活动都会展开话题，有明确的主体部分。如果谈话属于搭讪性质，对方没有交谈意愿，或者见面只限于打招呼，彼此寒暄几句会话就结束了，这样也就谈不上话题展开。

会话结尾部分通常是直接宣告谈话结束，相互道别或致谢。如同会话开始必须有“召唤”信号一样，会话结束也会有“预示”信息。表达“预示”信息的话轮是一种过渡性话语，它的作用是为谈话的结束做铺垫，以避免会话结束显得生硬、突兀。会话结束前比较常见的预示性话语有三类：寒暄型、提示型、总述型。寒暄型通常是受益的一方主动发话，感谢对方的帮助，或者为占用对方的时间表示歉意，如“谢谢你的指点”“不好意思，今天耽误你不少时间”。提示型可以是从对方的角度，询问或提醒对方将要做的事，如“您开会的时间到了吧”“你们还有什么问题要问吗”；也可以从自己的立场出发，说明自己退出谈话活动的理由，如“你们慢慢聊，我有事先走了”。总述型是用总结和评述性话语预示谈话结束，如“今天大家都畅所欲言，提了很多意见和建议……”“今天的谈话非常愉快，希望以后还有机会见面”。在面对面的会话活动中，除了用话语“预示”谈话结束外，有时候说话人还会用变换体态来预示谈话即将结束。一般情况下，用什么方式，由谁先发出结束话语的信息会依实际情况来定。如果会话活动有主导者，那么，拥有话语主导权的人基本上从开头到结束控制整个话语的进程。

综上所述，会话是具体情境下的人际交流活动，在话语组织和表达上有许多不同于书面语篇的地方。会话对语境因素的依赖性比较强，可以省略很多不必要说明的信息，而且在即兴谈话和比较随意的交流中，因为可以根据需要随时调节谈话方式和内容，话语的整体结构相对松散，有时表意会有很大的跳跃性。此外，尽管完整的会话活动也是由开头、主体、结尾三部分组成，会话开头的功能主要在于沟通人际关系和开启信道，主体部分才步入正题，传递思想情感，会话结束时要由交际的一方主动提出，并在对方的默许和配合下以合适的话语方式结束谈话，而且收尾工作既要考虑谈话目的，还要兼顾人际关系的远近亲疏。以上我们介绍的是会话的一般结构规律，实际上许多日常会话计划性和目的性都不强，没话找话的搭讪有可能是一次认真谈话的开始，辩论或争吵也并不意味着谈话毫无成效，频繁转换话题或漫无目的的谈话中也许能捕捉到一些有用的信息。会话是人际交往最基本的形式，是社会语言生活的一部分，只要是交际双方之间有序的言语交流，就构成一次完整的会话活动。

思考和练习

1. 什么是语用？如何认识语用的性质？
2. 结合实例谈谈语境的类型及其对词句意义理解的作用。
3. 结合实例谈谈指示语的类型及其与语境的关系。
4. 什么是言语行为？直接言语行为和间接言语行为有什么不同？
5. 什么是合作原则？什么是礼貌原则？说明礼貌原则与合作原则的关系。
6. 什么是焦点？自然焦点和对比焦点有哪些不同？
7. 下列句子焦点信息的选择有多种可能，请把每种可能的表达形式都列举出来，并指出它们的预设有哪些不同。

小华明天上午坐动车去天津。

8. 分析下列会话的结构特点，并根据合作原则，说明“雄辩症”病人话语表达方面的“病症”所在。

一位医生向我介绍，他们在门诊中接触了一位雄辩症的病人。

医生说：“请坐。”

病人说：“为什么要坐呢？难道你要剥夺我的不坐权吗？”

医生无可奈何，倒了一杯水，说：“请喝水吧。”

病人说：“这样谈问题是片面的，因而是荒谬的，并不是所有的水都能喝。例如你如果在水里掺上氰化钾，就绝对不能喝。”

医生说：“我这里并没有毒药嘛。你放心！”

病人说：“谁说你放了毒药呢？难道我诬告你放了毒药？难道检察院起诉书上说你放了毒药？我没有说你放毒药，而你说我说你放了毒药，你这才是放了比毒药还毒的毒药！”

医生毫无办法，便叹了一口气，换了个话题说：“今天天气不错。”

病人说：“纯粹胡说八道！你这里天气不错，并不等于全世界在今天都是好天气。例如北极，今天天气就很坏，刮着大风，漫漫长夜，冰山正在撞击……”

医生忍不住说：“我们这里并不是北极嘛。”

病人说：“但你不应该否认北极的存在。你否认北极的存在，就是歪曲事实真相，就是别有用心。”

医生说：“你走吧。”

病人说："你无权命令我走。这是医院，不是公安机关，你不可能逮捕我，你不可能枪毙我。"

……

——选自王蒙的小说《雄辩症》

第六章

文　字

第一节　文字的性质

本节学习要点

1. 文字的作用：克服了语言在时间和空间上的局限，是人类社会进入文明时代的重要推动力和标志。

2. 文字和语言的关系：文字是语言符号的符号，有语言不一定有文字，文字和语言并不等同，不能把文字和语言，特别是书面语言混为一谈。

人们掌握或者学习一种语言，很重要的一个方面就是要“识文断字”。一般说到某个人会某种语言，就不但包括了他得会“听”和会“说”这种语言的“音”，也包括了他得会“读”和会“写”这种语言的“字”。那么为什么人类的语言除了语音还要有文字，文字跟语言又是什么关系呢？

一、文字的作用

自从有了人类也就有了语言，也就是以语音为物质载体的语言。如果没有语言，人们就无法进行日常交际和思想交流，人类社会也是组织不起来的。但是单凭口耳进行交际的语言毕竟有一个严重局限性，就是声音是一发即逝的，说和听的过程都要受到空间和时间的限制。比如一个人在这里讲话，另一个人站得远了就听不到他说了什么，如果不在同一个地方就更听不到了：这就是空间的限制。或者一个人讲完了另一个人才来，同样也不知道他说过什么，如果年代久远就更无法知道了：这就是时间的限制。为了克服这种局限性，或者说是为了让说出来的话能传递得更远些和保存得更久些，人类慢慢地就发明了可以把说过的话书写下来的文字，这也就使得人类的语言除了“听”和“说”的形式以外，又增加了一种“写”和“看”的形式。即使到了现代，虽然电话机也可以把一个人说的话传递到远方使不同空间的人听到，录音机也可以把一个人说的话记录下来使不同时间的人听到，但是用文字表现的图书、报刊、书信，也包括当代的电子邮件、手机短信等，仍然是人们在不同地点和不同时间传递信息的重要形式。

人类发明了文字，除了可以使不在一时一地的人进行交际，更重要的作用是使得用文字保存下来的语言材料可以不断积累起来，而且还可以一代一代传递下去，这也就使得后人可以通过文字记录的材料掌握前人的智慧和经验，能够在前人所取得的全部智慧和经验的基础上继续前进，从而大大加快人类社会的进步和发展。人类文明之所以能创造出这样的奇迹，其原因就在于有了文字作为载体而大量积累的各种信息资料。人类有了语言，标志着和其他动物分家，从而走上了独立发展的道路，这当然是人类发展史上一件了不起的大事。但是如果仅仅只有有声的语言，人类的知识只是来源于个人的直接经验和口耳相传的间接经验，信息量肯定是十分有限的。而有了文字，有了用文字记载的各个时代的人们通过实践不断获得和积累的经验，人类的大脑也就有了更多加工原料和信息储备，也就可能发挥出更大的潜力。大家都知道有这样两句话：一句是“知识就是力量”，一句是“科学技术是第一生产力”。其实如果没有文字，也就不会有现在通常意义上所说的知识和科学技术，因为迄今为止人类社会所有的知识和科学技术都是通过文字记载下来和相互传递的。人类社会所取得的辉煌成就充分说明，人类有了文字，是人类发展史上的一个里程碑。恩格斯有句话（人类）“从铁矿的冶炼开始，并由于文字的发明及其应用于文献记录而过渡到文明时代”[1]，说的就正是这个意思。

二、文字和语言的关系

前面说，人类发明或创制了文字，就使得语言不但有了听和说的形式，也有了写和看的形式。这样听起来好像意思就是，语言中听和说的语音符号与写和看的文字符号就是并存的两种语言符号；或者说，听和说的语音形式就是语言的口语形式，写和看的文字形式就是语言的书面语形式。其实这样的一些理解都是不准确的，人们在对文字在语言中的地位以及文字和语言的关系的认识上，也一直有这样那样的一些偏差。

（一）语音符号和文字符号

首先需要说明的问题是：虽然不严格地可以说，语音是语言的听和说的符号形式，文字是语言的写和看的符号形式，但实际上文字符号和语音符号并不是平起平坐的。前面说过，语言符号是音和义的结合体，而文字只不过是“符号的符号”。尽管读书看报，看到的不是声音而是文字，也照样能理解语言的意义，但其实文字并不是语言的直接物质形式，而只是语言符号的一种转换形式，因为没有语音就不会有文字。我国清代学者陈澧说过一句

（1）《马克思恩格斯全集》第二十一卷，人民出版社1965年版，第37页。

话“声不能传于异地，留于异时，于是乎书之为文字。文字者，所以为意与声之迹也”(《东塾读书记》)。这段话基本上说明了语言符号与文字的关系，即文字是语言的“意与声之迹”。也就是说，语言是以语音为表现形式或物质载体的一种符号系统，是依靠听觉接收的信号，而文字只不过是在此基础上产生的一种书写符号系统，是依靠视觉接收的信号，是一种附属性的符号系统。这个意思还可以换一种角度来看：一方面，任何语言都无一不是先有了语音，然后才有文字，如果说人类的语言已经有了几万年的历史，那么出现最早的文字，比如古埃及文字或中国的甲骨文，至今也不过才几千年，可见语言（语音）在先而文字在后。另一方面，任何活的人类语言都肯定有语音，却并非都有文字，比如至今还有大量语言，包括我国境内的一些少数民族语言，就还是只有语音，没有文字，可见有了语言（语音）也不一定就有文字。

（二）“会说话”和“能认字”

其次要说明的问题是：虽然文字比起语音来说要更于难掌握，或者一般社会中“会认字”和“能写字”的人比起会说话和听话的人来总是要少些，甚至要少得多，但并不能因此就说“写和看”的文字是更高级的语言形式，或者说跟“说和听”的语言形式互不相干。在过去任何一个社会里，语言，也就是语言的听和说的形式，是在儿童时期不知不觉中学会的，因此一般说是人人都可以掌握的，这对于全社会的成员来说是平等的。而文字，也就是语言的写和看的形式，却是不但需要花费很多时间，而且还需要有一定的社会条件和经济条件，才能学会的，因此文字往往只掌握在少数人的手里，这对于全社会的成员来说就是不平等的。而且学习文字对于任何一个民族，在任何一个国家里，都不单单只是学习一套口头语言的书面符号，而必然要通过掌握的文字去学习前人流传下来的知识和经验，这样一来掌握了文字的人就必然要比一般人掌握更多的知识，这也就使得在教育还没有普及和文化相对落后的社会里，掌握了文字的少数人，也就是所谓的“读书人”，形成了一个地位较高的特殊阶层。由于文字难于掌握和对人们社会地位的影响，这也才使得很多人不恰当地拔高了文字的身份而贬低了语言的地位，甚至会认为写和看的文字是一种与一般人说和听的话完全不同的独立存在的社会现象，这从语言学的观点看当然是错误的。其实文字比语音难掌握，这只是因为二者获得的途径不同，并不意味着文字就比语言（语音）更高级，或者掌握了文字就是掌握了一种不同的东西。如果非要说二者中哪个“更高级”，那么应该说语言（语音）才是最本质的社会现象，而文字只能是服务于语言（语音）的一套专门用于写和看的附属符号而已。

（三）文字和书面语

还有一个不大容易搞清楚的问题是：虽然可以说口头语是用语音符号记录的语言形式，书面语是用文字符号记录的语言形式，但实际上文字符号和语音符号一样，只是一种符号或者说是一种工具，其本身并不就等于语言中的口语或书面语。这就好比用木头可以做成家具，用矿石可以炼成钢铁，再加工成钢板，最后做成汽车，但是木头、矿石以及钢板本身，却并不就是家具和汽车，家具的作用或汽车的作用跟木头、矿石或钢板的作用显然不是一回事。但现在却有不少人有意无意地把文字和语言，特别是书面语言混为一谈。以汉字为例，就有人极力夸大汉字的作用，说联合国印发的文件，同样的内容，汉字文本就那么薄薄的一本，而西方语言的文本就有厚厚的一本，可见汉语是多么精练！又有人则极力贬低汉字的作用，说现代西方语言的常用词语有几万到几十万个，可是现代常用的汉字只有几千个，可见汉语是多么贫乏！其实这些说法都混淆了作为符号工具的文字本身和用文字记录的书面语言的关系。

从前一个角度看，实际上汉字书写的是汉语中的词或语素（也等于音节），一个方块字只占了一个小方格，空间小、长度短，所以印出来的本子就比较薄；而拼音文字一个字母或几个字母是代表了一个音素（音位），因此一个音节就要用好几个字母来书写，并且使用拼音文字的语言的词语多数又是多音节的，一个词要使用的字母一字排开空间和长度就要多些，当然印出来的文本就相对会厚些。其实文字符号的形式各异这只是文字符号本身的问题，跟使用这种文字的语言或书面语言在表达上是否精练毫无关系。

从后一个角度看，现代各种文明语言常用的词语都有好几万，如果连各行各业常用的专业词语都算上，就会有好几十万。现代汉语也一样，也有几万到几十万的词语，否则汉语就无法表达现代社会如此复杂的生活和生产内容了。应该明白的是现代汉语中的词语不全是单音节的，不少常用词语和绝大多数的专业词语是多音节的，是要用几个汉字连起来书写的；把现代汉语中使用的词语跟书写这些词语的汉字等同起来，就让人误以为现代汉语中就只有三四千个单词，这其实就跟说西方语言只有26个“词”一样荒唐。其实文字符号的数量多少，这也只是文字符号本身的问题，跟使用这种文字的语言或书面语言有多少词语也没有直接关系。

为什么有很多人会把文字符号和用文字符号记录的书面语相混淆呢？这大概跟汉语中“文字”这个词语的意思有关。在现代汉语中，“文字”这个词至少有三个义项：一是“书写或记录语言的符号”，也说“字”或“字母”，如汉字、英文字母等；二是“语言的书面形式或书面语”，如中文、英文等；三是“词语或文章”，如“文字通顺、文字晦涩”等。正因为现代汉语的“文字”不仅有“书写或记录语言的符号”的意思，也有“语言的书面形式或书面语”和“词语或文章”的意思，所以一般人们提到文字也就自然而然地想到了书面语（包括词语和文章），并且很容易就把二者等同起来。不过现在也有人是故意夸大文字（特别是汉字）对语言的影响，把文字的作用说得神乎其神、玄而又玄，比如说文字可以创造出新词，说用不同字形就可以区别不同的词语等。其实不管是汉字还是其他文字，都只能记录或书写语言中的词语，并不能直接创造词语或区别词语。比如现代汉语经常利用古汉语的词语来表示新词，这跟西方语言经常利用古希腊拉丁语词根来表示新词一样，是利用古代语言的成分来表示一个新词语，而不能说是文字本身就能创造出新词语。又比如，如果汉语中没有先产生出“种、众、重”这些不同意思的词来，单靠文字本身又怎么能硬造出这些不同的词来呢？可见所谓文字的种种神奇作用，归根到底其实都是语言（包括口语和书面语）的作用，并不能看作语言书写符号——文字的作用。

（四）语言和文字

由于文字是在语言的基础上产生的，因此语言的特点和文字的形式，特别是不同语言的固有特点跟选择什么样的语言单位作为文字所代表的对象，当然会有一定的联系，但是现在有人过分强调语言怎么影响了文字，甚至说不同语言的特点就决定了用什么样的文字，这种看法至少是过于绝对化了。汉字在语音上代表一个音节，这当然跟创制汉字时期汉语词语绝大多数是单音节的特点是分不开的。闪含语系的语言，如腓尼基语、阿拉伯语等，最初的文字都只表示辅音，这跟这些语言本身的特点也是分不开的。闪含语系语言的词根一般只包含三个辅音，这是因为可以在不同的地方加进不同的元音表示不同的形态变化。如阿拉伯语中“写”的词根是“k-t-b”这三个辅音音位，加进元音以后，“ka:tib”的意思是“作者、文书、写字的人”，“kita:b”的意思是“书、写成的作品”，“ma-ktab”的意思是“书房、办公室、书桌、写字的地方（单数）”，“ma-ka:tib”的意思是“书房、图书馆、办公室、书桌（复数）”，“kataba”的意思是“他写（过去时）”，“je-ktubu”的意思是“他在写（现在进行时）”等。不过说这种语言的人完全知道要表示什么意思应该在什么地方加进什么元音，因此文字中没有表示元音的字母也没有关系，只写出辅音字母就够了，如果要写出元音字母反而太麻烦了。但是属于印欧语系的希腊语的情况就跟阿拉伯语不同，词根是由辅音和元音组合而成的，如果字母不表示元音就无法正确表示词语的语音形式，也就无法阅读，所以希腊人在借用腓尼基字母的时候，就在腓尼基辅音字母的基础上对某些字母加以变化来表示元音，从而创制了既表示辅音又表示元音的全音素字母。这些事实当然都说明语言的特点对文字的形式是有影响的。但是如果说语言的特点对文字的特点一定会有影响，比如说语言的特点就制约了文字的特点，什么样的语言就只能使用什么样的文字系统，这种绝对化的观点至少目前还缺乏证据。因为同一系属、同一类型的语言采用不同类型的文字系统，以及同一语言在不同历史时期采用不同类型的文字系统的实例，也并不少见。同属汉藏语系的汉语和藏语就采用了两种不同的文字系统；而越南语在过去几百年内并没有发生重大变化，可是过去使用的是在汉字基础上形成的文字系统“字喃”，现在则改用拉丁字母的表音文字系统：这些事实就证明语言特点和文字形式的关系并不是绝对的。

第二节　文字的形式和类型

本节学习要点

1. 文字的形式：文字是用于书写的符号，是与语言中的某种单位相联系的符号，是可以固定地和成系统地表示语言中某种单位的符号；字符及其类型：意符，音符，记号；单纯字符和复合字符。

2. 文字的类型：以字符跟语言中什么样的语言单位相联系为划分标准；表音文字：音节文字，辅音音素（音位）文字，全音素（音位）文字；表意文字：语素文字，词语文字；意音文字可以看作一种发展程度较高的表意文字；就现代情况而言，汉字是语素文字。

文字既然是一种书写的符号，那么这种符号应该是什么样子的，或者说什么样的符号才是“字”呢？而且不同的语言肯定有不同的文字，那么文字当然也就可以分成不同的类型，这些类型又是怎么划分的呢？

一、文字的形式

前面说“文字”或“字”是指语言的书写符号系统，这个说法其实还太笼统。现在要问的问题是，究竟什么样的东西算是文字的“字”。这一点也需要从两个方面来说：一是文字跟一般的符号和图画有什么关系；二是文字符号本身应该是什么样子的。

（一）符号、图画和文字

文字是语言的书写符号，但“符号”是多种多样的，显然并不是所有的符号都可以成为文字，或者说文字并不是一般意义上的符号。可以认为，作为文字的符号应该有这么几个特性：一是用于书写的符号，二是与语言中的某种单位相联系的符号，三是可以确定地和成系统地表示语言中的某种单位的符号。

首先，不是用于书写的符号当然就不会是文字符号。例如人的咳嗽声当然本来不是什么符号，虽然有时候咳嗽也可以表达一定的意义，比如要引起别人注意，或者作为表示来人的暗号等。但这种咳嗽声表达的意义并不固定，也不是用于书写的，所以并不是语言符号，更不是文字符号。十字路口的红绿灯也表示一定的意义：绿灯亮可以通行，红灯亮不能通行。红绿灯尽管可以跟语言的某些意义相联系，但只能表示个别特定的意义，而且也不是用于书写的，所以也并不是语言符号，更不是文字符号。

其次，不跟语言中的某种单位相联系的符号也不是文字的符号。例如生物学中常用的“♀”和“♂”这两个符号也是某种用于书写的符号，而且也表示一定意义，即“雌性”和“雄性”。但是这样的书写符号并不是用来书写语言中的单位的，至少不能系统地表示语言的某种单位，因此只是生物学符号，而不是语言的文字符号。另外现在到处都能见到各种图形标记，比如厕所门口画上男人和女人，表示男厕和女厕；一个圆圈里面画一根点燃的香烟和一条斜线，表示禁止吸烟；照相机的某个旋钮上画一个奔跑的人形，表示可以拍摄运动图片等。这些虽然也是书写符号，而且在某些行业和领域中已经能非常系统地表示某些特定意义，但这些图形同样不是用来表示语言中的某种单位的，而且如果不是在某种特定场合，某个图形的意义也就不那么确定了，因此这些图形最多也只能算是有特定意义的图标，而不是语言的文字符号。旗语和莫尔斯电码这样的符号又是一种情况，它们好像都能直接和系统地代表语言中的单位，而且都可以用于图示或书写。但是它们代表的实际上就是文字，或者说是文字形成以后再用它们来表示文字，而它们并不直接联系语言中的某种单位，因此只能说是文字的转换形式，或者说是文字符号的符号，其本身也还不是文字。

再进一步说，不是跟语言中所有的某种单位有固定的和成系统的联系的符号也不是文字符号，至少还不能算是典型的文字符号。比如“文字画”就是这种情况。一般都认为文字是起源于图画的，即是由一定的图形跟一定的语言单位相结合并且固定下来以后逐步形成的。这样就产生一个在漫长的历史发展过程中哪个阶段还只能算是图画，哪个阶段是图画和文字参半，到哪个阶段才算是文字的问题。文字学界对介于图画和文字之间的一些表示比较复杂的意思的图画以及夹杂一部分字符的图画跟文字的关系，或者说这样的图画究竟算是早期的文字，还是根本不是文字，意见比较分歧：有人认为都可以算是原始文字；有人认为只有夹杂一部分字符的图画是原始文字；有人则认为都还不是文字，并且也都还不是原始文字，最多只是“文字性的图画”或“图画性的文字”。事实上确定一种图形是不是文字最主要的标准，还是要看这些图形是不是跟语言中的所有的某种单位都具有确定和成系统的联系，只有达到了这个程度的图形才能算是真正的文字。不妨看一下下面两个具体的例子：一个是1849年北美奥杰布华（Ojibwa）部落的人要求归还苏必利尔湖附近的渔业权而写给美国总统的一封信（如图6-1所示），另一个是我国西南地区纳西族的一段东巴经文（如图6-2所示）。

图6-1　奥杰布华人写给美国总统的信[(1)]

图6-2　东巴经文[(2)]

如果按照必须所有的符号都跟一定的语言单位相联系才是文字的标准，图6-1北美奥杰布华人的信就不包含任何跟语言单位有稳定联系的符号，显

（1） 高名凯、石安石：《语言学概论》，中华书局1987年版，第193页。
（2） 裘锡圭：《文字学概要》，商务印书馆1988年版，第7页。

然只能是一种文字性的图画。而图6-2的东巴经文虽然夹杂了一部分字符，但主要还是图画，所以仍是“文字画”，最多可以叫作“图画字”。比如有学者解释说：这段话中“”表示“拿蛋”。“”本是“解开”的表意字，在纳西语里当“解开”讲，和当“白”讲的那两个词同音，所以这里假借来表示“白”。“”是“黑”的表意字。“”是风。“”是蛋。“”是湖。“”表示蛋破发光。最右边的“”是“山崖”的形声字。因为纳西语当“山崖”讲和当“鸡”讲的那两个词同音，所以在山崖的象形符号上加上一个鸡头作为音符。据纳西经师的解释，这段原始文字的全部意思是“把这蛋抛在湖里头，左边吹白风，右边吹黑风，风荡漾着湖水，湖水荡漾着蛋，蛋撞在山崖上，便生出一个光华灿烂的东西来”。这段原始文字里虽然已经使用了假借字和形声字，但是很多意思仍然是用文字画的手法表示出来的。(1) 所以虽然现在有人认为只要能表示比较复杂的意思的图画就可以认为是文字，至少可以看作原始文字或是只通过象形来表示意义而不跟确定的语言单位相结合的一种“形意文字”，但目前多数学者还是认为，如果某种图形跟语言单位没有确定的关系，只表示一个大致的意义，而且可以用不同的词语和语句去解释，那样的图形就还不能说是文字，至少不是真正的文字。不过“文字画”和“图画字”跟文字的起源确实很可能有密切的关系。而且文字的诞生应该是一个漫长的过程，一定的图形跟一定的语言单位建立起一种确定的关系也应该是一个历史过程。这种关系肯定会具有从不那么确定，到比较确定，到完全确定的若干个阶段。上面说的东巴文字中，有的图形跟语言单位的关系已经比较确定，而有的图形就还不那么确定，正好说明了图画和文字之间有这样一个过渡的过程。

（二）字符

上面说了文字不同于一般的符号和图形的地方。那么究竟什么样的东西才是文字的“字”呢？文字的“字”有一个专门的名称叫作字符。“字符”可以定义为文字的最基本的单位，也就是上面说的必须能直接跟某种语言单位，不论是音位、音节，还是语素、词语，建立稳定和系统联系的某种图形。除了这个最重要的性质以外，“字符”还至少应该符合两个条件：一是字符本身应该是一种视觉图形，不论是由直线、折线，还是曲线构成的图形，而且这些图形还可以分解成独立的个体和能够重新排列组合。二是单独的符号还不成其为字符，即字符必须包括一整套符号，而且还需要有一定的排列形式和书写规则。从这个标准看，汉语的“汉字”和拼音文字的“字

（1）裘锡圭：《文字学概要》，商务印书馆1988年版，第7页。

母”，应该说就是符合上面说的性质和条件的“字符”。

各种文字的字符根据与语言中什么样的单位相联系，大体上可以归纳为三大类，即“意符”“音符”和“记号”。文字系统中的字符跟文字所代表的语言单位在意义上有联系的字符是“意符”，在语音上有联系的是“音符”，在语音和意义上都没有联系的字符就是“记号”。“记号”往往来源于原始的契刻符号，如古汉字里的“✕（五）、∧（六）、+（七）、八（八）”等；记号也可以是硬性规定的，如现代简化汉字“戏”和“汉”里面的“又”就只是一种记号。“记号”在人类的文字系统中只占极少数，因此就绝大多数语言的字符而言，分为“意符”和“音符”两大类也就可以了。

“意符”就是表示语言中的意义单位的字符，例如汉字中的“人”，最初就是画的一个人的侧面图形“ㄋ”，表示汉语中“人”的意思。“音符”也就是表示语言中的语音单位的字符，但是语音没办法用图形来表示，因此所有文字的音符最初都是由已有的意符转化而来的。例如古汉字的“其”原来是“簸箕”的意思，原本只是一个意符，后来采用这个字的音去记录同音的虚词“其”，“簸箕”的意思就抛开不管了，在这种情况下“其”就成了只跟语言中的语音单位有联系的音符。世界上所有独立发展起来的文字，不论是苏美尔楔形文字、古埃及文字、玛雅文字，还是汉字，情况都是一样的，总是先有意符，后来才有借用意符形成的音符；而且所有非独立发展的文字的音符也都是从这些文字中的意符借用转化而来的。比如古希腊人把腓尼基文字中读音为“alpha”而表示“牛”的意符“∀”改造成了表示元音[a]的音符“α”。在这种情况下，古希腊文字中的“α”对腓尼基人来说跟“牛”的意思多少还有联系，但是对古希腊人来说就只表示元音[a]，而跟“牛”的意义已经没有任何联系了。到了今天使用希腊拉丁字母的人就只知道“a”是表示[a]这个音的一个表音字符，大概很少有人会知道字母“a”最初是表示“牛”的意思。

由于文字的字符有的简单，有的复杂，或者说有的字符只是一个字符，有的字符又是由若干个字符组成的，因此字符又可以分为单纯字符和复合字符。

“单纯字符”是不能再分解为更小字符的字符。例如汉字的“人”就是一个不能再分解为更小字符的单纯字符。虽然“人”可以分解为“撇”和“捺”，但是汉字中的“撇、捺、点、横、竖”等只是组成字形的“笔画”，跟任何语言单位都没有固定联系，所以这种笔画不是“更小的字符”。每一个拉丁字母，如“a、b、c、d”，也都是一个单纯字符。尽管有的拉丁字母也可以分解为几笔，如“a”可以分解为半个圆圈和一个半圆的折笔，“d”可以分解为半个圆圈和一竖，但是分解后的笔画都不再是表示语音的字符，即跟任何语言单位都没有联系了，因此只有整个“a、d”才是单纯字符。

“复合字符”则是由单纯字符组合而成的字符，也包括由单纯字符和复合字符再组合而成的更复杂的字符。如汉字“位”是由单纯字符“人”和“立”组合而成的，所以是复合字符；“符”由单纯字符“竹”和复合字符“付”组合而成，其中“付”又是一个由单纯字符“人”和“寸”组合而成的复合字符。有些单纯字符后来就成了汉字中的“偏旁”或“部首”。英文用“sh”代表[ʃ]的音，用“ch”代表[tʃ]的音，这“sh”和“ch”也是复合字符，分别由单纯字符“s”和“h”，“c”和“h”组合而成。由单纯字符组合成复合字符有一定的规则，这就是字符的组合规则。不同类型文字的字符组合规则有的简单，有的较复杂。像英文这样表音文字的字符组合规则就很简单；即使像德文有由三个单纯字符组成的复合字符“sch”代表[ʃ]这个音，组合规则也是很简单的。而像汉字这样的非表音文字的字符组合规则就很复杂，而且两个或几个单纯字符组合在一起的方式并不固定，左右组合、上下组合、内嵌组合、外包组合都可以。如“位”是左右结构；“家”是上下结构；“裹”是内嵌结构，“衣”字里面嵌入了一个“果”字；“囚”是外包结构，“人”字外面包了一个方框，等等。而且即使同样的组合，有时候顺序还是不固定的，如“够”字是左右结构，可是过去其中的“句”和“多”放在左边放在右边都可以，只是到了汉字规范化以后才固定为“句”在左“多”在右，不能随便挪动了。

前面提到古人有文字是“意与声之迹”的说法，因此现在也有学者认为所有文字之“形”所记录的语言单位，都应该同时具有“音”和“义”两个方面。而语言中能够同时有“音”和“义”的最小单位也得是“语素”或者“词”。如果按这个标准，汉语中的“字”是记录语素或词的“汉字”，而像英语这样的语言中的“字”就应该是“词（word）”，至少是语素性质的词根或词缀，字母则不能算是“字”了。这种说法当然也不是完全不可以成立。只是如果要按照这种说法给“字符”下定义，恐怕就需要再扩展前面关于“单纯字符”和“复合字符”的概念，并且似乎有两种定义办法：一种定义是承认汉语的“字”和英语的“词（包括词根或词缀）”就是“字符”，当然也不妨说它们都是“复合字符”（个别是单纯字符）。而汉字中的偏旁部首、声旁形旁之类的东西和英语中的字母就不是字符，当然也可以说这些东西都只是一些“单纯字符”。这样不同语言的文字就都是由单纯字符组成的复合字符，只不过各自“复合”的方式有所不同：汉语是上下左右构造复合字符，英语是一字排开构造复合字符。另一种定义则似乎不如还是说现代汉语中的“汉字”和英语中的“字母”才是“字符”，而现代汉语和英语中的“词”（特别是现代汉语中由多个汉字构成的词）就不是字符，至少不是“单纯字符”。不过现代汉语和英语中跟“词”相当的字符形式也不妨都叫作“复合字符”，或许也可以再起个名字叫作“字符组”。

二、文字的类型

假定说汉语中的方块字和英语中的拉丁字母都是“字”，或者都是“字符”。但不同语言的“字”或“字符”毕竟还是很不相同的。正因为如此，人类语言的文字也就可以分成不同的类型。不过凡是分类，总有不同的分类标准，总有分得粗点和分得细点的大类和小类，总有此类和彼类的交叉，而且免不了存在争论：文字的类型划分也是这样。

（一）文字类型的划分

如果大家看过一些文字学方面的书，就会发现文字的类型划分听上去似乎挺复杂的，往往会让人感到有点坠入云雾中。比如什么“词语文字、语素文字、音节文字、辅音音素（音位）文字、全音素（音位）文字”等；再比如什么“表意文字、表音文字、意音文字”等；当然还有其他不少的说法。因此需要先理出一个头绪。

其实所谓“词语文字、语素文字、音节文字、辅音音位文字、全音位文字”等，是从文字的字符跟语言中什么样的语言单位相联系的标准来划分的；而“表意文字、表音文字、意音文字”等，是从文字的字符跟语言单位的语义还是语音相联系的标准来划分的。这两个标准也可以合起来看：语言是个层级体系，下层是语音单位层，可分为“音素（音位）”和“音节”两级，上层是音义结合的单位层，可分为“语素、词语、词组、句子”四级。这样，凡是跟下层语言单位联系的文字就是“表音文字”，也叫“拼音文字”；凡是跟上层语言单位联系的文字就是“表意文字”，或者叫“意音文字”。这样，人类语言的文字就首先可以大致分成表音文字和表意文字这样两个大类。

第一大类“表音文字”中的“音”，可以是“音素”（音位）这一级单位，也可以是“音节”这一级单位。这样文字的字符跟“音节”联系的，就叫作“音节文字”；文字的字符跟“音素（音位）”联系的，就叫作“音素（音位）”文字。而音素（音位）中又包括元音、辅音。这样，文字的字符只跟辅音音素（音位）联系的，就是“辅音音素（音位）文字”，文字的字符既跟辅音音素（音位）也跟元音音素（音位）联系的，就是“全音素（音位）文字”，或者就称为“音素（音位）文字”。

比如日语的文字除了汉字还有假名，假名就是典型的音节文字，每个假名字符都代表一个确定的日语音节，而且同一个音节只由一个假名字符来表示，比如“カ[ka]、キ[ki]、ク[ku]、ケ[ke]、コ[ko]、ナ[na]、ニ[ni]、ヌ[nu]、ネ[ne]、ノ[no]”等。朝鲜的“谚文”则是一种用音素符号作为部件叠合而成的方块状特殊音节文字，比如“비[pi]、구[ku]、신[sin]、폭[pog]”等。阿拉伯文字的字符表示阿拉伯语中的辅音，没有表示元音的字符，尽管后世也增加了一些附加符号来表示元音读音，但是整个阿拉伯文字体系仍然可以认为是一种辅音音素（音位）文字。希腊文字既有表示辅音的字符，又有表示元音的字符，也就是所有的音素（音位）都有相应的字符（字母），几个音素字符再组合成音节或词语；英语、德语等语言中使用的拉丁文字，俄语等语言中使用的斯拉夫文字，也都是这样，如英语“study（学习）”这个词是由5个音素字符（字母）构成的，这些文字就都是音素（音位）文字。

第二大类“表意文字”中的“意”，实际上指音义结合层的各级语言单位，理论上可以包括“语素、词语、词组、句子”四级。这样文字的字符分别跟这些语言单位结合的就可以叫作“语素文字”“词语文字”或“词组/句子文字”。

比如现代汉语的“字”就是跟“语素”这种语言单位联系的，每一个汉字差不多都等于一个语素，因此一般认为现代汉字就是一种语素文字。不过现代汉语相当于语素的“字”在古代代表的却都是“词”，所以古代汉字也可以叫作词语文字。除了前面提到有人提出把英语的“词”看作“字”，那么也可以归入词语文字外，一般并不认为现代的各种文字中还有词语文字。相反所有的古代文字，如苏美尔楔形文字、古埃及文字、玛雅文字和古代汉字，却都是词语文字，因为这些文字系统中绝大多数单纯字符和复合字符代表的是语言中的词或词语。因为不同的古代语言中的词语，有的是单音节的，有的是多音节的，所以这些古代文字的字符并不一定都只代表一个音节。苏美尔语和古埃及语的词语有不少是多音节的，这些文字的一个字符就可以代表几个音节。汉语在古代阶段绝大多数的汉字只代表一个音节，只有少数双音节词语也用两个字符来书写，如“蟋蟀、琉璃”等。不过这种现象是汉字所特有的，是跟古汉语的词语绝大多数是单音节的特点分不开的。更古老、更原始的一些文字图画性很强，一幅图画或图形要用一个词组或句子才能解释，因此如果算作文字就可以叫词组/句子文字，或者称作表形文字或象形文字，甚至也可以叫作前面提到的文字画或图画字。现代各种文字中除了个别少数民族的文字以外，当然几乎已没有这种文字了。

“表音文字”就等于“拼音文字”，这个意思好懂。而上面提到“表意文字”也可以叫作“意音文字”，这又是怎么回事呢？一般说，“意音文字”的基本意思就是指文字的字符既表示意义也表示声音。不过大家定义意音文字的标准却不尽相同。一种意思是说：因为所有表意文字的字符都同时表音，所以表意文字也就是意音文字。前面说过表意文字的字符是跟音义结合层的语言单位联系的，而这些单位既然是“音义结合”的，那当然就都既有意义也有声音，比如汉字“日”的意思是“太阳”，读音则是“rì”。除了汉字是这样，实际上所有表意文字字符都同时有读音，所以也就可以认为并没有纯粹的表意文字，表意文字就都是既表意也表音的意音文字了。再一种意思是说：表意文字的大部分字符是表意的，但也有些是纯粹表音的，所以表意文字也就是意音文字。也就是说即使不考虑全部字符都既表意也表音，至少表意文字中也有一些字符是单纯用来表音的。比如前面说过汉字字符“其”原本是意符，是通过象形的方法表示“簸箕”。人们由于无法用表意字符来表示虚词“其”的意思，便借用“其”来替代，这也就形成了“假借字”。假借字的意思跟原本意符的意思没有什么关系，只是借用原来意符的音，结果久借不还，“其”就变成了纯粹的音符。除了汉字是这样，实际上所有表意文字中都有这样通过假借形成的表音字符，所以也就可以认为并没有完全的表意文字，表意文字都应该看作部分字符表意、部分字符表音的意音文字了。还有一种意思是说：表意文字的大部分字符本身，都是一部分用来表意、一部分用来表音的，所以表意文字也就是意音文字。由于前面说文字可以采用假借方法使得同一读音的字可以代表几个不同意思的词，这也就形成了大量的同音字和多个意义的字。人们为了避免混淆就给同音字加上专门表示意义类别的标志，即通常所说的“形旁”或“意符”，或者给不同意思的字加上表示音同或音近的标志，即通常说的“声旁”或“声符”，这也就产生了把表音和表意两种符号结合在一个字符中的“形声字”。比如汉字中表示“簸箕”意思的“其”假借为虚词“其”后，后者的用处反远大于前者，于是人们就再给原来“簸箕”的“其”加上一个竹字头，“箕”就成了一个形声字，其中“竹”表意，“其”表音。这样与其说像汉字这样包含大量形声字的文字是表意文字，就不如说是一种意音文字了。

当然即使按照上面的意见，也有人认为还不能说人类语言的文字中就完全没有“表意文字”了。至少跟纯粹的“表音文字”比较起来，前者毕竟有专门用于表意的符号，特别注意这种区别，那么说人类语言的文字还是可以大致分成为“表意文字”和“表音文字”两大类，也就不是不可以。更何况，如果说古老的词组/句子文字，也就是所谓图画字和文字画，也是一种文字的话，那也只能归入典型的表意文字，因为这些图形并不联系读音。所以有的学者认为，“(一般说的)意音文字体系包含三种不同类型的字形：表意字、借表意字充当表音字，以及兼用表意表音两种方法而造出来的形声字(意音字)”[(1)]。如果把这三种字形看作表意文字发展的不同程度，“意音文字”是“表意文字”的一种较高程度，那倒是不无道理的。

(二)汉字的类型

汉字究竟是一种什么样的文字类型系统，这是一个大家都很关心也有许多争论的问题。不过其中有的看法可能有些偏差，有些则是明显错误的。

比如有人说汉字是一种“语素文字”，又有人说汉字是一种“词语文字”。实际上说汉字是词语文字，那是就古代的情况而言的。在创制汉字的时代，汉语的词语绝大多数是单音节的，现代的语素在当时绝大多数确实还是地地道道的“词”，而一个汉字就代表一个词。而说汉字是语素文字，那就是从现代的情况来看的。因为现代汉语的多音节词语在绝对数量上已经占了优势，多数的汉字确实代表的只是语素。

再如还有人说汉字是一种“语素·音节文字”。说汉字有一半性质是语素文字，大概是因为现代汉语的词语从绝对数量上来说多数已经是多音节的，所以在这些词语中汉字代表的只是语素而不是词；说汉字另一半性质是音节文字，则大概是因为现代汉语的一个语素差不多就是一个音节，这样一个汉字也就代表一个音节。不过文字类型上一般说的音节文字是指一个字符代表一个音节以及一个音节由一个字符来代表的表音文字。汉字本身说不上是表音文字，而且有些汉字代表的不止是一个音节，一个音节又往往由很多不同的汉字来代表，并且没有什么规则可循，因此汉字似乎不太符合音节文字的基本条件。这样看来，说汉字是一种“语素·音节文字”或“音节文字”，至少是不很确切的。

现在还有一种意见是受汉字大多是形、音、义的统一体的影响，把拼音文字中按分词连写规则连写的字母组合也跟汉字等同起来，进一步就把汉字的“笔画”或“部件”跟拼音文字中的“字母”等同起来。而且近年来由于计算机根据汉字字形特别是汉字的笔画和部件设计编码的研究盛行，有人就又认为汉字实际上可以看作一种“拼形文字”，这就把汉字的“笔画”或“部件”跟拼音文字的“字母”等同起来，而且也就必然会进一步把汉字跟拼音文字中分写的“词”等同起来。这些看法并不是完全不能自成一说，但

(1) 徐通锵：《基础语言学教程》，北京大学出版社2001年版，第380页。

至少就一般的文字学原理来说，文字的类型只能是根据文字系统中的字符是跟什么样的语言单位或是跟语言单位的声音还是意义发生联系来决定。而汉字除了一部分构成成分确实可以是单纯字符外，大部分的笔画也好，部件也好，本身还不能算是字符，而只是字符的图形构件。应该说图形构件跟文字类型的分类是沾不上边的。而拼音文字的字母则是跟语言单位的音素（音位）有稳定联系的地地道道的字符，绝不是字符的图形构件。

另外，长期以来国内外一些有偏见的学者还认为现代汉字仍然是一种“象形文字”。必须指出这种观点是不正确的，也是不科学的。其实象形只是指制定原始字符图形的方法，或者说是一种“造字法”。例如要表示“日”的意思就画一个像太阳的圆圈，要表示“鱼”的意思就画一条鱼，要表示“牛”的意思就画一头牛。象形字符最初直接表意，同时也间接表音；而很多虚词、语法形态和抽象概念，则本来就根本无法用象形的方法表示，只能假借意符的读音来表示。因此不仅全部字符都是象形和表意的文字自古以来就是不存在的，而且说现代汉字还是象形文字就更没有根据。今天汉字的“日”哪一点像太阳？“鱼”字怎么就像一条鱼？“牛”字也不像牛。如果追根溯源说这些字的初始形式是象形符号，那倒不错。不过西方表音文字的字母如果真要追根溯源，其实最初也大都是来源于象形符号，比如拉丁字母“A”最初就是一个牛头象形符号。那么是不是也可以说现代西方的表音文字也是象形文字呢？有些人不承认现代西方拼音文字是象形文字，却硬说现代汉字仍是象形文字，无非是想把汉字归为世界上最原始和最落后的文字。

第三节　文字的起源、演变和发展

本节学习要点

1. 文字的产生和演变：文字起源于图画和契刻，象形字符向表意字符演变，表意字符向表音字符演变；自源文字和他源文字。

2. 文字的发展阶段和发展方向：表音和表意只是文字发展的不同方向，而不是不同的发展阶段。

用文字记录语言，实际上就是设计一套符号去书写语言中的某种单位。这个问题现在看当然是很清楚的。但是人类却曾经为了创造文字付出了艰巨的劳动，而且应该说到现在为止人们还在为改进和发展文字而努力。了解人类语言的文字是怎么产生和变化的，不仅可以更清楚地认识文字的性质和类型，而且有可能科学地预见和适应文字的发展。

一、文字的产生和演变

关于文字的产生和演变，其实至今还是个“难解之谜”。一方面是因为说法不一，对相关事实看法不同；另一方面也是因为证据不够，在一些问题上无法最终定论。

（一）文字起源的两种主要说法

在我国早就有一种说法认为文字起源于“结绳”。《易经》说：“上古结绳而治，后世圣人易之以书契。”古人怎样“结绳”，怎样“结绳而治”，现在已无法得知。唐代李鼎祚在《周易集解》中说：“古者无文字，其有约誓之事，事大大其绳，事小小其绳。结之多少，随物众寡，各执以相考，亦足以相治也。”但这种说法很难考证。幸亏美洲印第安人结绳的方法和作用现在还可以窥见。摩洛哥学者乔治·艾弗拉哈调查发现：“即使到今天玻利维亚和秘鲁的印第安人还在使用一种直接从‘基普’演变而来的结绳方法叫作‘奇普’。即以绳子为计算单位，上面可根据需要打结，最多打九个，打在两根相邻绳子上的结表示十位数，打在三根绳子上的结表示百位数，依次类推。”“印加人有组织严密的行政系统。每一个城镇和农村都有结绳官员，负责结绳，解释结绳的含义，并按政府要求呈报有关资料。”(1)这大概就是所谓“结绳而治”吧。还有人提到结绳可以代替书信，不过那得有专人解释才行。从谈到结绳的种种资料来看，事实上结绳都只能起记数的作用，或者起帮助记忆和提示的作用，并没有跟任何一种语言单位相结合，而且现在已知的任何一种文字也都没有迹象表明确是脱胎于结绳，因此结绳只是在文字诞生以前人类使用过的一种记数、帮助记忆和起提示作用的工具，跟文字的起源没有直接关系。

目前一般都认为文字起源于图画和契刻，这种说法还是有一定根据的。前面讨论过的奥杰布华信和东巴经文这类“文字画”和“图画字”就是证明。虽然文字画和图画字还肯定不是成熟的文字，特别是其中大部分图形跟语言的单位还没有确定联系，而且很可能不同的人可以用不同的语言和

(1)《结绳记事》，联合国教科文组织《信使》1982年第4期。

语句做出不同解释。但是从现在保存下来公认比较完整的世界上三种最古老的文字，即距今五千多年前出现的苏美尔楔形文字和古埃及文字以及距今三千四百年左右形成的中国甲骨文来看，古埃及文字碑铭体“鸟”字就画的是一只鸟，汉字甲骨文的“日”字是一个圆圈，中间加一点，苏美尔楔形文字和甲骨文的“鱼”都画的是一条鱼，而甲骨文的“一、二、三、四”，就是刻上一画、两画、三画、四画，苏美尔楔形文字的数字从一到九干脆就是用一到九个同样的楔形符号来排列。因此说文字起源于图画和契刻，应该是可信的。下面就是十分接近图画和契刻的这三种古文字的一些例子：

那么现在的各种文字是怎么从图画和契刻演变发展过来的呢？可以设想，文字从最初只有少数图形和契刻符号跟某些语言单位建立起一定的关系，只能书写少数词语，甚至主要是记录句子，然后字符的数量逐步增加，一直到基本上能全部书写语言中所有的词语或者记录其他的某种语言单位，也就是最终形成一个文字系统，肯定要经历一个相当漫长和复杂的历史过程。换一个角度说，文字从最初的图形契刻符号，演变成象形字符，再到形成表意字符，再到出现表音字符，表音字符中又从表音节的字符到表音素（音位）的字符，也肯定要经历一个相当漫长和复杂的历史过程。这个过程主要包括从象形符号演变为表意的字符或兼表意和音的意音字符，以及从表意字符或意音字符演变为纯粹表音的字母字符。

（二）象形字符向表意字符的演变

象形符号演变为表意的字符或兼表意和表音的意音字符，应该是文字演变发展的第一步。这方面的事实可以主要看苏美尔楔形文字和古埃及文字演变的例子。

亚洲西部现在的波斯湾北边，有一块地方有两条河流自北向南流入波斯湾，这就是所谓的两河流域。两河地区往东是波斯，往西是地中海，往西南是古埃及以及现在的阿拉伯半岛。大约在公元前三千多年前，现在属于伊拉克的地方有一个苏美尔民族已经进入成熟的农业社会，并且已经有了城市和商业。他们发明了一种实用的文字，主要用象形的图形表示实物的词语，如“牛、驴、谷穗”等，但也用假借的形声字记录多音节的人名的读音，用刻画来表示数字。这种文字就是高度象形的古苏美尔文字。后来他们发现用芦管在泥版上“压印”文字既方便又省事，于是就采用这种方法来写字，但是压印出来的字不可能像刻画出来的字那样象形，只能是大致轮廓差不多，而且压印出来的字的笔道像一个个“楔子”，所以后人给这种文字取了个名称叫“楔形文字”（也叫“丁头字”）。后来阿迦德人打败了苏美尔人，但是继承了楔形文字，再后来巴比伦王朝的阿莫里特人、亚述帝国的亚述人都采用了这种楔形文字。在公元前3500年左右到公元前2000年左右，楔形文字向周围扩散传播，几乎成了这一地区的国际文字。可是到公元前2000年以后，由于外族入侵，两河流域的古文明就逐渐消亡了，城市和印有楔形文字的泥版都埋入了地下。尽管地面上还有刻着楔形文字的石碑、石柱，但是后人谁也不认识这种文字了。只是到了18世纪和19世纪才有一批考古学家和语言学家经过不断探索终于解决了楔形文字的释读难题。后来大规模的考古发掘，出土了五万多块泥版和其他文物，才使这一古代文明重见天日。

古埃及人和今天的埃及人没有直接的继承关系。古埃及的文明史早在公元前三千多年以前就开始了，古埃及的文字大概在那时也就存在了。而且古埃及文字由于使用场合不同还分化出不同的字体。其中有一种是用于特别庄重的场合，刻在雕像座、庙宇和金字塔墓室石头和祭器上的“碑铭体”（或称“圣书字”），还是一种象形程度很高的符号。跟碑铭体并行的有一种僧侣阶层平时使用的已经线条化的近乎草书的字体，称为“僧侣体”。公元前7世纪还出现了一种在僧侣体基础上加以简化供老百姓使用的字体，称为“平民体”。平民体的使用一直延续到5世纪，以后就消亡并成为一种没人认识的文字了。现存的古埃及文字碑刻有碑铭体和僧侣体对照的，也有碑铭体、僧侣体、平民体对照的。由此就可以证明，即使是早期的碑铭体也已经是一种可以用来书写古埃及语的成熟文字，碑铭体、僧侣体和平民体仅仅是字体不同，文字的性质和功能并没有太大差别。按理说从象形程度很高的原始文字到线条化的草书要经过一个漫长过程，不可能是同时出现的。但是现有的资料似乎表明碑铭体和僧侣体是同时存在的，这显然不尽合乎情理。因此古埃及文字究竟是什么时候最初出现的问题还有待地下的考古资料来解决。

上面说的两种古文字都已经具有成熟文字的性质，也就是都可以比较系统地记录语言中的词语，除了象形和表意的字符，也出现了纯粹表音的字符。比如苏美尔人发明的楔形文字在传播过程中，使用不同语言的民族采用“同音假借”的办法来改变原有字符性质的机会越来越多，那样基本字符的总数就越来越少。最初的楔形文字有2 000个左右的基本字符，到巴比伦时代减为640个左右，到亚述时代进一步减为570个左右，并且其中常用的只有300个左右。古埃及文字的碑铭体共有604个字符，其中就包括105个表音字符，表音成分的比例也已经不低。但是不论是两河流域的楔形文字还是古埃及文字始终是一种基本表意的文字或者说是意音文字，而且后来都消亡了，本身并没有进一步演变为完全的表音文字。

（三）表意字符向表音字符的演变

“字母”虽然名之曰“字之母”，但实际上是在文字成熟之后两千年才产生的，所以与其说字母是文字家族中的母亲或祖母，不如说是文字家族中的儿子或孙子。

据考证，楔形文字和古埃及文字在向周围地区扩散的过程中在地中海东岸的中东汇合，这一地区也就成为两河流域楔形文字文化和尼罗河流域古埃及文字文化的“文化走廊”。公元前2000年前后，这一带生活着一支闪族人，也就是腓尼基人，他们已经建立起城邦制国家，并且善于从事海上贸易，当然就迫切需要有一种文字来记账和通信。而这个民族没有自己的文字，便借用了楔形文字和古埃及文字。但是商业民族没有工夫“十年寒窗”来学习繁难的楔形文字和古埃及文字，于是在熟悉了这些文字中的表音符号以后，他们自然地就开始简化符号或另创表音符号来记录商品和金钱。大约到了公元前13世纪，腓尼基人在书写自己语言的过程中逐渐放弃了表意字符，并最终形成了只采用表音字符的文字系统。而且这些新创的字符，只求有效，不求优美，这也就是后来字母式字符的前身，腓尼基文字也就成为了最早的不同于以往表意文字或意音文字的一种字母式的表音文字。

腓尼基文字中只有辅音符号，不写出元音符号，因此后来一般被称作“辅音音素（音位）文字”。但是应该说腓尼基字母还是用来记录音节的。这是因为人们的直觉最容易感觉到的是音节，而腓尼基语的特点就是辅音多而且更重要，腓尼基人之所以只写出辅音而忽视元音，并不是他们能分解音节，事实上在直觉中写出和读出的还是音节，只是因为不需要写出元音就可以认读音节（元音由读者去猜读）。所以这种辅音字母还是作为一种音节字母创造出来的，其特点仅仅是元音没有明确地写出来。由此推论最初的表音文字应该还是音节文字。

所有语言中辅音的数目总是少于音节的数目，而且各种语言之间辅音容易相同而音节不容易相同。腓尼基文字虽然是一种音节字母，但是由于只使用表辅音的字母，这种字母就很容易为其他语言所借用。因此这种字母很快就向周围扩散传播：向东传播演变为“阿拉马字母系统”和“印度字母系统”，向南传播演变为“撒巴字母系统”，向西则演变为“迦南－腓尼基字母系统”和“希腊和拉丁字母系统”。希腊人在借用腓尼基文字书写希腊语时发现，希腊语词根中的辅音和元音都区别意义，不写出元音就无法区分不同的词语，于是就增添了元音字母。这样字符代表语言中全部音素（音位）的“音素（音位）文字”就诞生了。现在连小学生都知道字母是表示音素（音位）的，比如汉语拼音就使用音素（音位）字母。但是人类历史上却经过几千年的摸索才最终分解了音节，创造出音素（音位）字母，这应该说是希腊人的一个贡献。

二、文字“从哪里来”和“往哪里去”

在文字的起源、演变和发展问题上，学术界有些基本的共识，但也有些不同的认识。大致说来，前者表现在对文字“从哪来”的看法上，后者则表现在对文字“往哪去”的看法上。

（一）自源文字和他源文字

讨论文字学的著作一般都会提到“自源文字”和“他源文字”（也称“借源文字”）。实际上这就是对文字“从哪来”的一种基本看法。“自源”是说文字是自己土生土长的，“他源”是说文字是从别人那里借来的。从上面的讨论就可以发现，自源文字和他源文字有以下一些主要区别：

首先，“自源”和“他源”当然主要是指人类文字的不同发展过程说的：自源文字都是自己独立产生和发展起来的文字；他源文字都是借用其他文字产生和发展起来的文字。因此上面说的古代楔形文字、古埃及文字，以及中国的甲骨文等，就是典型的自源文字；而包括借用楔形文字和古埃及文字产生的腓尼基文字，和通过腓尼基文字传播演变形成的其他各种文字，特别是现在印欧语的字母文字，就都是典型的他源文字。

其次，古老的独立发展起来的自源文字都选择词语作为制定字符的依据，所以都是“词语文字”；而后起的他源文字则基本都选择音节或音素（音位）作为制定字符的依据，所以都是“音节文字”或“音素（音位）文字”。这大概是因为古代人认为最明确的语言单位是词语，如果一种语言的词语绝大多数是多音节的，并且音节的界限不那么明确，那么选择词语作为制定字符的依据就是十分自然的。例如古埃及文字的字符，不论词语是单音节的还是多音节的，也不论是用单纯字符还是复合字符，代表的语言单位都是词语。古代汉字则因为当时的词语都是单音节的，因此所有的汉字实际上也都代表词语。反之，借用已有文字形成的他源文字则都是从借用表音符号开始的，所以全部字符从一开始就要么表音节、要么表音素（音位），所以才都是“音节文字”或“音素（音位）文字”。

再次，自源文字最初的字符都一定是表意的，不论字符图形结构是通过“象形”表意，还是通过“指事”或“会意”表意。这大概是因为没办法用图形来直接表示语音的缘故。只是后来碰到语言中有些词语意义比较抽象，特别是一些虚词和语法形态没办法用图形来表示，才假借某些意符来作为表音的字符。不过所有表意字符直接表意的同时，也都间接表音，所以自源文字都是利用原有意符间接起表音的作用，也就是可以说都变成了“意音文字”。而所有的他源文字最初的字符都是表音的，而且都是借用其他文字中的表意符号形成的“表音文字”，或者反过来说，所有纯粹表音的文字无一例外的都是他源文字。至于为什么所有的他源文字都只借音而不借意，这倒是一个值得进一步研究的问题。

（二）“三阶段说”和“两方向说”

近年来，文字学界对文字发展有所谓“三阶段”和“两方向”的争论。实际上这就是对文字“往哪去”的不同看法。“三阶段说”是国内外文字学界长期以来所持的一种观点，不过具体说法又不尽相同。一种说法是，文字发展从低级到高级可以分为“象形文字”或“表意文字”，然后是“音节文字”，最后是“音素（音位）文字”这样三个阶段。还有一种说法是，文字的发展要经历“表意、意音、表音”这样三个阶段。另外一种说法认为，文字符号的形式都是从“图形”到“字符”再到“字母”；符号代表的语言单位都是从“词语”到“音节”再到“音素（音位）”；文字的表达方式都是从“表形”到“表意”再到“表音”，这样也各是三个阶段。尽管上面这些说法略有不同，但意思都差不多。

从现有世界上各种文字史资料看，最早出现的字符，就造字方法而言的确大都是“象形”的；就最初的字符跟语言单位的语义和语音的关系而言也的确大都是“表意”的，“表音”的字符都是后起的；而就表音文字而言，大致也是先有“音节文字”，后才有“音素（音位）文字”。一般的解释认为，这是因为从使用字符的多寡和学习文字的难易程度看，显然音素（音位）文字使用的字符最少、最经济，所以也最容易学，音节文字则次之，而表意（意音）文字或词语文字要使用的字符数最多、最不经济，因而也最复杂，或者说也就最难学。如果承认文字的演变发展要跟这些因素挂钩，那么字符形式从复杂到简单，字符数量从多到少，字符代表的单位从只与不同语言的不同单位（如词语）联系到与所有语言的相同单位（如音素）联系，也就是表现为上面说的各种各样的“三阶段”，似乎还是合乎情理的，人类语言中大多数文字的演变事实也大致上是这样的。

不过近年也有些学者对“三阶段说”提出质疑，他们主要认为不同的文字不一定就是一种低和高、先和后的关系。比如汉字就是一种古老的自源文字，也是表意文字或意音文字，甚至不但一开始就是词语文字，而且至今“字”也是语言中既表音也表意的基本结构单位。但是汉字并没有向表音文字方向发展，甚至借用外来词时有可能开始是纯粹借音的，但以后还是会被改造为表意字，比如开始用“赛因斯”后来又改用“科学”，开始用“德律风”后来又改成“电话”等。所以“三阶段说”只是总结西方文字发展演变情况后得出的结论，并不符合汉字的实际情况。而且如果承认“三阶段说”是一种普遍规律，那岂不就等于说汉字到现在还处在一种原始和落后的状态吗？

因此这些学者认为，一方面，判断一个文字符号系统的高低优劣，应该以其功能为标准。而无论是西方的拼音文字还是中国的汉字，都能很好地为各自的语言服务，所以根本就不存在所谓文字的高低甚至优劣之分。另一方面，在独立形成的自源文字体系内，确实可能存在“象形、表意、意音”这样的不同发展阶段，但意音文字再如何向前发展则取决于不同语言的特点：有的语言会突出“音”，向表音化方向发展；有的语言则会突出“意”，向表意化方向发展。换一种角度看，只有他源文字，即本来就是借用音符形成的文字，才会完全向表音文字方向发展，而像汉字这种至今唯一存活的自源文字则可以或必须在意音文字的基础上进一步向表意化方向发展。这样看来，“表音”和“表意”只是文字发展的“两个方向”，而不是不同的阶段。这种文字发展分两个方向的意见当然也是有一定道理的。

第四节　汉字的历史和现状

本节学习要点

1. 汉字的产生和演变：从“象形”发展到“表意”，从“表意”发展到一定程度的“表音”。

2. 汉字的特点：汉字和汉语基本适应，是形、音、义的统一体，具有超时间空间性，缺乏完备的表音系统，字符繁多，字形复杂。

3. 汉字的改革：汉字需要改革，但汉字的改革，特别是文字类型的改革，必须十分慎重。

前面说到汉字是唯一存活至今的古老的自源文字，而且汉字的产生、演变和现状都跟其他文字系统有所不同，汉字今后的发展方向也颇令人关注。

一、汉字的产生和演变

汉字作为文字的一种，当然在产生和演变上有跟其他文字相同的一面，但是也走过了自己漫长和独特的道路，大家对汉字产生和演变过程与原因的看法也并不一样。

（一）汉字的产生

前面已经说过，“结绳”首先就是关于汉字起源的一种传说。不过“结绳”毕竟最多只是用来计数和帮助记忆的工具，并不是像历史上有些人说的“结绳”可以结成实词、虚词等。因此结绳与能够系统记录语言的文字应该没有直接的关系。在我国一直还有“仓颉造字”的传说，认为汉字是黄帝的史官仓颉创造的。这种说法当然是靠不住的。文字从无到有无疑是个浩繁的“工程”，绝不可能是一个人的功劳。先秦时期著名哲学家荀子就对这种说法提出了异议，他认为“好书者众矣，而仓颉独传者一也”。意思是说，古代创造文字的人很多，只不过可能仓颉专门整理过古代的文字，所以唯独仓颉的名字流传了下来。但荀子只说了仓颉和汉字的关系，没说汉字究竟是怎么产生的。关于汉字起源还曾有过“河图、洛书”的传说，《易经》说“河出图，洛出书，圣人则之”。据推测这可能是当时有人在黄河、洛水的山崖边发现过一些图形刻画，于是就附会成天赐的创造文字的蓝本。不过“河图、洛书”是否确有其事，假定真有这样的图形刻画又到底与汉字有什么关系，也都无法得到证实。

今天能看到的最可靠和最早的文字资料是公元前14世纪到前11世纪商代后期的甲骨文和金文。甲骨文和金文都已经是相当成熟的文字。而如果认为从原始文字到成熟的文字，需要一个相当长的过程，那么可以设想原始阶段的汉字就应该远远早于距今三千四百年左右的商代后期。《尚书》记载周公对殷商遗民说：“惟尔知，惟殷先人有册有典。”这似乎是说从商代开始才有完整的文字。不过这句话也可以理解为从商代开始才保存有完整的文献资料。商代早期大概是在公元前16世纪，到商代后期才短短的二百年左右，一种文字从开始形成到比较成熟不可能只经历那么短的时间。因此还不能就此得出结论说，汉字是起源于夏商之际，或者说夏代还没有文字。根据近年出土资料，距今六千年前的西安半坡遗址和临潼姜寨遗址的陶器上已经刻有一些数字和单字；稍后的距今五千年左右的大汶口遗址的陶器上也发现了一些与后世汉字有渊源关系的图形符号；近期专家考证了浙江庄桥坟遗址出土器物上大量的刻画符号，认为这些良渚原始文字是迄今为止在我国发现的最早的原始文字，如果得到确认，那么汉字诞生的时间就要提前到距今五六千年前，几乎是与苏美尔楔形文字和古埃及文字是在同一时期产生的了。

（二）汉字为什么没有演变成表音文字

汉字和其他的古老文字一样，也是从图画和契刻，或者从文字画和图画字，逐步演变过来的，这从甲骨文和金文的资料就可以证明。最初出现的汉字字符大都是形象地摹画事物的符号，概括起来这些表形的字符又分别有“象形、指事、会意”三种情况。如果从这些表形的文字的不同作用看，也可以说汉字首先是从“象形”发展到了“表意”。

“象形”就是简化了的事物的图形，这肯定是最早的造出来的汉字符号的形式。大汶口文化的陶文中能够辨认出和甲骨文有明显渊源关系的几个符号全都是象形符号，也证明了这一点。比如“木”就画成树的样子，“火”就是火苗的样子，繁体字的“门（門）”和“车（車）”就像门和车。金文中的“象、马、牛、羊、鱼、鼠”这样的字也都是描摹动物的样子。甲骨文中有些字只是图形简化了，但还是看得出事物的轮廓或有特征的部分。

不管象形字怎么简化，必须象事物之形。但客观事物纷繁复杂，而且具体事物有形可象，抽象事物却画不出来。于是人们只能采用另一种造字方法，就是“指事”。比如“上”和“下”无形可象，就在一条长线的上下分别画一条短线来表示，后来才演化为现在的写法。又如“本”和“刃”，树和刀好画，但树的根部和刀的锋刃却不好画，于是就在“木”下加一短线表示树根，在刀口处加一短线表示是刀刃。又如“彭”字左边是一个鼓，右边的几画表示鼓声；“晕”字是在“日”字四周画上几画，表示太阳周围的光晕，等等。

指事字已经由单纯象形过渡到突出表意，这就给人们造字以新的启发，既然可以在象形字上加个符号构成一个新字，那么自然也就可以在象形字上加上另外的象形字构成一个新的字。这种把两个或两个以上象形字或指事字拼合在一起且把它们的意义结合成一个新的意义的造字方法就是“会意”。比如“出”，由一个“止”一个“凵”组成，表示脚从土坎中走出来；“步”包括两个“止”，表示两脚交替走路；“休”由一个人字和一个木字组成，表示人靠在树上休息。再如“立”从大从一，表示人站在地上；“陟”从阜从步，表示两脚登山；“降”从阜从夅，表示两脚从山上走下来，等等。

从单纯象形到利用象形表意，这是汉字发展的一个重大进步。汉字只有到了表意的阶段，才能够记录语句，也才算形成了初步的文字体系。但是表意的方法毕竟还是要受到很大限制。因为语言是用声音来反映各种客观事物的。在语言中有表示事物共性的词，也有表示事物个性的词；有表示具体事物的词，也有表示抽象概念的词；有实词，也有大量的虚词：这些词不都是表意的方法能创造出字来加以记录的。例如可以画出一棵树的样子“木”来表示“树”，可是树有千百种，如“桃、梅、橘、柿、松、柏、杨、柳”等，又怎么能一一会意造字呢？所有的心理活动都是抽象概念，比如“思、想、念、虑、忘、忆、悚、惑、忿、怒、怨、恐、惧、悲、愁”等，更不是靠会意可以造出字来的。这样汉字中就又开始出现假借表意字符来表音的假借字和一半表意一半表音的形声字。如果从假借字和形声字的独特作用看，也可以说汉字又从“表意”发展到了一定程度的“表音”。

“假借”是汉字中比较早出现的一种纯粹表音的方式。甲骨文中就已经有了不少的假借字。卜辞“其自东来雨？”这五个字中就有四个是假借字。比如“其”就是“箕”的初文，这里借作虚词；“自”最早是“鼻子”的意思，这里借作介词；“来”本义是“大麦”，这里借作动词。有了同音假借的方法，就可以用较少的字记录语言中较多的词语，甲骨文中假借字较多，就是因为当时字少的缘故。

但是假借字必然会造成大量的同音字和有多个意义的字，也就使得字符表示声音的作用越来越大，区别意义的功能越来越小。如果沿着这条路走下去，也就是如果字符数量继续减少，最后少到和语言中的音节乃至音素一样多，甚至完全不区别意义，那么汉字也就会像其他文字一样走上拼音文字的道路。可是汉字却走上了完全不同的另一条路，也就是又产生了一种字符中一半符号表示意义范畴、一半符号表示声音类别的“形声字”。如前面说的“桃、梅、橘、柿、松、柏、杨、柳”等各种的树，由于有了形声字，其中的形符都是“木”，表示都跟树有关，但是声符不同，各自就表示不同的树。上面说的“思、想、念、虑、忘、惑、忿、怒、怨、恐、悲、愁、忆、惧、悚”等各种心理活动，由于有了形声字，其中的形符都是“心”，表示都跟心理活动有关，但是声符不同，就表示不同的心理活动。由于形声字有区别同音字和多义字的作用，而且很容易制造出来，因此当然也就越来越多，并部分地取代假借字和其他表形的字符，最终成为汉字的主体。

从表意到表音，或者兼表意和表音，这是汉字发展中的又一个重大的根本性的变化。由于差不多每个字都能既表意也表音，这就不但使汉字基本上能够满足汉语对文字的要求，同时也就使得汉字最终形成了一个独特的完整的文字体系。至于为什么汉字没有像世界上其他文字那样从假借字进一步发展为全表音的拼音文字，而是发展成为以形声字为主的意音文字，这其中的原因众说不一：有人说是封建统治阶级和保守势力长期垄断文字所致；也有人说是由于汉字发展得比较慢，所以还没有走到表音文字那一步。当然也有人认为这主要是跟汉语不同于印欧语的特点有关：印欧语言的语音感知单位是音素，听觉单位是音节，意义单位又是词，三者不但各自独立，而且感知单位和听觉单位都跟意义没有强制性联系，因此就比较适合采用意义和声音分离的音素式拼音文字；相反汉语的词没有形态变化的各种零碎，古汉语的词又是单音节占优势，即使多音节词中的语素也有意义，这样基本上就是一字一音一义，“形、音、义”三位一体统一在一个汉字中，谁都离不开谁，这大概就是为什么几千年来汉字长期停留在表意兼表音阶段，而没有朝表音化方向发展的根本原因。前面提到文字发展的“两方向说”，就是持后面的这样一种看法。

汉字本身虽然没有演变为拼音文字，但在历史上对其他民族的文字却产生过重要影响，而且这些使用汉字的文字中倒是有不少后来演变成了表音文字。公元前后，汉字就开始向南传播到越南，向东传播到朝鲜，从朝鲜再传播到日本，这些民族都长期使用汉字记录自己的语言，因而被称作“汉字文化圈”。但后来朝鲜借用汉字的笔画创造了笔画式的音素字母“谚文”，越南用汉字做基础创造了自己的拼音文字“字喃”，日本则采用汉字的偏旁和草书创造了汉字式的音节字母“假名”：这些都是表音的文字。现在除了韩国和日本还是将自己的表音文字和汉字混合使用外，朝鲜和越南已经完全停止使用汉字而改用拼音文字。为什么这些民族开始的时候都借用汉字，这自然跟汉文化和汉字的影响力有关；至于为什么这些民族后来又改用表音文字，大概就与这些民族语言自身具有跟汉语不同的特点不无关系了。

另外，汉字从甲骨文、金文到现代汉字，在字形方面也发生了重大变化。但这只是文字字体的演变，不是字符的演变。汉字大致经历了甲骨文和金文、小篆、隶书、楷书这么几个不同字体的阶段。其中甲骨文和金文是同时代的，可能只是使用场合和书写材料不同形成的不同字体。小篆是经过秦始皇时代“书同文”规范化了的，但是形体太繁，在简化趋势的冲击下，很快就让位于隶书和楷书。隶书出现得比小篆还早，可是成为一种通行字体则比小篆晚。甲骨文和金文象形程度还比较高，还没有完全线条化，而隶书和小篆都已经完全线条化了。楷书最早在魏晋之际就出现了，但是到南北朝时期才广泛使用，到隋唐时代才在一定程度上规范化。而不久之后就出现了印刷术，从此汉字的字体也就基本上稳定下来了，但是字形简化的趋势始终没有停止。至于行书和草书则不是普遍通行的规范字体，可以看作汉字的一种别体。

二、汉字的现状

汉字发展到今天，就像是一个“大家族”，不但字符的数量规模巨大，已经形成了一个独特而完备的文字体系；而且字符之间关系错综复杂，有的古已有之，有的则“攀亲带故”，有的“一脉单传”，有的又“子孙满堂”。下面不妨走马观花地了解一下汉字这个大家族。

（一）现代汉字的成员

汉字家族中的成员各种各样，甚至各有特点。要了解现代汉字家族，就要认识其中的不同成员，或者说是从不同角度划分或归并的汉字类型。

第一，划分汉字成员类型的一个角度就是前面说的汉字的产生形式，或者说汉字的造字结构。这样来看汉字，主要就包括“象形字、指事字、会意字、形声字”等几大类。

汉字的这种类型划分实际上从东汉许慎的《说文解字》总结的“六书说”就已开始有了。许慎对“六书”的解释是：“一曰指事，指事者视而可识，察而见意，上下是也。二曰象形，象形者画成其物，随体诘诎，日月是也。三曰形声，形声者以事为名，取譬相成，江河是也。四曰会意，会意者比类合谊，以见指撝，武信是也。五曰转注，转注者建类一首，同意相受，考老是也。六曰假借，假借者本无其字，依声托事，令长是也。”许慎的解释对后人理解汉字的构造特点提供了重要依据。但是他的解释和所用例字并不十分明确，因而后人有各种不同的理解。其中一般认为“假借、转注”不是汉字的构造类型，而是使用方式。特别是对其中“转注”的解释应如何理解，文字学界直到今天仍然有不同的意见。但大致上说其他四类汉字的构造类型还是清楚的，这一点前面在讨论汉字的产生过程时已经说过了。当然也有人建议把现代汉字的结构类型分得稍粗些，如只分“象形、象意、形声”的“三书”，或只分“表意为主的字”（象形字、指事字、会意字）和“表意兼表音的字”（假借字和形声字）的“两书”。但也有人提出把汉字的结构类型分得更细些，如分为“独体表意字”“合体会意字”“形声字”“半意符半记号字”“半音符半记号字”“独体记号字”“合体记号字”等好几种。但不管怎么分，大体上都还是没有离开“六书”的框架。

第二，划分汉字成员类型的另一个角度就是看汉字产生过程中“字形”

与“字义”的相互关系。这样来看汉字，其中值得注意的有“假借字、古今字、异体字、繁简字、同源字”等几种情况。

“假借字”就是前面说过的借用一个同音的表意字符来表示另一个词语的字，假借字与被借用的字之间就有了假借字的关系。只是由于后来很多假借字或假借字的本字被形声字所取代，所以现代汉字中假借字并不多，大多是表示虚词的字，除了前面举的例子，常用的“的、了、也”等都是假借字。

“古今字”是指由假借字发展而来的一种情况。比如说开始时借用“簸箕”意思的“其”表示虚词的“其”，到了后来又给原义的字加上竹字头变成了形声字“箕”，“其”和“箕”之间就形成了古今字关系，“其”出现在前，是古字，“箕”出现在后，是今字。类似的又如“责—债、孰—熟、昏—婚、反—返”等。其中像“其—箕、孰—熟”等是后来为本义另造新字，“责—债、昏—婚”等是后来为假借义另造新字。

“异体字”则是指声音和意义都相同而存在着几种写法的字。本来一个词只需要一个代表它的字，可是不但古代“言语异声、文字异形”，那时出现大量异体字在所难免，而且即使经过秦始皇时代“书同文”之后，几千年来在民间出现的异体字仍有增无减，连《康熙字典》中都有三分之一是异体字。比如“淚—泪、棄－弃”等就是异体字关系。异体字倒不是完全没有理据的，比如“淚—泪”，一个是形声字，一个是会意字；“熔—镕”，因为着眼点不同，所以就一个用火旁，一个用金旁。

但毕竟同音同义的字没有必要，所以换个角度看异体字有时也就有了“繁简字”关系。比如异体字“淚—泪、棄—弃”中的前一个是繁体字，后一个就可以看作简体字。不过广义的“简体字”不仅包括对异体字加以比较取舍的字，同时也指后来对本身没有异体字的字进行简化的字，比如“國—国、憐—怜、親—亲、層—层”等。简体字减少了字符的笔画，节约了书写的时间，有利于人民群众掌握文化知识，也符合汉字发展的总趋势，但长期以来却一直被斥为民间俗字，直到20世纪50年代国家颁布了“汉字简化方案”，简体字才获得了正式文字的地位。不过由于我国台湾、香港地区至今还使用繁体字，这也就在客观上形成了另一种繁简字并存的局面。

“同源字”则指由于汉字所代表的词的意义引申后又形成了不同的字之间的关系。比如“长（长短）、张（拉紧弓弦）、涨（水面增高）、帐（可张开的床上用具）、胀（肚胀）”，后面几个字的意思都是从“长”的意思引申出来的，只是后来加上不同的意符，成为有同一来源关系的不同形声字。同源字主要是为了区别多义字而产生的，不仅在产生原因上不同于主要为了区别同音字的古今字，而且跟前面说的同义并存的异体字的性质也是完全不同的。

第三，划分汉字成员类型的又一个角度是看汉字产生过程中“字形、字义、字音”的相互关系。这样来看汉字，其中主要就有“同音字、多音字、异读字”等几种情况。

可以设想汉字最初的情况应该是一个汉字只有一个读音和只表示一个意思，事实上现在也仍还有一字一音一义对应的字。但是随着字符越来越多，意义越来越复杂，汉字的形音义就可能交叉和重叠。“同音字”实际上就是从另一个角度来看前面说过的“假借字、古今字、异体字、繁简字”等，因为具有这些关系的字都是同音的，只不过有的音同而意义不同，有的则是音同意义也相同。造成同音字有各种原因，比如历史发展中字音发生变化，但最主要的原因还是因为汉字多而汉语中的音节总数少，而汉字都是单音节的，语音就难免会碰巧相同。前面说过在书面上“古今字、同源字”都有靠字形来区别同音字的作用，但是在口语中同音字有时就难以区别，汉语的词由单音节为主逐步发展为双音节占优势，实际上就是为了在口语中也能区别同音字（或者说区别同音词）。

“多音字”和“异读字”看起来都是指一个字有多种读音的情况，但是多音字一般指具有不同读音而且分别表示不同意义的字。比如“行”有“行（xíng）走、行（háng）列”两个不同读音和意义，“差”有“差（chā）别、很差（chà）、差（chāi）遣、参差（cī）”四种不同读音和意义。据统计，现代汉语3 500个常用字中，多音字就有405个，这是很高的比例。但由于多音字具有区别意义的作用，因此一般还是应该保留的。而异读字是一个汉字有两个以上的读音但是意义相同的字，比如“熟（shú/shóu）”等。异读字并不区别意义，因此应该加以规范，保留其中一个读音就可以了。

（二）现代汉字中的形声字

前面说过，自从汉字中产生了兼表音和义的“形声字”，形声字就逐步成为汉字的主体。甲骨文中形声字数量还很少，而到东汉《说文解字》中形声字就已占到80%；清代《康熙字典》中形声字已达90%。在现代汉字中形声字当然更是占到了绝大多数。现代汉字中的形声字不但数量多，而且内部情况也远比其他几类字符复杂。特别是“形声字”中“形旁（义符）”的表意作用和“声旁（声符）”的表音作用有时似乎不那么严格。例如“江”以“工”为声符现在已经不大好理解，“都”从“者”声就更不好理解了；至于像“瑞、端、湍、踹、喘、揣、惴”“苔、治、怡、笞”等同声符的字则没有一个字读音是相同的。又如“理”以“玉（王字旁）”为意符，不加解释就不明白为什么，而“骗”以“马”为意符，“笨”以“竹”为意符，“轻”以“车”为意符，“虹”以“虫”为意符，就更看不出在意义上有什么联系了。根据对6 000个常用形声字的统计，声旁现在跟这个字的声韵调读音完全相同的只有约四分之一强；而形旁能看得出来这个字的意义的也不过一半左右。那么该怎么看待形声字的这些情况，或者说怎么看待现代汉字中形声字的形旁和声旁的作用呢?

一方面应该看到，形声字的作用是其他字符形式无法取代的，形声字的形旁和声旁即使在现代也仍有重要作用。从形旁（意符）来看：形旁区别同音字的作用仍很明显，比如以“亢（kàng）”为声符的字，加上“人”旁是“伉”，加上“手”旁是“抗”，加上“火”旁是“炕”。大多数的形旁现在也还是能够体现出这个字所属的语义范畴类别的。比如“江、河、湖、海”等中的“水”旁就表示这些字都跟水有关；“花、草、菊、菜”等中的“艹”旁就表示这些字都跟植物有关；“桌、椅、柜、橱”等中的“木”旁就表示这些字都跟木头有关（至少在古代这些东西都要用木头做），此外，带“目”旁的字大多跟用眼睛有关，带“足”旁的字大多跟用脚有关，带“口”旁的字大多是表示跟嘴有关的器官、动作或发出的声音等。所以通常情况下看到汉字的形旁还是能大致想到字的基本意义类别，比如从骨头上把肉刮下来要用“刀”，所以是“剔”，抬脚撞击要用“脚”，所以是“踢”，小心谨慎要用“心”，所以是“惕”。从声旁（声符）来看：至今有不少形声字的声符还是能准确地标示出字音，比如“皇、希、奂、历、斯、唐、亭、加”等作为声符就都能准确地表示字音。虽然有些声符表示的字音发生了变化而不准确了，但是由于古人造字遵循“同声必同符”的原则，所以声旁仍有声韵的归类作用。比如带声旁“成”的“城、诚、晟、盛”等字，虽然读音不尽相同，但是至少声母都是舌尖后音，韵母的韵尾都是舌面后鼻音；再如以“良”为声符的“粮、浪、廊、朗”等字的读音也不同，但至少声母都是边音[l]，不是鼻音[n]，韵尾也都是舌面后鼻音[-ŋ]，不是舌尖鼻音[-n]：这也就可以利用声旁把现在很多人都分不开的声母和韵母的大类区别开了。

另一方面应该看到，虽然有些形声字确实已经不能严格表音和表意了，但这主要是形声字造字的特点和历史的变化造成的，不能完全用现代的眼光来看。首先是有些形旁和声旁的样子现在不容易辨认了。形声字的形旁和声旁原本是独体字，但用作形旁和声旁时形体往往发生变化或简化，在普通人眼里当然就难以辨别了。可以认为在创制文字初期，形旁跟原来的独体字在形体上应该是基本一致的，声旁的读音跟整个形声字的读音也应该是相同或接近的，只是到了后世声旁和形旁的样子才变得不那么明显了。所以有的文字学家才把这些不易辨认的形旁和声旁统称作“记号”。其次是有些形旁和声旁的作用现在不容易看出来了。形声字的形旁虽只表示某个语义类别，并不跟具体词义相联系，但古代的意义范畴跟现代相比也难免会发生变化。比如“木”旁的“机器、飞机”的“机”以及“楼、枪、桥、杯”等现在都不是用木头造的，但前面说过古代造这些字却一定是跟木头的意义有关。而“修理、管理、整理、理由”的“理”现在好像看不出跟“玉”有什么关系，但古代造字时“理”的本意却就是“治玉”。至于“骗、笨、轻”等字的形旁不表意，实际上是同音假借造成的。形声字里的有些声旁之所以不能准确表音，除了声旁的读音会发生变化，也有造字时的一些特殊情况。有时是“省形、省声”造成的，如“珊、恬”中的声旁看起来不表音，实际造字时的声符是“删、甜”，只不过省去了其中一部分。也有时声旁本来就并不用来表音，因为有的声旁作为独体字是通过语音联系来表示某个词语的，因此仍有相应意义，而有的形声字加上形旁后却并没有让形旁承担字的意义，如“左”加形旁“人”成了“佐”，“右”加形旁“人”成了“佑”，人旁就没有什么意义，只是表示原来的“左”和“右”都成了动词，就像后世创造的形声字“掮”，手旁只表示“肩”加了手旁就成了动词，而这些字的意义却仍然是由原来独体字音符，也就是现在的声旁来承担的。形声字中这类声旁兼表意、形旁兼表音的情况并不少。

三、汉字的改革

说到文字改革，大家自然就会非常关心“汉字改革”。那么汉字要不要改革？汉字能不能改革？如果要改，汉字又该怎么改革？所以有必要讨论一下汉字“何去何从”。

（一）汉字的特点和“优缺点”

要讨论汉字的改革，就要正确看待汉字的优缺点。那么汉字到底是“优点”多还是“缺点”多呢？汉字的优点和缺点也有人更愿意称作汉字的“特点”。一般认为如果跟印欧语及其文字比较，汉字最主要的特点可以概括为以下这么几条：

一是汉字和没有形态变化的汉语基本适应。印欧语言有形态变化，也就是常常要在词的前后加上零碎，比如英语的复数名词要加“-s”，动词过去时要加“-ed”等，这种变化用表示音素的字母来记录就比较容易。而反过来汉语一个字始终就表示一个语素（古代是词），没有词形变化，所以汉字正好是符合这一特点的。可以假设，如果汉语中也出现了词的前后加零碎的形态变化，那么现在这种汉字形式就可能会改变。比如日语因为本身也有一些词形的变化，所以借用汉字之后又创造出假名字母来补充，就是这种情况。

二是每个汉字都有意义，而且形、音、义统一。印欧语的感知单位（音素）、听觉单位（音节）和意义单位（词）三者各自独立，表音字符不联系意义，因此就比较适合采用意义和声音分离的音素文字。相反，汉字不但有字形、有读音，还都有意义，形音义三者统一在一个汉字中，因此就比较适合采用表意兼表音的意音文字。可以假设，如果汉字字符也都只表音而不表义了，那么现在这种文字形式也就可能会改变。比如越南语只借用汉字来记录他们语言中的音而不联系意义，所以后来变成了拼音文字，就是这种情况。

三是汉字字形不跟着读音改变，具有超时间空间性。印欧语是音素（音位）文字，读音变了文字也跟着变，比如现代英国人看600年前的英语诗歌就可能看不懂，同属拉丁语系的法文、意大利文、西班牙文等，不同国家的人不经过学习可能也看不懂。而汉字则即使读音改变了，字形和字义也基本保持不变。所以从古到今，现代中国人读2000多年前《论语》的句子"三思而后行""三人行必有我师焉"等，不会感到有太大困难。从北往南，今天的北京人、上海人和广州人互相之间说话可能听不懂，可是书信往来就没有问题，也可以看同一种报纸。这都是因为虽然汉语古今和方言的语音可能不同，但是字的写法和字的意思没变。可以假设，如果汉字字符也都跟着读音变化，那么不但历史上的文献现在可能无人能懂，而且各种方言也就可能会像古罗马的拉丁语那样，分化成不同的语言了。

四是汉字虽是意音文字，但缺乏完备的表音系统。印欧语是音素（音位）文字，而且字符随着读音改变，所以看到若干个字母的组合大致就能拼出正确的读音来。而汉字虽然都有读音，但很难通过字符准确和统一地标示出来。象形字、指事字和会意字等本来就没有专门表音的成分，看到字其实无法知道音；就是有表音成分的形声字，声符也大多不能提示正确的读音，俗话说"认字读半边"，实际上很不可靠。所以有人认为，如果要求汉字的字符都可以准确表示语音，至少现在这套汉字字符体系是难以实现的。

五是汉字的字符数量繁多，字形结构也过于复杂。对任何一种语言进行分析，其中包含的音素（音位）的数量总是有限的，而包含的音节的数量就较多，包含的语素或词语的数量就会更多。印欧语的字母记录的是语言中的音素（音位），这样字母数量也就很有限，比如英语字母只有26个，俄语字母也只有33个；字母数量少，当然字形也就不会很复杂。而汉字记录的是汉语中的语素或词，这样一方面是字符的数量十分巨大，汉字的总数估计在五万个以上，通用字也有7 000个；另一方面则是字符的结构十分复杂，汉字的基础部件就有560个，笔画形式和组合方式也各种各样。所以一般认为这也就造成了汉字难认、难读、难写、难记的所谓“四难”状况，使得汉字的学习和使用都比较困难。

上面说的五点是客观存在的汉字的“特点”。如果非要说“优缺点”，有人认为前三条是汉字的优点，后两条就是汉字的缺点；也有人认为正是前面的优点造成了后面的缺点，或者说要改变后面的缺点，前面的优点也就成了缺点。有人认为汉字的缺点是主要的，所以必须走世界共同的拼音文字的道路；也有人认为汉字的优点是主要的，所以必然要维持目前意音文字的现状。在这个问题上，目前学术界和社会上都有很多争论意见，当然可以继续讨论。不过有一点还是肯定的，也就是不管怎么看待汉字的优缺点，都不能走向极端。

一说到汉字有缺点，就有人把汉字说得一无是处。其实虽然看起来学习汉字要比学习字母困难些，但是拼音文字毕竟是一种无理性的符号，汉字则大多是有理性的符号。比如毒药瓶子上画个骷髅，托运的箱子上画个玻璃杯，这就是有理性符号，一看就明白，也很容易记住；而电话号码、电报码，则是无理性符号，只能死记硬背。英文“man”和“woman”为什么表示男人和女人，没什么道理可说；但汉字的“男”和“女”确是有道理的，“男”是会意字，表示人在田地里劳动，“女”是象形字，描绘了女人两手相交的样子。前面说过，汉字中象形字、会意字等都可以表形表意，形声字的形旁也往往有提示汉字意义类别的作用。从符号学角度看，有理性的符号容易理解，无理性的符号则很难记忆。这样说来，汉字这种有理性的字符就反而应该更容易理解和更容易记住，至少学习汉字的利弊也是参半的。

另一方面即使说汉字有优点，也不能就把汉字说得神乎其神。拉丁字母从14世纪开始就已成为欧洲许多新兴国家的文字，以后又传播到整个美洲和大洋洲、大半个非洲和小半个亚洲，现在已经有160多个国家和地区使用，差不多已成为全世界的通用字母：这自然有它存在和发展的道理。汉字虽然还没有成为拼音文字，但至少由拉丁字母作为符号的汉语拼音方案就已经作为认读汉字的辅助工具。又比如即使承认汉字有“见字知义”的好处，也不能碰到什么字都想当然地加以解释。比如有人解释汉字时说，“人多”为“侈”；“父多”为“爹”；“儒”表示人需要教育；“假”都是人做的；十分具体是“真”；“京”上面表示“上”和“天”，下面表示太阳、月亮和星星的光线；“孀”表示内心打了霜的妇女，又跟“双”同音表示看到别人成双结对自己内心十分凄凉。这样的一些所谓“新说文解字”，不但牵强附会，甚至有点儿像算命先生的胡说八道了。至于还有些人说因为汉字能直接“表意”，因此可以适用于任何一种语言，比如任何一个民族的人见到汉字的“日”就都可以懂得那是“太阳”的意思，甚至说外国人也可以根据汉字看得懂中文书刊，只不过是把其中的字读成不同的音罢了。这种把汉字神化的观点同样是没有任何科学根据的。

（二）汉字要不要改革

汉字是一种历史最悠久的文字，甚至是世界上唯一保存下来的古老文字系统。用汉字记载的文献资料浩如烟海，凝聚着汉民族博大精深的历史和文化。甚至汉字本身也是人类宝贵的文化和艺术的结晶，比如2008年北京夏季奥林匹克运动会的会徽“中国印——舞动的北京”，之所以被全世界公认为具有独特的创意，是因为一眼就可以看出它代表了中国的气派，代表了古老的东方文化，体现了汉字的艺术美。从这个意义上说，汉字就不可能像一些小语种的文字那样容易改革。汉字的改革，特别是文字类型的改革，当然就必须十分慎重，决不能因为匆忙改革而造成割断历史文化传统的恶果。因此至少在现在看来，还不能因为看到世界上绝大多数语言的文字都由表意文字或意音文字变成了表音的文字，就轻率地下结论说“汉字也要走世界共同的拼音化文字的道路”。

但是说汉字改革要慎重，并不意味着汉字就完全不需要改革。汉字虽然是宝贵的民族文化遗产，但毕竟不是一件单单拿来供奉的古董，而是一种至今人们还天天要使用的工具。而作为工具的汉字，要不要改革或者需要改什么，当然最重要的就要看今天使用汉字时有没有什么不便或缺点，有缺点才要改，有缺点就要改。前面说过，关于汉字的特点或优缺点，目前社会上和学术界都有一些争论，而且众说纷纭，莫衷一是。不过应该看到，其中真正属于抱残守缺甚至指鹿为马而鼓吹汉字完美无缺的观点，和其中真正属于标新立异甚至痛心疾首而大骂汉字一无是处的观点，毕竟是些极端的看法，这些言论也并不得人心。而目前社会上和学术界大多数人比较一致的意见还是：从一方面看汉字无疑是有优点的，否则汉字也不可能历经数千年而不衰。这些优点从文字和语言的关系看，包括汉字适应汉语的词语没有形态变化的特点，汉字适合汉语的词语（语素）都是形音义统一单位的特点，汉字适合汉语跨时间、跨空间应用的需要，等等。从文字应用的其他角度看，还包括汉字对于民族统一的作用，汉字对于文化继承和传播的作用，汉字在阅读上有分辨率较高而可以“一目十行”的特点，汉字还是一种书法艺术，等等。从另一方面看汉字又肯定是有一些缺点的，否则也不会自古以来一直不断有汉字改革的举措和汉字继续改革的呼声。这些缺点从文字和语言的关系看，主要表现在汉字缺乏完备的表音系统，字符（音符）不能与任何一种语音单位严格对应，汉字字符数量繁多，字形结构也过于复杂，特别是还存在大量异体异音符号，等等。从文字应用的其他角度看，主要就是在学习和使用汉字上公认存在着“难认、难读、难写、难记”的状况，这不但增加了人民群众学习文字的时间，也在一定程度上影响了全民提高文化水平的进度，阻碍了教育和科学的普及和发展。

如果说上面这些对汉字特点或优缺点的分析是客观的、公正的，那么我们就很容易得到一个结论，汉字肯定是需要改革的，汉字也是可能改革的。说“需要”，那是因为汉字发展到今天，象形字大多已不象形，表意符号差不多已失去其表意的作用，表音符号也大多不能正确地表音了，因此徒然保留全部几万个汉字符号或者坚持所谓“一字不易”就至少没有必要。说“可能”，那是因为既然汉字的主要缺点是字符太多、形体繁杂、内部混乱，那就完全可以针对这几条先采取一些必要的改革措施，而这些改革不但在整体上保留了汉字的体系，不会连同汉字的优点也“一起倒掉”，反而能够更好地发挥汉字的作用。至于在这之后还要不要“大动干戈”，也就是“走拼音化的道路”，那就还需要等待“瓜熟蒂落”“水到渠成”的时机。也就是说即使今后汉字真的要走上这一条道路，那也绝不能只靠主观愿望或行政命令，而最终取决于汉语本身的实际发展状况和社会对汉字应用的客观需要。

（三）目前汉字改革的工作

既然汉字改革可以而且必须“攻其一点”，那么有些事情就是现在就需要做而且马上可以动手做的。目前汉字改革的工作主要是做以下两件事：

第一件事是要找出所有汉字中有用和常用的字，剔除没用或罕用的字。这也就是给汉字“定量”的工作，其中又包括搞清楚汉字的总量以及区别其中的通用字和常用字。

对于汉字总量这个家底，过去一直不是很清楚。不同历史时期字典和字书的统计就很不一样，而且总的看数量是不断增加的。比如汉代《说文解字》收9 553个汉字，宋代《广韵》收26 194个汉字，明代《字汇》收33 179个汉字，清代《康熙字典》收47 043个汉字，民国《中华大字典》收44 908个汉字，当代《汉语大字典》收54 678个汉字，还有的字书收汉字竟在9万个以上。那么汉字的总数到底有多少，这些字是不是都有用呢？应该说实际上真正用得上的汉字并没有这么多，比如这些字典虽然收字也有个别遗漏，但更多是包括了大量的异体字和多音字。再如字典所收的汉字中绝大多数只是古代的用字，到了现代就已没有什么用处了。又如汉字现在仍有不断增加的，可能“出生不报”；也随时有失去作用的，可能“死而不葬”。有学者认为，如果按照上面几条增删清理细算下来，目前比较接近实际情况的“现代汉字用字全表”大概应不超过一万个汉字。

搞清楚现在一共有多少个有用的汉字，接下来当然还要区别其中的通用字和常用字，这些字的数量当然就更少。所谓“通用字”就是在全部汉字中除去有特定适用范围的专用字和罕用的生僻字之后所有一般要用到的汉字。比如目前出版印刷行业定有通用字6 196个（1965年），电报通信行业定有通用字7 292个（1983年），信息处理行业定有通用字6 763个（1980年），在此基础上国家语委制定的“现代汉语通用字表”共收字7 000个（1988年），而国家刚刚公布的“现代汉语通用规范汉字表”，其中规定的常用字总量是8 000个（2013年）：可见汉字的通用字也就在8 000个上下。所谓“常用字”则是再进一步根据汉字的使用频率在通用字中区别出最常用的一批字，或者说找出那些使用频率最高、构词能力最强、学科分布最广的汉字。汉字的总数很多，通用字也有不少，可是人们经常使用的字却并不多，往往只集中在有限的二三千个字上。比如《曹禺选集》只用了2 808个不同的汉字，五卷本的《毛泽东选集》也只用了3 136个不同的汉字。据《现代汉语频率词典》对各种主要文字作品的统计，最常用的前1 000个汉字的覆盖率就可达90%，前2 400个汉字的覆盖率达99%，前3 800个汉字的覆盖率甚至可达99.9%。因此国家语委颁布的“现代汉语常用字表”（1988年）收字3500个，其中常用字2 500个，次常用字1 000个，覆盖率共99.48%。有了常用字的分类，也就可以大致确定学校教学中的识字量了：常用字约2 500个，是小学阶段的识字量；加上次常用字共约3 500个或略多些，是初中阶段的识字量；而高中阶段的识字量，也就约等于或略少于7 000个通用字的数量。

第二件事是汉字的写法要尽可能简化，汉字的字数要尽可能减少。这也就是给汉字“定形”的工作，其中又主要包括“推行简化字”和“废除异体字”两个方面。

汉字形体的简化由来已久。甲骨文中就已有不少的简体字，以后历朝历代简体字都日益增加，许多字书包括清代《康熙字典》也不得不收录一些简体字。“五四”后一批有识之士发起了一次简体字运动，1935年民国政府的教育部还曾公布了324个简体字（后因保守势力的阻挠又宣布“暂缓推行”）。解放战争时期共产党领导的解放区都开展了识字运动，各种油印报刊也采用了许多简体字。新中国成立以后，党和政府很重视汉字的简化工作，经过长期的酝酿和讨论，国务院先于1956年公布了《汉字简化方案》，共推行了515个简化字和54个简体偏旁；后经过分批推行和逐步调整，又于1964年和

1986年两次公布了《简化字总表》，其中包括484个简化字，加上146个简化偏旁类推简化字，共收简化字2 235个。由于简化字中绝大多数都是常用字，其中有的是历代的简体字或俗体字，更多的则是千百年来群众集体创造和已经在普遍使用的简体字，因此已推行的简化字方案获得了人民群众的拥护和支持。汉字简化以后笔画大大减少，由繁体字的平均约16画减少为平均约10画，这对于提高人民群众的文化水平，发展科学文化事业，都发挥了积极的作用。

汉字简化另一方面的工作就是精简汉字的字数，主要表现为废除异体字。这种工作一般也叫作“正字法”。秦始皇的“书同文”实际也就是对当时六国文字中大量异体字的整理。前面说的繁体字和简化字之间其实也是一种异体字关系，不过那主要表现为笔画繁简不同，而所谓废除异体字则主要指除了繁简字以外的异体字。1955年，国家有关部门公布了《第一批异体字整理表》，在810组各2 ～ 6个异体字中根据“从俗从简”的原则每组选定一个比较通行而又笔画简单的字（其中包括不少后来正式公布的简化字），其余的都作为非标准字停止使用，这样当时一共废除了异体字1 055个。这一举措不仅大大减少了汉字的数量，而且作为标准字的汉字大多笔画简单，大大减轻了人民群众学习汉字的负担。

当然，不管是推行简化字，还是废除异体字，并非笔画越少越好或硬造一堆生字出来，而且也不能一再地把汉字简化下去或合并起来。因为确定汉字的字形，除了要方便初学者，还要考虑字形容易辨认和文字的连续性，特别是对于阅读不同时代的书刊来说，如果一个字前后有太多不同形体，反而又会从另一方面增加学习和阅读的负担。正因为如此，国务院虽于1977年还公布过一个《第二次汉字简化方案》，收简化字853个，比如“亍（街）道、另（零）售、歺（餐）厅、尸（展）览、鸡旦（蛋）、跳午（舞）”等，但不到一年就宣布停止使用了。最早废除的异体字中也有28个分别于1956年和1986年又恢复为标准字。此外，翻印古籍有时也需要保留汉字原来的写法，大中型字典中也需要保留繁体字和异体字作为参考，更不用说作为一门艺术形式的书法，也不能强求一定都要写简化字或标准字。

（四）今后汉字改革的方向

如果说上面提到的工作还只是针对汉字字符数量繁多和字形结构复杂的缺点而采取的汉字改革措施，那么对于汉字最大的缺点，即汉字缺乏完备的表音系统以及字符（音符）不能与语音单位严格对应，因为涉及表音系统，这方面要想彻底改革就不那么容易了。不过必须看到，汉字表音上的这种所谓缺点实际上又是由汉语的特点决定的，汉语没有形态变化的词尾零碎，汉语词语（语素）都是形音义统一的单位，汉字恰恰最能适应这一特点，这也正是为什么汉字几千年来都没有发展成为拼音文字的内部原因或者说根本原因。

注意到这种情况，那么汉字表音系统和文字类型的改革，不但客观上不可能一蹴而就，主观上也绝不能操之过急。这项工作也可以分成两步走：一步是先统一汉字的读音并采取一些给汉字标音的辅助手段，再一步才是考虑汉字最终发展方向的问题。

关于统一汉字的读音和采取给汉字标音的辅助手段，其中一方面就是给汉字"定音"的工作，另一方面就是为汉字"拼音"的工作。

"定音"就是确定现代汉字的标准读音，这不是指"以北京音为标准音"的"标准音"，而是要解决好"异读字"和"多音字"中一些读音混乱问题。异读字和多音字实际上都是同一个字有好几种读音的现象，其中几个读音能相互区别意义的是多音字，不能区别意义的就是异读字。多音字并不需要也不可能都加以统一，比如"率（领）"和"（利）率"，"（快）乐"和"（音）乐"等，口语中也没有相混。但如果是几种读音相互并不区别意义的异读字，或者几个意义合并成一种读音也问题不大的多音字，比如"凹"曾有三种读音，"作"有三种读音，"呆"有两种读音，"凿"有两种读音等，这些就都可以统一起来。为此国家有关部门曾多次发表《普通话异读词审音表》，共计审定了1 800多个字的读音，1985年修订的《普通话异读词审音表》又最终审定读音839条。比如"凹"统读为"āo"，"呆"统读为"dāi"，"凿"统读为"záo"等。尽管审定后的读音有些不尽符合古音，少数文化水平高的人也不习惯甚至反感，但根据约定俗成、承认现实的原则把这些读音统一起来，至少可以减少混乱，也便于人民群众学习和使用。

"拼音"主要就是指给汉字找一种辅助的标音手段，也有人认为这是汉字走向表音文字的前奏。汉字拼音化的想法，早在300多年前就有人提出过，明末已有西方传教士提出过用拉丁字母给汉字注音的拼音方案，清末维新运动中的"切字音"运动，更是提出了多种给汉字拼音的方案。"注音字母"是民国期间正式颁布的给汉字注音的一种方案。后来民国的国民政府还公布过采用拉丁字母的"国语罗马字拼音法式"。解放战争时期的解放区也曾推行过由瞿秋白、吴玉章等人制定的"拉丁化新文字"。新中国成立以后，全国人大于1956年批准公布了采用拉丁字母的《汉语拼音方案》，作为给汉字标音和学习汉字的辅助工具。汉语拼音本身当然还不是拼音文字，也不能完全代替汉字，但是至少已在一些领域行使了文字的职能，也为汉字拼音化的研究提供了基础。

那么汉字要不要或者能不能最终实现拼音文字化呢？这是一个目前还难以回答的问题。不过有一点大家的认识还是一致的，从理论上来说文字当然是可以改革的，而且从各国进行的文字改革来看，文字改革，包括文字类型的改变，在实践上也并非不可行。但是对已有文字进行改革毕竟不同于创制新文字，必然要受到语言以外的各种社会历史文化因素的制约。特别是像汉字这样的文字系统，其历史十分悠久，用汉字记载的历史文献极其丰富，是汉字使民族悠久的历史文化传统得以记载和保存。如果汉字改革没有能妥善地解决好书面语的历史继承性问题，就很可能割断民族的历史文化传统。而且汉语目前还没有统一，还存在严重的方言分歧，如果仓促地实行拼音文字，也可能不利于国家和民族的统一。因此就目前情况看，汉字文字类型改革的时机还远未成熟，而且不论最后汉字是否可能实现拼音化，都无疑要经过一个十分漫长的过程，绝非一朝一夕就可以实现。在此期间，一方面当然要积极地为汉字改革创造条件，比如大力推广全民族的共同语——普通话，积极推行《汉语拼音方案》，努力研究解决区别同音字词、词语连写和分词等具体问题，特别是解决汉语书面语的历史继承问题等。另一方面即使真的基础条件具备了，对实行文字类型的改变也还是要非常慎重，必须进行深入细致的研究，设计出切实可行的方案，甚至还必须征求广大人民群众的意见。如果简单地企图依靠行政命令来推行文字改革，那么即使这样做的初衷是出于一种崇高而良好的愿望，也会遭到大多数人的反对，成功的希望肯定是很渺茫的。

思考和练习

1. 名词解释：字符、字母、甲骨文、形声字、汉语拼音。
2. 简述文字与语言的关系，为什么有了有声语言还需要文字。
3. 简述世界范围内文字产生和演变的过程。
4. 简述汉字产生和演变的过程。
5. 简要说明如何划分文字的类型，汉字属于哪种文字类型。
6. 简述自源文字和他源文字各有什么特点，彼此是什么关系。
7. 简述什么是文字发展的“三阶段说”和“两方向说”。
8. 举例说明什么是“六书”，什么是象形字、指事字、会意字、形声字。

9. 举例说明什么是假借字、古今字、异体字、繁简字、同源字。
10. 举例说明汉字有哪些“优缺点”，应如何看待汉字的特点。
11. 简述当前汉字改革的任务和今后汉字改革的方向。
12. 为什么目前还不能下结论说“汉字也要走世界共同的拼音化文字的道路”。

第七章

语言与社会

第一节　语言存在于社会之中

本节学习要点

1. 语言在社会中发生和演变：人类社会与语言关系的“前后说”和“共生说”，语言随着社会的产生才得以产生，并随着社会的发展而发展，随着社会的消亡而消亡。

2. 社会的层级性与语言的多样性：语言与世界，语言与国家，语言与民族，语言与地域，语言与社群。

语言最主要的功能是社会交际功能，语言最本质的属性是社会属性。因此语言和社会的联系非常紧密，很多语言现象也只有从社会角度才能观察和解释。语言不仅是在社会中发生和演变的，人类语言的复杂状态也与人类社会的复杂结构息息相关。

一、语言在社会中发生和演变

社会是人类按照一定的条件、相互认同、遵守共同规约而组织起来的一种群体集合。一定的条件包括种族、地域、政治、经济、文化、历史、宗教、职业等各种因素。这些因素几乎是无限的，因此，社会有广义和狭义之分：广义的社会是一个由各种因素组成的层级系统；狭义的社会则指这个系统中的一个层级或一个层级上的一个节点。社会的组成并不需要满足上面的所有因素和条件，具备一个或几个因素即可以组成社会。语言是社会的凝固剂，起协调社会关系、创造社会文明、促进社会发展的作用。

人类社会与语言的发生关系涉及对人类的确认，大致上有两种观点，即“前后说”和“共生说”。“前后说”指社会的产生早于语言；“共生说”指社会与语言同时发生。这两种说法都以“抽象思维的产生”划分人类与动物的界限，只是对抽象思维与语言的关系认识不同。“共生说”认为，抽象思维必须以语言为载体和工具，换句话说，没有语言就没有抽象思维；“前后说”认为，抽象思维与语言没有必然的关系，人类与其他灵长类动物区别开来的时候就已具备了抽象思维的能力，语言的产生只是加强和加速了抽象思维的发展。经过长期的研究，通过生理学、病理学和儿童语言习得等多方面的证明，关于思维和语言的关系，为多数学者认可的结论是，人类抽象思维能力的产生并不以语言为基础，语言并不是抽象思维唯一和必不可少的工具或载体。按社会与语言发生时间的比例来说，大约是10∶1的关系，也就是说，假如人类社会形成于10万年前，那么语言大约形成于1万年前。这说明人类社会形成之后，很长一段时间内并没有语言。把抽象思维和社会的形成与语言的形成分离开来，不仅是一种新的认识，而且对进一步认识人类智力和智能的发展、精神文明和物质文明的关系、语言与社会的关系，对建立科学的语言观、发展语言科学都有深刻的理论价值和实践意义。

肯定“前后说”丝毫不会贬损语言产生的意义和价值。语言是人类自身演化的重要因素之一，是人类思维最直接的产物和人类思维能力的最佳表现，是人类最伟大、最成功和最具创造性的思维成果。人类的语言具有编码的独创性，包容、承载和反映人类物质和精神活动的成果及其发展和演变。语言既是物质和精神活动再创造的根本资源，也是人类积累、传承和创造知识，提高和发展文化从而推动社会进步的基本工具。在人类语言产生以后，语言作为人类社会交际和交流思想最方便、最丰富、最准确的工具，已经逐渐成为参与思维的重要因素，成为人类社会存在和发展的基础。从这一点来说，语言是人类与其他动物区别开来的明显和独特的标志。

人类语言一产生就与社会形成了密不可分的关系，于是，在语言学、民族学、人类学和社会学等学科中形成一种共识：语言随着社会的产生才得以产生，并随着社会的发展而发展，随着社会的消亡而消亡。但这只是一种粗疏和倾向性的观察结果，经过深入的研究和对事实的观察，这样的结论需要进一步认识，才能正确并科学地说明和解释语言与社会的复杂关系。

首先，从语言的功能来说，语言是根据社会的需要产生的，社会的需要也即交际的需要，是语言存在的根本理由。语言在交际中使用，在使用中存在，语言是随着社会的产生而产生的。其次，社会的发展必然会影响社会最便捷、最有效的交际工具——语言，社会政治、经济、文化和科技的发展促使语言改进和完善，以适应社会交际的需要。但是，说“语言随着社会的发展而发展”还不能全面和完整地说明语言与社会的关系。事实上，随着社会发展而发展的语言往往是权威语言或强势语言，即政治、经济、文化上占优势的语言，或使用人口、使用范围、使用频率上占优势的语言；一般的语言和弱势的语言，由于社会的发展，语言的接触，无论本体结构还是使用功能都可能发生退化，甚至出现濒危和消失的趋势。据报道，全世界的语言正以平均每14天消亡一种的速度不断地减少。社会的发展是永远不会停止的，语言的濒危和消失这种与社会发展看似相反的趋势，说明“语言随社会的发展而发展”的论断需要更深入的认识。再次，社会的消亡也并不一定引起语言的消亡。按照对社会的狭义理解，所谓社会消亡无非是社会的合并或分化。一个社会与另一个社会合并，即其中一个社会消亡；一个社会内部发生分化，即其中分化出去的一部分成员建立了新的社会，失去了原来社会的属性，对他们来说等于失去了原来的社会。无论社会的合并和分化，原来社会的消亡，既可能造成语言的消失，也可能保留原来的语言。汉族社会的形成在历史上经过无数次的合并和分化，很多部落、部族和民族消亡了，他们的语言也在合并和分化过程中消失了，逐渐形成了统一的汉语；藏族社会的形成在历史上也经过无数次的合并和分化，很多部落、部族和民族消亡了，他们的语言在合并和分化过程中却并没有都消失，藏族至今仍使用着十多种语言；美国人的祖先在300多年前从英国社会中分化出来，建立了新的国家，但原来使用的英语却在美国保持至今，并没有因为社会的分化造成原有语言的消失。可见，社会的消亡，或者说社会的合并和分化与语言是一种复杂的关系，不能简单地概括为社会的消亡必然引起语言的消亡。

二、社会的层级性与语言的多样性

上面是对语言与社会关系的动态观察，说明了社会与语言发生和演化的关系；同样，我们还可以对语言与社会的关系进行静态的观察。首先，要考察社会对语言的包容。一个社会既可以使用一种语言，比如汉族只使用汉语；一个社会也可以使用多种语言，比如藏族使用十多种语言。反过来，多个社会也可以只使用一种语言，比如回族和满族与汉族一样都使用汉语。这些现象说明社会与语言并不是一对一的关系。其次，要考察社会对语言的制约、分配和使用。这需要从作为一个系统的社会的层级性和语言的多样性入手，观察不同社会层级与语言的关系，不同社会层级对语言的制约、分配和使用。下面我们将从世界语言、国家语言、民族语言、地区语言和社群语言等五个方面来说明社会的层级性和语言的多样性，进一步讨论语言与社会的复杂关系。

（一）语言与世界

人类居住在地球上，地球就是一个最大的社会，从空间上也称世界。世界以国家为基本单位，人类存在于不同国家的组织之中，国家是世界最小的社会层级单位。世界也以地域划分社会单位，比如五大洲、北美、中东等；或以政治划分社会单位，比如公约组织；或以经济划分社会单位，比如欧盟；或以行业划分社会单位，比如欧佩克（OPEC）这种石油输出国组织。

这些不同层级的社会组织都以国家为单位，最高的层级应该是联合国。世界上有200多个国家和地区，几千种语言，语言与上面的任何一个社会层级之间都呈现出复杂而非单一的对应关系，比如非洲社会使用上千种语言，亚洲社会使用数以百计的语言，加拿大社会使用英语和法语等多种语言，中国社会使用的语言则在80种以上。但按照语言功能的强弱，加上政治、经济、文化和历史等因素，不同层级社会使用的语言也会具有相对的一致性，比如由于欧洲殖民的影响，非洲大多数国家现在依然通用英语、法语和葡萄牙语，还以这些原来宗主国的语言为官方语言。联合国代表了世界最高层级的社会，规定了汉、英、法、俄、西班牙和阿拉伯语6种工作语言，反映了语言的多样性、功能性和统一性趋势。

当今世界科技发展、交通发达、交流频繁，世界像是一个“地球村”，特别是世界经济一体化的发展趋势，最高层级的世界性社会需要一种语言作为能共同使用的交际工具。这种需求日益强烈，联合国基于政治和历史因素确定的6种工作语言不能满足这种需要，一种世界性的通用语言必然会产生。这种语言的产生有三种可能：第一，是人造语言，比如柴门霍夫创造的世界语，但实践证明人造语言难以获得广泛传播；第二，在自然交际中形成一种与各国语言都不相同的新的自然语言，这曾经是一种预言，但至今还没有看到实际的趋势；第三，一种已有的语言在国际社会中获得普遍认可和广泛使用，这是一种最有可能的结果，因为在现实生活中已经存在这种趋势。世界通用语言的形成是一个自然的过程，任何强制性的措施都不利于这种通用语言的形成和发展。目前世界上还没有一种得到公认的通用语言，却有一种语言——英语，已初步具备这种条件，至少在目前具有向通用语言发展的趋势和可能性。英语发源于欧洲，欧洲原来的强势语言是法语、西班牙语和意大利语，英语不是重要的语言。工业革命后，英国崛起，对外扩张，在世界各地建立殖民地，将英语传播到全世界。二战以后，使用英语的美国成为在经济、科技、军事等各个领域领先的国家，使英语在各个领域的传播和使用范围达到空前的水平。目前世界上200多个国家和地区，以英语作为官方语言的有60多个，占四分之一；以英语作为主要语言或通用语言的国家有170多个，约占百分之七八十；世界上绝大多数国家的外语教育都把英语作为主要语言，可见英语影响之大，使用范围之广。

世界通用语的形成和发展，与世界语言多样化并不矛盾。虽然有些语言将要消亡，但大多数语言会保存下来，使用下去。语言除了功能属性外，还有重要的文化和历史属性，加上民族、政治、经济、宗教、地域等其他因素，世界语言的完全统一至少在可预见的未来是不可能的。语言多样化的局面必然造成语言的竞争，因为语言是文化和意识形态的载体，代表一种软实力。国家语言的传播，有助于国家软实力的提高。世界上的不少国家都各显其能地对外传播自己的语言，比如英国的“英国文化协会”、法国的“法语联盟”、德国的“歌德学院”、西班牙的“塞万提斯学院”、美国的“洛克菲勒”和日本的“国际交流”等各种基金会，都向外传播本国的语言。中国的“孔子学院”也已经遍布世界各地，担负着汉语国际传播的使命。语言多样化有时也会造成语言冲突，比如法国在欧盟中极力推行法语。2006年3月，法国总统希拉克在出席欧盟首脑会议举行的一次欧洲能源政策研讨会时，因对欧共体工业联盟主席法国人安托尔·赛耶尔（E. A. Seilliere）用英语发言感到愤怒，率两位部长离席以示抗议。又如，一些殖民地国家或地区独立后，一直在为使用自己固有的语言，逐渐废除原宗主国的语言而斗争，很多国家都确立了包括本民族语言在内的多种官方语言。香港和澳门回归祖国后，汉语普通话已经成为两地的官方语言而得到越来越广泛的使用。英语尽管具有强大的优势，要成为世界通用语依然面临挑战，特别是在法语、西班牙语和斯拉夫语言使用的地区。世界通用语言的形成还有漫长的路程。

（二）语言与国家

国家是由于政治、文化、地域等因素并根据一定的制度、历史形成的人类社会组织形式。在当今世界中，国家已经成为人类社会组织的基本形式。国家的形成并非一定与种族和民族有关，不同的种族和民族可以通过交融和混合的方式组成国家，相同的种族或民族也可以分化组成不同的国家。原来的种族和民族的语言在形成国家的过程中，可能消失，也可能留存。从当前世界上所有的国家来看，很难找到只使用一种语言的国家，说明国家形成过程中不同组成成分的复杂性。国家作为一个社会层级，无论组成成分或疆域都会发生变化，甚至消亡。国家使用的语言同样会发生变化，有些语言发展了，有些语言消亡了。无论国家的合并还是分化，与语言的合并与分化没有必然的关系，国家合并或分化后原来使用的语言既可以保留使用，也可能消亡，换用别的语言。亚洲不到50个国家，有1 000多个民族和种族，使用的语言数以百计，印度和中国使用的语言最多，印度有几百种，中国使用的语言至少有80种以上。

国家通过国家机器，即政府形式，按照一定的制度进行管理，保证社会平稳运作，顺畅发展。语言作为社会的润滑剂和必不可少的交际工具，作为社会存在的基础，政府必须对其进行管理。为了方便使用不同语言的社会成员之间交际和交流，每个国家都会制定语言政策和规划，规定一种语言为通用语。通用语一般是自然形成的，大多是这个国家经济、文化和科技发达的主体民族或种族的语言，即使用人口多、通行地域广、功能强大的强势语言。也有些特殊情况，比如希伯来语作为以色列的通用语言就不是自然形成的，以色列建国时世界各地迁来的犹太人语言复杂，于是法定希伯来语为通用语。有的国家只有一种通用语，如韩国通用语是韩语；日本虽然还有人使用阿依努语，但通用语是日语；有的国家通用多种语言，比如在瑞士，德语、法语、意大利语都是通用语。中国的通用语是汉语普通话，由于元、明、清的政治中心都在北京，北京话成为通用的权威方言。今天通用的普通话就是在北京话基础上形成的。

国家作为一个政治实体，内部的管理运作、国际间的交往都需要统一的语言标准，于是国家需要确定一种官方语言。官方语言一般是在国家机关、正式文件、法律裁决及国际交往等官方场合中规定使用的语言。有些国家官方语言是一种，比如中国的汉语普通话，日本的日语，英国和美国的英语等；有些国家是几种，比如阿富汗，普什图语和波斯语都是官方语言，又如以色列，希伯来语和阿拉伯语都是官方语言。一般来说，通用语言就是官方语言，但有些国家通用几种语言，只规定一种是官方语言，比如泰国，泰语和英语都是通用语言，但只有泰语是官方语言。由于殖民主义的影响，有些国家独立前官方语言是宗主国的语言，如原来非洲殖民地时代的法语、英语和葡萄牙语。独立后，有些国家的官方语言依然是原来宗主国的语言，比如非洲的加纳、肯尼亚、尼日利亚、坦桑尼亚等国依然把英语作为官方语言；有些国家既保留原来宗主国的语言作为官方语言，同时也把本地语言规定为官方语言，如印度和菲律宾等国依然把英语作为官方语言，但也分别将印地语和菲律宾语规定为官方语言；有些国家则更换了官方语言，比如乌克兰和白俄罗斯原来的官方语言是俄语，从苏联分离独立后官方语言已分别改为乌克兰语和白俄罗斯语。

（三）语言与民族

民族是一种具有共同政治、经济、文化、地域和心理认同的历史共同体。国家是民族存在的基本形式。一个民族可以建立一个国家，几个民族也可以共同建立一个国家。当前的世界上已经很难找到完全由一个民族组成的国家，即一个国家只有一个民族。民族学界的不同派别关于民族的定义并不相同，世界各国由于不同的制度和政策，对民族的解释也不相同。中国沿袭苏联的民族概念，执行与苏联相似的民族平等政策，在新中国成立以后进行民族识别调查研究，以法律形式确认了56个民族，并在宪法中规定了各民族享有平等权利，共同组成中华民族大家庭。中国把早期苏联的移民称俄罗斯族，苏联把移民中亚的中国西北回族称东干族。美国则按原国籍称呼移民为某某人，如把西班牙裔移民称西班牙人，墨西哥裔移民称墨西哥人，华裔移民称华人；把本地原居民称印第安人，爱斯基摩人等。由于各国对民族有不同认识，我们主要讨论中国的民族与语言的关系。中国是多民族和多语言的国家，民族与语言的关系极为复杂，中国的情况基本上也反映了世界种族、民族与语言的关系。

中国56个民族使用80种以上语言，使用汉语的人口占全国总人口的90%以上，其他语言的使用人口不到10%。民族是一个政治、经济、历史和文化的利益共同体，语言是民族社会组成的一种纽带，也是民族作为一个群体的可能标志。换句话说，语言与民族没有绝对的关系。一个民族可以使用一种语言，比如汉族使用汉语，壮族使用壮语；一个民族也可以使用多种语言，如藏族就使用藏语、嘉戎语等十多种语言；几个民族也可以使用一种语言，比如回族、满族与汉族都使用汉语。传统上把语言作为民族识别的标志，是因为语言是一种交际工具，是社会组成的重要和必不可少的工具，任何一个特定社会的形成过程中，语言必然具有统一的自然趋势，加上语言是一种人们在社会生活中须臾不能脱离、最直接、最敏感、最易于具有共同性的认知工具，语言就自然而然地成为不同社会、不同社会层级和群体自我认同的重要符号和外人识别的显著标记，同族、同籍、同宗、同教，有时甚至不同的社会阶层都能简单地以使用某种语言作为标记来区分和识别，民族当然也不例外。

语言虽然不是确认民族的唯一标记，与民族没有绝对的关系，但语言与民族的密切关系不可否认。中国是一个多民族和多语言的国家，大多数民族有自己独立的语言，如上文所述，语言确实是民族认同的重要符号和外人识别的显著标记。语言作为民族自我认同的重要符号，产生强大的民族凝聚力和民族认同感，这种凝聚力和认同感使得民族的群体产生共同的自信心和自豪感，对提高民族的整体素质和社会进步起到积极的作用。中国实行的各民族语言平等政策，正是建立在对民族语言这种功能和作用认识的基础上。

当然，从人类发展和社会组成的历史来看，任何一个民族都是从氏族、部落、部族等不同社会形态经过无数次的分化和融合在历史上逐渐形成的，而且这种分化和融合永远不会停止。换句话说，任何一个社会都永远处于发展和变化之中。民族形成过程中语言是否分化或融合，与政治、经济、文化、宗教等各种因素都有关系，具体的情况要具体分析。汉族使用一种语言，即汉语，是历史长河中汉族和其他民族融合产生的一个统一的语言；藏族使用十多种语言，显然是由于在民族社会形成过程中，不同的部落和部族保留了原来的语言，这些不使用藏语的藏族甚至在文化和宗教上都保留了原来的特点。再如壮族和布依族虽然历史、文化和语言等方面具有非常相似的特点，却是两个不同的民族。又如中国西北一部分回族移民到中亚，成为东干族，使用的语言称东干语，已经是与汉语不同的语言。正是由于这种民族与语言发展的不平衡，造成了民族与语言之间的复杂关系，因此，把语言作为民族识别标志的观念，需要重新审视，需要根据不同的情况科学地认识民族与语言的关系。

（四）语言与地域

地域是距离造成的空间，语言既存在于时间之中，也存在于空间之中。地域有大小，代表着不同层级的空间划分。从世界范围来说，各大洲就是最大的地域单位；从各洲来说，内部可以分为各个地区，比如亚洲还可以分为东亚、东南亚、南亚、西亚、中亚和北亚等地区；这是广义的地域。这种地域的语言是一种多语杂陈、交叉分布的状态。从地域出发，与语言的关联主要是地域通行语，比如阿拉伯语是中东地区通行的语言。因为这种广泛的地域，语言众多，各地情况殊异，语言与地域没有必然的联系，比如亚洲有些国家通行英语，非洲同样有些国家通行英语。通行语也是相对的，只是使用的人口较多，通行的地域较广而已。距离造成差异，空间会使语言发生变化，比如英国、美国、加拿大、澳大利亚等国都使用英语，但有一定的差别。

狭义的地域指国家内部的区划，如我国省、市、县之类的划分。与广义的地域一样，狭义的地域与语言也没有必然的联系，一个地区存在多种语言，多个地区可能只有一种语言。中国汉族居住地区主要通行汉语，民族区域自治地方主要通行民族语言，如西藏、内蒙古和广西的民族自治区主要使用藏语、蒙古语和壮语。但无论哪个省区，都有各种民族存在，各民族还使用本民族语言，所谓通行的语言只是指使用人口多和功能强的主要语言。

狭义的地域与语言最密切的关系是由于空间距离形成的方言。传统上把方言的形成归因于空间距离，所以称为地域方言，并以地域命名，如北方方言，江淮官话、粤方言、闽方言等。从表面来看，空间距离像是形成方言差异的一个原因，因为从空间可以观察到方言相对整齐的分布关系。但如果进一步观察，使用地域来认定方言显然是不合适的，因为同一地区可以存在不同的方言，比如方言岛；再如各方言核心区域语言特征明显，边缘区域往往分界模糊，说明与地域分区没有直接关系，况且行政区划还常常会发生变更。从根本上说，地域差异只是方言形成过程中多种条件中的一种条件，方言的形成主要是由于语言接触关系的改变：一些原来使用同一方言的人由于迁移到其他地区，与原来居住地区的人减少了接触和交流，甚至不接触、不交流，语言在各自独立的使用环境中发生变化，就会形成差异。从表面看是空间距离的改变，实际上是接触关系的变化。闽方言有十里不同音的说法，只能用历史上不同的接触关系来解释。再如，一般牧业地区的方言比较一致，农业地区的方言差别大。这是因为游牧生产方式一年四季不断更换放牧和居住地方，需要各地保持语言的一致，才能更好地交流；农业是自给自足的生产方式，为土地所束缚，流动性差，加上宗族、文化和历史关系等因素，村落之间接触和交流少，所以即使近在咫尺语言也会产生一定的差异。再从相反的方向来观察，使用不同语言的人由于居住在同一个地区，语言会变得越来越接近，比如不同方言交界地区的所谓混合方言，常常很难准确划分，就是因为经常接触使原来不同的方言变得接近的缘故。国外的克里奥尔语和中国的五屯话等混合语言也是由于语言接触造成的，可见方言的存在和语言的变化与地域没有必然的关系。

（五）语言与社群

社群是社会结构中的最低层级。社群是一种由于相同的环境和职业，相同的阶层、年龄、性别和文化教养，相同的目的、利益、志趣等因素自然形成的社会人群。社群处于国家机构之外，自觉或不自觉地形成，成为整个社会的一个组成部分。社群具有不固定性，容易受到其他社会因素影响而发生变化；其次，社群语言之间的关系与上面的地域语言不完全相同：地域语言之间的关系，常常是性质的差别，拿语言系统来说，方言之间语音系统有较大差别；社群语言之间的差异比较小，只是某个语音项目上发生变异出现不同变体，还不会改变语音系统。一般把语言的地域变体称作方言、土语，而把社群的变体称作社会方言。这是从语言结构差异来说的，方言土语的差别涉及语音、语法、词汇等各种语言结构因素，而社会方言之间的差异更为常见的是一些语词或表达方式的不同。

常见的社会方言如法律语言、学术语言、宗教语言、行业语言等。这些社会方言与使用者的职业和行业有关，他们在使用一般通行语言的同时，增加了一些有关职业和行业的特殊词语和表达方式。这些特殊的词语和表达方式成为这种社群的共同语言，更多使用于社群之中，与社群之外的人交际时使用一般通行语言，只是在特别需要的情况下，才适当使用这些社会方言。宗教语言有时有一定的特殊性，比如伊斯兰教的经文是阿拉伯语，日常生活不使用阿拉伯语而使用其他语言的信徒，在进行宗教仪式和仪规中必须使用阿拉伯语。一般情况下，比如传教活动中，还是使用一般通行的语言，只是增加一些具有宗教色彩的阿拉伯词语和表达方式。

随着社会的发展和社会语言学的兴起，人们对社群的概念有了新的认识。比如网络，成为一种虚拟的社群，在网络中常常使用一些不同于一般通行语言的词语和表达方式，称为网络语言。如一些变异的新词语，如“灌水（向论坛大量散发无意义帖子）、童鞋（同学）、霉女（丑女）、有木有（有没有）”等；如一些图形符号，如“^@^”表示小猪，“(:)-)”表示“哈哈”，“>-r”表示鬼脸，“*:o)”表示小丑等；如一些固定的缩略形式，如把英语的“by the way（顺便）”缩略成“BTW”，把“Bye-Bye（再见）”缩略为“BB”，把汉语拼音“变态”缩略为“BT”，把“美眉（妹妹）”缩略为“MM”，“漂漂（漂亮）”缩略为“PP”等。网络语言的产生出于省力、求异、求新、个性化和彼此的认同意识等原因，是一种特殊的社会方言，但网络语言具有流行语的性质，大多只能使用一时或保留在社群的使用中，只有极少数能进入全民语言或通用语言。

有些社群语言与职业和环境都有关系。如湖南衡阳的铁路普通话，主要使用于铁路家属居住区，这种话既不同于当地的衡阳话，也与普通话有一定的差别，形成一种普通话变体。再如由内地迁往新疆的纺织厂，在厂区和家属区中以各地工人原来的方言为基础形成一种有别于当地方言和工人们原来使用的各地方言的社群语言。在北京、广州这样的大城市中现在还存在一种“城中村”，居住着由外地迁来、使用相同或相似方言的“老乡”或方言不同而职业或行业相同的农民工，由于长期居住在一起，相似方言与不同方言之间的接触，也会形成一种与当地通行语不同，与原来使用的方言也有一定差别的社群语言，在“城中村”中使用。居住国外的华人社群使用的汉语（称华语）也与国内的汉语有一定的差别，也是一种社群语言。

社群与语言的关系有时只具有相对性，即有时候语言并没有变化或产生差异，只是与当地通行语言形成对照，同样可以视为一种社群语言。比如国外唐人街的华人社群使用汉语闽粤方言，虽然与中国的闽、粤方言并没有差别，但作为“同乡会”之类的社群共同语言，由于与当地的语言不同，也可以视为社群语言。这种由迁徙形成的社群语言，是社会语言学兴起后对社群及社群语言的一种新认识。于是传统上所说的“语言岛”和“方言岛”实际上都是一种社群的语言，因为迁徙的这批人所以会保留自己的语言或方言，正是一种社群意识的反映。比如新疆乌鲁木齐市原“红山村”就是一个汉族社群，使用汉语普通话和新疆汉语方言，与周围使用维吾尔语的维吾尔族大社会形成对照，呈现出社会层级和语言上的独立性。

第二节　社会的存在促进语言的产生

本节学习要点

1. 语言的起源问题：人类从没有语言到有语言；语言起源的研究尚处在科学假设阶段。

2. 语言起源的条件：人类语言是人类进化的结果：体质进化，精神进化，社会进化。

3. 语言起源的假说：人类创造语言的方式：语言“约定俗成”的社会性和渐成性，有声语言产生的间接转换和直接创造，人类创造语言的过程：前语言阶段，转换阶段，创造阶段。

4. 语言起源的意义：语言与人的认知，语言与人脑的进化，语言与人类的遗传信息、神经信息和文化信息。

语言是一种交际工具，交际不是个体行为，而是个体之间的行为，因此只有当人类聚合成一个群体的时候，才出现交际的需要，交际的需要促进语言的产生。

一、语言的起源问题

人类像其他动物一样，只有采取群体活动的方式，才能生存和繁衍。人类从本能的群体活动发展到自觉的、有组织的形式，就从初始社会进入原始社会。人类逐渐脱离其他动物而自成一类是由于人类智慧的发展，抽象思维是智慧发展的基础，人类只有具备了高度发达的抽象思维，具有了认识世界和改造世界的高度发展的智慧，才能自觉建立有组织、有规约、相对固定和稳定的社会，语言正是在这种社会中产生的，也只能在这样的环境下发生。

语言的发生和语言的起源是交叉概念。语言的发生是指人类从没有语言到有语言；语言的起源有两种意义：第一种意义与语言的发生一样，第二种意义是历史语言学的规定，指不同语言的共同源流，源流的初始状态称源语，即这些不同语言的原始共同语。我们这里讨论语言的起源指的是语言的发生。

语言起源的时间假设从百万年到十万年到几万年不等，起源发生的地点又有非洲“一元说”和各地“多元说”的不同，探讨的视角有发生的本源、原因和条件等差异，观点众多，莫衷一是。归纳起来无非两类：一是他源说，即神授说，认为语言是上帝授予的；一是自源说，即语言是人类自己创造的。自源说从不同的角度又有不同的假设。其中“感叹说”“摹声说”“手势说”“劳动叫喊说”是关于发生本源的假设。“感叹说”认为人类的有声语言是从抒发情感的各种叫喊演变而来的；“摹声说”认为语言起源于人类对外界各种声音的模仿；“手势说”认为人类在使用有声语言之前，曾经有过一个手势语言的阶段，有声语言是从手势语言演变而来的；“劳动叫喊说”认为人类的有声语言是从原始人劳动时的叫喊声演变来的，劳动叫喊声先演变为劳动号子，进而发展成为有声语言。此外“契约说”“约定俗成说”和“进化说”都是发生条件的假设。“契约说”和“约定俗成说”都认为原始人类起初没有语言，后来为了相互交际，通过彼此约定，规定各种事物的名称，于是产生了语言；“进化说”认为语言不是人类有意识地在一个短时期内创造出来的，而是长期进化的结果，是由动作、面部表情、手势、声音等前语言的交际手段演变发展而成的。这些假设都有合理的因素，都对认识语言的起源有启发的意义，却都不能科学和全面地解释和说明语言的起源。

由于语言起源涉及人类的起源等各种复杂问题，加上人类大脑至今依然是一个“黑箱”，各种假设都无法证实，也无法证伪，这种探讨一度为语言学界所摒弃。随着考古学、古人类学、遗传学、神经科学、心理学、计算机模拟科学、语言学等各个学科的发展，从20世纪50年代开始，语言学界一些学者开始从不同的学科以及跨学科的视角对语言起源进行探讨，尽管还没有统一的认识，却对语言的起源有了更深刻的认识。这些研究充分利用了不同学科研究的新成果，开拓了新的研究领域，提出了新的研究方法，设计了新的研究思路，无疑对语言起源研究具有促进作用，也符合科学研究从描写到解释，从单学科的独立研究到跨学科综合研究的趋势。

起源问题最初是由历史语言学通过各语系语言的比较，提出世界语言同属一系的观点，为语言起源“一元论”打下了基础。然后，考古学和古人类学通过对不同时期人类头骨的比较，根据测定大脑容量确定了人类意识和思维产生的时期，时间跨度长达120万年到10万年；通过对妇女DNA变化的统计，确定人类发源于非洲，后来迁徙到世界各地，为语言发生的地点提供了证据。也有语言学家根据先验论的生成语法语言观和类型学的研究成果，认为语言具有的共性可以说明语言起源的“一元论”。由于人类大脑的容量与思维的产生没有必然的关系，时间跨度又如此之大，对语言起源的研究没有产生预期的积极意义。从人类起源的地点也很难推断非洲“能人”向外迁徙时是否已经有了语言，因此语言起源的“一元说”和“多元说”至今没有定论。神经科学和心理学则从生理和心理两方面探讨意识、思维与大脑、神经和心理的关系，从生理上说明大脑和神经的进化与语言形成的关系，从心理上说明人类心智的发达已经达到了可以将抽象的符号与心理和思维活动联系起来的水平，从感性思维进入理性思维，是语言发生的物质和心理基础。也有人利用计算机建模实验，探讨语言发生时“约定俗成”的过程，实际上是为“契约论”做注解。这些从条件和过程对语言起源进行的研究都具有一定的科学基础，比前人的假设和认识更具科学性和合理性，但还无法真正解决语言的起源问题。从目前的成果来看，语言起源的研究与宇宙研究一样尚处在科学的假设阶段。

二、语言起源的条件

从发展上说，人类创造语言是进化的结果。进化包括物质和精神两方面，即生理器官和智力的进化。人类只有达到一定的进化程度，或者说人类只有在抽象思维能力达到一定水平的时候，才有可能创造语言。人类区别其他动物的根本标志是抽象思维的能力，即认识和改造世界的能力，因此人类从一开始就具备创造和使用交际工具的能力。这种能力经过对成人语言习得、儿童语言获得、聋哑人的思维能力、文字的习得和手语的共性、病理学“失思”与“失语”的关系等深入研究已经可以确认。人类在没有语言以前早就使用其他表达和交流思想的工具，比如手势和体态，声音和动作，绘画和图符等。人类创造了各种交际工具，唯独有声语言是以人自身发音器官所发出的声音为载体的一种符号系统，它在符号特性上不同于图符和绘画，在声音特性上不同于音乐和喊叫，因为语言是唯一能最准确、最系统地表达和交流思想的符号系统。

人类为什么要创造有声语言？有声语言具有其他交际工具不可能具备的综合优势。从有声语言的初始状态来说，有声语言改变了信息传播的方式，从直观的手势之类的依靠视觉的形象传播改变为非直观的依靠听觉的声音，这样就解放了人的双手，提高了劳动生产效率，交际双方无须面对面地比划，也加强了交际的便捷性。在人与自然界的斗争中，有声语言大大提高了人类的生存能力。更为重要的是有声语言以声音为载体，是一种最简便、最合理和最易于构建系统的编码方式，与音乐、绘画和手势等编码方式相比，不仅避免了直观性和烦琐性，而且以很少的符号进行编码几乎可以达到无限扩展的程度，完全可以适应社会发展和交际、交流思想的各种需要。有声语言发生以后，因为它的优越性，其他人类所使用过的交际工具都成为辅助性的手段，起着补充和加强有声语言的作用。

有声语言只有人类才会创造和使用，因为人类具有其他任何动物都不具备的条件。从总体来说，人类创造语言当然是进化的结果，包括体质、精神、社会三方面的进化。

人的体质进化有两个决定因素：一是从树上迁居平地，二是从伏行改变为直立。人类从树上转移到地面，居住环境发生显著变化，促使古猿学会了直立行走，以便将前肢解放出来，用于取食和御敌。直立行走重心的改变，使大脑的发育发生异变，脑量增加，特别是大脑结构发生了变化，区分出左右不同功能区，并由神经系统立体关联，全面覆盖，为抽象思维的产生奠定了基础。同时，由于直立行走，人类的口腔与喉头形成直角，声门下降，使得发音器官调节声音的能力大大提高和加强，为有声语言的出现创造了条件。

人类从树上转移到地面，生存环境发生巨大变化，捕食方式和食物链的改变，种群的不断扩大，个体与个体之间接触的频度和密度增加，都使得人类逐渐从本能的种群认同发展成自觉的有组织形式，最终形成原始的社会。人类的自我意识和抽象思维是与社会同步发生的，换句话说，没有聚合社会的需要，也就没有自觉意识产生的可能；没有自觉意识的产生，也不可能自觉建立有组织的社会。两者相辅相成，同步发生，逐渐进化，不断完善，共同形成。社会的进步促进了思维发展，思维的发展推动了社会的进步。

人类的自我意识是抽象思维的开始，也即认识世界和改造世界的起步。抽象思维是一种人类进化中产生的本能，这种能力随着实践和经验教训的总结，不断完善、加强和提高。人类的意识首先从认识自我和行为的目的性开始，这是从本能意识发展到自觉意识的第一步。然后，人类的意识逐渐进入因果关系的判断阶段，也即从对事物的个体认识发展到关系的认识，这是抽象思维发展的关键一步。大脑一旦具备了处理事物之间关系能力的时候，就发生了质的飞跃。人类的抽象化能力、概念化能力、系统化能力，甚至学习能力都是在这个基础上逐渐形成的。这时，人类由自发地认识世界转变为自觉地认识世界，从认识世界发展到改造世界。

抽象思维是一种能力，这种能力在人类认识世界的过程中，需要先把客观世界概念化和系统化，形成单位，加以处理。这些单位需要储存，也就是记忆。最早适合大脑记忆的单位是知觉、形象、观念，这些单位具有直觉性，抽象思维最初是通过这些单位存储和构建人类的认知系统。这是最原始的抽象思维。随着社会发展的需要，人类开始使用一切手段，使这些形象化中介形成的概念进一步符号化，即寻找一种等价物，以便反映概念和思想等抽象思维形成的结果，并表达自己的思想和进行相互交际。这就是前语言的手势、体态、图符、绘画、音乐等编码形式。编码是一种等价的替换形式，前语言的这些编码形式就是初级的抽象思维工具和表达思想的符号化形式。这类交际工具作为抽象思维的载体，可以承担表达和交流思想的功能，只是比较简单和粗糙，容量小，缺乏系统性，表达不精确、不丰富，不能很好地表达抽象概念和复杂关系，表达和交流的范围也受到限制。随着社会发展和交际的需要，这些前语言的交际工具逐渐变得难以表现高度发展的思维能力和丰富多彩的思想成果，无法满足社会交际迅速发展的需要，于是不能不寻找一种更简便、更准确、更系统、更丰富的表达和交流思想的交际工具。为了适应思维的发展和社会交际的需要，高度符号化的有声语言终于被创造出来，并使其他交际工具都成为辅助性的工具。由此可见，人类进化过程中所以能产生语言，是由于人类具备了其他动物所不具备的体质、智力和社会等因素和条件。

需要强调的是，有声语言是在抽象思维高度发展的基础上发生的，是人类通过抽象思维能力创造的产物，不能把有声语言视为抽象思维的唯一工具。近年来对成人语言习得、儿童语言获得、聋哑人的思维能力、文字的习得和手语的共性、病理学“失思”与“失语”关系的研究都证明，抽象思维可以早于有声语言的发生。但有声语言的产生促进和提高了抽象的思维能力，而且逐渐成为人类认知系统中抽象思维的最佳处理单位和存储单位。把思维和语言区别开来是必要的，词不等于概念，语法不等于逻辑，正好说明了思维和语言的关系和界限。此外，有声语言不能凭空产生，而是在前语言的各种交际工具基础上创造的。抽象思维在前语言的各种交际工具基础上已经是人类一种高度发展的能力，只有具备了这种能力才能创造高度抽象化的有声语言系统。世界上的语言丰富多彩，各不相同，正好反映了人类创造有声语言的不同思想，体现了抽象思维的不同成果。

三、语言起源的假说

关于人类语言的起源，学界提出过不同的假设。这些假设可以分别从人类创造语言的方式和创造语言的过程两个方面来看。

（一）人类创造语言的方式

在前述语言起源的各种假设中，“神授说”的语言起源观与语言创造无关，因为既然语言是上帝赋予的，人就无须创造。

人类创造有声语言是抽象思维能力高度发展的结果，是人类创造性的思维成果，是一种自觉的行为。人类在创造语言的初始时期有可能经过一个自发的阶段，或者说具有一定的偶然性，但当人类发现这种符号化的有声语言具有强大的表达功能，是抽象思维有力辅助工具的时候，对有声语言的创造就从自发进入自觉的阶段。直到今天人类依然对语言不断进行修订、改善和改进，修订和改善本身就是一种创造，换句话说，人类在不断地创造着语言。

关于语言发生的方式，近年来有学者用计算机建模仿真的方法做了初步的探索。比如研究词汇的起源，实验用程序设定一群个体，每一个个体有两个方阵，一个是发音表达的方阵，一个是听音取意的方阵。这两个方阵内部都包含语音和意义两种元素，音义之间形成各种可能的配对，每种配对都具有一定的概率。在实验开始时，这些概率都是随机提供的，没有任何系统。这就代表原始人群的每个个体都有自己独特的音义配合，即独特的语言。仿真实验则是要验证，这样一群个体是怎样通过互相沟通，产生出一套共同的语言，即所谓的“约定俗成”是怎样实现的。沟通开始时，随机抽取两个个体，比如张三和李四。张三在自己发音表达的方阵中抽取某个语音U1来表达意义M1，李四听到U1就会在自己听音取意的方阵中抽取对应的意义来理解这个发音。如果李四恰好在听音取意的方阵中选择了M1，就说明两个个体沟通成功了，M1-U1在两个方阵中配对的概率就会上升。如果李四在听音取意的方阵中选择了其他的意义，如M2，则说明两个个体沟通不成功，M1-U1和M2-U1在各自的方阵中配对的概率都会下降。通过几千几万次的沟通后，慢慢地这两个个体的两个方阵中的元素和概率逐渐相同，形成一个共同的音义联系的词汇群，即达到了“约定俗成”（如图7-1所示）。图7-1就是这个计算机仿真实验的结果，X轴是沟通的次数，Y轴是沟通度。从图中可见，开始沟通后有很长一段时间沟通度一直偏低，可是在3 000次左右，沟通度突然上升，音义的结合从这一点开始由混沌变为有序，这个原始人群便开始建立他们的语言了。这种从量变到质变的非线性过程叫作“涌现现象”。这些学者认为，不光词汇的形成，语法的产生也都是一种涌现现象。[1]

（1）王士元:《演化语言学中的电脑建模》,《北京大学学报》（哲学社会科学版）2006年第2期。

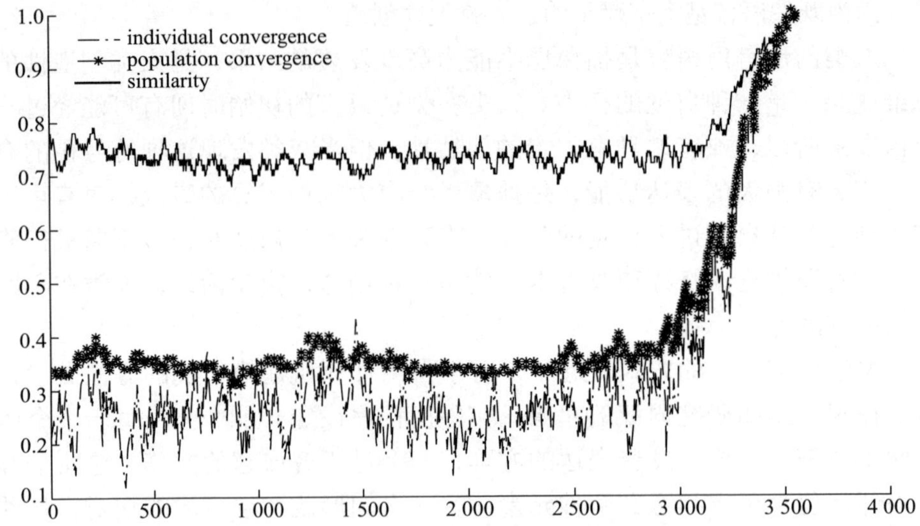

图7-1 计算机模拟的语言“约定俗成”过程

语言的实际发生方式会比计算机建模更加复杂，第一，语言的任何创造必须经过个体的博弈和社会的选择；第二，语言的任何创造必须通过学习才能传播。任何一种语言创造的初始状态都是群体性的，通过某一群体中各个个体的博弈，达到群体的“涌现”。当群体形式趋于稳定时，开始向社会其他成员传播，社会其他成员需要通过学习才能使用，因此传播是一个渐进的过程。在传播过程中，这种初始的群体形式还要经过社会的选择，这种选择决定于不同属性社会成员的态度，这些初始的群体形式不一定都能得到全体成员的认同，而只有社会全体或大多数成员认同的情况下，初始群体形式才能进入语言，成为语言的正式成分。由此可见，一个语言的创造成分不仅要经过初始群体中个体的博弈，还得经过社会不同群体的选择。社会语言学的研究已经充分说明语言的社会性，同时也说明了语言“约定俗成”的社会性。从这一点来说，语言创造过程中，任何成分都不会突然发生，都是逐渐形成的。

语言创造的方式还有一个需要探讨的问题：有声语言是直接创造的，还是通过中介成分转换间接创造的？直接创造是指创造有声语言初始状态时是直接将声音与客观事物关联起来的，间接创造是指开始创造有声语言时声音并不直接与客观事物关联，而是先与手势、体态等前语言符号系统关联。后一种观点基于以下两点认识：第一，抽象思维并不产生于有声语言，而是产生于前语言的各种符号化工具；第二，抽象思维以概念、判断和推理为基础，在前语言基础上产生的抽象思维已经具备了这种能力，手势、体态等各种符号化工具尽管比较简单和粗糙，但已经具备认识世界的功能，是概念化的有规则系统。有声符号在初始阶段只需要转换符号，无须直接与客观世界关联，即无须直接命名客观世界事物和创建基本的理解规则。由于前语言的符号系统简单，这种以它为中介的转换只是一个阶段，经过一段时期的转换后，有声语言不能不直接与客观事物关联，也即直接命名和建立理解规则。这只是一种简单的说法，事实上，人类的语言与客观世界只是间接的关系，人类首先通过对客观世界的认识，形成概念，语言是概念的外在标记，语言反映和表达的是人的认识和思想，不是与事实完全同一的客观世界。客观世界无所谓大小长短，也不存在树木山水，只存在具体的事实和状态，大小长短和树木山水是人对客观世界的概括和分类，是人使用抽象思维能力进行抽象化、概念化和系统化的结果，是人的思想成果。语言反映和表达的是这种思想成果，因此，语言并不与客观世界直接关联，语言与客观世界没有绝对的同一性，只有相对的同一性。概括来说，有声语言创造过程中，既有间接的转换，也有直接的创造，不同的阶段符号化的方式不同。

（二）人类创造语言的过程

有声语言的产生可以分为三个阶段：第一个阶段是前语言阶段，即上面的手势、体态、声音等各种符号化工具。声音是与手势和体态等前语言表达手段并存的，只是一种附带或辅助成分，换句话说，人类对声音的感知和把声音作为语言编码的一种手段，并不起始于有声语言的创造，而是在前语言阶段已经开始。有声语言的创造具有对声音感知的客观基础，并不是感知的突变，而是逐渐发展的结果。与前语言手势和体态等关联的声音是混沌而不分音节的声音，由表达情绪、感觉和感情的声音演化而来，常常作为一种伴随手段，与意义的联系是松散、不准确、不固定和缺乏规则性的。第二阶段是转换阶段。声音由伴随因素逐渐替换手势和体态等其他前语言表达手段，由手势和体态等表达的意义和理解意义之间关系的规则逐渐由声音替代，手势和体态渐渐成为辅助手段和伴随因素。为了便于记忆和理解，声音表达的意义单位越来越小，于是混沌的声音变成了音节的声音，混沌声音表达的含混思想变成由音节表达的概念意义，再由最小的概念单位组成复杂的完整思想，这是有声语言形成的初始状态，也是有声语言形成的标志。第三个阶段是创造阶段。因为前语言的表达形式和内容有限，经替换形成的有声语言初始状态无法适应社会发展和交际的需要，必须进一步进行创造、完善、改进和发展，也就是使得粗糙和简单的有声语言发展为清晰、准确、规则的系统形式。有声语言发展是无限的，这个过程延续至今。

有声语言的产生和发展是与人类体质、智力和社会进化同步的。同步是指不同因素相互关联、彼此促进、共同演进。声音的分析化与人类大脑、听觉和发音器官的进化有关，声音的辨析、组织和发送需要感知器官和发音器官的支持；表达内容的扩展和系统化需要智力即认知世界能力的提高，表达规则的建构更需要依靠抽象思维能力的发展，而社会进步和发展则促进了交际内容的扩大以及表达和理解的精确化。由此可见，有声语言的创造是渐进的，是在人类自身和环境因素相互作用下演进形成，这取决于语言的社会性和渐变性。

通过有声语言创造过程的研究，同时也可以更进一步认识语言起源“一元说”和“多源说”。语言起源与人类起源有密切关系，人类起源“一元说”至今无法证明从非洲起源的人类在走出非洲时是否具有有声语言，同时也无法说明今天世界不同语言的根本差异。从人类起源“多元说”出发，这些问题就比较容易说明。语言是人类自身和环境因素相互作用下演进的产物，人类发展到一定的阶段，环境条件合适，语言就必然会产生，因为人类体质、器官和思维能力的发展具有共同性，前语言的表达和交际手段是自然形成的，具有本能性。有声语言的形成是一个极为漫长的过程，既可能单独创造，也可能在某些种群中先发生，然后进行传播。从现代语言接触研究来看，语言的传播既可能是直接的借用，也可能只借用一定的方法。借用从一定意义上说，是一种模仿，模仿的方式多种多样，包括借鉴的创造。因此，不同的种群既可以模仿别的种群的语言，也完全可能通过独立创造形成自己的语言。

四、语言起源的意义

有声语言是人类抽象思维发展到一定阶段的产物，是人类的一种创造性思维的成果。从功能上说，有声语言是思维和认知行为的重要工具，是表达思想的工具，也是人际交流和交际的工具；从本质上说，语言是一套符号系统，是使用声音作为载体，以概念为基础，参与认知，能表达思想的编码系统。任何群体动物都使用符号手段来表达和交际，而人类与其他动物使用符号手段的根本区别在于：其他动物使用的符号只是实体或行为的等价物，而人类的语言符号并非与实体和行为等价，而是与抽象的思想等价，与人对外部世界的认知结果等价，人类语言所直接反映的并非外部世界本身，而是人在认知活动中所获得的对外部世界的认识和心理印象。动物的符号是感性对象的等价物，而人类的语言符号作为理性思维成果的思想的等价物，可以反映更加抽象甚至虚拟的事物或事物的关系。这归根结底是因为人类的认知能力和认知结果与其他动物对外部世界的感知有本质的不同。

人类通过有声语言对客观世界的认识发生了质的变化，克服了时空阻隔的障碍和认识不完整、不深入的缺陷，扩大了认知范围，加强了认知能力，提高了认知水平，使人类从认识客观世界进入到改造客观世界，于是有声语言成为人类创造物质和精神文化的最重要和不可或缺的工具。

人类思维和认知能力的提高是与大脑的发展同步的，相辅相成，互相促进。有声语言的发生改变了大脑处理和存储信息的机制，使人类原来只有一套信号处理系统发展出另一套信号处理系统，就是巴甫洛夫条件反射实验证明的第二信号系统。原来人类与其他动物一样，大脑只处理与实体相关的对象，出现由实体刺激引起的反应，比如食物引起的食欲；有声语言产生后，大脑能够做出由有声语言的声音刺激形成的极为复杂的精神反应，比如语言刺激引起的感情和情绪变化。

有声语言是一个信息系统，与人类自身有关的三大信息——遗传信息、神经信息和文化信息都与语言有密切关系：人类的遗传信息包括先天语言能力的信息，这种人所具有的与生俱来的能力是人区别于其他动物的特质之一；神经信息以语言作为重要对象推动思维机制的发展，语言成为人类抽象思维的重要和基本参与要素；文化信息以语言作为载体，语言起到积累、存储、创造、传播和传承文化信息的重大作用。语言几乎是一切物质和精神成果，一切创造和经验，也就是一切文化信息传播和传承的工具，人类社会只有在有了有声语言以后才发生了质的飞跃和前所未有的迅速发展。因为社会的任何进步，都建立在人类自觉改造世界的创造性劳动的基础上，这些创造性劳动的成果只能存储在具有编码准确性、科学性、丰富性和无限性的语言中，而作为反映创造性劳动成果的文化信息载体的语言又反过来延伸和扩展、强化和细化了人类的认知、表达、交际、传播和传承能力，大大提高了认识世界、改造世界的水平，加速了社会的发展。有人推测，人类起源于120万年前，而有声语言发生于4万年前，如果这种假设成立，那么人类因为创造了有声语言，只用了整个社会演进过程中1/30的时间，就创建了辉煌的文明社会。

人类的大脑至今还是一个“黑箱”，是我们认识自身的一个最大障碍。人的思维机制、逻辑和认识客观规律的能力都还不能得到充分的科学的解释和说明。语言是人类认识自我的窗口，哲学、民族学、人类学、历史学、文化学、心理学、医学、生命科学等不同学科无不把语言作为研究的通道和参照对象，研究心智的产生和发展，开发人工智能；研究思维与逻辑的关系，探索认知的本源；通过语言寻求大脑和有关神经创造、传递、存储信息的机制。语言永远是人类认识自我和创造自我的重要工具。

第三节　社会的发展推动语言的演变

本节学习要点

1. 社会发展与语言演变：语言只有适应社会的需要才能存在，社会的发展促进语言的变化。

2. 语言演变的内容：语言演变的原因：语言本体演变的原因，语言应用演变的原因；语言演变的方式：语言本体演变的方式，语言应用演变的方式；人类对语言的自发干预和自觉干预。

3. 语言演变的结果：语言本体演变的结果，语言应用演变的结果。

任何事物静止和稳定的状态都是相对的，变化和发展是绝对的，语言也不例外。人类从创造语言之日起，就不断对语言进行创造、改进和完善，使语言更加适合人类自身和社会发展的需要。

一、社会发展和语言演变

人类是以社会这种有组织的群体方式生存的，语言是人类为了提高自身认识和改造世界的能力、加强彼此联系、维系和巩固社会而创造的，语言又是人类最重要、最理想、最便捷的交际工具，因此，语言也是社会的产物。语言存在和使用于社会之中，既推动社会的进步又受到社会的制约。社会的任何变动都会影响语言的变化，社会的发展促进语言的发展。人类认识和改造世界的新创造、新理论、新思想、新技术都要有语言的参与，由此出现的新事物和新概念都要由语言来表达，语言只有适应社会的需要才能存在，否则就趋于消亡。

社会的发展促进语言的变化是宏观上对社会与语言关系的观察，事实上，社会成员具有不同的社会属性，扮演不同的社会角色，具有不同的社会和个性心理，虽然个人对语言的演变不能产生影响，但作为具有年龄、性别、文化、职业等相同社会属性的社会群体却对语言的演变具有决定性的作用。从对社会与语言演变关系的中观观察转向微观观察，是社会语言学兴起后语言演变研究的新视角。从微观角度观察社会与语言演变的关系，首先要具有人文精神和人本思想，即观察语言的演变要充分考虑人的自身，即研究他们的思维能力、认知能力和思维方式，创造、应用语言的心理模式和心理基础，认知和应用语言的能力和态度等与人有关的具体因素，才能科学和充分地揭示语言演变的机制。

从人文精神和人本思想出发观察语言的演变需要区别自然规律和社会规律。“自然规律是在自然界各种不自觉的、盲目的动力相互作用中表现出来的；社会规律则必须通过人们的自觉活动表现出来。”(1)自然规律的条件是可预期和可控的，水的沸点在常压下是摄氏100度，改变气压，沸点会随之改变；语言是人自觉创造的思想产物，语言演变的主要条件是创造和使用语言的人，影响人思想的因素千变万化，无法预期和控制。因此人的自觉行为引起的规律与自然现象的规律完全不同，套用自然规律来观察和解释社会现象必然进入歧途。创造和使用语言的人以及语言存在和发挥作用的社会才是推动语言演变的重要因素。从正确的视角观察语言的演变才能科学认识语言演变的规律。从宏观来说，语言演变的规律决定于人类共同的思维器官、思维能力、正确认识世界的能力和以声音为载体编码的符号系统，也即一般所说的语言的共性；从微观来说，从不同或相似语言概括出来的规律只具有局域性，不具有普适性，换句话说，只对一些语言具有共同意义，是一种规律，对另外一些语言则没有规律性的意义。

语言的演变不等于语言的演进，演变说明的是变化，演进则强调进化和进步。语言在使用过程中无论是本体或应用并不一定都处于进步或发展状态，也有可能出现停滞或退化的趋势。语言演变过程中是进化还是退化，决定于语言的功能，即社会对语言的认同和使用。功能强大的语言处于发展和进化的状态，不断创新、改进和改善，适应社会使用的需要；功能弱小的语言则会出现退化的现象，本体逐渐由有序化变为无序化，使用范围日益缩小，最终逐渐退出社会应用舞台，直到消亡。这样的语言在未消亡前称濒危语言，消亡后则成为文献上保留的语言。比如中国的赫哲语，现在使用者只有十几位60岁以上的老人，满语只有黑龙江省黑河市、富裕县少数边远村屯还在使用，大约100人能听懂，约50位老人能说，都处于濒临灭绝状态。中国历史上西夏国灭亡（1227）后，西夏党项族使用的语言也随之消亡。西夏

(1)《中国大百科全书·哲学卷》，中国大百科全书出版社1985年版，第269页。

王朝鼎盛时期曾经仿照汉字创制了西夏文，汇编字书12卷，定为“国书”，上自佛经诏令，下至民间书信，均用西夏文书写。为方便人们学习西夏文，还印行了字典。这些字典以及一批佛教经卷和手书作品，后来在内蒙古西部地区多有发现。消亡的西夏语只保留在这些历史文献中。

在世界某些地区形成的克里奥尔语是一种原来殖民主义宗主国的语言如英语、法语、葡萄牙语与非洲语言相混合而形成的新语言。“克里奥尔（Creole）”一词的原意就是“混合”，这些语言与宗主国的语言和非洲语言都不相同，创造和使用的时间不长，语言的系统和表达能力都有限，虽然有些已经成为官方语言，如海地、佛得角、塞舌尔的克里奥尔语，但使用的范围小、功能弱。从语言演变的角度来说，克里奥尔语是一种特殊现象，目前还不能判断是语言的进化抑或退化。如果这种语言能不断发展和完善，适应了现代社会表达和交际的需要，则反映了语言的进化；如果只局限于一定的使用范围，功能较小，即使这种语言是新创的语言，也只能是反映了语言的退化，因为这种新创语言无论在系统和功能上都远不如混合前的两种语言。

二、语言演变的内容

语言的演变包括本体和应用两个方面：语言本体的演变指语言符号系统本身的变化；语言应用的演变指语言选择的变化。这是两个既密切相关又完全不同的现象，它们演变的原因、方式、过程和结果既有相似的地方，又有很大的不同，需要分别观察和研究。

（一）语言演变的原因

语言既是一个符号系统，同时又是社会的交际工具，语言的演变也就可以相应地分为分本体演变和应用演变两种类型，演变的类型不同，造成演变的原因也就不同。

1. 语言本体演变的原因

语言本体演变主要有四个原因：心理、结构、接触和社会。心理是主观的原因，其余三个都是客观的原因：结构是系统的原因，接触是关系的原因，社会是功能的原因。这四种原因不在一个层级上，对语言演变的作用也不相同。心理原因是语言创造和使用者的主观能动作用，结构原因是符号系统的自我制约作用，接触原因是语言之间的相互影响作用，社会原因则是环境和需要的促进作用。从人文精神和人本思想来说，心理和社会原因是基本的原因，可以预期，具有必然性。结构和接触只是次要原因，具有偶然性，不可预期。心理和社会原因有密切关系，心理不是指个人的心理，而是社会的心理，个体的心理活动要依靠群体来支持，也就是要经过群体的过滤和选择。社会是创造和使用语言的群体组成的，社会环境的变化和交际需要的发展，在促进语言的发展和变化时必须得到语言使用者的认同才能实现，“约定俗成”笼统说是社会的约定，实际上是语言使用者的认同和约定。

（1）心理原因。心理原因所以是基本的原因是因为：首先，语言是人创造的，人在使用语言的过程中根据不同的心理状态会对语言进行新的创造、改进和修订，体现了人的主动性；其次，无论其他哪种原因引起语言的变化都要由使用语言的人来实现和传播，体现了人的中介性；第三，其他原因引起语言的变化都要由人来选择和认同，体现了人的主观性。影响语言演变的心理原因主要有以下几种。

一是创新求变。创新有主动和被动两种：主动创新是求变，比如北京20世纪30年代就出现的“女国音”，由中学女生创新，把舌面音“j、q、x”读得近似舌尖音，表现一种可爱而娇美的小女孩形象；再如为了加强美丽的力度，有人在“艳丽”的基础上又创造了“惊艳”这个词；被动创新是适应，满足表达的需要，比如新事物、新概念的出现后，不能不创造新的语词，如“互联网、航天飞机、下载、传销”等。

二是趋简避繁。语言从创造开始经历了从简到繁，再从繁到简，最后达到简繁平衡三个阶段。从一定程度上说，语言的创造、改进和修订就是一个简繁调整的过程。趋简的“简”就是简单；“避繁”要避开的是繁杂，而不是一味减损，造成缺失。语言符号系统内部的成分是相互联系和相互制约的，只有繁简平衡，才能保持语言生态的平衡，发挥符号系统的最大作用。汉语原来没有声调，声母由三四个辅音组成，由元音和韵尾组成的韵母也比现代汉语复杂得多，所以，由声韵母构成的音节比现代汉语多得多。使用汉语的人创造了用声调来区别意义的手段，原来复杂的声母和韵母就发生简化，三四个辅音组成的声母变成由一个辅音构成，由于韵尾的减少，韵母的数量也大幅度下降。原来几千个音节形式变成了几百个，使语言的学习和使用更加简便。这是从音素的角度简单来说的，事实上几百个音节形式加上4到8个声调，还是几千个可以区别意义的不同音节，只是在音段之上加进了超音段的声调因素，改变了表达的形式。音素构成简单了，功能性的音节并没有减少，这就是语言演变中的繁简平衡关系。

三是逆反求异。这是一种常见的社会心理现象，出于一种背离社会规范的主观态度，带有情绪化和偏执性。这种心理状态会影响语言的演变，所谓的网络语言是一个典型的例子。比如把“回帖发表批评意见”叫“拍砖”，把“有没有”写成“有木有”等；此外，青年学生中无限扩大词义的“貌似、你懂的、纠结”之类的新创用法，都是通过标新立异来表达和同龄群体的一致性以及对成年人规范的背离。逆反心理常常对语言的演变产生消极影响，但逆反心理又与求索、好奇和怀疑的思想有关，有时会成为创造性思想的前导，对语言的演变也会产生积极的影响，比如“给力”“雄起”之类的词语从语言的边缘进入主流，对语言的丰富和发展起到一些作用。

四是去俗从雅。随着社会的进步和文化的发展，语言中原来的一些词语和表达方式会使语言使用者感到俗气和有伤大雅，影响交际的质量，选择文雅的词语会提高表达者的身份、地位和形象。特别是有文字的语言，书面上的词语和表达方式比口语丰富得多，因此在选择文雅语词的时候，除了创造新词语外，常常使用书面形式。比如“厕所”改叫“卫生间、盥洗室”，“上厕所”改叫“去方便一下”，“月经”改叫“例假”，“性生活”改叫“房事”。

五是避忌求吉。影响人类生存法则的现象和行为都在避忌之列，此外，某些世俗行为和宗教信仰，也属于需要避讳的范围。比如，“落后”改叫“后进”，“撤退”叫“战略转移”，“死亡”改称“过去了、走了、去世”，“失火”称“放水”，“赔本”叫“负利”，“买一个佛像”要说“请一尊佛像”，等等。

以上这些心理现象除了少数情况外，对语言的演变大多具有积极的意义，至少是中性的。但有些心理对语言的演变有消极意义，比如守旧复古心理，主要反映在老年人和偏僻地区的语言使用者身上，他们不愿意改变自己的语言，不喜欢学习语言中出现的新词语和新表达方式，坚持使用原来的旧词语和旧形式。有些旧文人还提倡在口语中使用古代文献语言，则是一种倒退的现象。

（2）结构原因。语言作为一个符号系统，系统内部符号之间互相关联、互相制约、互相影响。严格来说，符号的意义只是关系意义，因此符号系统本身有自我制约的功能。结构原因有两个意思：第一，语言使用者在创新、改进和修订语言的时候，要受到既有语言符号系统的制约，换句话说要尽量适应原来的系统。比如汉语的语词大多是双音节，在构造新词时就尽量构成双音节形式，原来多音节形式则尽量减缩成双音节形式，如“环保评估”简为“环评”，“绿色标记”简为“绿标”。第二，系统内部的符号在相互作用和相互影响时会引导语言使用者感知的变化，从而促进语言使用者对语言的改变。比如汉语，古代的见母字是舌面后音，由于后面跟随一个高元音i，就会引导语言使用者舌位前移，慢慢变成舌面前音。上文提到的“女国音”同样因为舌面音后有一个高元音i，引导了女孩子们发生舌面音前移的感知，可见“女国音”现象是心理原因和结构原因共同起作用的结果。

（3）接触原因。两种语言或方言发生接触就可能引起语言的变化。语言或方言不会自动发生接触，所谓语言接触是指语言或方言使用者的接触，这种接触指的是互相学习语言。在学习过程中就会自觉或自发地把第二语言（所学习语言）的成分或表达方式引进到第一语言（自己的母语）中来，使第一语言发生变化。语言接触一般都是双向的，即互相学习对方的语言，但互相学习也常常是不平衡的，甲方学习乙方多，受的影响多，语言的变化也大，而乙方学习甲方少，受的影响少，语言的变化就小。比如汉语与英语接触过程中，汉语学习英语多，受影响多，英语学习汉语少，受影响少。历史上日语与汉语接触很多，日本人学习汉语，日语受汉语的影响很大。中国的少数民族与汉语接触主要是少数民族学习汉语，受汉语的影响，语言变化很大。现在全国推广普通话，方言与普通话发生接触，主要是方言受普通话的影响发生变化，因为普通话是权威方言和法定通用语言。在语言或方言接触过程中，一般情况都是权威语言、使用人口多的语言、功能强大的语言、文化和科技发展水平高的语言充当输出影响的语言或方言。当然，权威语言或方言也会从接触的语言或方言中吸收一些成分来丰富自己。

语言接触过程中先学习后使用，由于学习和使用程度不同，彼此影响的程度也不同。一般学习另一种语言，还不能达到很好使用时，受到的语言影响是浅层的，只涉及少数语词。如果深入学习，达到熟练双语的程度，受到的语言影响就是深层的，会涉及语音和语法结构。这是因为在双语使用过程中会出现语码转换现象，即说话人在交谈中，会从使用一种语言或方言转换到使用另一种语言或方言。语码转换往往会打破第一语言系统的自我制约，第一语言的变化会深入到语音和语法的结构和系统。

另一种常见的由接触引起的变化是中介语的固化，在学习第二语言的过程中，第一语言的习惯力量常常会影响所学的第二语言，产生许多不标准的形式，一般称之为第二语言的中介语。中介语是学习第二语言的过程中出现的一种独立的、动态的、区别于第一语言和第二语言的语言系统。对于学习和使用第二语言的成年人来说，95%的人会永远停留在中介语状态，只有5%的人能脱离中介语状态学会标准的第二语言，这就是中介语的固化。社会方言、地域方言和混合语许多都发生于中介语的固化，通过固化形式的定型化和群体化或社会化，成为第二语言的一种变异形式。比如，在少数民族和汉族杂居的地区，当地的少数民族与汉族交际时常常使用一种汉语变异形式，如傣汉语、彝汉语、维汉语等。这些都是少数民族学习当地汉语过程中形成的中介语固化形式，傣汉语和彝汉语是傣族和彝族学习汉语西南官话的中介语，维汉语是维吾尔族学习汉语西北官话的中介语。藏语有三个方言：卫藏方言、安多方言和康方言。卫藏方言和安多方言特征明显：卫藏方言有声调，没有全浊塞音和塞擦音声母；安多方言没有声调，有全浊塞音和塞擦音声母；而康方言就比较复杂，既有声调又有全浊塞音和塞擦音声母，有明显的中介性质。再进一步观察，康方言分布在玉树藏族自治州的北部土语，由于与安多方言接邻，底子是安多方言，应该是藏安话，即原来操卫藏方言的人学习安多方言的中介语固化发展演变而成的；分布在德格、甘孜、康定的东部土语的底子是卫藏方言，应是安藏话，即原来操安多方言的人学习卫藏方言的中介语固化发展演变而成的。

可见，接触的程度取决于学习和使用的深度，语言系统自我制约是有限的，而语言接触发生的影响则是无限的，因此没有声调的语言会变成有声调的语言，黏着语会变成孤立语，甚至像克里奥尔语那样因为语言接触变成了与原来语言完全不同的新语言。

（4）社会原因。除了上文所涉及的社会整体进步和社会需要对语言演变发生的促进作用外，社会原因还可以做进一步考察。社会的发展是不平衡的，有时发展比较缓慢，有时则激烈迅速，特别在社会剧变或动荡的时候，对语言演变的推动就更大。比如新中国成立时，新旧交替，百废待举，社会发展迅速，语言变化就大；再如改革开放以来，我国的经济结构和社会结构都发生了重大变化，人们的观念也发生了重大变化，30多年来的语言变化在程度和速度上都超过了新中国成立以来的前30年。城市化过程中人口流动和规模性的迁移改变了社会交际关系和语言使用情况，对语言的演变发生较大影响。据2010年统计，中国的流动人口达到两亿多，各地的方言都不同程度受到普通话和外来方言的影响，即使是普通话同样也受到方言的影响，在轻声和儿化的使用上都发生了较大的变化。国家的语言政策对语言的演变更有举足轻重的影响，我国通用语言普通话的推广对方言的影响巨大，导致方言语言系统的普通话化，甚至使少数土语处于濒危状态，引起了保护方言问题的讨论。每个使用语言的人都具有一组社会属性，如地位、身份、年龄、性别、职业、文化、教育等，社会人群社会属性的差别，也会对语言的使用产生不同的影响。比如在方言地区，高学历的中青年人、政府工作人员、教师、科技人员使用的方言中会有更多的普通话成分和书面语成分，这些群体的语言会影响当地方言逐渐向普通话靠拢。这是语言使用者的社会性与语言的社会性的一个接口，对语言演变的观察正可从这个接口开始。引发语言演变的社会因素很多，诸如各种媒体、文学艺术等因为具有社会属性，在不同程度上都会促进语言的演变。

2. 语言应用演变的原因

语言应用的演变是对语言选择的改变，即选择换用哪一种语言。人一生下来就要学习语言，这是第一语言。第一语言没有选择性，服从周围的环境，即社会环境。第一语言可以是一种，也可以是几种，换句话说，人从开始学习语言就可能是一个双语或多语人。这种现象一般发生在多语言国家或地区，特别是多民族和民族杂居地区。第一语言是语言选择的起点，后来发生的选择的变化体现了语言应用的演变。语言应用的演变与语言本体的变化可以相互作用，因为语言应用的变化会影响语言本体的变化，语言本体的变化又会反过来影响语言应用的选择。比如我国境内的满语和俄罗斯语，由于功能的衰退、使用场合有限导致本体的衰退，本体的衰退又使得它的使用者逐渐放弃自己的语言而选择使用汉语。语言应用的演变又与本体的演变有很大的不同，因为本体的演变是系统内部的变化，应用的变化是系统之间的变化，应用的变化虽然与本体的变化有关，但大多数情况下本体的变化与应用的变化无关，或者说应用的变化并不以本体的变化为依据。应用的变化与本体的变化无论在原因和过程上都有相似的地方，却并不相同，因为变化的对象、形式、内容、方式、过程和结果都不相同。在宏观上它们的共同点是：都是渐变的，都要经过社会的“约定俗成”，受到心理、社会、接触等因素的影响和制约。语言应用的演变既包括语言也包括方言土语，它们之间虽然有程度的差异，却无本质的不同。

（1）心理原因。从以人为本的思想出发来观察，语言应用的变化的心理原因同样是主要的。因为无论哪种原因引导了选择的变化都要获得全体社会成员的认同，这种社会心理在选择语言时反映为一种语言态度，即人们对不同的语言、方言、口音和其讲话者的肯定或否定态度。语言态度通常受到历史、文化、民族和传统习惯等影响。海外华人常常要求子女除了学习当地语言外，还要学习汉语，甚至要以汉语为第一语言，在家从学习汉语开始，上学先进入中文学校，然后再学习当地语言。这种态度与民族、文化和历史因素有关。此外，功能和从众心理都会影响语言的选择。交际功能强、使用人口多的语言常常是人们选择语言改变的重要因素。香港至今将英语作为通用语言，就是出于英语使用人口多、通行范围广、功能强大的考虑。国内各方言区内都会有一种地区通用的方言，比如吴语区的上海话，真正上海本地人使用上海话的人数并不多，但周边地区的人都学习上海话，也是出于上海话作为通用的地区语言功能强大的考虑。在普通话确立之前，所谓的官话也是同样的情况。中国少数民族在历史上就有学习汉语的传统，这与汉语功能强大、使用人口众多有密切关系。功利心理也是造成语言选择改变的一个重要因素。人的社会地位、身份和语言利益可以通过语言选择表现出来，比如普通话是通用和权威的汉语变体，使用普通话往往反映社会地位、身份和文化水平。再如使用英语交际也是一种社会地位和身份的象征。政治态度也是一种心理原因，过去的殖民地在国家独立后，纷纷改弦更张，废除原来宗主国语言的官方地位，以本民族的语言作为官方语言。少数情况下，宗教也会成为语言应用选择的一种重要态度，比如以色列选择希伯来语作为通用和官方语言。

（2）社会原因。语言应用演变的社会原因主要指国际、国家、民族等通过行政的手段决定语言的选择。比如联合国规定了六种联合国工作语言，我国全国人民代表大会开会时要将会议发言和文件翻译成蒙古族、藏族、维吾尔族、哈萨克族、朝鲜族、彝族、壮族等少数民族的语言文字。再如各国指定的官方语言，中国法律规定的全国通用的普通话等。清朝政府曾经完全从民族心理出发，规定满语为国语，并不考虑功能和使用人口等因素，虽然没有最终实现，却是试图以社会公权影响语言应用演变的一个典型例子。与此相似的情况如殖民地宗主国和侵略扩张国家在其统治国家强行推广自己的语言，最终有的成功，有的不成功，但都反映了社会对语言应用的重大影响。再如各国教育部门规定开设的主要外语课程，也会成为一种语言选择的条件，影响语言应用的演变。

（3）接触原因。语言接触是通过语言学习实现的，语言学习会改变语言应用的态度。因此，语言接触是语言应用改变的一个条件。语言交流的频繁，学习水平的提高，双语人的增加，语言的接触起到语言传播的作用，原来只使用单语的人成为使用双语的人，甚至改用另外一种语言，使语言的应用发生重大变化。世界经济一体化，使得国家之间的交往空前频繁，语言的接触日益加强，从这一点来说，世界语言应用正经历一个不可逆转的一体化的演变过程。

（二）语言演变的方式

语言演变有不同的类型，分为本体演变和应用演变，语言演变的类型不同，演变的方式也就不同。在语言存在和演变的过程中，作为语言使用者的人并不是被动的，人对语言的“干预”，既有自发的，也有自觉的。

1. 语言本体演变的方式

语言是逐渐变化的还是突然变化的，有不同的观点，比如，关于语音系统的演变就有不同的理论：连续式音变、词汇扩散式音变、叠置式音变等。其实，无论语言的成分、结构和系统都不可能是突变的，因为语言具有社会性，语言任何要素的变化都要经过全社会使用者的选择、过滤、学习和使用，才能完成变化的过程。简单来说，出现一个新概念、创造出一个新的词语，表面上看这个词语是突然出现的，给突变论提供了一个证据。事实上，一个新词的出现与使用是一个过程，要经过全社会的认同、学习和使用，并具有一定的稳定性，才能真正进入全民语言，只在少数人中使用，或一时广为使用但并不稳定，它就并没有进入语言，还不能算是真正的语言成分。例如，“索女”一词在社会上出现已有一段时间，但通用性不足，因此是否可以算是普通话的语汇成分，目前还难以确定；“超女”一词的出现也不是一天两天了，而且曾一度成为社会的流行语，在社会上广泛使用，但“超女”一词的广泛使用只是某类电视节目受到广泛关注的伴生现象，它的使用是否具有稳定性还有待观察，因此也难算是普通话的语汇成分。由此可见，词语的演变和发展都是一个漫长的过程，遑论语音和语法的成分和结构了，这些更深层的变化需要更长的时间才能完成变化的过程，而且初始形式与终结形式并不一定相同。综上所述，语言成分不可能发生突变，即使起变的形式与变化的结果完全一样，那也是经过社会一定时间的“约定俗成”，尽管这种时间有长有短，但绝不会是突然发生的。

从整体来说，语言发生演变无非是为了提高思维能力、加强表达和交际功能；具体来说，不外是从无序到有序，从模糊到精确，从简单到丰富。这是从语言演进角度来说的，表明语言前进和发展的方向。语言也会衰退，这个过程正好倒过来，表明语言的退化和消亡。无论是演进和衰退，语言的要素和成分的变化都从少数人开始，即由某个具有相同社会属性的人群启动，然后向全社会传播扩散，经过全社会成员的逐渐“约定俗成”，最终完成变化。例如，汉语普通话不分尖团，“精”和“经”同音，上海话原来是分尖团的，“精”的声母读z，“经”的声母读j。大约在20世纪50年代以前上海话已经开始尖音变成团音，50年代时还是有些人分尖团，有些不分尖团，都读团音，进展缓慢。但由于新中国成立后普通话的影响，加速了舌面化的进程，到70年代前后已经基本完成，现在除了少数说老派上海话的老年人外，已经都不分尖团音，只读团音。进化要约定俗成，退化同样要约定俗成，这样的过程原则上是一样的。传统上只研究语言的进化，不研究退化，我们对语言消亡过程的认识远不及演进过程深刻。

语言演变的起始状态是群体性的，很难观察到个人。因为个体行为只有得到相应的群体认同，在一定范围内使用的时候，这种变化才有可能被社会察觉，向社会传播和扩散，换句话说，其他社会成员才有学习的可能。作为个人行为的变化，没有影响力，更没有交际功能，没有受到交际对象重视的可能，因此无法也无须探究起始的个人行为。语言演变的关键是传播和扩散的过程，也即社会成员认同、学习和使用的过程。语言的一种变化可以从一个群体开始，却不一定能成为事实，因为可能没有得到社会其他成员的认同。比如一些流行语，只在部分青少年中流行，一段时间后自行消失；再如所谓的网络语言大多只能在网络中由一部分人使用，很少进入全民语言，相当于流行语，只是比流行语使用的人群更广泛一些。

在语言演变的过程中，任何一种演变中的成分包括结构的变化，都要经过并用和共存两种状态。并用是指新旧成分或两种新成分并存于语言的共时系统之中而都可以使用，比如“爱人”和“妻子/丈夫”、“计算机”和“电脑”，由“被”构成的被动句与“让、叫、给”构成的被动句并存并用。共存是指作为一个成分或结构的不同区别手段叠加共用的羡余现象，这是并用或变异的又一种形式。比如汉语一些方言中喉塞音韵尾与入声调严格对应，是韵尾和音高两种区别手段的叠合共存；再如普通话可以用虚词“吗”和高语调共同表示“疑问”语气意义，是虚词和语调两种语法手段的叠合共存。并用或共存现象的结果只能有三种情况：一是淘汰一个，二是功能发生分化，三是长期维持并用或共存。无论哪一种结果都反映了语言演变的必经过程。

2. 语言应用演变的方式

语言应用的变化既是个人行为，也是社会行为。作为个人行为，除了儿童外，成年人根据上面的不同原因对语言选择的变化，必须通过双语来实现，即第一语言不会遗忘，另外再学习一种或多种语言，同时使用第一语言和其他后来学习的语言，使用的环境、条件和场合视交际需要决定。作为社会行为，情况就比较复杂。大多数情况也是通过双语实现，或与第一语言并用，或换用其他语言。少数情况下是通过第一语言的衰退，或者说第一语言的系统逐渐向所学习的语言靠拢，逐渐过渡到所学习的语言。特殊的情况是既不换用也不并用，而是原来的语言与所学习的语言发生融合，形成一种与原来使用的语言和后来学习的语言都不相同的新语言，比如克里奥尔语。从语言应用的角度来说，这也是一种语言应用的演变。语言应用的变化作为个人行为来说，可以在短期内实现，而作为社会行为则需要经历漫长的双语过程。

3. 人类对语言的“干预”

语言的发生和发展是一个漫长的过程，语言自创造之日起，就不断地创新、修订、改进和完善，以便适应人类自身的思维发展和社会的进步，作为交际工具更好地为社会服务。这个过程并不平坦，它像其他任何事物一样，以曲折的方式前进，以螺旋的方式上升。换句话说，这些创新、修订、改进和完善从终极目标来说，无疑对语言的发展和演变具有积极的作用和意义，但从整个过程的不同阶段来看，这些创新、修订、改进和完善并不一定都起积极的作用，有时甚至起消极的作用。这正是我们在语言演变过程中所见到的，有时由简到繁，有时又由繁到简；有时从无序到有序，有时却从有序到无序。这种现象的出现，显然与人类思维的发展和社会的需要密切相关，可以通过语言的使用者使用什么手段和方法促进语言的演变来进行观察，认识语言是通过什么方式发生变化和演进的。语言使用者对语言的创新、修订、改进和完善，从一定的意义上说，是对语言发展和演变的一种“干预”。同时，也说明了语言是一种社会现象，不是自然现象，是人类意志的产物，由人类创造，也由人类自己不断地修订、改进和完善。

人类对语言的“干预”有两种方式：自发的方式和自觉的方式。自发的方式是指无计划、无组织、目的性不明确的方式；自觉的方式是指有计划、有组织和目的性明确的方式。无论自发或自觉的方式，都出现在语言的学习和应用中。比如儿童语言的获得，就是在成人不断“干预”和纠正下，才能学会正确和标准的形式。成人在自然环境中学习第二语言，同样受到这种“干预”和纠正。这种“干预”和纠正就是一种自发的规范，确保语言的正确性。儿童或成人如果参与了有组织的语言教学活动，受到的“干预”和纠正就是一种自觉的规范。自发和自觉的“干预”都出于人的意志，不能截然分开，通常都是相辅相成，并存并现，促进语言的发展和变化。

从语言初创起到以后很长的一段时期，人类对语言的“干预”基本处于自发的状态，这决定于人类智力的发展和生存状态。语言要成为思维的主要辅助工具和表达工具，必然在反复学习和应用中，经历漫长的过程，才能成为一种成系统、有规则、能准确表达自己思想的最有效交际工具。在语言发展和演变的过程中，随着人类智力的发展，对语言的理性认识逐渐加深，特别是文字产生后，人们可以反复对记录下来的语言进行思考和探究，人类对语言的自觉“干预”所起的作用越来越大。无论自觉的“干预”作用多大，人类对语言的自发“干预”始终占据主导地位。这是因为语言具有社会约定性，语言是全体社会成员在不断学习和使用过程中逐渐发展起来的，使用语言的社会成员，虽然对语言的理性认识程度不同，却都有机会自发或自觉地对语言的创新、修订、改进和完善发挥积极或消极的作用。语言正是在这种积极和消极作用的较量中向着准确、简明、丰富和规范的正确方向发展和演进。

今天，随着信息化时代的到来，人类对语言的认识今非昔比。人们对在学习和使用语言过程中自发“干预”形成的后果，不断进行观察、研究、规范和规划，汰粕存精，使语言向着正确的方向发展。语言使用者感性的自发“干预”越来越受到自觉“干预”的理性制约，这就是今天语言使用者通过行政机构和法令等手段对社会语言生活的监管。

社会语言生活的监管分两大方面：语言规范和语言规划。语言规范是指对语言本体和应用的标准化、统一化和科学化；语言规划是指对语言本体和应用的策划和计划。两者都是对语言的一种调控，前者注重微观，后者则倾向宏观。规范和规划不是并立概念，它们是蕴含关系，规范通常只是规划的一个内容。无论语言的规范和规划都包括本体和应用两个方面。比如确定普通话以北京语音为标准音，以北方方言为基础方言，以典范的现代白话文作品为语法规范，就是典型的语言系统的整体规范，也即语言本体的规范。在国内将普通话作为法定的通用语言，在国际上作为联合国的中国代表语言，就是语言应用的规范。再如普通话异读词审音表是语音的规范，中学汉语教学语法体系，则是对语法的规范。有文字的语言，对文字的音、形、义的规范也属于本体的规范，发布异形词整理字表是对字形的规范，发布《现代汉语通用字表》是应用的规范，各种规范词典则是对语言和文字音、形、义的综合规范。

语言规划包括语言地位的规划、本体的规划和应用的规划。语言地位的规划指多语言国家或地区确定语言之间的不同地位和关系。比如中国宪法规定，各民族都有使用自己语言和文字的权利，实现了各民族语言本质上的平等关系。宪法和语言文字法又规定汉语是全国通用的语言，代表中国的官方语言，汉字是通用文字。全国各民族都要学习通用语言和文字。教育法和民族自治法又规定，少数民族除了学习通用语言文字外，还要学习本民族固有的语言和文字，进行双语教学，丰富和发展本民族的语言文字。中国这种主次有别、双语并行的语言规划为双语制的确立和实行奠定了基础。

语言的本体规划常常与本体规范混淆起来，有必要重新认识和把它们区别开来。规范是指方案，规划是指方案的计划和实施。确定普通话的标准是规范，进一步设计和准备普通话的本体规范方案是对普通话本体的规划。这种认识基于规范是一个过程，在这个过程中，按照需要进行规划，逐步实施，是必然的措施。

语言的应用规划也即语言的功能规划。在多语言的国家和地区中，不同语言的功能不同，这种功能差异与社会生活、政治经济、文化教育、科学技术、民族宗教以及观念心理等有密切关系。按照不同的需要和情况规定在不同的领域、不同的范围、不同的语境中使用不同的语言或方言，发挥不同语言或方言各自的功能，是语言应用规划的主要内容。比如在教学上，有的民族地区实行双语教学，有的实行单语教学，有的使用本民族语言进行通用语言教学，有的直接使用通用语言教学，等等，这些都是按照一定的语言规划进行教学的不同模式，体现了不同语言在教学中的不同功能。再如抢救濒危语言或方言，扩大民族语言或方言的应用范围等措施，也属于语言应用规划的内容。

三、语言演变的结果

根据上面语言演变的不同原因，语言本体演变的结果有以下四种情况：

第一，维持固有的系统性，达到丰富和发展的目的，语言更加适应社会交际发展的需要。世界各国的通用语言，如英语、法语、德语、西班牙语、日语、汉语普通话等都在长期使用和语言接触中不断丰富和发展自己的词汇和表达形式，总是能够适应日新月异的社会进步和交际需要。比如汉语普通话，它的语音系统、基本词汇、语法格局都没有发生变化，但随着社会的发展，普通话不断地创造新词语、从方言和外语中吸收词汇和语法格式，使表达形式更加精密化和多样化。

第二，固有系统发生较大的变化，语言发生分化，演变成新的方言或土语，各自形成新的发展和演变方向。例如，中古汉语的语音系统发生过几类重大变化，如全浊声母的变化、入声韵的变化、知照系和精见组声母的变化等，这些变化在不同地区演变的结果并不相同。以全浊声母的变化来说，有的地方保留全浊声母，有的清化为送气音，有的清化为不送气音，还有清化后平声送气仄声不送气的，因而汉语相应地分化为几种不同的方言。

第三，随着方言和土语的进一步发展，成为新的亲属语言，与原来语言在本体上的差异远远超过方言和土语，只与原来的语言保持起源上的历史关系。例如，欧洲中南部广大地区原来都属于罗马帝国，使用拉丁语（也叫“罗曼语”），拉丁语先是在不同地区分化为若干方言。罗马帝国灭亡后，各地不仅经济上彼此隔离各自独立，政治上也形成了各自独立的国家，使用自己的文字。久而久之，各地方言失去了共同的约束，各方言中新生的词语、语法格式急剧增多，并且向不同的方向加速分化发展，最终形成意大利语、西班牙语、葡萄牙语、法语、罗马尼亚语等不同语言。这些由同一语言分化而来的诸语言就是亲属语言。

第四，与其他语言融合变成一种新的非同源语言。比如前面提到的东干语，又比如，我国西藏自治区门巴族使用的错那门巴语，由于门巴语与藏语发生接触，在语音、语法、词汇上都发生混合现象，成为藏语的一种方言变体；还有藏语与汉语接触产生的五屯话，语音、语法和词汇都产生了语言混合现象；汉语与藏语接触产生的“倒话”，词汇基本上是汉语的，语法结构规则是藏语的，它们都变成了一种新的语言变体。

上面的四种不同的结果体现了语言本体变化的大小和深度。

语言应用的演变从个人来说比较简单，因为除了儿童以外，因为就成人语言应用的改变而言，第一语言是不会遗忘的，只能学习其他语言，成为双语或多语人，按照不同环境、条件和场合使用不同的语言。从社会角度来考察语言应用的变化，就比较复杂，需要一个考察的出发点。比如从世界出发，语言的应用演变的结果只能是多元化，即各国人民除了使用本国的语言外，会再学习一种或几种其他国家的语言，特别是学习国际上比较通行的语言。少数情况是从殖民地独立的国家放弃自己固有语言换用了原来宗主国的语言，这是一种带有强制性的语言演变现象。比如非洲的许多国家独立后以英语、法语或葡萄牙语作为官方语言。从多语言国家来说，情况也大致如此。从民族的角度来考察，情况也比较复杂。一个民族除了使用自己固有的语言，更需要使用国家通行的语言，还可能使用地区通用的语言，随着文化的提高和交际的需要，又要使用不同的外国语。比如，维吾尔语是新疆地区的通用语言，新疆的其他少数民族除了使用自己固有的语言，更要使用国家通用的普通话，也要使用维吾尔语，根据学习和交际的需要还可能使用外国语，如英语或俄语。

更复杂的情况是：因为第一语言是没有选择性的，由社会的环境决定。因此像中国的少数民族，第一语言可以是自己固有的语言，也可能不是本民族的固有语言，比如生活在杂居区的少数民族由于社会语言环境，第一语言常常不是本民族固有语言。从民族的角度来说，这虽然没有选择性，却也是语言应用的一种演变。与此类似的情况是：一个民族内部，在一些地区使用本民族语言，在另一些地区则使用其他民族的语言，选择使用其他民族语言的人显然体现出语言应用的演变。一个民族常常不止使用一种语言，这些语言甚至差别很大，比如裕固族使用的两种语言分属两种不同的语族。有时候多个民族使用一种语言，比如满族和回族都使用汉语。这些语言应用变化的复杂结果都是由上面的各种原因历史地形成的。

思考和练习

1. 举例说明社会与语言的互动关系。
2. 从国家语言和民族语言两个方面来说明语言与社会的复杂关系。
3. 社会方言和地域方言有什么不同？社会方言还包括相同年龄、相同性别、相同文化程度的社会人群所使用的语言，请观察你身边的人，说明年龄、性别、文化程度的不同会造成哪些语言差异。
4. 人类有声语言的出现需要具备哪些条件？
5. 怎样理解语言创造过程的“约定俗成性”？
6. 人类有声语言的出现具有哪些重要意义？
7. 观察语言演变需要注意哪些问题？
8. 什么是语言本体的演变，语言本体演变的原因是什么，演变的结果有哪几种？
9. 什么是语言应用的演变，语言应用演变的原因是什么，演变的结果有哪几种？
10. 什么是亲属语言？语言学上把有亲属关系的语言归在一起，把没有历史同源关系的语言互相分开，这种分类叫语言的谱系分类。请查找世界语言谱系分类表，列出世界语言的语系，并说明汉语和英语分别属于哪个语系，同语系的语言还有哪些。
11. 说明我国的语言规划包括哪些具体内容，语言规范做了哪些工作，这些规划和规范对语言的发展有什么积极作用。

第八章

语言系统的演变

第一节 语音系统的演变

本节学习要点

1. 语音演变的证据：古代的注音材料，古代的押韵材料，方言口语材料，借词的读音。

2. 语音演变的系统性：语音成分在组合关系、聚合关系中的集体性变化；语音的合流与分化。

3. 语音演变的规律：音变结果和音变条件构成语音演变规律的基本内容。

4. 语音演变的方式：连续式音变，词汇扩散式音变，叠置式音变。

5. 语音演变的原因：发音生理机制，语音结构系统内部因素，语言的接触和借代。

语言系统的各个要素是不断演变的，只有退出了社会交际领域而失去活力的语言才可能静止不变。作为语言系统要素之一的语音也是不断演变的，这类演变因语音系统具有很强的系统性而呈现出系统性、规律性强的特点。

一、何以知道语音在变

世界上的万事万物无时无刻不在发展变化着，语言作为人类最重要的交际工具，也不例外。语音一发即逝，在没有录音仪器设备以前，何以知道古人的语音状况，又如何能够把握古今语音的演变呢？

古今大量文献材料可为人们探讨古今语音演变提供丰富的线索和重要的证据。古代的注音材料、押韵材料等，都是今人探究古音，追寻古今语音演变的宝贵材料。反切是古代的一种注音方法，它利用两个汉字为一个汉字注音。反切作为一种古代注音方法，它的注音无疑是反映汉字古代读音的重要材料。例如，“东”字在《广韵》中的反切是“德红切”，其中“德”是反切上字，“红”是反切下字。根据反切注音的条例，反切上字标注被反切字的声母，反切下字标注被反切字的韵母和声调。然而，根据今天普通话的读音，“东”是阴平调，“红”却是阳平调，反切下字与被切字的声调并不相同。究其原因，中古“东”与“红”都为平声，原本同属一调，《广韵》的反切注音，用“红”标注“东”原没有任何问题，只是出现“平分阴阳”的声调演变之后，平声分化为阴平、阳平两调，“东”与“红”才产生声调对立，读音变得不同。古今语音的不一致，是由于古今声调演变导致的结果，古今声调的不同，恰恰从一个侧面反映了语音的历史演变。

古诗押韵材料所反映的古今语音的同与异，也是人们考察古今语音演变的重要证据。例如，杜牧的七言绝句《山行》：

（1）远上寒山石径斜，白云生处有人家。
停车坐爱枫林晚，霜叶红于二月花。

格律诗讲究平仄和押韵，按照诗律，“斜、家、花”三个韵脚字应该押韵。然而，如果用今天的普通话来读，“斜”[ɕie^{35}]、“家”[tɕia^{55}]、“花”[xua^{55}]的韵母[ie]与[ia]、[ua]却并不押韵。这并非是唐代诗人杜牧用错了韵，而是因为“斜、家、花”在中古都是麻韵字，韵母归属一韵，押韵自然是十分工整，今天用普通话读之所以不押韵，正是古今语音演变造成的。

现代汉语方言的口语材料或多或少也会保留一些古代的语音特征。清代学者钱大昕提出“古无轻唇音”，具体是说，上古音系中没有轻唇音（齿唇音）声母，该组声母是随着语言的演变，到中古才从重唇音（双唇音）声母中分化出来的。上古音的这类读音现象在今闽方言中仍然可以得到反映。例如，福州话中的“房”字今读[puŋ^{52}]，它不像北京话那样今读齿唇音（轻唇音）声母[f]，而是读双唇音（重唇音）声母[p-]，与“崩”[puŋ^{44}]类字的声母读音相同。

不同民族的交往必然会引起语言的相互接触，不同语言之间的成分借用就是因语言接触而产生的一种常见结果。借词的读音无疑有助于人们考察借代发生时期双方语言的一些相关语音情况，有助于人们考察古今语音的异同，探索古今语音的发展演变。例如，东汉魏晋时代，随着佛教的传入，不少佛教用语如“佛陀、刹那、菩萨”等，也逐步进入汉语的词汇。古代佛教经文翻译过程中，大量词语都是采用音译方式翻译的，即梵语读音都是用当时的汉字读音去对译的。显然，汉语诸如“佛陀”之类借词的梵汉对音，就成为考察古代梵汉对音时代汉语相关语音状况的重要材料。汉语“佛陀”一词，梵语的对音形式是“Buddha”。依据对音材料，不难拟测“佛”字的读音大致是“bud”，“陀”的读音大致是“dha”。依据梵汉对音拟测出来的“佛陀”语音形式，与现代汉语的读音存在明显的差异。又如，中国与朝鲜、日本、越南等国地理邻近，历史上尤其是隋唐以后，汉民族文化对周边这些国家曾有过重大的影响，这使得朝鲜语、日语、越南语等语言，至今仍拥有大量的汉字词。三种语言汉字词的读音，对于人们了解汉语古代语音的特点，有着重要的参考价值。例如：

（2）	朝鲜语	日语（汉音）	越南语
鸡：	kie	kei	ke
谈：	tam	tan	ɗam
客：	kɛk	kaku	kʰaʈ

上面的汉字词的读音至少显示出中古音的以下三个语音特征：其一，舌根音声母在细音韵母前仍读舌根音声母，尚未发生发音部位的前移，即“腭化”，如“鸡”的声母，三种语言的汉字音都是[k-]。其二，古咸摄韵母还保留着[-m]韵尾，如“谈”的韵尾，三种语言的汉字音都是[-m]。其三，古入声字韵母保留着塞音韵尾，如朝鲜语汉字音中的[-k]尾、越南语汉字音中的[-ʈ]尾。

二、语音演变的系统性

语音作为语言系统的一个子系统，其内部任何一个基本单位都不是孤立存在的。一方面，音位作为语音系统最基本的单位，其本质属性就在于音位之间的区别性。音位与音位之间相互区别，共同构成一个差别的音系网络。另一方面，不同音位之间又彼此关联，存在着种种错综复杂的聚合与组合关系。因此语音系统内任何语音成分的发展演变，通常不是单个语音成分孤立的个体行为，而是在语音结构系统制约下的系统性变化，即语音的演变具有系统性。

语音演变的系统性集中体现为语音成分在组合关系、聚合关系中的集体性变化。首先看语音组合向度上的变化。汉语古精、见晓组声母在细音韵母前逐步演变为[tɕ]、[tɕʰ]、[ɕ]声母，这里仅以“精京秋丘西稀”等字为例，将古音与现代北京话读音对比列表如下：

	精	京	秋	丘	西	稀
中古拟音[1]	tsĭɛŋ	kĭɐŋ	tsʰĭəu	kʰĭəu	siei	xĭəi
现代北京话读音	tɕiŋ	tɕiŋ	tɕʰiou	tɕʰiou	ɕi	ɕi

（1） 中古拟音参照郭锡良《汉字古音手册》，商务印书馆2010年版。

从上表可见，古精、见晓组声母拼细音韵母发生腭化，属于音节内部声韵组合关系中的变化。这一历时音变，不是个别精、见晓组声母字的变化，而是符合音变条件的字音有规律的集体性变化。古精、见晓组声母既有塞擦音声母，也有擦音声母，声母的历时演变不是整组声母中某个声母的孤立变化，而是整组塞擦音声母、擦音声母在发音部位上的集体一致性变化。

从聚合的向度看，腭化音变同时也体现为精、见晓组声母聚合关系上的变化。具体说来，古精组、见晓组声母各自存在着音类分化，分化之后的声母因腭化后声母的趋同，又产生音类的合并，将精、见晓组声母聚合关系上这一变化列表如下：

	中古音	音变条件	北京音
精组声母	ts、ts^h、s	洪音韵母前	ts、ts^h、s
		细音韵母前	tɕ、$tɕ^h$、ɕ
见晓组声母	k、k^h、x	洪音韵母前	k、k^h、x

语音演变过程中出现的聚合音类的分分合合，无疑会直接影响音位系统内音位数量的增减，因此，这种分分合合更是语音系统发生变化的重要表现。

语音的分合包括合流与分化，无论合流还是分化，都是音类的变动，而不是个别读音的演变。所谓语音的“合流”，是指原本不同的音类经历音变后出现读音上的混同，合并为一个音类。例如山西太原话入声调新老派就存在差异：太原话老派入声分阴阳，新派则不再区分。阴阳入的合流使得太原话的声调由老派的5个声调减少为4个。将山西太原话入声调新老派差异示例如下：

	八	拔	湿	十	豁	活
老派	$paʔ^{2}$	$paʔ^{54}$	$səʔ^{2}$	$səʔ^{54}$	$xuaʔ^{2}$	$xuaʔ^{54}$
新派	$paʔ^{2}$		$səʔ^{2}$		$xuəʔ^{2}$	

所谓语音的“分化”，是指同一音类经历音变后出现读音上的不同，区分为不同的音类。例如，汉语“平分阴阳”的声调演变，就呈现为中古的平声在近现代汉语语音演变过程中依声母的清浊条件分化为阴平、阳平两个声

调。就拿“边天心瓶团群”六个字来说，中古时它们都属于平声字，但在今北京话中却已经分化为两个声调，分别读55、35。下表的例字读音显示，古清声母平声今北京话演变为阴平调；古浊声母平声今北京话变为阳平调。将北京话声调的这一演变示例如下：

古平声字	边$_{\text{帮}}$	天$_{\text{透}}$	心$_{\text{心}}$	瓶$_{\text{並}}$	团$_{\text{定}}$	群$_{\text{群}}$
古声母条件	清声母			浊声母		
今声调读音	55	55	55	35	35	35

汉语中古全浊声母在今现代汉语方言中已经清化，清化后的声母与声母系统内原有的清声母合并，也是语音发生系统性变化的典型案例。据语言学家拟测，隋唐时期的辅音声母系统大致如下所示：

p	p^{h}	b	m			
t	t^{h}	d	n			l
ȶ	ȶ^{h}	ȡ	ȵ			
ts	ts^{h}	dz		s	z	
tʃ	tʃ^{h}	dʒ		ʃ	ʒ	
tɕ	tɕ^{h}	dʑ		ɕ	ʑ	
k	k^{h}	g	ŋ	x	ɣ	
ʔ						

隋唐时期的塞音、塞擦音声母存在清不送气、清送气、浊三分的现象，声母系统拥有一套全浊的塞音、塞擦音声母，即上表方框内的声母。宋元以后，该类声母发生了清化。音变情况表明，浊音清化的语音演变不是仅仅涉及某一个音位，而是涉及全浊塞音、塞擦音这个音位聚合类中的所有声母。中古全浊塞音、塞擦音声母在现代汉语多数方言中完全消失的语言事实也表明，依据[+浊]特征所形成塞音、塞擦音的聚合类，在浊音清化音变进程中不仅存在着集体性变为清音声母的历时变化，而且还涉及声母音位系统内音位数量的变化，这些演变都深刻影响了汉语的语音系统。

三、语音演变的规律

语音演变是有规律的。语音演变都是经历一定的过程后产生一定的结果，演变过程和演变结果又都是在一定的条件下发生的，演变结果和演变条件就构成了语音演变规律的基本内容。

（一）语音演变的过程

任何一个音变，或简单或复杂，都会拥有一个特定的音变线索，呈现为从一种语音形式变化为另外一种语音形式的具体变化过程。任何音变都有源头和结果，它们一个是变化的起点，一个是音变的终点，二者无疑是界定、划分一个语音演变过程不可或缺的两个重要因素。例如，汉语的“房、奉”等字的声母，先秦上古音为[b]，到了晚唐五代齿唇化为[v]，宋代以后则清化为[f]。“房、奉”等字声母的历时演变，具体呈现为由[b]到[v]，再由[v]到[f]两个阶段的语音变化，我们当然可以将两个阶段看成由[b]到[f]语音演变过程的两个不同阶段，也可以看作由[b]到[v]，再由[v]到[f]的两个语音演变过程。究竟如何界定划分一个语音演变过程，完全取决于人们对语音演变过程起点和终点的确定。

音变的源头和结果，音变过程的起点和终点，是语音历时演变研究比较关注的重要内容。历史比较语言学基于亲属语言或方言的比较构拟原始共同语，就是对音变源头语音形式的研究。语音的演变是有规律的，且常常是不平衡的，同一语音形式在不同亲属语言或方言中发展演变的速度常常是快慢不同。有的发展速度会慢一些，尚保留着音变过程早期的语音形式，有的发展速度会快一些，拥有音变过程中相对较晚的语音形式。例如，印欧语系清塞音[p]到擦音[f]的变化，在今印欧语系的不少亲属语言中呈现出不同的语音演变过程，这为原始共同语的构拟，为古今音变规律的进一步探寻，提供了重要的语言证据。如“脚、父亲”两词在梵语、希腊语、拉丁语、哥特语、英语等语言中的语音形式，词语的词首辅音呈现出有规律的“p：f”的语音对应，为人们构拟早期共同语语音形式“p”，梳理由“p”到“f”的语音演变提供了重要的证据。如下表所示：

（3）

	梵语	希腊语	拉丁语	哥特语	英语
脚：	pad-	pod-	ped-	fōtus	foot
父亲：	pitár-	patḗr	pater	fadar	father

有些音变，语音演变过程较为简单，而有些音变，语音演变的过程较为

复杂，较为复杂的音变过程常可分出若干个阶段。例如，浙江永康话见母字的腭化，具体变化过程可以归纳如下：

（4）k → c → tɕ

中古见母字如“鸡、京”等，浙江永康话今存在着新老派的差异，大致情况是，中老年人口音为舌面中音[c]，年轻人口音为舌面前音[tɕ]。“鸡、京”这类中古见母字，声母原为舌面后音[k]，浙江永康话今已演变为舌面中音[c]，且有进一步前化为[tɕ]的趋势，整个语音演变过程大致呈现为由[k]到[c]再到[tɕ]的音变链条。

（二）语音演变的条件

语音演变常因一定的条件而发生。例如，汉语古平声调在今北京话中分化为阴平和阳平，分化的条件就为古声母的清浊。这一古今声调演变及其语音条件列表如下：

中古	语音条件	现代北京话	例字
平声	清声母	阴平	天诗通贪
	浊声母	阳平	田时同团

汉语的音节是声韵调的结合体，声韵调在其历时演变过程中，常常互制互动，互为语音变化的条件。声母的清浊既然可以成为声调演变的条件，那么，声调相应地也可以成为声母演变的语音条件。例如，汉语中古全浊塞音、塞擦音声母在今北京话中已经清化，具体变化的情况是：古平声字的声母，今一般演变为送气清音声母；古仄声字的声母，今一般演变为不送气清音声母。这一古今声母演变及其语音条件大致如下表所示：

中古	语音条件	现代北京话	例字
全浊塞音、塞擦音声母	平声调	送气清音声母	爬瓶团群
	仄声调	不送气清音声母	病洞毒舅

语音演变的条件对于考察语音演变的过程，对于揭示语音成分之所以发生变化的原因等，具有重要的意义。

（三）语音演变的规律

语音演变具有一定的规律性，基于语音演变的过程和条件，可以将语音变化规律总结概括为一定的音变规则。汉语语音史上舌面后音[k]在前高元音[i]前的腭化，其音变规则就可以表示如下：

（5）k → tɕ /_____ i（[k]在前高元音前演变为[tɕ]）

语音演变过程中，有些语音成分的变化较为简单，仅仅呈现为新旧语音形式更替的单个音变过程，也可以说该音变结果的实现，仅仅施用了单个音变规则，如上面的舌面后音声母的腭化。有些语音成分的变化较为复杂，呈现为多个语音形式相继发生变化的多个语音演变过程，或者说，语音演变的过程经历了若干个语音变化的中间阶段。此类语音变化通常可以分析为多个音变规则交互作用的复杂语音变化过程。例如，芬兰语的“vesi”（“水”的主格单数），就曾经历了由e到i的元音变化，以及由t到s的辅音变化两个语音演变过程。为了便于讨论问题，我们不妨多选取几个与上面的音变规则相关的芬兰语词例，其存格单数与主格单数的形式对比列举如下：

（6）

存格单数	主格单数	词义
onne-na	onni	幸福
sukse-na	suksi	天空
vete-nä	vesi	水
käte-nä	käsi	手
tuoli-na	tuoli	椅子

上面的材料显示，词语读音存在[e]、[i]与[t]、[s]两对语音交替。据研究，词语的语音交替是由于e → i和t → s两条音变规则所致，两条音变规则可以分别表示如下：

（7）规则1：e→i / __#（元音e在词尾高化为i）
规则2：t→s / __i（辅音t在前高元音i前变为s）

芬兰语上面的两条音变规则在词语读音历时演变过程中的施用具有一定的顺序性，具体情况是，规则2是在规则1先施用的基础上所发生的语音变化。例如芬兰语“水”的主格单数，早期形式是“vete”，受规则1的影响，先变为“veti”，既而受规则2的影响，演变为“vesi”。

四、语音演变的方式

语音的历时演变大致有三种方式和途径：其一，连续式音变，语音成分在一定的语音条件下逐步发生变化，由一种语音形式变化为另一种语音形式。其二，词汇扩散式音变，语音演变逐步展开是在词汇层面进行的，新旧语音形式更替呈现为在词汇中的逐步扩散。其三，叠置式音变，新的语音形式已经产生，旧的语音形式还没有消失，音变呈现为不同历史层次语音形式的叠置与竞争。

语音的历时演变大多是新的语音形式出现，旧的语音形式消失，语音成分在一定条件下以渐变的方式逐步发生变化，故称为“连续式音变”。例如，舌面后音声母在细音韵母前的腭化就可能经历了由[k]到[tɕ]发音部位逐渐前移的腭化过程，具体音变线索大致如下：

（8）k→ķ→c→tɕ

上面音变过程的不同环节，在当前汉语的一些方言中还有所保留。试比较“九”字在厦门、福州、梅县、南昌、北京等地方言中的读音：

（9）

	厦门	福州	梅县	南昌	北京
九：	˓kiu	˓ķiu	˓ciu	˓tɕiu	˓tɕiu

连续式音变过程中，由于相邻音变环节之间的语音变化十分细微，人们通常不易觉察，只有随着时间的推移，音变积累到一定的程度，因变化所导致的新旧语音形式的差异才较为突显。不过，也有一些音变在短短的几十年里，就在方言的新老派差异中显现出来，例如山西汾西话前高元音[i]到舌尖元音[ɿ]的音变，大致情况如下所示：

（10）

	几	妻	洗
老年男性：	i	i	i
老年女性：	iɿ	iɿ	iɿ
年轻人：	ɿ	ɿ	ɿ

从（10）可见，老年男性语音为[i]，是前高元音变为舌尖元音这一历时演变的起点。老年女性的[iʅ]相对老年男性的[i]，语音开始发生变化，但依然保留着老派前高元音[i]的一些语音特征。年轻人读[ʅ]，舌面前高元音彻底舌尖化，在音变的道路上相对老年女性又前进了一步。汾西话前高元音[i]，经历[iʅ]的中间阶段进一步演变为[ʅ]的语音演变，显然是采用渐变方式的一种连续式音变。

语音历时演变过程中，除了连续式音变之外，有些音变采取的是词汇扩散方式。例如，山东荣成话古次浊平声字声调由阴平向阳平的读音变化见下表：

	音变尚未发生	音变正在进行	音变已经完成
今读阴平	鱼牙儿泥盐		
今阴阳平两读		门棉园粮毛	
今读阳平			民眠言然圆

山东荣成话古次浊平声字声调由阴平向阳平的读音变化，是一种词汇扩散式音变。这种音变既是一种突变，又是一种渐变。在语音层面上，或读阴平，或读阳平，或阴阳平两读，字音只能在阴平、阳平调间选择一个，语音的变化呈现的是要么A要么B的突变，不存在由阴平到阳平声调音值逐步演变的渐进性变化。但在词汇层面上，音变的扩散却是在词汇中逐步扩散开来的，呈现出渐变的变化方式。

语音的历史演变并不总表现为新旧语音的更替，像我们刚刚提到的词汇扩散式音变，音变进行中的词语往往既可读A，又可读B，呈现为多个语音形式叠置竞争的情况。而不同语言或方言相互接触，更容易形成源自古今不同时间层次的读音与不同方言系统的语音叠置的状况。例如，北京话陌韵“伯”与铎韵字“络洛酪”的读音如下：

（11）伯：꜁po ꜂pai ꜀pai
络：luo꜄ lau꜄
洛：luo꜄
酪：lau꜄

从（11）可见，古陌韵字“伯”的读音，不仅韵母有[o]、[ai]的差别，而且存在声调阳平、上声、阴平的不同。“络洛酪”则呈现出铎韵字今读音成系统地分读[uo]、[au]两类韵母的情况。据研究，北京话陌韵“伯”与铎韵字“络洛酪”的异读，主要是由于方言接触因素所形成的语音叠置。因此，语音共时系统中叠置着的不同时间层次、不同方言系统来源的各类异读，是人们基于共时语音线索，探讨语音历史演变、语言接触线索，追溯语音历史演变源流的宝贵语言材料。

五、语音演变的原因

语音的演变，既有语音结构系统自身的演变，如语音因结构系统内部条件所发生的种种音变；也有不同语音结构系统相互接触、相互影响所产生的各类语音变化，如语音因不同语音系统相互接触、语音借代等因素所发生的音变。因此，发音生理、语音结构系统与语言的接触和借代，常常成为引发语音发生变化的重要原因。

语音是不同发音器官以一定方式协同完成的结果。有些语音成分，发音协同完成的难度较小，而有些语音成分，发音协同完成的难度较大。对于那些发音协同完成难度较大的语音，人们出于发音省便的需要，往往会产生发音习惯上的一些改变，从而导致该语音成分发生一定的变化。例如，汉语方言见组声母所发生的腭化的语音变化：

（12）k→c→tɕ

腭化音变具体表现为，舌面后音声母在前高元音前发生部位的前化。上述音变的音变规则可以表示为：

（13）k→tɕ / __i

相比较而言，发音部位偏前的辅音如双唇音、舌尖音等，与元音的组配能力通常较强，而发音部位偏后的辅音如舌面后音，与元音的组配能力相对较弱。舌面后音声母在前高元音前之所以容易发生腭化，究其原因是，舌面后音声母的[+back]（后）的后部特征，与相邻前高元音的[+front]（前）、[+high]（高）特征，发音协同的难度相对较大。舌面后音声母为了和元音的部位相协调，发音部位逐渐前化，逐步演变为舌面前音声母。

语音结构系统中的语音变化并不都是因发音生理因素引发的，如英语长元音的大转移（Great Vowel Shift），其音变原因就无法从发音机制方面去解释。据研究，自16世纪起，英语长元音的舌位发生了一系列的语音变化。长元音舌位的大转移具体表现为，英语的两个高元音/iː/、/uː/首先复元音化，演变化为/ai/、/au/。语音系统中的其他长元音，均发生了相应的高化。该元音大转移可以图示如下（如图8-1所示）：

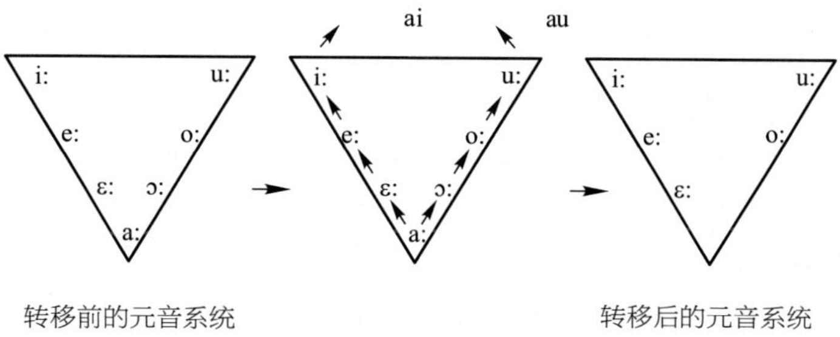

图8-1　英语长元音的元音大转移(1)

英语长元音大转移的音变链条显示，由于高元音/iː/、/uː/的复元音化，高元音的位置留下了两个空缺，该空位吸引长元音/eː/、/oː/高化，来填补这两个空位，结果再次留下两个空位，从而吸引更低的长元音/ɛː/、/ɔː/高化，来填补空位。英语长元音大转移的链移变化表明，音变是由于语音系统要求结构系统内部某些特定语音成分保持一定的语音区别而发生的，语音结构系统因素是引发该类音变的重要原因。

语音因接触所发生的种种变化，其音变原因主要源自不同语言或方言间的相互影响。例如，苏州话“肥”字有文白两类读音。试比较：

读音类型	读音	例词
文读	[꜀vi]	肥料
白读	[꜀bi]	肥皂

苏州话“肥”字的白读音[꜀bi]，声母为[b]，属于方言系统固有的读音；而文读音[꜀vi]，声母读为[v]，则是受官话方言擦音的影响，从官话方言中借入的一个音类。“肥”，古奉母字，官话方言今读音一般清化为清擦音[f]，苏州话借入该音类之所以读浊擦音[v]，主要是因为，清擦音[f]从官话借入苏

（1）徐通锵：《历史语言学》，商务印书馆1991年版，第187页。

州话之后，受到苏州话声母系统中浊音的影响，发生了一定的语音折合，才变读为浊擦音[v]的。

第二节　语法系统的演变

本节学习要点

1. 语法演变的证据：古今文献对比，亲属语言或方言的有关事实。

2. 语法演变的系统性：组合规则的变化，聚合规则的变化，组合与聚合规则变化的交互。

3. 语法演变的过程：实词语法化为语法标记，一种语法构式演变为另外一种语法构式；语义的潜在推动与句法环境的影响和制约合力诱发语法演变。

4. 重新分析：词界的重新分析，结构关系的重新分析。

5. 类推：将已有语法形式向更大范围扩散，使语法系统中的不规则形式规则化。

语法是语言系统内部发展速度最为缓慢的一个子系统，较短时间里人们不太容易觉察到语法的变化，但语法总是会变的。语法演变虽然也是有规律的，也有一定的系统性，但比起语音演变就要复杂得多，这是因为语法是一个更为复杂的系统。

一、何以知道语法在变

语法的演变虽然是渐变的、缓慢的，但如果把考察的时间跨度拉大，语法演变所导致的古今语法差异还是会凸显出来。古今语法系统的演变从下面汉语的例子就可以看出来：

（14）a. 忌不自信。（《战国策》）
　　b. 是吾剑之所从坠。（《吕氏春秋》）
　　c. 死国可乎？（《史记》）

上面的例子，（14a）中“忌不自信”是一个宾语前置句，意思是“邹忌不相信自己（比城北徐公漂亮）”。（14b）中“是吾剑之所从坠”中的“是”是指示代词，全句意思是“这里是我的剑掉下去的地方”。（14c）中“死国可乎”中的“死”，意为“为……死”，全句翻译成现代汉语意思是“为国而死可以吗”。以上三例，有的是句法，有的是词语用法，都或多或少与现代汉语存在一定差别。

言语一发即逝，古人已然不在，今人何以知道古人的语法与当今不同？古今语法的变化可以在古今大量的文献中观察到。就拿上文提到的宾语前置现象来说，汉代以前的文献，代词作宾语前置的现象非常常见。汉代尤其是南北朝以后，大量文献材料显示，原本前置的代词宾语的逐步移到动词的后面，由“宾—动”式变为“动—宾”式。试比较：

（15）a. 三岁贯女，莫我肯顾。（《诗经》）
b. 吾谁欺？欺天乎？（《论语》）
c. 九合诸侯，一匡天下，诸侯莫违我。（《史记》）
d. 出户独彷徨，愁思当告谁？（《古诗十九首》）

古今语法的变化还可以从亲属语言或方言中找到一些重要证据。语言的发展常常是不平衡的，但发展演变毕竟是有规律的。古代语言的某些语法特征在不同亲属语言或方言中演变速度不同，因而可能会有着不同程度的保留。亲属语言或方言的这些活语言材料，可为人们探究语法演变提供重要线索。例如，法语不少动词的词形变化就保留了古拉丁语的不少特征。法语的“il est（他是）、ils sont（他们是）、je fus”（我过去是），与古拉丁语相应的动词变化形式“est、sunt、fuī”基本吻合。法语的“je veux”（我想要）、nous voulons（我们想要）、je voulus（我过去想要）”也与古拉丁语相应的动词变化形式“uolō、uolumus、uoluī”大致吻合。基于法语、拉丁语的证据，人们可以大致推断，法语这些动词的词形变化应是由拉丁语变化而来的新形式。再如汉语的南部方言和一些亲属语言也保留着一些古代汉语的语法特征。上古文献显示，上古汉语中曾经存在着一些诸如“鸟乌（《左传》）、草芥（《孟子》）、鱼鲔”（《礼记》）等修饰成分在后的“正—偏”式复合词，而这一古代汉语的复合词结构至今仍有所留存，现代汉语南部方言诸如吴语、粤语、闽语等，也存在着像“鸡母（母鸡）、鸡公（公鸡）”等修饰成分在后的复合词。如果扩大视野，我们还可以在与汉语有亲属关系的壮语、彝语等语言中找到更多的诸如“树桃（桃树）、花李（李花）”等修饰语在后的类似的复合词结构。

二、语法演变的系统性

语法演变虽然常常呈现为某个语法形式的产生、发展或消失，然而任何一个语法演变，通常都不是单个语法现象孤立地产生、发展或消失，而是在语法系统的制约下所发生的系统性变化，即语法的演变具有一定的系统性。语法系统的变化可从两个角度去考察：一是语法组合规则的变化，二是语法聚合规则的变化。词语组合规则、聚合规则的变化是语法演变系统性的集中体现。

（一）组合规则的变化

语法组合规则的变化，最容易引起关注的是语序的改变，即语法结构内词语排列次序的变化。语序是跨语言的重要类型参项，也是世界语言普遍使用的语法形式。语序的历史变化，是重要的组合规则变化，也是语法演变中的常见现象。

印欧语系不少语言如英语，曾发生过由“宾—动”到“动—宾”的语序演变。英语因格系统衰退，引发了从SOV（主—宾—动）到SVO（主—动—宾）的语序演变，还引发了修饰附属成分与中心语成分语序的变化。据研究，语序为SOV型的语言，偏正结构的语序通常为“附属成分+中心成分”；而语序为SVO型的语言，偏正结构的语序通常为“中心成分+附属成分”。英语语序由SOV变为SVO之后，英语偏正结构的语序也随之发生了由“附属成分在前”到“附属成分在后”的变化。目前，英语“猎人的帽子”既可以是“the hunter' s cap”，也可以是“the cap of the hunter”，领属性成分在前、领属性成分在后两种语序并存，表明英语由“附属成分+中心成分”到“中心成分+附属成分”的语序演变还没有彻底完成。

汉语中，语序也是一种重要的语法手段。从上古汉语到现代汉语，汉语虽然一直保持着SVO的语序类型，但是在一些特殊的句法结构中，仍发生了一些显著变化，使得古今汉语语法呈现出明显差异。例如：

（16）a. 莫余毒也已。（《左传》）

b. 沛公安在？（《史记》）

c. 我孰与城北徐公美？（《战国策》）

上面例子，（16a）、（16b）中的宾语“余、安”，都处于动词之前，属于宾语前置。上古汉语否定句中代词作宾语，以及疑问句中疑问代词作宾语，宾语通常都会前置。如前面已经提到，这种宾语前置的句法结构在汉代以前比较常见，汉代特别是南北朝以后，原本常常前置的宾语就逐步移到动词的后面了。（16c）是一个比较句，句中疑问代词“孰”在句中可以远离形容词，处于介宾结构“与城北徐公”之前，现代汉语已没有这类句法结构。

（二）聚合规则的变化

语法聚合规则的变化主要表现为形态的演变、词类的发展以及由此所引发的语法范畴的变化等。

形态的发展演变是语法聚合规则变化的重要方面。原始印欧语的形态比较丰富，然而，随着语言的发展演变，印欧语系不少语言的形态都曾发生过一定程度的衰减和退化。拿英语来说，古英语的词形变化相当完备，时至中古，词形变化已经逐步减少，到了近代英语，词形变化已明显衰退。古英语的动词“rīdan”，共有13个不同的词形变化形式，而近代英语的动词“ride”，就仅有5个不同的形式。

词形变化的消失，势必会引发语法范畴的衰减或消失；形态的演变，无疑会导致语法范畴随之发生变化。据拟测，原始印欧语的名词有3个性、3个数、8个格的词形变化，具有性、数、格等语法范畴。原始印欧语的词形变化，在现代英语中已经所剩不多，现代英语相应的语法范畴也随之明显衰减。现代英语的名词已经没有了性范畴的对立，数范畴仅剩下单、复数的区分，格范畴只是在人称代词中还保留着主格和宾格的区分，在有生名词中还保留着属格等。

汉语相比印欧语系语言，形态变化不丰富。汉语语法聚合规则的变化，也就呈现出与印欧语系语言有所不同的演变特点，其中最为突出的是汉语发展出一些比较有特点的词类。

汉语在漫长的语法演变过程中逐渐演变出一些具有特定语法功能的词类，如动态助词、量词等。汉语动态助词“着、了、过”是由实词逐步虚化而成的表示一定体貌意义的虚词，是汉语比较后起的一个词类，大约在隋唐之后才逐步发展起来。这类词黏附在动词、形容词之后，表示一定的语法意义。其中，“了”表示动作的完成或某个新的状态的实现，“着”表示动作的进行或状态的持续，“过”表示曾经发生某个行为或曾经存在某种状态。

汉语的量词有名量词和动量词的不同，名量词包括通用量词，如“个”，以及对名词有一定选择限制的专用量词，如“只、头、条、片”等；动量词包括“次、回、趟”等。据研究，先秦时期汉语中这类词还很少，当时人们通常用数词与名词的直接组合来计数事物的数量。汉语量词是在两汉以后才逐步发展起来的一个词类。现代汉语目前依然有一些像“一花一草”“三山五水”“五湖四海”“一苇渡江”等数词与名词直接组合的数量表达，它们是古汉语“数+名”组合形式的遗留。

（三）组合与聚合规则的交互变化

语法系统中的组合与聚合，虽然是不同向度的两类不同关系，但二者并不是相互割裂、毫无关联的，而是相互影响、相互依存的。组合规则和聚合规则共同组成语法系统，并共存于一个系统之中。由于系统的特性，这两类规则在语法发展演变进程中常常相互影响、相互制约，一类规则的改变常常会引发或导致另一类规则发生变化。

语法系统中聚合规则的变化，常常会引发同一系统内组合规则的变化。就拿印欧语系语言形态变化的衰减情况来说，随着形态变化的逐步减少，原本由词形变化承担的语法意义，逐渐转变为由语序、虚词等组合维度上的语法手段来完成。例如，古拉丁语形态变化比较丰富，词语之间的语法关系可以通过词形变化准确表现出来，因此，语序在表达语法意义上的作用就不是那么重要，语序也就比较自由。像“女孩儿爱母亲”这样一句简单的话，拉丁语就可以有以下六种语序。例如：

（17）a. Matrem puella amat.
b. Matrem amat puella.
c. Amat puella matrem.
d. Amat matrem amat.
e. Puella matrem amat
f. Puella amat matrem

上面例句中的“matrem”是“母亲”一词的宾格形式，“puella”是“女孩儿”的主格形式，“amat”是动词“爱”。无论句子语序如何变化，都能清楚表达“女孩爱母亲”的意义。印欧语系不少语言随着词形变化的不断衰减，原来表示主格、宾格等的一些格标记逐渐消失，词与词之间的语法关系无法再由词形变化来表达，只好改用语序、虚词等手段。语序、虚词等手段一旦与特定语法关系建立联系，自身就有了一定的语法约束，就会从自由变为不自由。例如，英语、法语等语言同样表示“女孩爱母亲”，语序通常就只有一种。显然，形态变化减少这一聚合层面的演变，直接导致语序这一组合层面的语法规则发生变化。

语法系统中组合规则的变化，往往也会影响到同一系统内的聚合规则。例如，四百多年前的英语，名词属格的表达还需要借助“his、her”等词汇形式来表达，如（18）所示；而现代英语的名词属格则通常使用-’s来表示，如（19）所示。比较：

（18）a. Augustus his daughter（奥格斯都的女儿）
b. Elizabeth Holland her howse（伊丽莎白·豪兰德的房子）

（19）a. Augustus’ daughter（奥格斯都的女儿）
b. Elizabeth Holland’s house（伊丽莎白·豪兰德的房子）

名词属格的“-’s”形式，是由词语“his”黏附于名词逐步附缀化产生的一种形式，既而类推为表达名词属格的形态变化。原本是两个词语组合而成的句法结构，逐步演变为可以类推的词形变化，这是一种由于组合规则的变化而产生新的聚合规则的现象。

组合规则的演变引发聚合规则的变化，汉语也有这类情况。就拿汉语的儿化词来说，未儿化前，词根与词缀“儿”的读音形式是各自独立的音节，派生构词呈现为双音节的一种线性组合关系。儿化合音之后，双音节融合为一个儿化音节，词根与词缀的线性组合演变为词根语素的词形变化。例如：

（20）a. 花[xua]+儿[ər]→花儿[xuar]
b. 根[kən]+儿[ər]→根儿[kər]
c. 盖[kai]+儿[ər]→盖儿[kar]

从历时角度考察，词根、词缀原本是音节形式各自独立的两个语言成分，由于词缀读音形式的不断弱化，二者逐步合并为一个音节。原本由两个语言成分构成的组合形式，就逐步演变为词根通过词形变化表示不同语法意义的形态操作。从共时角度分析，儿化词语“花儿[xuar]”“根儿[kər]”“盖儿[kar]”等相对于词根语素“花[xua]”“根[kən]”“盖[kai]”来说，是通过儿化的语音手段来完成构词的。原本“词根+词缀”的组合形式，逐步演变为由词形变化完成的儿化合音式构词，这显然也是组合规则的改变带给语法成分聚合规则变化的具体实例。儿化合音式构词的出现，丰富了汉语的构词类型。

三、语法演变的过程

语法的演变，无论是语汇形式逐步演变为特定的语法标记，还是语法形式、语法范畴本身的种种历时变化，其变化起点与变化结果所构成的种种历时变化链条，都可呈现为一个个不同的语法演变过程。例如，英语指示代词“this”逐步虚化，一步步演变为定冠词“the”的语法变化链条，汉语各类被动语法构式的产生等。

语法演变的过程既有实词逐步语法化为语法标记的语法演变，如汉语表示“终了/完结”的动词“了”逐步虚化，渐渐演变为动态助词；也有特定语法构式逐步演变为另外一种语法构式的语法变化，如汉语“将/把”类处置句由原来的连动结构演变而来的语法演变过程。语法演变过程研究中，语法化问题是近年学界关注的一个重点。汉语“使令”动词“叫”“让”逐步语法化为被动语法标记的历时演变，“给予义”动词“给”逐步语法化为被动语法标记的语法演变过程等，均成为历史语法研究者感兴趣的话题。就拿“给予义”动词来源的被动标记“给”来说，它在古今语法历时演变进程中可以有给予义动词、介引使役对象、被动介词用法等不同的用法。例如：

（21）a. 若残竖子之类，恶能给若金！（《吕氏春秋》）

b. 紫鹃这话原给黛玉开心。（《红楼梦》）

c. 积得这些家私，如今给人搬运一空。（《花月痕》）

（21a）中的“给”，用法为“给予义”动词，呈现为语法演变过程的起点和源头。（21b）中的“给”，用法为介引使役对象的语法标记，处于语法演变过程的中间环节。（21c）中的“给”，其用法为表被动的语法标记。“给”从表“给予”义的动词，逐步虚化为介引使役对象的语法标记，再进一步发展出被动语法标记的历时演变过程，可以表示为：给予义动词 → 使役语法标记 →被动语法标记。据研究，给予义动词“给”虽然先秦就有，但该词使用频率较低，时至明代，才被高频使用。时至清代，该词才逐步虚化为使役语法标记，逐步发展出被动的用法。

语法演变通常是在特定句法环境和条件下发生的，因此，与语法演变相关的句法环境和条件，是人们探讨语法演变之所以发生的不可忽略的重要信息。汉语的“将”字句和“把”字句，前者大约产生于魏晋六朝时期，后者则大约在唐代才开始出现。据研究，这类处置句是由连动式发展而来，其发展演变过程大致是，“将+NP+V+之”之类的格式，由连动式经过重新分析发展演变成处置式。纵观“将/把”这类处置式产生的语法演变过程，“将/把+NP+V+之”之类的连动句式，是处置式“将/把”字句产生的重要句法基础，而语法演变过程中“将/把”等词语由动词到介词的虚化，以及句式中复指代词“之”的删除，则是导致处置式“将”字句、“把”字句产生的重要条件。

在语法演变过程中，语义的潜在推动与句法环境的影响和制约，常常合力诱发并导致语法演变的发生。例如，汉语由表示“了结”意义的动词“了”，逐步虚化为表示完成意义的动态助词“了”的语法化，就是在语义、句法的综合作用下发生的语法变化。动词“了”早在魏晋时期已颇为常见，意义为“了结”。例如：

（22）a. 公留我了矣，明府不能止。(《三国志》)
　　　b. 但得上马了，一去头不回。(曹邺《去不返》)

上面例句中处于“V+O+了”中的“了”，位于宾语之后，显然还不是黏附于动词的动态助词。不过，有些处于宾语之后的“了”，意义已开始虚化。例如：

（23）a. 辞父娘了，入清（妻）房。(《敦煌曲》)
　　　b. 大师说法已了，遂告门人曰：……(《六祖坛经》)

上面例句中的“了”虽然意义有所虚化，但其所处位置受宾语的阻隔，也还不是黏附性的动态助词。只有“V+了+O”格式产生之后，“了”才有机会进一步语法化为典型的动态助词。例如：

（24）a. 几时献了相如赋，共向嵩山采茯苓。(张乔《赠友人》)
　　　b. 郑滑二州河决，淹了十余万家。(《五代史平话》)

材料表明，表示“了结”意义的动词“了”逐步语法化为表示完成体貌意义的语法标记“了”，词语意义的虚化与句法环境的影响制约等，都是不可忽视的重要因素。

四、重新分析和类推

在语法演变进程中，有两个重要因素常常会导致语言成分的性质发生变化：一个是重新分析，另一个是类推。

重新分析是语法演变过程中改变语言成分结构和功能的一种变化机制，也是导致新的语法形式产生的一种重要演变机制。例如，英语的不定冠词“an”，就是由不定冠词“a”与以“n-”作为词首辅音的名词，因词界的重新分析而产生的一个语法成分。就拿古英语的“nǣddre”（蛇）来说，该词原本有词首辅音“n”，今天英语adder已经没有此辅音。究其原因，是因为随着语言的历史演变，不定冠词“a”与名词的词界原本在词首辅音“n”前。由于词界的重新分析，词界发生了移动，移到“n”之后，名词词首辅音“n”因而与不定冠词“a”发生了合音，从而形成了不定冠词“an”。其重新分析的语法演变线索大致如下：

（25）	早期英语	现代英语
	a # nadder（nǣddre）	an # adder

重新分析通常不改变语言成分的表层语音形式，改变的往往是语言成分的深层结构关系。这里不妨以汉语动结式的形成及其进一步的发展演变为例做进一步说明。比较：

（26）a. 喝醉、煮熟、走累

b. 看见、听见、打通

c. 扩大、改善、加强

上面例子中，三类语言成分均为双音节动结式。但就这三类成分内部结构的松紧程度看，（26a）类通常被分析为动补词组，结构关系相对较松。而（26b）（26c）通常被分析为动结式复合词，结构关系相对紧密。同为复合词，“扩大”类动词相比“看见”类动词，结构更为紧密，“看见”类动词常常可以插入“得”“不”扩展成“看得见”“看不见”格式。而“扩大”类动词通常不可以。

据研究，动结式是在上古连动结构的基础上逐步产生的一种语法结构。连动结构是由两个地位相对平等的谓词性成分连用所构成的一种结构，而动结式是位置在后的谓词性成分依附于前一成分，并对其进行补充说明的一种结构。二者表面上都是两个谓词性成分的组合，语法结构关系由原来的连动结构逐步演变为后来的动补结构。因此，例（26）中的所有动结式，由古代的连动关系逐步演变为补充关系，表层两个谓词组合情况的未变，而谓词组合所构成的结构关系、结构组合的松紧程度已发生了变化。动结式的形成，就是较为典型的语法结构发生重新分析的结果。例（26）中三类动结式的结构松紧关系差异还表明，汉语动结式在形成以后，还发生了进一步的变化，即有些动结式进一步词汇化为复合词。动结式词组逐步词汇化为动结式复合词，同样也是重新分析的结果。

类推通常指一种使语法系统中的不规则形式规则化的过程。如果说重新分析的作用主要是形成新的语法成分，创立新的语法结构，那么类推的作用则是将已产生的语法形式向更大的范围扩散，即通过类推的作用，将语法系统中不规则、不整齐的语法现象铲除，以尽量取得语法规则的一致与齐整。如英语的疑问代词系统中包括“who、which、what”等词语，目前仅有“who”尚保留着宾格形式。比较：

（27）

主格	宾格
who	whom
which	______
what	______

“whom”在系统其他成员均无宾格形式的类推作用下，再加上疑问副词“where、when、how”等用法的合力推动，“who”也开始出现放弃宾格形式的变化趋势，目前“whom”一词大都出现在书面语和较正式的口语中，使用范围和频率正逐渐缩小。

当然，也应看到，在英语名词已丧失原有的主格和宾格形式后，英语的人称代词“I（me）、he（him）、she（her）、we（us）、they（them）”等却依然保留着主格、宾格的对立，也就是说，英语中还存在着抗拒类推的逆向力量。类推与其逆向力量的对峙，也给我们一个启示：或许人称代词作为一个相对封闭的子系统，较强的系统性增强了系统成员抗拒类推作用的能力，或许也正是因为如此，“whom”在语法的演变过程中才迟迟没有完全彻底地消失。

众所周知，先秦汉语中存在着宾语前置句，如“忌不自信”“未之有也”“沛公安在”等。其实，在先秦汉语中，“动—宾”句式是主流形式，“宾—动”句式只在一定的语法条件下出现，如否定句中代词做宾语、疑问代词做宾语等。随着语法的发展演变，汉语的“宾—动”形式，在主流形式“动—宾”句式的类推作用下，逐步退出历史舞台，这或许也是类推的一个实例。

第三节　语义系统的演变

本节学习要点

1. 语义演变的证据：不同时代对字词的释义，不同时代文献材料呈现出的词义差异，相同语言成分在不同亲属语言或方言中的语义差异。

2. 语义演变的系统性：义位组合关系的变化，义位聚合关系的变化，不同义位在演变过程中的相互影响和制约。

3. 语义演变的结果：单义词的新增和消亡，词的多义化，义位的新旧更替；语义的扩大，语义的缩小，语义的转移。

4. 语义演变的方式：转喻和隐喻是义位发展演变的重要方式和途径。

古往今来，语音、语法在变，语义自然也不例外。语义是语言系统内一个相对开放的系统，与人对世界的认知联系紧密。随着社会的不断发展，语义系统也在不断地更新和变化。

一、何以知道语义在变

以汉语为例。汉语中的“理”，原本意思是“制（治）玉”，这从形声字“理”的形符上就可以大致推测出来。但是，现在却可以说“治理国家”“理发”等，“理”显然是在后来的发展演变过程中具有了“整理、使整齐”的意义。再如汉语中的“口”，原本意义是“嘴”，但是后来却可以将“口”用于“三口之家”“人口”等语言环境，其原因是经过发展演变，“口”后来有了“人口”的意义。这两例词义随时间推移而产生的差异，虽然还不足以向我们展示词义演变的具体线索和过程，但至少显示出词义随着社会历史的发展，也在逐步发生着变化。

语义是由义素、义位等不同层级语义单位构成的一个相对开放的系统，语义系统的发展演变往往具体体现为系统内某个层级语义单位的历时变化，如“理、口”等词语义位的发展演变。语义作为语言所要传递的意义，其历时演变是潜在进行的，而且在一个较短的时期内不易觉察，那么何以知道语义在发展演变呢?

自古及今，有大量辞书、字书以及词语研究著作存世，如我国的《尔雅》《说文解字》《方言》以及后人对这些著作的注疏等。不同时代的文献对字词的不同解释或释义，可为人们追溯词义的发展演变提供重要的线索或证据。例如，“兵”原本意义为“兵器”，后来才逐步引申出“军队、军事”等义位。“兵”在东汉许慎的《说文解字》中释义为“械也”，这显然是对“兵”的本义的解释。该词在《现代汉语词典》中的释义有4个义项，具体是：① 兵器；② 军人、军队；③ 军队中的最基层成员；④ 关于军事或战争的。对比《说文解字》与《现代汉语词典》对“兵”的解释可以看到，古今辞书在释义上的差异正是词义发展演变的体现。

当然，在利用字书、辞书以及其他词语研究著作考察词义的变迁时，应注意字书毕竟是对汉字字义的释义，辞书与一般词语研究著作在著作问世时也可能由于诸多因素的影响，释义存在一定的历史局限性。因此，应合理利用古人留下来的遗产，审慎考察并把握古今语义的演变。

在追溯词义演变的过程中，字书、辞书的释义证据总是有限的。不过，其他历史文献材料，也可为人们考察语义变化带来帮助。不同时代文献材料所呈现出的词义差异，也能够呈现出语义演变的大致线索。仍以汉语的“兵”为例，《诗经》中有“修我甲兵”，《孟子》中有“兵刃既接，弃甲曳兵而走”，《荀子》中有“古之兵，戈矛弓矢而已矣”，这些用例中的“兵”，都是“兵器”的意思。而《战国策》“必以长安君为质，兵乃出”的“兵”，已经是“军队”的意思。这些文献材料表明，“兵”从“兵器”到“军队”的词义发展演变，在上古汉语就已经出现。

下面借助古代文献材料，再来考察一下“张”的词义演变。例如：

（28）a. 既张我弓，既挟我矢。(《诗经》

b. 将欲歙之，必固张之。(《老子》)

c. 只在门缝里张时，见智深抢到山门下。(《水浒传》)

从上面例子可以看出，“张”本义为“拉紧弓弦”，《说文解字》释义为“张，施弓弦也。”（28a）“既张我弓”用的是“张”的本义。后来，“张”逐步引申出“扩大，展开”之意，如（28b）“必固张之”中“张”的词义。

（28c）“只在门缝里张时”中的“张”，意义为“窥望”，据研究，这是比较晚近才产生的一个义位。

语义的演变在不同的亲属语言或方言间具有不平衡性，这种不平衡性有时会导致词义的某些义素虽在多数亲属语言或方言中已经消失或明显弱化，但在个别亲属语言或方言中仍然保留着。例如，原始印欧语的“*tem-ram”（建筑物）一词，印欧语系不少语言都已经发生了语义变化，如在古英语中逐步演变为“timrian”（建筑，建造），到了现代英语则演变为“timber”（建筑用的木材）。不过，也有一些语言不同程度地保留了原始印欧语“*tem-ram”（建筑物）一词的基本义素，如拉丁语的“dom-us”（房屋），德语的“Zimmer”（房间）等。

相同语言成分在不同亲属语言或方言中的语义差异，一定程度上也可以为人们梳理古今语义的演变提供宝贵的线索，为人们探究语义发展演变的规律提供重要的语言证据。

二、语义演变的系统性

语义演变虽然常常呈现为单个语言成分意义的变化，然而任何一个语言成分语义的发展演变，通常都不是孤立的变化，而是在语义系统影响制约下的系统性变化，即语义的演变具有一定的系统性。

语义演变的系统性，也可以从组合、聚合两个角度来考察：语义组合关系的变化，主要表现为语言成分在组合维度上所呈现的语义变化；语义聚合关系的变化，主要表现为聚合向度上语义特征的改变。语义组合关系、聚合关系上的变化是语义演变系统性的集中体现。

从组合的角度说，语义的发展演变往往表现为义位组合关系的变化，这种变化常常是词义组合范围的扩展。如“快”，《说文解字》释义为“喜也”，原本只与具有“人”这一义素的义位组合，后来逐渐引申出义位“迅速”，再后来又引申出义位“锋利”，“快”的义位组合范围也随之扩大，可以与不具有“人”这一义素的义位组合，因此现代汉语里既可以说“心有不快”，也可以说“速度很快”“把刀磨快些”等。再如“赴”，古代的意义是“去往危险境地”，如“前赴后继”“赴汤蹈火”等。随着词义的发展演变，该词语意义逐渐扩大变化为“去往某处”，词义的组合范围也就随之扩大，对组配的义位不再要求具有“危险”的义素，因此可以说“赴京赶考”“赴宴”等，

语义的发展演变也往往体现为义位聚合关系的变化。仍以汉语的“快”

为例，其词义的发展演变，也使得该词语义位的同义聚合关系发生变化。如“快”的词义起初为“喜悦”，“快”与“悦”便可以建立同义聚合关系；当“快”引申出义位“迅速”后，便又可以和“速”建立同义聚合关系；当引申出义位“锋利”后，则又可以和“利”建立同义聚合关系。

语义系统内不同义位在演变过程中的相互影响和制约，是语义演变系统性的突出表现。例如，古代汉语表示人的下肢移动运动原有两个常用词，即“走”和“步”。“走”的意义是“快步疾行”，《说文解字》解释为“趋也”；“步”的意义是“慢步行走”，《说文解字》解释为“行也”。随着语言的发展演变，下肢移动运动这个语义场中又加入了“跑”，“快步疾行”的意义逐渐由“跑”来担负，这一变化导致意义的重新分配，“走”逐渐接管了“步”的意义，词义演变为“慢步行走”，“步”则相应地演变为“步伐、脚步”，更多地用作名词。这三个词语义位的变化呈现出一种链移关系，明显是受到语义系统影响制约所发生的语义变化。

三、语义演变的结果

词语有承负单个义位的单义词，也有承负多个义位的多义词。语义演变最容易让人感受到它在变化的一种情况是，随着语汇系统内单义词的新增和消亡，语义系统也随之发生变化；反过来说，就一个单义词而言，它的义位从共时语义系统中消失，也就意味着这个词语的消亡。具体说来，随着社会的发展，一些反映新事物的词语不断出现，相应的新增义位也随之进入语义系统。例如，随着工农业与科学技术的发展，“汽车、火车、飞机、电视、计算机、互联网”等反映新生事物的义位不断丰富着语义系统。相反，一些反映旧事物的义位失去与现实的联系而从共时语义系统中消失，承负这些义位的单义词也就随之消亡，如“耒耜、骓”等词语。

事实上，语言拥有大量的多义词，而词语的多个义位，往往又是在某个初始义位的基础上推衍出来的。例如，“在”原本表示处于某一空间位置，后来在此义位基础之上，逐步引申出表示处于某一时间位置的义位。多义词新义位的不断衍生，意味着语义的另外一种发展演变。语义的此类变化是，词语不断推衍引申出新的意义，而原有的意义却没有消失，于是呈现为词语多种意义在共时语义系统中并存的局面，这也就是我们在“语义”一章中所说的“词的多义化”。词的多义化一方面反映了人利用客观对象之间的相似性和相关性来认识世界的一般认知习惯，一方面也是语言以有限手段表达无限内容这一机制作用的结果，正是由于这样的原因，词的多义化成为语义演变的一个普遍的、重要的现象。

语言中也存在着义位新旧更替的演变。例如，英语的“write”起初的意义是“切、割、刻”，随着词义的发展演变，逐步演变为既可以表示“切、割、刻”，也可以表示“书写”，到了现代英语，“write”逐步演变为只表示“书写”。再如西班牙语“alcalde”一词的义位变迁，该词语起初从阿拉伯语借入时意义是“法官”，后来逐步演变为既可以表示“地方法官”，也可以表示“市长等官员”；而在现代西班牙语中仅指“市长”。词语义位的新旧更替，是个相当漫长的过程，且是一个连续变化的过程。整个过程由A义位到B义位大致可以分为三个阶段：语言成分具有A义位，语言成分同时具有A、B两个义位，语言成分只具有B义位。这一义位更替进程可以表示为：A义位→A、B义位共存→B义位。

无论是语义演变中的语义推衍，还是新旧义位更替，就新旧义位的意义范围而言，演变的结果都不外乎语义的扩大、缩小和转移。如果新义位的词义外延比旧义位更宽、更大一些，这就是语义的扩大。例如，汉语中的“江、河”，起初分别专指“长江”和“黄河”，后来逐步演变为“泛指一切河流”；再如“脸”，起初只表示两颊的上部，后来逐步演变为表示“整个面部”。如果新义位的词义外延比旧义位狭小，这就是语义的缩小。例如，“臭”，起初泛指一切气味，后来逐步演变为只表示“难闻的气味”；再如英语的“meat”，起初指“食品”，后来只限于指“肉”这类食物。如果新义位的词义外延与旧义位不再有交叉重合的部分，这就是语义的转移。例如“闻”，起初是“用耳听”，后来变化为“用鼻子嗅”；再比如英语的“pen”，起初是“羽毛”的意思，后来演变为指“书写工具”。

四、语义演变的方式

语义的演变就词义而言主要表现为，词语在原有义位的基础上不断推衍出新的义位。例如“锄”原指“松土和除草用的农具”，后来引申出“用锄松土除草”的意思。“虎穴”原本表示“老虎的洞穴”，后来通过比喻联想，衍生出“极为凶险的境地”的意义。上面“锄”的语义演变，是基于相关事物的联想所产生的变化，这种词义引申方式是“转喻”；“虎穴”的语义变化，是基于相似事物的联想所引发的变化，这种词义引申方式是“隐喻”。人们以往通常将转喻和隐喻只看作两种修辞手段。例如：

（29）a. 何以解忧，惟有杜康。（曹操《短歌行》）
b. 旧恨春江流不尽，新恨云山千叠。（辛弃疾《念奴娇》）

（29a）中的“杜康”是人名，诗中借指酒。因杜康嗜酒，人名与酒存在相关性，因此以人名代酒，属转喻。（29b）中的“春江流不尽”“云山千叠”，分别比喻“旧恨”和“新恨”，本体与喻体存在相似性，属隐喻。其实，转喻和隐喻在人们的日常言语中十分常见，甚至到了熟视无睹、习焉不察的境地，并非是修辞特有的现象。例如：

（30）a. 锅开了，下面条吧。
c. 火气太大会伤身体的。

上面两例都是日常言语：（30a）“锅”借指锅里的“水”，属转喻；（30b）“火气”喻指人的“脾气”，属隐喻。例句中的转喻和隐喻，难以解释为增强表达效果的修辞手段，人们在说出这两句话时也未必意识到自己在使用转喻和隐喻。这样的转喻和隐喻用例在日常言语中十分常见，数不胜数。

转喻和隐喻作为非修辞手段，在日常言语中如此普遍，使用频率如此之高，那么，与其说它们是文学作品中的修辞手段，不如说二者更是人们认识客观事物、表达认知成果的两种基本方式和行为。它们不仅是日常言语交际不可或缺的重要表达方式，也是引发语义发生变化的重要因素。诸如“锄”的词义由“松土和除草用的农具”引申到“用锄松土除草”，“在”由“在某处”的空间义引申到“在某时”的时间义，“虎穴”由“老虎的洞穴”引申到“极危险的境地”，“结晶”由“溶液或蒸汽中固体颗粒析出”的具体义引申到“珍贵成果”的抽象义，都是通过转喻或隐喻的方式来实现的。可见，转喻和隐喻是义位发展演变，尤其是旧义位推衍出新义位的重要方式和途径。

思考和练习

1. 结合实例谈谈何以知道语音在变。
2. 下面这首格律诗用普通话读并不押韵，为什么？

栾家濑

王维

飒飒秋雨中，浅浅石溜泻。

跳波自相溅，白鹭惊复下。

3. 普通话“平”字读阳平调，“上去入”读去声调，为什么“平上去入”四个字能够充当中古“平上去入”四个声调的代表字。
4. 语音演变的系统性有哪些具体表现?
5. 试以“平分阴阳”的声调演变为例，谈谈语音演变的条件。
6. 结合实例谈谈语音演变有哪些演变方式。
7. 有哪些语言证据可以帮助我们知道语法在变?
8. 语法演变的系统性有哪些具体表现?
9. 举例说明句法环境对推动语法成分演变的重要作用。
10. 举例说明什么是重新分析。
11. 举例说明什么是类推。
12. 有哪些语言证据可以帮助我们知道语义在变?
13. 语义演变的系统性有哪些具体表现?
14. 举例说明语义演变的结果。
15. 举例说明隐喻和转喻在语义演变中的作用。

主要参考文献

鲍尔·J.霍伯尔等:《语法化学说》,梁银峰译,复旦大学出版社2008年版
彼得·赖福吉:《语音学教程》,张维佳译,北京大学出版社2011年版
伯纳德·科姆里:《语言共性和语言类型》,沈家煊、罗天华译,北京大学出版社2010年版
布龙菲尔德:《语言论》,袁家骅等译,商务印书馆1980年版
布洛赫·特雷杰:《语言分析纲要》,赵世开译,商务印书馆1965年版
岑麒祥:《语言学史概要》,北京大学出版社1988年版
陈保亚:《20世纪中国语言学方法论》,山东教育出版社1999年版
陈松岑:《社会语言学导论》,北京大学出版社1985年版
菲尔墨:《"格"辨》,胡明扬译,商务印书馆2002年版
冯志伟:《现代语言学流派》,陕西人民出版社1987年版
弗里德里希•温格瑞尔,汉斯-尤格•施密特:《认知语言学导论》,彭利贞等译,复旦大学出版社2009年版
弗洛姆金、罗德曼:《语言导论》,沈家煊等译,北京语言学院出版社1994年版
高名凯、石安石:《语言学概论》,中华书局1963年版
桂诗春:《应用语言学》,湖南教育出版社1988年版
郭　熙:《中国社会语言学》,浙江大学出版社2004年版
郝德森:《社会语言学》,卢德平译,华夏出版社1989年版
何自然:《语用学概论》,湖南教育出版社1988年版
洪堡特:《论人类语言结构的差异及其对人类精神发展的影响》,姚小平译,商务印书馆1987年版
洪　波:《汉语历史语法研究》,商务印书馆2010年版
胡明扬主编:《西方语言学名著选读》,中国人民大学出版社2007年版
胡明扬:《语言和语言学》,语文出版社2004年版
胡明扬、沈阳、贺阳:《语言学概论》,语文出版社2000年版
胡壮麟:《功能主义纵横谈》,外语教学与研究出版社2000年版
胡壮麟:《系统功能语法概论》,湖南教育出版社1989年版
霍凯特:《现代语言学教程》,索振羽、叶蜚声译,北京大学出版社1986年版
贾彦德:《汉语语义学》,北京大学出版社1992年版

姜望琪:《当代语用学》,北京大学出版社2003年版
卡罗尔:《语言心理学》,缪小春译,华东师范大学出版社2007年版
夸克等:《当代英语语法》,汪中浩等译,辽宁人民出版社1980年版
利　奇:《语义学》,李瑞华等译,上海外语教育出版社1987年版
列文森:《语用学》,沈家煊译,《国外语言学》1986年第1、2、4期
林　焘、王理嘉:《语音学教程》,北京大学出版社1992年版
刘润清:《西方语言学流派》,外语教学与研究出版社2013年版
刘涌泉、乔毅:《应用语言学》,上海外语教育出版社1991年版
罗宾斯:《语言学简史》,安徽教育出版社1987年版
罗常培:《语言与文化》,语文出版社1989年版
梅　耶:《历史语言学中的比较方法》,岑麒祥译,世界图书出版公司2008年版
彭聃龄:《语言心理学》,北京师范大学出版社1991年版
乔姆斯基:《句法结构》,邢公畹等译,中国社会科学出版社1979年版
乔姆斯基:《句法理论的若干问题》,黄长著等译,中国社会科学出版社1989年版
乔姆斯基:《语言与心理》,牟小华等译,华夏出版社1989年版
乔姆斯基:《约束和支配论集》,周流溪等译,中国社会科学出版社1993年版
裘锡圭:《文字学概要》,商务印书馆1990年版
萨丕尔:《语言论》,陆卓元译,商务印书馆1964年版
沈家煊:《认知与汉语语法研究》,商务印书馆2006年版
沈　阳:《语言学常识十五讲》,北京大学出版社2005年版
石安石:《语义论》,商务印书馆1993年版
宋国明:《句法理论概要》,中国社会科学出版社1997年版
苏培成:《现代汉字学纲要》,北京大学出版社2004年版
索绪尔:《普通语言学教程》,高名凯译,商务印书馆1986年版
索振羽:《语用学教程》,北京大学出版社2000年版
特拉吉尔:《社会语言学导论》,周绍珩等译,商务印书馆1992年版
王福堂:《汉语方言语音的演变和层次》(增订本),语文出版社2005年版
王理嘉:《音系学基础》,语文出版社1991年版
威廉·汤姆逊:《十九世纪末以前的语言学史》,黄振华译,世界图书出版公司2009年版
吴宗济、林茂灿:《实验语音学概要》,高等教育出版社1989年版
伍铁平主编:《普通语言学概要》,高等教育出版社2009年版

徐大明等:《当代社会语言学》，中国社会科学出版社1997年版
徐烈炯:《生成语法理论》，上海外语教育出版社1988年版
徐烈炯:《语义学》，语文出版社1995年版
徐通锵:《基础语言学教程》，北京大学出版社2001年版
徐通锵:《历史语言学》，商务印书馆1991年版
叶蜚声、徐通锵:《语言学纲要》，北京大学出版社2011年版
游汝杰:《中国文化语言学引论》，上海辞书出版社2003年版
张　敏:《认知语言学与汉语名词词组》，中国社会科学出版社1998年版
赵世开:《美国语言学简史》，上海外语教育出版社1989年版
赵元任:《语言问题》，商务印书馆1980年版
周有光:《汉字改革概论》，文字改革出版社1979年版
周有光:《字母的故事》，人民文学出版社2009年版
朱曼殊:《心理语言学》，华东师范大学出版社1990年版
祝畹瑾:《社会语言学译文集》，北京大学出版社1985年版
左思民:《汉语语用学》，河南人民出版社2000年版

后　记

本书是教育部中文学科教学指导委员会组编教材。这部教材由北京大学、中国人民大学和北京语言大学的教师共同承担编写工作。编写团队成员有：北京大学中文系沈阳教授（因获聘教育部长江学者特聘教授，现已调往南京大学工作）、中国人民大学中文系语言学教研室贺阳教授、劲松教授、骆峰副教授、吴永焕副教授以及北京语言大学刘雪春副教授。

“语言学概论”是高校中文专业主干基础课程，教材建设历来受到重视，曾经出版和目前正在高校中使用的教材数量很多。在这种情况下教育部中文学科教学指导委员会决定组编这套新版高等学校主干基础课教材，提出“简明扼要、注重实用、增强趣味、体现创新、立体组合”的编写要求，这些要求也是我们编写语言学概论教材的基本定位。但在已有教材为数众多的情况下，要实现这一定位却有相当难度。当代语言学理论发展迅猛，新的理论观点、新的理论视角、新的研究方法层出不穷，语言学的研究领域不断扩展延伸，新的分支学科不断形成，语言学的丰富多彩也给教材内容的取舍带来不小的困难。

“语言学概论”是概要介绍普通语言学基本理论、基本知识和基本方法的课程。从这一课程性质出发，在这部教材的编写过程中，我们力图做到：第一，教材内容以比较稳定、较少争议的基本理论为主，同时注意适当吸收新的理论观点和新的理论解释；第二，教材内容重在阐释对人类语言有普遍意义的理论，而不采纳未能获得广泛事实支持的观点；第三，尽可能增加教材的理论色彩，内容取舍和侧重上与“现代汉语”课程教材形成互补；第四，注重解释，既注重对理论本身的解释，也注重理论对语言现象的解释；第五，为便于学生学习和掌握教材内容，教材对理论的阐述力求深入浅出，要理论深刻，也要易于理解。

感谢教育部中文学科教学指导委员会陈洪主任和各位委员的信任和支持，感谢这套教材编委会刘中树、曾繁仁名誉主任及各位委员的关心和帮助，感谢在本书酝酿、讨论、评审期间各方面专家黄德宽、李宇明、崔希亮、沈家煊、刘丹青、张伯江、周建设、洪波、李运富、王洪君（其中李宇明、刘丹青、王洪君为本书评审者）等提供宝贵意见；感谢高等教育出版社和高教社文科分社的领导，以及迟宝东、于晓宁、吴军等的辛勤工作。作为主编，我们也要特别感谢参与本书编写的同事和朋友们，他们的努力使本书得以完成。当然，这部教材肯定还存在很多不足，本书任何内容和文字上的错谬不当之处，概由主编负责。

本书主编：贺阳　沈阳
2013年12月30日，写于北京

郑重声明

图书在版编目（CIP）数据

语言学概论/贺阳，沈阳主编．--北京：高等教育出版社，2014.9（2025.5重印）

ISBN 978-7-04-039940-0

Ⅰ．①语… Ⅱ．①贺…②沈… Ⅲ．①语言学－高等学校－教材 Ⅳ．①H0

中国版本图书馆CIP数据核字（2014）第099612号

策划编辑　吴　军　　　责任编辑　吴　军
书籍设计　张申申　　　责任校对　胡美萍
责任印制　高　峰

出版发行　高等教育出版社
社　　址　北京市西城区德外大街4号
邮政编码　100120
印　　刷　固安县铭成印刷有限公司
开　　本　787 mm×1092 mm　1/16
印　　张　24
字　　数　400千字
购书热线　010-58581118
咨询电话　400-810-0598
网　　址　http://www.hep.edu.cn
　　　　　http://www.hep.com.cn
网上订购　http://www.landraco.com
　　　　　http://www.landraco.com.cn
版　　次　2014年9月第1版
印　　次　2025年5月第6次印刷
定　　价　36.00元

物 料 号　39940-00